DE ERFGENAME VAN PAUS JOHANNA

Ook verschenen:
Paus Johanna (2021)

Helga Glaesener

De erfgename van paus Johanna

Uitgegeven door Xander Uitgevers
www.xanderuitgevers.nl

Oorspronkelijke titel: *Das Erbe Der Päpstin*
Oorspronkelijke uitgever: Aufbau Verlag GmbH & Co.
Vertaling: Cora Kool
Omslagontwerp: Studio Marlies Visser / belettering: Select Interface
Omslagbeeld: Larry Rostant
Auteursfoto: Privé
Zetwerk: ZetSpiegel, Best

Copyright © 2020 Aufbau Verlag GmbH & Co. KG, Berlin (Published with Rütten & Loening; 'Rütten & Loening' is a trademark of Aufbau Verlag GmbH & Co. KG)
Copyright © 2021 voor de Nederlandse taal:
Xander Uitgevers bv, Haarlem

Eerste druk 2021

ISBN 978 94 0161 427 6 | NUR 302

De uitgever heeft getracht alle rechthebbenden te traceren. Mocht u desondanks menen rechten te kunnen uitoefenen, dan kunt u contact opnemen met de uitgever. Niets uit deze uitgave mag openbaar worden gemaakt door middel van druk, fotokopie, internet of op welke andere wijze ook, zonder voorafgaande schriftelijke toestemming van de uitgever.

Geïnspireerd op de roman *Paus Johanna*
van Donna W. Cross

Proloog

De oever van Dorestad, zomer 837

Door de wind uiteengedreven wolken. Meeuwen die boven een blauw-rood gestreept zeil zweven. Te midden daarvan de schreeuw: 'Giiiislaa!' Haar vader roept luidkeels haar naam. De roeiers grijpen naar de riemen. De boot komt met een schok in beweging, al snel schiet hij over het water. Bij de boeg gaat de drakenkop op en neer, het schuim spat op hun lichamen. Alles doet pijn. Puntige voorwerpen, rode tanden, hebben zich vastgebeten in haar onderlichaam en gaan daar tekeer.
'Giiiislaa!'
Ze moet hem antwoorden en roept zijn naam. Of denkt ze alleen maar dat ze dat doet? Een man met een ijzeren helm buigt zich over haar heen. Door de openingen boven de neusbeschermer fonkelen zijn ogen. 'Help even met beuren, Afdrif!' Hij grijnst. Zijn tanden zijn rood beschilderd, hij ziet eruit als een hond die een andere hond uiteengereten heeft. Gisla wordt opgetild en twee mannen gooien haar joelend omhoog, zodat haar gezicht naar de oever vlakbij wijst.
'Giiiislaa!' De stem van haar vader klinkt nu gekweld. De mannen lachen en laten haar weer op de planken vallen. Naast haar bewegen de roeiers zich ritmisch naar voren en naar achteren. Haar kleren zijn doordrenkt met bloed. Door de pijn kan ze nauwelijks ademhalen.

Op een gegeven moment begint het te regenen. Het is nacht. Daarna ochtend. De zon schijnt zo fel dat ze haar ogen dicht moet doen. Ze huilt. En opnieuw duisternis. En weer zon.

∗

Verdoofd schrikt ze op als er een schok door de boot gaat. Hebben ze aangemeerd? Ja, gelach, hondengeblaf en uitgelaten geschreeuw komen hun vanaf de wal tegemoet. De man met de rode tanden trekt haar met een ruk overeind en dwingt haar om over de rand van de boot op een steiger te klimmen. Gisla struikelt, hij trekt haar weer omhoog. Ze ziet dat er op haar gouden gewaad ter hoogte van de schaamstreek een donkere vlek te zien is en begint te huilen. Waar is haar vader?

De man met de rode tanden schudt haar door elkaar en duwt haar naar een vrouw, die haar meesleurt. Het mens scheldt haar uit in een vreemde taal. Ze lopen door een bos. De vogels verkondigen Gods lof, wonderlijk zorgeloos. Alsof ze samen met Hem boven al het leed op aarde zweven. Dan doemen er huizen op. De wanden zijn van hout, de ver uitstekende daken van bruinachtig riet. De gekromde bouwwerken zijn met elkaar verbonden door planken paden. Achter een afrastering strekken zich weilanden uit, daartussen akkers met wuivend graan. De vrouw duwt haar een vertrek in. Ze heeft blond haar en een lang, mager gezicht met scherpe gelaatstrekken en een wondje onder de neus. Ruw wijst ze naar een met water gevulde kuip in het midden van het vertrek en overhandigt haar een doek.

Als Gisla zich niet beweegt, opent ze het gouden gewaad en trekt het van haar lichaam. Ze zegt iets. Het klinkt vriendelijker en Gisla probeert een glimlach te laten zien, die echter weer net zo snel rond haar mondhoeken verdwijnt. De vrouw legt het gewaad op een kruk. Het is kostbaar; het wordt straks vast en zeker gewassen. Ze wijst naar de kuip en Gisla begrijpt dat ze zich moet wassen. Onzeker doopt ze de doek in de kuip. Als ze het koude water op haar huid voelt, wordt haar hoofd helderder. En opeens keert de herinnering terug. De kathedraal in Dorestad. De bisschop die met het kruis naar de dreigende indringers zwaait. Daarna de vreemdeling boven haar, de pijn, de schaamte… Ja, water is onontbeerlijk, ze heeft het harder nodig dan wat ook. Ze wrijft met heftige bewegingen over haar huid, schrobt de zachte plek tussen haar dijbenen – en kan er pas mee stoppen als de vrouw haar een draai om de oren geeft en haar de doek hardhandig afpakt.

Ze moet een gewaad van grove, ongekleurde wol aantrekken. Gisla gehoorzaamt. 'Elva,' zegt de vrouw en ze wijst naar haar eigen borstkas. Gisla denkt na of ze haar eigen naam zal noemen, en besluit om het niet te doen. Ze zal hier tenslotte niet blijven. Haar vader zal haar achternakomen en straks hier zijn. Hij is sterk en slim. Hij zal haar terug naar huis brengen in Dorestad. Daarover bestaat geen twijfel.

Mijn vader zal me komen halen…

Hoofdstuk 1

Denemarken, zeventien jaar later

Het begon te schemeren en het bos veranderde. Even geleden lichtte de horizon nog op door de zon, waren de beuken, zuurbessen en peperboompjes nog gedompeld in roodgoud avondlicht – nu sloeg de duisternis opeens toe in de boomkruinen, als een dief met zwarte vingers.

Freya schrok ervan. Als het donker was haalde Elva haar slavinnen naar de hal toe, waar hun huishoudelijk werk wachtte. Er moest wol worden gekaard, kleren versteld, veters gevlochten, leer gelooid, ketels geschrobd... In het gewoel overdag, als het werk was verdeeld over de tuinen, akkers en stallen, lukte het de slaven soms om er even tussenuit te knijpen, maar 's avonds niet, als Elva er met scherpe blik over waakte dat niemand van haar mensen aan het rondlummelen was. Nietsdoen was er bij haar niet bij.

Misschien was het daarom maar beter om halverwege rechtsomkeert te maken, zonder in de val te kijken die ze de vorige dag tijdens een van haar verboden uitstapjes in het bos had gegraven. Freya beet op haar lip. Hoelang was het wel niet geleden dat zijzelf, haar moeder Gisla en haar zus Asta een volle maag hadden gehad? Twee weken? Drie? Gisteren had ze moeten braken, omdat ze bedorven vlees naar binnen had gepropt. Nee, ze zou doorlopen en erop hopen dat haar verdwijning niet opviel. Mocht ze worden betrapt, dan moest ze wel een uitvlucht bij de hand hebben.

En als Elva haar niet geloofde? Ach, iets ergers dan een pak slaag stond haar niet te wachten. Er waren maar zeven slavinnen in het kleine dorp waar ze over heerste. Elva kon hen geen van allen missen. En al helemaal het meisje niet dat net in de kracht van haar leven was en dat haar nog jarenlang in de huishouding en op de akkers van dienst moest zijn.

Freya's rok bleef aan een doorntak haken en scheurde. Ze streek over de gerafelde stof. Dat zou ze moeten repareren voordat Elva erachter kwam. Waarom had ze die val verdorie zo diep in het bos gegraven? Ze haastte zich verder en merkte dat met het vallen van de nacht ook de geluiden veranderden. De merels deden er het zwijgen toe, in plaats daarvan was de lucht vol van het geroep van een oehoe en het gekrijs van torenuilen. Geluiden die ze niet kon thuisbrengen vermengden zich met het beklemmende concert van de vogels. Takken die onder de poten en hoeven van onzichtbare dieren braken, geritsel, gesnuif...

Opeens begon haar hart te bonken. Ze hadden het in het langhuis toch gehad over een beer die bij de kust verschillende lammetjes had doodgebeten? Het drong tot haar door dat er achter elke struik gevaar kon schuilgaan. Vogelvrijverklaarden zochten hun toevlucht in de bossen, er zwierven wilde honden rond, lynxen... Afgelopen winter had een roedel wolven de kleine Torfin te pakken gekregen. De aanblik van zijn lichaam, waaruit de dieren stukken vlees ter grootte van een vuist hadden gereten, stond in haar geheugen gegrift. Ze merkte dat haar ogen pijn begonnen te doen door alle inspanningen om door de duisternis heen te dringen.

Ophouden daarmee! riep ze zichzelf tot de orde. Dat ontbrak er nog maar aan, dat ze in paniek raakte. Het enige echte gevaar dat dreigde was dat ze door de duisternis langs haar zorgvuldig voorbereide val zou rennen. Ze ging het dier halen dat hopelijk was aangelokt door de muis die ze als aas had aangebracht, en daarna zou ze teruggaan naar huis en... Altijd alles een voor een aanpakken.

Freya boog haar hoofd om onder een overhellende boom door te glippen. Ze struikelde en krabbelde weer overeind. Eindelijk arriveerde ze bij de door de bliksem gevelde eik die voor haar als oriëntatiepunt diende en ze liep verder naar een stuk bos dat dichter begroeid was. Nog twaalf passen door het struikgewas en ze had de val bereikt. Terwijl ze zich bij het gat op haar knieën liet vallen hoorde ze daarin iets ritselen, haar hart sloeg over van blijdschap. Ze had iets gevangen. Gehaast schoof ze de rest van het sprokkelhout opzij waar haar buit doorheen was gevallen. Ze ging op de grond liggen, tastte met haar handen in het trechtervormige gat en voelde een zacht vel tussen haar vingers. Bang geblaf, gevolgd door een beet. Ze had een vos gevangen!

Freya trok hem bij zijn nekvel naar zich toe en pakte met haar vrije hand het mes dat ze uit de keuken had gestolen. Heel even had ze medelijden met het dier, dat vertwijfeld probeerde te ontsnappen, maar toen sneed ze met het mes zijn keel door.

Even later, toen ze de rand van het bos weer had bereikt, kwam haar angst in één klap terug. In het dorp aan de andere kant van het weiland was overal licht te zien, het gonsde van de bedrijvigheid. In het licht van de fakkels die de huizen en plankenwegen flankeerden kusten mannen uitbundig hun vrouw, ze zwaaiden hun kleine kinderen door de lucht en drukten hun tot tranen geroerde grootmoeders tegen zich aan. Freya zag Dammo, die bagage van de rug van een ezel tilde, en de hinkende Isenbard, die zakken vol buit naar het langhuis van Björn Ragnarsson sleepte. Björn was dus met zijn mannen thuisgekomen van hun strooptocht! Maar waarom vandaag? vroeg ze zich vertwijfeld af. Waarom uitgerekend vandaag? Elva had haar slaven vast en zeker al opgetrommeld, omdat er moest worden gekookt. Maar misschien heeft ze in alle drukte niet eens gemerkt dat ik er niet was? Helemaal onmogelijk was dat tenslotte niet.

Ineengedoken rende Freya door de wei, ze sprong met een zwaai over een van de achterste hekken en mengde zich onopvallend tussen de dorpelingen. Niemand lette op haar of op de zak vol gaten onder haar arm waarin ze haar buit had verstopt. Alleen de kleine Orm, de zoon van een boer, stak met een hoopvolle blik zijn hand naar haar uit. Ze stopte er een paar bramen in die ze al lopend van een struik had getrokken en hij lachte naar haar, waarna hij wegholde om zijn schat stiekem naar binnen te werken. Kinderen waren de betere mensen. Ze schonken je zonder bijbedoelingen hun genegenheid. Geniepigheid en huichelarij ontstonden pas als mensen ouder werden.

'Freya...'

Hoorde ze iemand haar naam roepen? O, het was haar moeder. Gisla hoefde niet te weten wat ze had gedaan, ze zou zich alleen maar druk maken. Freya deed alsof ze niets had gehoord en rende de dichtstbijzijnde hoek om naar de verderop staande gebouwen, waar zij en de andere slavinnen woonden. Gejaagd sprong ze via de houten traptreden naar de half in de bodem gebouwde hutten. Hierbeneden was het pikdonker. Ze liep gebukt onder de dakbalk door die het bouwwerk in het midden ondersteunde en verborg haar kostbare buit in het stro van het bed waarin Asta, haar moeder en zijzelf sliepen. Daarna haastte ze zich weer naar buiten, en duwde bijna haar zus omver.

'Waar was je nou?' siste Asta. 'Elva vroeg de hele tijd naar je. We moeten haring kaken.'

'Hè? Willen ze het serieus vannacht al vieren?' Freya was nog nooit meegevaren met een boot, maar ze wist dat voor het gevecht tegen de golven enorm veel kracht nodig was. Ook de tocht van de kust naar hun kleine nederzetting, waarbij de mannen hun boot in een uitgeholde boomstam achter zich aan trokken, was geen pleziertochtje. Ze had er volledig op vertrouwd dat de strijders naar hun huizen zouden verdwijnen om daar iets te eten en te drinken en vervolgens zouden gaan slapen.

'Het feest zelf is natuurlijk pas morgen, maar ze willen nu graag gebraden vis hebben.' Asta klonk zoals altijd neerbuigend, wat misschien kwam omdat ze een jaar ouder was dan Freya, al bijna vijftien. Wellicht had het ook te maken met haar voornaam aandoende witte huid, haar volle lippen en haar haar dat als vloeibaar goud over haar schouders deinde. Of het nu hooggeplaatste mannen of slaven betrof, de blikken van de mannen volgden haar, en Freya wist dat ze genoot van die bewondering. 'Toe nou maar, voordat er problemen komen. En die komen er sowieso voor ons allebei, en voor moeder ook, vergeet dat niet.' Asta gaf haar een stomp om haar aan te sporen.

* * *

Het huis waarin Björn en zijn familie woonden stond midden in het dorp. Een langgerekt gebouw dat zeker vijf voet boven de andere huizen uitstak, waardoor het ook een tweede, halfhoge verdieping had, waar Björn en zijn vrouw de nachten doorbrachten. Op het dak en tussen het vlechtwerk woekerde mos, uit het luchtgat boven de vuurplaats kringelde een rooksliert.

Bij het openen van de deur kwam er gelach en luidruchtige vrolijkheid op Freya af. Maar schijn bedriegt. Toen ze naar de gezichten van de teruggekeerde mannen keek, zag ze dat de meeste van uitputting nauwelijks op hun benen konden staan. Veel van hen hadden zich op de rustplaatsen aan de zijwanden van de hal laten zakken; ze hadden hun benen uitgestrekt in de richting van het vuur en lieten drinkhoorns vol honingwijn aanrukken, die ze in één teug leegdronken. Ze wilden feestvieren, zich laten verzekeren dat ze helden waren, en sommigen wilden misschien ook de gruweldaden vergeten die ze hadden begaan. Maar wat ze in werkelijkheid nodig hadden was slaap.

'Ben je aan het wortelschieten?' siste Asta in haar nek en ze duwde haar vooruit.

In het voorbijgaan wierp Freya een steelse blik op haar meester, die het zich gemakkelijk had gemaakt op een van de met huiden beklede bedden. Björn was een uiterst gespierde man met blond haar en een gevlochten baard, waarin de eerste grijze slierten zichtbaar waren. Zijn oudste dochter, Elva had hem tot zijn ergernis geen zoon geschonken, knielde voor hem neer met een schaal, omdat ze zijn baard wilde ontwarren en knippen. De Noormannen waren ijdel en onnatuurlijk netjes, zoals haar moeder graag afkeurend zei. Ze baadden elke week en trokken al even vaak schone kleren aan. Björn liet zijn dochter haar gang gaan, hoewel ook zijn ogen bijna dichtvielen. Toen het scheermes een nog maar amper genezen wond op zijn wang raakte vloekte hij even, maar hij sloeg haar niet, ze was tenslotte niet het kind van een slaaf.

'Toe nou maar.' Opnieuw een stomp van Asta. 'Ze kijkt naar ons!' En inderdaad. Elva wees ongeduldig naar een houten emmer met haring, die naast de tafel achter het vuur stond. De meisjes pakten een kruk en Freya begon de vissen van hun schubben te ontdoen. Door de smalle kieren in de wanden, die overdag voor licht binnenshuis zorgden, floot de wind. In de aangrenzende stal onder de slaapverdiepingen waren schapen en geiten aan het herkauwen. Het stonk naar rook en de zwetende, met zout bedekte huid van de teruggekeerde mannen. Vanuit haar ooghoeken zag Freya dat Björn en zijn mannen overeind kwamen en hun kleding uitdeden. Blijkbaar wilden ze naar het badhuis. Dat was fijn, het zorgde ervoor dat de vrouwen meer tijd hadden om te koken.

Terwijl Freya's mes onder de schubben gleed, verwijderde Asta de kop en ingewanden van de haringen. Ze werkten vliegensvlug. Er moest geen narigheid ontstaan. Niet op een dag als deze, waarop iedereen door de terugkeer van de strijders bijna over zijn toeren raakte. Freya keek heimelijk naar de groeiende berg vissenkoppen. Normaal gesproken mochten de slaven die meenemen om er soep van te koken. Hopelijk vandaag ook. Gebraden vos en vissoep, dat zou een feestmaal zijn! Hoewel, het was beter om een deel van het eten te bewaren voor...

'Hèhè, eindelijk!' snauwde Elva.

Freya kromp ineen. Gisla was de hal binnengekomen met een zwaar vat honingwijn op haar rug dat haar bijna op de knieën kreeg. Freya zag dat haar moeder trilde van inspanning en dat haar gezicht rood aangelopen was, maar ze durfde er niets over te zeggen. Elva gedroeg zich eigenaardig als het om haar oudste slavin ging. Ze sloeg Gisla bij elke gelegenheid en vaak ook zonder aanleiding. Omdat ze jaloers is, had haar moeder een keer uitgelegd, zonder een spier te vertrekken, hoewel haar man al lang niet meer het bed deelde met haar rivale. Gisla was vroegtijdig grijs geworden en zag er inmiddels uit als een oud vrouwtje.

'Te veel! Je snijdt te veel af.' Elva haastte zich om de tafel heen, pakte Asta's blonde haar en trok er zo hard aan dat de ogen van het meisje vol tranen schoten.

'Nou? Waarom sta je ons zo aan te gapen?' Deze woorden waren weer voor Gisla bedoeld. 'Schiet op, kromme heks! Als je morst, krijg je er met de zweep van langs!'

Gisla probeerde het zware vat op een plank te tillen, wat haar na een aantal pogingen ook lukte. Binnen een paar seconden begon Elva opnieuw te schelden. 'Lomp kreng, je bent alles aan het pletten! Dat kun je toch niet meer braden? En je hebt de helft er nog in laten zitten...' Ze haalde uit en sloeg Asta in het gezicht, die nu hard begon te huilen. 'Zorg dat ze weggaat, Gisla. Hup, breng dat onhandige wicht naar de melkhut. Ze moet boter stampen. En wel de hele nacht, zonder pauze, tot morgenochtend vroeg! Ze stampt boter totdat de zon in de hut schijnt! Geen seconde korter, anders zal ze wensen dat ze nooit geboren was.'

Dat was zwaar, het was... onmenselijk, als Elva haar dreigement serieus meende. In de melkhut was het ijskoud en voor het stampen van boter was enorm veel kracht nodig. Een mens kon eraan onderdoor gaan, aan die combinatie. Wat was er toch in hun meesteres gevaren? Ze had Gisla getreiterd, maar tegen haar dochters was ze tot nu toe niet ruwer geweest dan tegen de andere slavinnen.

Freya keek haar zus verdrietig na. Ze boog haar hoofd toen Elva haar uitdagend aankeek. Gedurende de rest van de avond drong er weinig tot haar door.

₊

Een paar uur later lag ze naast haar moeder in de hut van de vrouwelijke slaven. Het was hier ijskoud, hoewel het pas oktober was. Freya trok haar moeder naar zich toe en sloeg haar armen om het magere lijfje, om haar wat warmte te geven. De kippen die ze van Elva mochten houden ritselden in het stro, de wind floot door het bovenste deel van de houten wanden die uit de grond oprezen, verder was het stil. De andere slavinnen waren blijkbaar opgehaald door de teruggekeerde mannen, of ze waren naar de hut van de mannelijke slaven geslopen, die aan de andere kant van het dorp stond, misschien zelfs naar de hut van de een of andere boer.

Gisla zocht Freya's hand. 'Ik wilde Asta aflossen, zodat ze een paar uur kan slapen, maar die heks vond het niet goed,' fluisterde ze.

Freya kreeg meteen een naar gevoel. Het was ook bij haar opgekomen om haar zus te helpen en zíj had misschien wel onopgemerkt de melkhut kunnen binnensluipen. Eigenlijk had ze dat ook willen doen, maar ze was gewoon te uitgeput geweest en ze had haar geweten gesust met de gedachte dat Elva vast en zeker de nacht bij Björn zou doorbrengen, waardoor Asta tijdens het stampen rustpauzes kon inlassen. 'Ik zal morgen het zware werk van haar overnemen,' beloofde ze. Haar tanden klapperden. De deken was te dun. Maar om hout te gebruiken voor een vuur hadden ze Elva's toestemming nodig en die kregen ze bij dit weer nog niet.

Gisla draaide zich op haar zij. 'Moge God...' De woorden ebden weg. Freya schrok van de stilte.

'Wat moet God doen?'

Gisla's armen beefden. Ze mompelde iets, viel weer stil, begon vervolgens te huilen, mompelde weer... En opeens kwam het eruit, eerst hortend, daarna in razend tempo, alsof er een dam was doorgebroken: 'Moge God haar vermorzelen, die Deense duivel, haar fijnknijpen in Zijn hand... haar verscheuren als wol ... weet je hoe het is gegaan? Hoe het echt is gegaan op de dag dat ze me...' De woorden die ze tot dat ogenblik nooit had willen prijsgeven kwamen over haar lippen. De dag van haar ontvoering. Dat haar vriendin Johanna wilde trouwen... móést trouwen, maar wat deed dat er nog toe. De trouwerij in de dom. De bisschop, die heilige Latijnse woorden sprak. 'En plotseling vlogen de deuren open.' De oorlogskreten van de Denen bezoedelden de heilige plek... zwaarden... bloed... kreten van pijn... in stukken gehouwen kinderlichamen... 'Kinderen, Freya, kinderen! En toen kwamen ze bij mij.'

Een zucht, zo diep dat het nauwelijks te verdragen was.

'Ze sleurden me naar buiten... gooiden me in hun boot... Maar opeens dook mijn vader op, Gerold, je grootvader. Een goede en sterke man. Ik hoorde dat hij mijn naam riep. Hij wilde me...'

'... redden,' vulde Freya aan toen haar moeder opnieuw begon te snikken.
'Ik weet dat hij zijn leven voor mij zou hebben gegeven. Alleen waren de Denen sterker.'
Dat was de bittere waarheid.
'En toch,' fluisterde Gisla terwijl haar hand Freya's hemd vastpakte, 'we mogen dan misschien slaven zijn, maar we dienen de echte God van de liefde. Deze God zal ons, als de tijd rijp is, uit de greep van die vervloekte schoften bevrijden, daar moet je op vertrouwen, dochter van me!'
Freya knikte, niet uit overtuiging, ze geloofde niet in een redding, maar omdat het trillende lichaam in haar armen daar zo naar verlangde.
'Weet je nog dat je je brandde aan die fakkel?'
Natuurlijk. Dat gebeurde omdat ze onhandig was en struikelde. Het litteken liep van haar hand tot aan haar elleboog.
'Precies zo zal het iedereen vergaan aan het eind van het leven. God zal de Denen naar de hel sturen. En daar zal Hij hen in het vagevuur laten martelen. Hun pijn zal zijn als die van jou, alleen honderd, duizend keer erger. En het zal nooit ophouden. Onze God zal de Denen tot in alle eeuwigheid laten boeten, zonder de kans op vergeving die Hij alleen berouwvolle zondaars schenkt. Maar ze hebben geen berouw...'
Stil van medelijden streek Freya over de rimpelige huid van haar moeder. En toch kwam ze tegen haar woorden in verzet. Niet dat ze Björn geen pijn gunde. Anders dan de meeste Denen sloeg hij niet om een fout te bestraffen, maar om het plezier in de angst van zijn slachtoffer. Ze zag het in zijn ogen en hoorde het aan zijn stem. Er was niemand die ze zo intens dood wenste. Wat haar stoorde was de tegenstrijdigheid in de beweringen van haar moeder. Hoe kon een God die stond voor echte liefde hand in hand gaan met een wezen dat genoot van martelingen en folteringen? Ze vroeg het zachtjes aan haar moeder.
Ze had verwacht dat Gisla haar in de rede zou vallen en haar die ketterij, zoals ze dat noemde, zou verbieden, maar merkwaardig ge-

noeg zweeg ze, en na een tijdje mompelde ze: 'Ik ben niet slim, Freya, en het is ook geen verzinsel van me. Maar de slimste persoon die ik kende geloofde heilig in deze God van liefde en wraak.'

Ze had het over Johanna, dat wist Freya. En ze vermoedde ook wat er nu zou volgen. Johanna was in het met mooie herinneringen gevulde verleden van haar moeder een lichtende gestalte vol wijsheid, moed en vriendelijkheid geweest, het tegenovergestelde van de verdorvenheid en wreedheid van de Denen. Toen Johanna had beweerd dat liefde en wraak in één wezen konden samengaan...

Maar haar moeder veranderde onverwacht van onderwerp.

'Je zus wordt ouder.'

'Natuurlijk.'

'Net als jij. Maar zij is mooier, ze is een echte schoonheid.'

Waarom zei ze dat? Heel even voelde Freya zich gekrenkt. Ze wist van zichzelf dat ze er met haar magere, jongensachtige lichaam, met borsten die niet groter waren dan walnoten, onooglijk, zo niet lelijk uitzag. Haar haar was rood en piekerig. Geen enkele man keurde haar een blik waardig. Dat had natuurlijk ook voordelen. Daardoor ging ze problemen uit de weg waar ze niet op zat te wachten. Toch raakte de opmerking van haar moeder haar.

Gisla was weer in gedachten verzonken en Freya begon aan het werk van de volgende dag te denken, dat ze echt haar best zou doen om Asta te ontlasten. Bij Wodan en Jezus of hoe die goden ook allemaal heetten: het was verachtelijk en dom om de enige persoon met wie ze van nature verbonden was op stang te jagen. Bovendien had ze echt medelijden met Asta. Nou goed, ze zou zichzelf één of twee uur slaap gunnen, totdat haar lichaam geen pijn meer deed, langer niet, en dan zou ze... Een vlaag koude lucht, die vanaf de deur naar hen toe stroomde, onderbrak haar gedachten. Toen ze zich omdraaide zag ze dat iemand de deur had geopend. Voor het lichte vierkant stond een donkere gestalte.

Björn.

Zijn pluizige harendos tekende zich als een stralenkrans af tegen de nacht. Hij was dronken, het licht van de fakkel die hij vasthad voerde op het plafond en de wand een onzekere dans op. Zonder een woord

te zeggen liep hij de kleine trap af. Nadat hij de vloer van de hut had bereikt liet hij het licht door het vertrek zweven totdat het Gisla en Freya bereikte, die onwillekeurig dichter tegen elkaar aan kropen. Hij nam hen even op en slaakte een kreet van teleurstelling. 'Waar is ze?'
Hè?
Haar moeder mompelde: 'Dat kleintje... ze is nog een kind, alstublieft niet, meester.' Ze probeerde overeind te komen. 'Ik kom wel, ik zal u gelukkig...'
Björn barstte in een mekkerend gelach uit. 'Hoor ik dat goed? Jij wilt mijn bed vuilmaken?' Hij duwde haar terug op bed. 'Weet je niet hoe lelijk je geworden bent, rimpelige heks? Dan doe ik het nog liever met een dode kat.' Hij griste de deken weg en staarde naar Freya, die ineenkromp. Björn gedroeg zich onvoorzichtig, er druppelde wat pek in haar nek, maar ondanks de pijn durfde ze het niet weg te vegen. 'Een skelet,' zei hij kleinerend en hij gaf ook haar een trap. 'Hup, je nest uit. Haal je zus!'
Pas toen begreep Freya het. Björn was op zoek naar een nieuwe bedslavin. En natuurlijk wilde hij Asta, wie anders? Niemand kon het wat schoonheid betrof tegen haar opnemen. De schellen vielen haar van de ogen. Elva moest gemerkt hebben wat er stond te gebeuren, ze was jaloers. Daarom die overdreven straf in het melkhuis. Stoorde het Björn dan helemaal niet dat Asta zijn dochter was?
Naar hulp zoekend keek Freya naar haar moeder, maar die lag er als verlamd bij. Ze waren machteloos. Zelfs met hun tweeën, zelfs als de angst hen niet zou verlammen, zouden ze niet sterk genoeg zijn om het op te nemen tegen hun dronken meester. Traag kwam ze overeind en ging de trap op. De deur stond nog altijd open en een koude wind waaide in haar gezicht. Net toen ze naar buiten wilde stappen, klonk er achter haar rug een vreselijk geluid, amper menselijk, half gesmoord van pijn. Ze draaide zich om.
Gisla was opgesprongen en ze had haar handen om Björns hals gelegd. Haar gezicht was vertrokken tot een grimas. Als een pop hing ze aan de reus, drukte haar vingers in zijn gespierde hals, die ze nauwelijks kon omvatten, schopte, brulde... En was toch niet opgewas-

sen tegen Björn. Zonder enige moeite maakte hij haar handen los en slingerde haar tegen de planken wand. Hij boog zich woedend naar de fakkel die hij tijdens Gisla's aanval had laten vallen en ramde de steel in de aarden vloer. Freya kon alleen zijn rug zien, maar ze merkte dat hij trilde van woede. Hij dook op Gisla, die huilend op het bed gehurkt zat. Nog één keer kwam hij overeind, nu om haar hemd kapot te scheuren, daarna duwde hij haar arme lichaam met zijn imposante gestalte in het stro. Gisla kermde het uit.

Als verdoofd liep Freya de trap weer af. Ze sloop naar het voeteneind van het armzalige bed en begon in het stro naar het mes te zoeken waarmee ze de vos had gedood. Björns voeten bewogen, zijn lichaam leek Gisla te vermorzelen. Waar was dat vervloekte ding? Eindelijk raakten haar vingers het hoornen heft. Freya trok het wapen tevoorschijn. Ze stond op en deed zonder aarzelen hetzelfde als uren eerder bij haar jachtbuit: ze greep Björn bij zijn haren en haalde met een krachtige snee het lemmet door de keel van de verraste man.

Alleen ging híj niet dood.

Björn kwam rochelend overeind, griste het mes uit haar hand om het in haar lichaam te stoten. Maar het lukte hem niet. Terwijl Freya achteruitdeinsde, omklemde Gisla zijn benen. Hij draaide zich boos om en joeg het lemmet in haar gezicht, rechtstreeks in een van haar ogen. Gisla verslapte, ze had niet eens tijd voor een schreeuw.

Björns ademhaling ging reutelend, uit zijn hals welde bloed op als water uit een emmer vol gaten. Freya stormde de trap op, maar door een dof geluid draaide ze zich opnieuw met een ruk om. Haar kwelgeest lag op de grond, met zijn gezicht naar de donkere aarde. Zijn hand ging nog een paar keer stuiptrekkend naar het mes dat hem ontglipt was, toen bewoog ook hij niet meer.

Freya slikte. Alles in haar schreeuwde om naar buiten te gaan, maar vluchten zonder plan zou dwaas zijn, zou misschien haar dood betekenen. Ze haastte zich de trap weer af, keek achterdochtig naar de levenloze gedaante en griste het mes weg. En nu: wegwezen? Opnieuw aarzelde ze. Daarna draaide ze de dode op zijn zij en trok zijn dikke schoudermantel met een kraag van marterbont van zijn lichaam. Ze moest een paar keer kokhalzen – zoveel bloed. Maar het kledingstuk zou haar niet alleen warm houden, het zou ook mogelijke getuigen om de tuin leiden. Toen ze er uiteindelijk in slaagde de mantel onder het slappe lichaam vandaan te sjorren en om zich heen te slaan doofde ze de fakkel in het zand en ging struikelend naar buiten.

Ook hier was het niet volslagen donker. De maan wierp brede strepen op het plankenpad en op de daken van de huizen. Geluidloos glipte Freya langs een bank, vervolgens langs een stal en een aantal hutten. Hoorde ze stemmen? Nee. De strijders waren overmand door slaap, de blijdschap dat ze weer heelhuids thuis waren hield de vrouwen naast hen op hun vacht. Alleen een kat zwierf rond bij een hoek en miauwde boos. Freya keek telkens over haar schouder. Maar er was niets te zien.

Eindelijk bereikte ze het melkhuis, dat net als de slaaphutten van de slaven half in de grond was gebouwd. Ze deed de deur open. De maan wierp zijn licht op haar zus. Asta zat gehurkt voor de stenen trap op de grond, ineengedoken, de boterstamper tussen haar knieën. Haar haar viel golvend over haar gezicht. Ze was echt mooi. Een prinses met gouden haar, de stamper was haar scepter, haar uit lompen bestaande gewaad glansde als zachte zijde. Freya gaf haar eerst voorzichtig een duw, daarna wat harder. Toen haar zus opschrok, legde ze een hand op haar mond. 'We moeten hier weg.'

Hoofdstuk 2

Ze vluchtten naar de dichtbegroeide delen van het bos, daar waar struikgewas en hoog onkruid de bodem overwoekerd hadden; ze vermeden de wegen, die hen snel een eind verder zouden helpen, maar die ook zeker door de Denen zouden worden afgespeurd zodra ze Björns lijk hadden gevonden.

Was dat inmiddels al gebeurd? In het uiterste geval zouden de doden worden ontdekt als de slavinnen terugkwamen. Björn lag tenslotte midden op de looproute tussen de strobedden. Freya begon te huilen toen ze aan haar moeder dacht. Ze zouden haar lichaam vast en zeker aan de honden voeren of iets doen wat al net zo afgrijselijk was, om haar nog na haar dood te straffen. Ze veegde de tranen uit haar gezicht. Niet daaraan denken, nu niet!

Hun pad was vol kuilen en boomwortels. In het donker zwiepten de takken als zweepslagen in hun gezicht. De angst dreef hen voort. Maar bij het rennen door struikgewas moest je goed opletten en daar slaagde Asta jammer genoeg niet in. Het was om hoorndol van te worden met haar. Ze begon voortdurend te gillen, klaagde, riep om hulp. Het leek of ze vaker op de grond lag dan aan het rennen was.

'Ik krijg geen lucht meer.'

Laaiend door alle onrust draaide Freya zich om. Het duurde even voordat ze tussen alle struiken de bobbel ontdekte die haar zus was. Ze trok Asta ruw overeind. 'Kom mee.'

'Nee, ik... ik kan niet meer.' Asta klemde zich vast aan Freya's bovenarm. 'Is moeder echt dood?'
'Dat heb ik je toch verteld.'
'Maar...'
'Ze is dood. Daar kunnen we niets aan veranderen.' Dat had ze ook wat zachtzinniger kunnen verwoorden, het was alleen zo dat de angst voor hun achtervolgers haar bijna gek maakte.
'Maar waar gaan we dan naartoe?'
'Naar onze familie.' Het antwoord kwam razendsnel, hoewel het Freya pas net te binnen was geschoten.
'We hebben toch helemaal geen familie. We hebben... We hadden alleen onze moeder.'
'In Dorestad woont onze grootvader,' legde Freya op zo kalm mogelijke toon uit. Hoorde ze daar geluid tussen de bomen? Gehinnik van paarden? Nee, inbeelding. 'Luister, Asta, onze moeder was van adel. Dat heeft ze ons altijd verteld. Ze was een rijke vrouw. De markgravin van Villaris. Dan moet er ook een markgrááf zijn en die leeft misschien nog en zal...'
'... op ons spugen. Wij zijn de dochters van de man die zijn vrouw zwanger heeft gemaakt. Hij zal ons haten. Dat zal iedereen in Dorestad doen. Ze zullen ons wegjagen. Als ze ons niet meteen van kant maken.'
Freya staarde haar zus aan. Ze had Asta tot nu toe altijd een beetje naïef gevonden. Waar kwam deze kille inschatting opeens vandaan?
'Bovendien lukt het ons nooit om daar te komen. Voor het zover is, zal Hasteinn ons te pakken krijgen.'
Ze had het over Björns oudere broer, die in een van de naburige dorpen woonde. Hasteinn was het hoofd van de familie Ragnarsson, de erfgenaam van de vaderlijke bezittingen, een woeste man, meedogenloos, heerszuchtig. De broers mochten elkaar niet echt, wist Freya, maar Hasteinn zou niettemin proberen om Björn te wreken. Het was een kwestie van eer, en van doordacht handelen. Deed hij niets, dan zou dat in het naburige dorp als zwak worden opgevat.
'Hij krijgt ons níét te pakken. Als we ons in de bossen verstoppen...'
'Waarom heeft moeder Björn niet gewoon zijn zin gegeven?'

'Hè?'

'We hadden het toch goed,' zei Asta koppig.

Freya deed haar ogen dicht. Björn had hen allebei verwekt. Hoe kon Asta het betreuren dat hun moeder had voorkomen dat ze door haar eigen vader werd verkracht? Hoe kon het dat ze zo... weinig waardigheid had? Ze dacht eraan terug dat zijzelf eieren en appels had gestolen, terwijl Asta zich uitsloofde om Elva een plezier te doen. Zelf was ze hem gesmeerd naar het bos, waar ze zich tegoed deed aan bessen en paddenstoelen. Asta leerde in het langhuis met rode wangen van inspanning hoe je wol moest kaarden en aardewerken schalen leuk versierde. Ze waren zussen, maar hadden niets gemeen.

'Kom mee of blijf hier,' bitste ze kortaf.

Asta bond in en volgde haar, hoewel ze maar langzaam vorderden, alsof hun onenigheid alle kracht uit hen had weggezogen. Tot nu toe waren ze lukraak steeds verder het bos in gerend en nu keek Freya naar de lucht, de sterren wezen haar de weg. Ze moest haar angst overwinnen en nadenken welke kant ze op moesten gaan. De Friezen, het volk van haar moeder, woonden in het zuiden. Je kon hun land via de zee bereiken, zo was hun moeder immers ook ontvoerd, maar ze hadden geen boot en was dat wel zo geweest, dan hadden ze daar niet mee kunnen roeien of hem kunnen besturen. Dus moesten ze via het vasteland vluchten. Er nestelde zich vaag een woord in haar hoofd: Danevirke. Dat waren verdedigingswerken die de Denen hadden gebouwd om hun vijanden uit het zuiden op afstand te houden. Die moesten ze zien te bereiken. Achter de Danevirke waren ze in veiligheid.

**

Bij het krieken van de dag verborgen ze zich in een klein hol, een kuil vol dierenuitwerpselen en nesten, dat een paar passen onder de grond voerde voordat het zo nauw werd dat alleen een muis nog verder had kunnen scharrelen. Asta viel verbazingwekkend genoeg meteen in slaap, maar Freya slaagde er niet in om een oog dicht te doen. Hun moeder, die jammerde onder het gewicht van Björn, de gapende wond in de keel van haar kwelgeest... Toen ze toch even wegdommelde, schrok ze meteen weer op omdat ze zich inbeeldde een schaduw te hebben gezien bij de uitgang van het hol. Ze stond op, tuurde behoedzaam naar buiten en zocht naar sporen, maar vond ze niet. Alleen die van een hert dat waarschijnlijk bij de uitgang had gegraasd.

Vermoeid ging ze hun schuilplaats weer in, maar haar slaperigheid was verdwenen. Ze staarde naar de met wortels doortrokken aarden wanden totdat het donker werd. Toen gingen ze opnieuw op weg. Dat ze naar het zuiden wilde was nu duidelijk, maar Freya was zo uitgeput dat ze moeite had om zich te oriënteren op de wazige bol die door de takken schemerde. Liepen ze in een kringetje? Of juist de kant op waar ze vandaan waren gekomen?

Bij het aanbreken van de dag stuitten ze op een bron en ze viel, met haar hand in het water, gewoon in slaap. Toen Asta haar tegen haar ribben porde was ze eerst woedend, en daarna verbijsterd. Op nog geen steenworp afstand liep een weg door het bos. Hoe had ze die over het hoofd kunnen zien! Wat roekeloos, wat gevaarlijk! Het kwam door die ellendige moeheid! Als ze zich niet vermande, zou haar onoplettendheid hun ondergang betekenen.

Nadat ze even later een verlaten, tussen twee heuvels ingeklemde kolenbrandershut had ontdekt, nam Freya die, verkleumd, hongerig en duizelig, in bezit en ze besloot een dag of twee uit te rusten. De karige meubels in het spelonkachtige, naar verrotte planten stinkende vertrek waren stuk, alsof hier een gevecht had plaatsgevonden; maar dat moest lang geleden zijn, want op het versplinterde hout lag een dikke laag stof. Daar hoefde ze zich dus niet druk over te maken. Integendeel, het stof was het bewijs dat niemand hen zou lastigvallen. De hut had een deur, die ze met een kapotte kruk aan de binnenkant afsloot. Daarna gingen Asta en zij op de grond liggen en ze trokken Björns mantel over zich heen, waarop het bloed was opgedroogd tot stugge banen.

Freya probeerde een tijdje te genieten van de warmte die de wol hun bood, maar het lukte haar niet en ze rolde zich ongemerkt op haar zij. Liever rillen van de kou dan iets op haar huid voelen wat haar misselijk maakte van haat.

Haar blik viel op de deur, die uit verschillende min of meer gefatsoeneerde boomstammen bestond die waren samengebonden en aan elkaar getimmerd. En opeens schoot Snorri haar te binnen, de zoon van de smid, met wie ze soms naar het bos was gegaan. Daar wilde hij haar zijn buitengewone behendigheid in het stokvechten laten zien en zij had dan ook een stok gepakt en zijn bewegingen nagedaan. Eerst was het onhandig gegaan, maar al snel ging het hout in een adembenemend snel tempo van haar linker- naar haar rechterhand, het wervelde om haar heup, gleed naar haar zij, en vervolgens haalde ze uit... volgde een stoot... Uiteindelijk lukte het haar om het wapen tegen Snorri's borst en onderlichaam te stoten. Het was zelfs zo dat hij een paar slagen had moeten incasseren. 'Je vecht als een vent,' had hij lachend gezegd. Hoe oud was ze toen geweest? Negen? Tien? Inmiddels was Snorri volwassen en werkte hij in de smederij van zijn vader. Zou hij begrijpen wat ze Björn had aangedaan?

Freya draaide zich op haar zij. Hij zal er niets van begrijpen, dacht ze. Als puntje bij paaltje komt, staan we allemaal achter onze eigen mensen.

* * *

Hun nieuwe toevluchtsoord was koud en tochtig en ook het vuur dat ze op een gegeven momenten aanstaken hielp daar weinig tegen. Nog erger dan de kou was echter de honger. Toen de zon bleker werd ging Freya stilletjes naar buiten om naar bosvruchten en paddenstoelen te zoeken. Omdat ze zich moest haasten, zocht ze op het kleine stukje bos vlak bij het huis. Er waren deze herfst maar weinig paddenstoelen, wat de reden daarvan ook was. En ze lagen helaas vaak onder een laag goudkleurige of rode herfstbladeren. Freya kroop onder struiken en in geulen en veegde het blad opzij. Ze had een mand uit de hut meegenomen, waarin ze haar buit verzamelde. Terwijl ze hem achter zich aan trok en zich in allerlei bochten moest wringen om een paddenstoel te bereiken, voelde ze onder haar knieën opeens iets zachts.

Ze stopte even. Een dood dier, dat moest het zijn, maar wel een heel groot dier. Terwijl ze voor zich naar de grond tuurde, zag ze daar iets kruipen. Zwart-gouden aaskevers. Ze schoof naar achteren. Er stak iets uit de bladeren wat eruitzag als de grauwe rug van een hand. Ze dwong zichzelf om wat bladeren opzij te vegen. Onder het gebladerte lag een slordig met aarde bedekt menselijk lichaam. Het vlees was aan het rotten, op een paar plaatsen waren botten zichtbaar. De kolenbrander? Waarschijnlijk wel. En zijn gebarsten schedel maakte duidelijk waaraan hij was overleden. Gehaast gooide ze de bladeren terug over het arme schepsel en ze nam zich voor om Asta niets over haar vondst te vertellen.

Maar haar eetlust was verdwenen. Wat in de mand lag moest dan maar volstaan als maaltijd.

En toch was het te weinig. Ze braadden de paddenstoelen aan een stok, maar hun maag knorde nog steeds toen ze het karige maal hadden opgegeten.

'Ik heb het koud,' fluisterde Asta over de vlammen heen, die de hut moesten verlichten en opwarmen, maar even bloedeloos als geesten leken.

'Ik weet het.'

'We zullen verhongeren.'

'Dat zullen we niet. Morgenavond gaan we weer op pad. We banen ons een weg naar het zuiden om terug te keren in het land van onze moeder!'

'Ze zullen ons daar haten.'

'Maar we zullen geen slaven meer zijn.'

'Wat was daar nou zo erg aan, voor Elva...'

'Hou nu je mond maar,' onderbrak Freya haar zus geïrriteerd. Ze wilde een paar blokken hout op het vuur leggen die de kolenbrander in een hoek had opgestapeld. En eindelijk liet het lot zich een keer van zijn goede kant zien. Bij het oppakken van een van de blokken raakte haar hand de rand van een kist. Ze floot even van verbazing. 'Geluk en ongeluk groeien in dezelfde tuin,' had hun moeder vaak gezegd. Daar had ze volkomen gelijk in! Ze trok haar vondst onder het hout vandaan en samen met Asta boog ze zich eroverheen. Aan hun ruzie dachten ze niet meer.

Toen ze de kist openden kwam er kleding tevoorschijn: een linnen broek, allerlei koorden en leren riemen met gespen waarmee de broek in een pofbroek kon worden veranderd; bovendien een roodgeverfd, nogal smoezelig jasje, wollen kousen en zelfs een koppelriem, bestaande uit een heup- en schoudergordel om messen en een zwaard in te plaatsen. 'Het is allemaal mannenkleding,' kreunde Asta teleurgesteld.

'Ik zie het, ja,' zei Freya. Ze deed haar vieze gewaad uit en trok de kleren van de kolenbrander over haar koude lichaam. Voorzichtig bewoog ze haar benen. Het was vreemd om mannenkleding te dragen. Vooral beneden het middel. Haar benen waren in stof gehuld, gevangen eigenlijk, en toch voelde ze zich opeens op een nauwelijks in woorden te vatten manier vrij. Ze zette haar linkervoet op een houtblok en liet haar onderarm losjes op haar bovenbeen rusten. Asta lachte.

Ja, ze was vrij, en dat kwam omdat ze niet meer naakt was, zoals onder de rok. Zelfs haar schaamstreek was bedekt met stof. Toen ze een paar stappen zette was ze gefascineerd door het feit dat er ook geen zoom meer was waar ze over kon struikelen. De lengte van haar passen was niet langer beperkt, ze hoefde niet omslachtig stof op te tillen als ze over een obstakel heen moest. Snorri zou op de grond hebben gelegen als ik met een broek aan de stok had kunnen gebruiken. Ze lachte en begon in een cirkel rond te draaien.

'Je gaat dat toch niet echt dragen?' vroeg Asta.

'Ja, wat moet ik anders?'

***

Maar de opwinding verdween de volgende dag al bij vertrek. Freya had besloten dat ze van nu af aan bij daglicht zouden lopen. Ze waren een flink stuk verwijderd van de dorpen van de Ragnarssons. Snelheid was belangrijker dan voorzichtigheid. Maar de bossen strekten zich eindeloos uit, op een gegeven moment begon het te regenen, de bladeren veranderden in een glibberige massa. Ze liepen, ze sliepen, ze hadden het koud, ze hadden honger. De elzen, beuken en walnootbomen verloren door de regen hun laatste blad, de kastanjes hun vruchten. Eén keer dwarrelden er zelfs een paar sneeuwvlokken door de lucht, als een soort dreiging van wat hun nog te wachten stond.

'Natuurlijk halen we Dorestad,' herhaalde Freya mat telkens als Asta begon te klagen. Geloofde ze daar zelf in? Geloven hielp hen niet verder. Hun moeder had haar leven voor hen gegeven, ze waren haar de kracht verschuldigd om te vechten.

En opeens, er waren twee weken verstreken, misschien zelfs drie, en het werd al donker, doemde er aan de rode horizon een gigantisch obstakel op. Ze hadden net een klein bos achter zich gelaten en kibbelden of ze moesten omkeren om daar een beschutte plek voor de nacht te zoeken of verder moesten gaan, toen ze het zagen. Het ging om een steile, meer dan huizenhoge wal, die rechts en links tot in het oneindige leek door te lopen. De top werd bekroond met een enorme muur, in het midden daarvan bevond zich een stenen gevaarte, een kleine burcht leek het wel, met kleine ramen waardoor geel licht schemerde.

'Wat is dat?' vroeg Asta verbluft.

'De Danevirke.'

Het was hun gelukt. Ze hadden de grens bereikt en daarachter wachtte hun de vrijheid.

* * *

Hoe dichter ze echter bij het bouwwerk kwamen, hoe duidelijker het werd dat ze op een kolossale hindernis af liepen. De wal leek aan hun kant te zijn begroeid met gras, het was niet duidelijk te zien, maar dat kon bijna niet anders. Het zou hun misschien nog wel lukken om naar boven te klauteren, vingers in de grond... stukje bij beetje. Maar dan stonden ze voor de muur. En die was... gigantisch.

Freya streek het haar uit haar gezicht en keek met een bezorgde blik naar de weg die evenwijdig aan het bos liep, bij de laatste bomen een bocht maakte en rechtstreeks naar de kleine vesting in de wal leidde. Het was een brede weg, die ongetwijfeld vaak werd gebruikt. Tot nu toe waren ze tijdens hun vlucht af en toe een herder of boer tegengekomen, die nauwelijks op hen hadden gelet, maar van nu af aan moesten ze weer even voorzichtig zijn als een muis die vlak bij een opening werd beloerd door een kat. Hasteinn Ragnarsson was hen dan wel uit het oog verloren, maar hij had zijn zoektocht beslist nog niet opgegeven. Het was niet moeilijk om te raden welke kant de twee slavinnen op zouden gaan en omdat hij doorging voor een slimme strateeg, zou het hem ook duidelijk zijn waar het net lag waarmee hij hen kon vangen. De wal mocht dan wel lang zijn en leek ook de volledige Deense grens af te sluiten, maar misschien liet hij hem bewaken door ruiters die dag en nacht langs het vestingwerk reden? Misschien zaten zijn mannen in alle burchten die naar het zuiden toe de wal beschermden?

Wat was ze dom geweest, wat had ze slecht nagedacht! Freya had het door honingwijn benevelde gepoch over het meesterwerk van de Deense defensie nooit serieus genomen. Opschepperij, had ze gedacht. En toch was het een feit dat hun dorp nooit door de Friezen of andere volken uit het zuiden was overvallen. De Denen waren er daadwerkelijk in geslaagd om hun land te vergrendelen. Nu zaten zij er allebei achter gevangen.

Asta stootte haar aan. 'Wat moeten we nu doen?'

Freya staarde weer naar de muur. Ze hadden een ladder nodig, heel hoog en heel stevig. Maar die hadden ze niet. Daar kwam nog bij: als de grensversterking net zo werd beschermd als het legendarische Hedeby, dan bevond zich achter de wal een brede, met water gevulde gracht, waarin de Denen wellicht ook spiesen geslagen hadden, met de punt naar boven. Ze waren net zo sluw als Loki, de god van de leugens.

'Ik ben moe. Zullen we een plekje zoeken waar we kunnen slapen?' mompelde Asta. Freya knikte en wilde al achter haar aan lopen naar de beschutting van het bos, toen ze op de weg iets zag bewegen. Ze trok Asta naar zich toe en rolde samen met haar in een natuurlijke greppel tussen twee struiken.

'Wat is er...?'

Ze duwde haar hand op Asta's mond, waarna ze allebei hun hoofd draaiden. Achter een langgerekt stuk bos dat uitstak waren zeker tien mannen opgedoken, vermoeide gedaanten die achter elkaar reden op al even uitgeputte paarden en die naar het wachtgebouw gingen. Ze lieten het hoofd hangen, schonken geen enkele aandacht aan hun omgeving. Hasteinns mannen? Of onschuldige reizigers? Toen de mannen de kleine vesting bereikten vormden ze een groep en ze begonnen te roepen. De afstand was te groot om het te verstaan, maar de poort zwaaide open en ze werden hartelijk begroet. Samen met hun waardevolle paarden verdwenen ze het gebouw in.

'Dat zijn zeker geen mannen van Hasteinn of van Björn...'
'Waarom niet?' vroeg Freya.
'En mocht dat wel zo zijn, dan zullen ze ons niets doen.'
'Omdat we zo keurig haring voor hen hebben gebraden en hun hutten hebben aangeveegd?'
'We zullen voor hen op de knieën vallen en om genade smeken voor...'
'Ben je besodemieterd, dat maakt het alleen maar makkelijker om op ons in te hakken!' Freya sloeg een hand voor haar mond. Ze hoorde geen ruzie te maken met haar zus, ze hadden verder niemand, alleen elkaar. Ze draaiden hun hoofd weer en staarden naar het wachtgebouw.

'Het zijn vast en zeker vreemden die toevallig...'
'En als dat niet zo is?'
'We hebben hun toch nooit iets gedaan.'
'Behalve hun hoofdman vermoord.'
Asta wilde van leer trekken. Dat was jij, niet ik! Iets in die trant. Maar ze beet op haar lippen. Opnieuw ging er wat tijd voorbij. En opeens vloog er een raam open. Er drongen stemmen door de nacht, vermengd met gelach.
'Ze zijn dronken,' fluisterde Asta.
Dat was aannemelijk, niemand kon zo goed drank achteroverslaan als de Denen, ze waren er berucht om en trots op. Als het klopte wat ze beweerden, dan dronken ze zelfs voorafgaand aan hun overvallen, en wisten hun vijanden toch met de grond gelijk te maken. Iemand begon met lallende stem te zingen.

'Is er in de burcht een poort om naar binnen te gaan en aan de andere kant eentje om naar buiten te komen?' vroeg Asta.

'Dat moet wel.'
'En die naar buiten gaat wordt waarschijnlijk afgesloten met een grendel?'
'Ongetwijfeld door meer dan één. De poort moet tenslotte bestand zijn tegen een stormram, tegen een complete bestorming van ruiters. Waarom vraag je dat?'
'Maar je kunt hem van binnenuit openen?'
'Natuurlijk.'
Asta sprong plotseling overeind. Ze rende weg, schuin over de wei, rechtstreeks op de muur met het gele raam af. Het duurde even voordat Freya reageerde, daarna ging ze achter haar aan. Maar haar zus leek opeens te worden gedragen door onzichtbare vleugels, inhalen was niet mogelijk. Ze bereikte een kleine deur die zich pal naast de grote poort bevond en bonkte er met beide vuisten op. Freya bleef ontsteld staan. Dit was gekkenwerk!

'Beste mensen, wilt u ons alstublieft binnenlaten. We zijn verdwaald.' Asta's glasheldere stem galmde door de nacht.

Freya zette de achtervolging weer in, maar het was te laat. De deur ging op een kier en een bewaker die wantrouwend zijn helm had opgezet, spiedde naar buiten. Alleen een vrouw? Hij leek gerustgesteld en zelfs een beetje geamuseerd, totdat hij Freya ontdekte. 'Verdomme, wat...?'

'O... dat is mijn broer maar. Alsjeblieft, we zijn verdwaald, en het is vreselijk koud. Bij Odin, voel eens. Hier, mijn handen. Voel je dat? Ze zijn ijskoud. Hebben jullie binnen een vuur aan? Ik kan het ruiken. Oooo, heb medelijden met ons. Ik kan je wel omhelzen voor een sprankje warmte, ik...' Asta kraamde er van alles uit en in haar bevende stem klonk een belofte door die Freya amper kon verdragen.

Na een korte aarzeling trok de man haar de vesting in. Zijn blik richtte zich op Freya en voor ze het wist had hij een zwaard in zijn hand. Hij nam haar op. Wat zag hij? Een tengere jongen bij wie de angst van zijn versleten kleren af leek te spatten? 'Goed dan, kom ook maar binnen!' snauwde hij.

Wat kon ze anders dan achter de twee aan lopen?
Achter de deur bevond zich een brede hal, die aan de zijkant uit-

kwam op een paardenstal. De walgelijke man vroeg hun om het vertrek binnen te gaan dat daartegenover lag. De lucht die op hen af kwam was benauwd, wat vooral kwam door het door Asta zo geroemde vuur, dat aan één kant van het vertrek in een enorme stookplaats flakkerde. De geur van de rook was vermengd met die van bier, honingwijn en een kruidige paddenstoelensoep. Aan een tafel waren mannen met hun hoofd op hun gekruiste armen in slaap gevallen, andere lagen op hopen stro en weer andere zaten in een hoek en waren aan het drinken of werkten een dunne pap naar binnen. Dat moesten de mannen zijn die zo laat nog waren gearriveerd. Maar godzijdank, er was nergens een bekend gezicht te zien.

Freya vroeg zich af waar de mannen waren die wachtdienst hadden. Of was dat op dit moment niet aan de orde? Dat was goed mogelijk, een overval was in deze onaangename tijd van het jaar niet echt te verwachten. Waarschijnlijk had de sleur van de winter al zijn intrede gedaan en bedronken de wachters zich samen met hun gasten.

En nu?

Freya liep naar Asta, ze moesten hier wegwezen, ze konden zich aan de overkant in de stal verschuilen totdat die gulzige smeerlappen zich bewusteloos hadden gedronken. Maar haar zus glipte langs haar heen en liet zich in plaats daarvan door een Deen op een bank trekken. Als een kat vlijde ze zich tegen de halfnaakte borstkas van de man en ze begon lieve woordjes tegen hem te fluisteren. Freya keek haar met open mond aan.

'Kijk eens aan, jongen!' De man die hen had binnengelaten wilde haar een schuimende houten beker overhandigen. Toen ze haar hoofd schudde, lachte hij. 'Jij bent wel heel braaf, of niet? Bevalt het je niet wat die ondeugende zus van je doet? Maak je niet druk, jongen, zo is het leven.' Hij goot de honingwijn zelf naar binnen, boerde, veegde met zijn mouw over zijn mond en ging achter Asta staan. Zijn behaarde vingers gingen over haar schouder en verdwenen onder haar hemd. Asta lachte en voegde zich ongegeneerd naar zijn kolenschoppen. De tweede man, die op de bank, schoof een hand onder haar rok. Freya balde haar vuisten. Moest ze ernaartoe en erop los slaan? En dan een pak slaag krijgen en moeten toekijken hoe het...

het onvoorstelbare toch nog zou gebeuren? Asta boog haar nek naar achteren en streelde de kin van de man achter haar. Alsof ze dat altijd al had gedaan. Mannen zo mak als een lammetje maken. Alsof ze... En als dat ook echt zo was? 'Ik moet nog vegen... Een koe heeft zich bezeerd...' Hadden haar moeder en zij niet vaak in het slaaphuis op Asta gewacht?

Freya liet zich machteloos op een houten wenteltrap zakken die in een ronde muur was aangebracht en naar de bovenverdieping leidde. Verdwaasd liet ze haar ogen ronddwalen. Het vertrek waar ze zich bevond ging over in een kleinere kamer, een soort voorvertrek, dat weer aan een andere ruimte grensde. Lag ergens achter dit labyrint de zuidelijke poort? Dat zou logisch zijn. Als vanuit Friesland de hoofdpoort werd bestormd, dan moesten allerlei vertrekken met smalle deuren worden gepasseerd voordat je bij de noordelijke kant kwam. En bij elke drempel zou je op ervaren strijders stuiten.

Ze dacht aan de noordelijke poort. Die was dicht gebleven toen Asta vroeg of ze naar binnen mochten. In plaats daarvan had de wachter hen binnengelaten via de kleinere deur. Er zou voor de zuidkant vast ook een smalle toegang zijn voor voetgangers? Maar waar bevond die zich?

Asta begon te zingen en een van de mannen die haar als een levende zak vol geschenken aftastten ging met zijn tong over zijn lippen. De andere mannen stonden met koeienogen toe te kijken of sliepen. Niemand schonk aandacht aan Freya. Ze maakte gebruik van het moment en glipte de wenteltrap op.

De treden kwamen uit op een vertrek met een plankenvloer, die de helft kleiner was dan de kamer daaronder, en hij was helemaal leeg. Alleen tegen een van de wanden stond een ladder. Maar er was nog een deur, tegenover de trap. Die was klein en stevig, een kopie van de deur bij de ingang, waardoor ze vanuit het noorden het gebouw waren binnengestapt. Alleen had deze deur een van tralies voorzien kijkgat. Freya gluurde naar buiten en keek uit over een maanverlichte wei, die opging in een bosrand. Er was nóg een verschil: deze toegang tot de vesting bevond zich op duizelingwekkende hoogte, hij was bij een aanval makkelijk te verdedigen. Wie via een ladder omhoogkwam kon vanaf het platform worden neergestoken of naar beneden worden geduwd.

Ze luisterde wat er op de benedenverdieping gebeurde, maar niemand leek haar verdwijning te hebben opgemerkt. Vastberaden schoof ze de grendels terug waarmee ook deze deur was beveiligd en ze stak haar hoofd naar buiten. Onder haar lag een zilverachtig glinsterende afgrond, de gracht die ze daar al had verwacht. Om bezoekers die welkom waren toegang te verschaffen tot de deur was over het water een smalle brug gebouwd. Daarachter begon een weg die al snel overging in de wei. Heel even werd Freya overvallen door het heerlijke gevoel dat ze ook gehad toen ze de stok voor Snorri's borst had weggestoten. De broek die ze droeg had nog niet eerder zo perfect gevoeld. Daarbeneden strekte zich de vrijheid uit! Maar ze was nog niet buiten. Bovendien moest ze zich om Asta bekommeren...

Freya leunde tegen de balk die de deur ondersteunde en staarde voor zich uit. Ze kon haar zus niet simpelweg ophalen. Er waren daarbeneden nog altijd mannen die met een wapen konden omgaan. Betaalde Asta op dit moment de werkelijke tol voor hun ontsnapping? Ze beet op haar lip.

De wind kreeg vat op haar jas, een nachtvogel poepte op de brugleuning, de tijd verstreek. Op de benedenverdieping was het even lawaaierig omdat een van de mannen begon te schreeuwen, daarna werd het rustiger. Op een gegeven moment was het volkomen stil. Freya wilde zich omdraaien en naar de trap lopen, toen ze opeens Asta's stem hoorde, bang, protesterend. Haar hand ging naar haar mes, ze haastte zich de traptreden af. In één oogopslag zag ze dat bijna alle mannen sliepen. Maar een van hen, die haar eerst helemaal niet was opgevallen, een nogal tengere man met een tatoeage op zijn wang, boog zich over haar zus. Wat hij aan het doen was, was niet te zien, omdat hij met zijn rug naar haar toe stond. Daarna liet hij zich merkwaardig genoeg onder het tafelblad glijden en het was haar volslagen onduidelijk wat hij van plan was. Asta had haar zus ontdekt en keek haar in paniek aan. Meteen daarna sperde ze haar ogen open, ze verstijfde.

Freya nam de laatste trede, pakte haar mes steviger vast en bukte zich. Onder de tafel was het donker, maar ze hoorde de man hortend ademhalen. Asta begon te huilen. Vervolgens ging Freya op dezelfde manier te werk als bij de vos, als bij Björn. Het doorsnijden van de keel was dit keer lastiger, omdat de baard van de man haar in de weg zat, maar het mes was scherp en haar bewegingen waren vastberaden. Haar slachtoffer begon met zijn armen te maaien, voor zover de beperkte ruimte onder de tafel dat toeliet, daarna zakte hij in elkaar.

Freya incasseerde een trap van Asta's rondspartelende voeten. Ze kroop onder de tafel vandaan, en zag haar zus vluchten. Alleen was dat in de verkeerde richting, naar de noordelijke poort. Gejaagd trok ze haar naar achteren. 'Daarheen!' Asta wilde gehoorzamen, maar haar blik viel op de plas bloed die onder de tafel vandaan sijpelde.

'Kom!'

Asta trok wit weg. Als verdoofd liep ze achter haar aan naar boven, naar de afgezonderde ruimte. Freya schoof de ladder door de poort, even later stonden ze op de brug en daarna, eindelijk, op de weg die daarachter begon. De geur van de weides was als muziekgeschal, het maanlicht deed denken aan een kus, het vochtige gebladerte dat door de wind in Freya's gezicht werd geblazen als iets leuks en teders. Zielsgelukkig wilde ze haar zus omhelzen, en bleef halverwege stilstaan. Asta's zachte, nog altijd bleke gezicht was getekend door uitputting, verwarring en pijn. Maar er was nóg iets. Het duurde even voordat Freya kon benoemen wat ze zag. Kilheid. Asta's ogen waren blauw, maar niet stralend blauw zodat je er speciale aandacht aan zou hebben geschonken, ze hadden meer weg van de lucht op een mistige dag. Maar hier, in het karige licht van de maan, leken ze opeens te schitteren. Twee kleine brokjes ijs.

'Wat is er?'

Asta's stem klonk gesmoord toen ze zei: 'We... zijn verschillend. Ik heb het bloed van onze moeder en jij dat van onze vader. Ik probeer te troosten en jij moordt.'

Hoofdstuk 3

Rome, 854

Rome. De heilige stad, waar in elke hoek de schaduw van de apostel van liefde, vergeving en de troost van het paradijs na een vroom leven als een fluistering rondging. Waar de stoffelijke resten van de martelaren onder de altaren van de kathedralen de hulp van de Almachtige beloofden. Waar de mensen werden omringd door de liefde van een zachtaardige paus... En tegelijkertijd: de stad waar in de door bruggen overspannen levensaders stinkend afval en uitwerpselen dreven, waar de ooit zo schitterende onderkomens in verval waren geraakt, waar kardinalen kinderen verwekten bij hoeren, waar 's ochtends de slachtoffers van de Sicariërs werden opgehaald, die in opdracht van de machthebbers een leven hadden beëindigd. Een plaats van tegenstellingen zoals je dat nergens anders op de wereld aantrof, dacht Aristide, de gardesoldaat van de paus die net de verguisde rivier over ging en door de afgrijselijke stank een arm voor zijn neus hield.

Hield hij van zijn stad? Hij had geen idee. Wat hem in Rome hield was een bepaalde sentimentaliteit, hij was hier geboren en getogen, maar het had zeker ook te maken met paus Leo en met de dag waarop de Saracenen waren gekomen. Er liep een rilling over zijn rug nu hij terugdacht aan de overval. De schepen van de heidenen, honderden, met opgebolde zeilen en strijders die met zwaarden tegen hun schilden sloegen, waren bij de kust opgedoken en voor het eerst in zijn leven was Aristide echt bang geweest. Hij had verwacht dat de paus door de overmacht zou vluchten, wat zijn adviseurs hem ook op het hart drukten. Maar in plaats daarvan had Leo zich naar de Santa Aureakerk gehaast. Hij was op de trap van het gebouw gaan staan, had zijn armen in de lucht gestoken en de Almachtige ten overstaan van de angstige bevolking om bescherming gesmeekt.

Aristide, die was opgeroepen om hem te escorteren, had zijn hoofd afgewend. Hij was gelovig, uiteraard, maar in bepaalde situaties borrelde er in dat geloof iets duisters op. Zijn ouders waren bij een overstroming om het leven gekomen. Hun dood was te vermijden geweest als ze hadden geluisterd naar hun oude buurman, die in de steeg waarschuwend had geschreeuwd. Maar een priester had zijn vader en moeder de bescherming van God toegezegd en daarom waren ze gebleven en jammerlijk verdronken. Aristide had alleen kunnen ontsnappen omdat de sceptische buurman hem met zich had meegesleurd en naar een heuvel in de omgeving had gebracht. Geen wonder dus dat het gesmeek van de Heilige Vader hem vooral zenuwachtig maakte.

Maar toen gebeurde het onmogelijke: nog tijdens het gebed kwam er een storm opzetten. De zee begon te kolken en God zelf tilde de schepen van de heidenen uit de golven en slingerde ze tegen elkaar, zodat ze elkaar onderling verwoestten. Het was schokkend geweest, en tegelijkertijd hartverwarmend en groots. Nadat de Saracenen in al hun angst hadden geprobeerd op de haven aan te sturen, werden ze het slachtoffer van de woede van de Romeinen. Degenen die wisten te ontkomen vluchtten weer de zee op en werden verzwolgen door de golven.

Op die dag was Aristide een oprechte volgeling van Leo geworden. Niet eens zozeer door het gebed. God had de stad misschien ook zonder het gesmeek van de paus gered. Maar als een machtig man in tijden van gevaar aan de kant van zijn mensen ging staan in plaats van zich uit de voeten te maken, verdiende dat loyaliteit en liefde. Spijtig, echt spijtig dat Leo onlangs ziek was geworden. Er was sprake van indigestie en het was allemaal niet zo erg, maar de bezorgde blikken van de artsen stonden Aristide niet aan.

Maar goed, jammer genoeg kon hij daar niets aan veranderen. Ziektes waren niet zijn vak. Hij had na een dienst van twaalf uur eindelijk vrij en wilde genieten van de avond.

Voor hem lag de Mariakerk, een massief gebouw waarvan de torens waren versmolten met de nachtelijke laaghangende bewolking. Nog een paar stappen en hij had de Libelle bereikt, een herberg in de wijk Trastevere waar af en toe een uitzonderlijk mooie blonde zangeres haar kunsten ten gehore bracht. Bij het openen van de deur kwam hem het gebruikelijke lawaai tegemoet: dronken gelach, ruzie, geschreeuw naar de waard, het gefluister van de meisjes... Jammer genoeg kon hij de zangeres naar wie hij zo had verlangd nergens ontdekken. In plaats daarvan zag hij zijn vriend Cosimo, een kameraad van de garde, bij een raam zitten.

Aristide baande zich een weg naar Cosimo's tafel. Een kort gesprek, een beker wijn die meteen voor hem werd neergezet, en de inspanningen van die dag begonnen al te wijken. Cosimo was een sympathiek iemand, oren als een ezel, een neus als een enterhaak, daarentegen had hij een aangename stem en het was vooral zo dat hij over grote moed beschikte. Hij was de man die je achter de hand wilde hebben als het hard tegen hard ging. Ze proostten met elkaar en bestelden koude kip, die hier werd ingemaakt in een bijzonder mengsel van citroensap en knoflook en gewoonweg verbluffend goed smaakte.

Cosimo was in een spraakzame bui. Hij had een meisje leren kennen, de dochter van zijn nieuwe buren, en misschien ging hij trouwen. Philippa heette de schoonheid. Toen ze haar natte kousen had uitgetrokken, had hij toevallig haar benen gezien. Als een gazelle, maat! Wel was het zo dat het zijn zesde vrouw zou worden, wat het huwelijk betrof was hij zoals iedereen wist een pechvogel.

'Het komt door die ellendige bevallingen,' mompelde hij terwijl zijn knokige handen de beker omvatten. 'Waarom heeft God vrouwen niet... je snapt me wel... breder geschapen. Varkens brengen zonder problemen kleintjes ter wereld, bij honden gaat het zonder pro...'

'Sst.' Aristide legde zijn vinger tegen zijn lippen. Alle bezoekers zaten dicht op elkaar, onder de uitbundige aanwezigen zou zich ook een heilig boontje kunnen bevinden dat de uitgesproken zinnen als godslastering kon opvatten. Hij wilde niet dat zijn aangeschoten vriend er last mee zou krijgen.

'Die zorgen allemaal zonder problemen voor nageslacht, maar mijn vrouwen...'

'Ik ben blij met de nieuwe muur,' zei Aristide om zijn kameraad af te leiden. Leo had het naar hem genoemde verdedigingswerk na de overwinning op de heidenen laten bouwen, gedeeltelijk met de gevangengenomen Saracenen als arbeidskracht, wat de Romeinen nog meer voldoening schonk. Hadden ze er toch nog iets aan gehad! Ze stierven bij het zware werk als ratten. Maar nu was de muur klaar en was het grondgebied van het Vaticaan beschermd, waarmee het een belangrijk en uiterst effectief onderdeel van hun verdedigingsstrategie was geworden.

Ook Cosimo liep warm voor het onderwerp. Bij elke aanval op de stad stond tenslotte hun leven op het spel. De wetenschap dat het paleis van de paus nu was omringd door een bolwerk dat kon worden verdedigd... Ontspannen klonken ze op Leo.

De deur ging open en met de wind waaide ook het klokgelui van de Mariakerk de donkere herberg binnen. De man die de Libelle binnenkwam viel nauwelijks op; alleen was zijn kleding uitzonderlijk schoon en zijn mantel was gemaakt van dure, blauwgeverfde wol. Verbazingwekkend dat zo'n gefortuneerd man zo'n eenvoudige herberg bezocht. De kap van zijn mantel hing tot ver over zijn gezicht, het was onmogelijk om zijn gelaatstrekken te zien. Hij keek steels om zich heen, schonk echter geen aandacht aan de enige nog lege tafel.

'Ik zal erop blijven hameren,' verkondigde Cosimo al boerend.

'Wat?'

'Luister je niet naar me? Mijn zoon. Hij moet leren strijden, hoe je je staande houdt, hoe je je tegenstander vakkundig schaakmat zet. Hier...' Cosimo tikte tegen zijn brede voorhoofd,' ... bevinden zich dingen die moeten worden doorgegeven. Maar kinderen zijn snel afgeleid. Daarom zal ik Cosimo eens flink onder handen nemen. Mijn zoon moet leren gehoorzamen.'

'Je hebt niet eens een zoon. Je hebt helemaal geen kinderen.' Niet alleen de echtgenotes van Cosimo waren bij de bevallingen overleden, ook de zuigelingen.

'Daar bevinden zich dingen...' Cosimo tikte opnieuw tegen zijn voorhoofd, waarna hij in gepeins verzonk.

De vreemdeling had een bezoeker in een bijzonder donkere hoek ontdekt. Hij liep om een paar tafels heen en ging tegenover hem op een krukje zitten. Ze begonnen samen te fluisteren, het waren duidelijk bekenden van elkaar. Waarschijnlijk had de een op de ander gewacht. Toen een van de vrouwen van de herberg naar hun tafel kwam pakten ze de bekers van haar aan, maar op het moment dat ze zich op de schoot van de goedgeklede vreemdeling wilde wurmen, duwde hij haar ruw opzij.

'Als ik met haar zou trouwen, ik zou het amper kunnen verdragen om haar zwanger te maken. Dan zou het zijn alsof ik haar doodvonnis zou tekenen. Dat gevoel heb ik althans...'

Een van de fakkels aan de muur was opgebrand en toen de waard hem door een nieuwe wilde vervangen viel het licht op de donkere gestalte. De man die als eerste in de herberg was geweest had ook een kap op, waaruit een streng blond haar tevoorschijn kwam. Een uit de kluiten gewassen kerel, met grote, knokige handen. Aan de middelvinger van zijn linkerhand was een brede ring zichtbaar, met daarin een plompe groene steen. Het sieraad deed veel te fors aan voor een hand, als een kever op een dun takje. Het was protserig.

Aristide kneep zijn ogen samen. Er was iets aan de hand met deze knaap, de manier waarop hij zich naar de beker boog, de onnatuurlijke houding van zijn hoofd, de gejaagdheid waarmee hij zijn kap vasthield als die van zijn haren leek te glippen. De ring flikkerde even op toen de man naar de beker greep. En opeens kwam hij Aristide merkwaardig bekend voor.

'Luister je eigenlijk wel naar me?' Cosimo gaf hem onder tafel een trap tegen zijn scheenbeen. 'Ik ben geen...' Hij mompelde iets onverstaanbaars en sprak het nog een keer duidelijk uit: 'Geen beul.'

'Het ligt niet aan jou als je vrouwen bij de bevalling doodgaan. Dat is een besluit van God.'

Er flitste een beeld door Aristides hoofd. Een platte hand die tegen een deur werd geduwd. Precies: hij had die bliksemse ring al een keer eerder gezien. Maar waar was dat dan geweest, dat met die deur? In het Vaticaan? Hij dacht koortsachtig na, maar het beeld was alweer verdwenen.

De dochter van de waard kwam eraan en ze wilde hem wijn bijschenken, maar hij stak afwijzend zijn hand op. Een beetje aangeschoten, dat was prima. Zijn hoofd stond er niet naar om meer te nemen. Hij zag dat de man met de blauwe mantel opstond en daarbij zijn blonde tafelgenoot een zakje toeschoof.

'Luister eens...' Aristide legde zijn hand op die van zijn vriend. 'Zie je die twee daar in de hoek? Die met de kappen?'

Cosimo richtte zijn blik die kant op, maar de mannen werden aan het gezicht onttrokken door de waard die een dampende schaal naar een tafeltje bracht; toen ze weer ongehinderd konden kijken, verdwenen de twee al naar buiten.

'Misschien is het een beproeving van de Heer,' prevelde Cosimo. 'Twáálf apostelen heeft hij gekozen. Jacob verwekte twáálf zonen en daaruit kwamen twáálf stammen van Israël voort...'

'Jaja...'

'Misschien moet ik wachten totdat ik met de twaalfde vrouw ben getrouwd voordat God me een zoon schenkt.'

'Dat is onzin.'

'O ja?' Vermoeid dronk Cosimo zijn beker leeg. 'Ik moet gaan. Ik ben dronken en als ik dronken ben, ben ik nogal losjes met mijn mes. Je begrijpt wat ik bedoel.' Bij het opstaand kletterde zijn kruk op de grond. 'Misschien wil ze me helemaal niet. De buren zullen haar ouders wel hebben gewaarschuwd. Vijf overleden echtgenotes...' Hij legde een paar munten op tafel en sloeg zijn schoudermantel om. 'Die met de blauwe mantel is overigens in dienst bij Arsenius, je weet wel, de bisschop van Horta, die tegenover het Tibereiland woont. Zijn zoon Anastasius werd destijds in de ban gedaan vanwege die brand in het district Borgo, dat heb je vast wel gehoord. Hij zou een jongen hebben betaald die de brand voor hem heeft gesticht.'

'Arsenius,' mompelde Aristide.

* * *

Het ging de dagen daarna wat beter met de Heilige Vader. Dat was vooral te danken aan de vaardigheden van Johannes, de nomenclator van de paus. Die Johannes was een wonderlijke figuur: vaak in zichzelf gekeerd, dan weer behulpzaam, soms scherp in zijn bewoordingen, op andere momenten vriendelijk en zelfs begiftigd met een gevoel voor humor. De nomenclator werd beschouwd als een van de weinigen die zonder kruiwagen waren opgeklommen in de hiërarchie van het Vaticaan. Niemand leek precies te weten waar hij vandaan kwam, maar hij beschikte over buitengewone theologische en ook medische kennis. De drankjes waarmee hij de jichtaanvallen van paus Sergius, de voorganger van Leo, verlichtte waren legendarisch geworden. En omdat hij zich ook niet te goed voelde om de functionarissen van het Vaticaan en zelfs de mensen in de armenhuizen te helpen, wekte hij bij grote delen van de bevolking sympathie en bewondering op. Geen wonder dat Leo hem meteen na zijn benoeming tot paus als nomenclator had aangesteld, waardoor hij verantwoordelijk was geworden voor welvaart.

Natuurlijk had zijn promotie niet alleen tot enthousiasme geleid. Aristide zelf was een tijdje argwanend tegenover hem geweest. Een vreemdeling vanuit het niets... Maar omdat Leo de man bijzonder waardeerde en omdat Johannes bovendien een hechte vriendschap had opgebouwd met de *superista* van de garde, Aristides meerdere, waren zijn bezwaren verdwenen. En ook dit keer hadden de drankjes van de man dus blijkbaar effect gesorteerd. Er werd beweerd dat Leo alweer om een fatsoenlijke maaltijd had gevraagd.

Aristide, die kort daarvoor zijn wachtdienst voor de slaapkamer van de Heilige Vader had beëindigd, keek weifelend vanaf een van de verbindingsbruggen naar de duisternis. Zou hij teruggaan naar de huurkazerne vlak bij de ruïne van het Colosseum, waar hij een woning had? Er was niets aantrekkelijks aan de muffige vertrekken, waar bovendien al dagenlang sprake was van een rattenplaag. Hij was ook niet moe. Dus op naar de wachttoren, waar hij in de wapenkamer zijn wapens in orde kon maken. Dat was hij al langer van plan.

Even later stond hij op het punt om zijn zwaard te poetsen, zijn beste vriend als het hard tegen hard ging. Het was een duur en uitstekend wapen: tweesnijdend uiteraard, vlijmscherp. Het heft was opgesierd met inlegwerk van koper en messing en de kling was voorzien van een gravure van de Deense smid die hem in het vuur had gehouden: *Leutlrit*. Het kostbare voorwerp was tijdens de slag tegen de Saracenen in zijn bezit gekomen, God mocht weten hoe hij van de Denen bij de mohammedanen terecht was gekomen, maar hij had meteen gezien dat hij een meesterstuk in de wacht had gesleept.

Na het zwaard ging Aristide aan de slag met de *francisca*, een Frankische werpbijl, die aan het uiteinde een stompe hoek had, wat het slingeren vergemakkelijkte. Hij sleep de kling en haalde er een paar keer mee uit. Ook dit was een prachtexemplaar, dat geweldig in de hand lag.

Toen hij het opzijlegde viel zijn blik op het torenraam. Hij wilde zich alweer omdraaien maar zag opeens uit een van de populieren buiten een uil opvliegen. Het dier zweefde naar het paleis toe, elegant, moeiteloos. Zijn vleugels tekenden zich donker af tegen de gouden schijf van de maan. Plotseling liet hij een langgerekte, doffe kreet horen, en het volgende moment was hij verdwenen.

Aristide ging met zijn tong over zijn lippen. Uilen werden beschouwd als voorboden van de dood. Zelf geloofde hij daar niet in, maar door de echo van de onheilspellende kreet liepen de rillingen hem over de rug en hij was blij dat hij op de trap naar de wapenkamer voetstappen hoorde.

'Ah, hier ben je!' Gerold kwam binnen, de superista, de leider van de garde, een man van rond de vijftig, uit de kluiten gewassen, met nog altijd vuurrood haar, waardoor hij jonger leek dan hij in werkelijkheid was. Aristide mocht hem wel. Gerold was slim en nam snel beslissingen, was zelden onrechtvaardig en kon zelfs om dingen lachen als daartoe aanleiding was. Daarnaast was onder zijn leiding de Leoninemuur opgetrokken. Een man uit het noorden, een markgraaf uit de landstreek Friesland. Het was een raadsel waarom hij uitgerekend in Rome was beland, de stad van de slinkse streken en intriges.

'Wil je hier even naar kijken?' Gerold spreidde een kaart uit op de tafel van de wapenkamer. Er waren in de garde oudere, ervarener mannen dan hij, daarom verbaasde Aristide zich weer over de aandacht die Gerold hem de laatste tijd schonk. Hij had echter geen tijd om zich gevleid te voelen. Gerold bracht meteen het probleem ter sprake dat hem bezighield: hoe kunnen we de kust bij Rome beter beveiligen? De Saracenen waren bij Ostia verslagen, maar ze zouden terugkomen, daar was hij van overtuigd. 'Bovendien,' voegde hij er na enige aarzeling aan toe, 'mogen we de Noormannen niet uit het oog verliezen.'

Daar had hij gelijk in. Aristide wist maar weinig van de Noormannen, maar hij had gehoord over hun makkelijk manoeuvreerbare schepen, waarmee ze inmiddels in heel Europa plunderden en sinds kort zelfs afkoersten op steden aan de Middellandse Zee.

Gerold klopte met zijn vinger op de kaart. 'We hebben de muur, maar dat is niet afdoende voor een doeltreffende verdediging. Ik zit te denken aan katapulten.'

'Ja? Als we ze al bij de kust opwachten?'

'Te drassig voor een gevecht. En bovendien onnodig. Daar bij zee valt bijna niets te halen. Als die smeerlappen een grote buit willen binnenhalen, dan moeten ze landinwaarts naar Rome. Daar hebben ze tijd voor nodig, zeker een halve dag. Als we op de wegen, op de belangrijkste strategische punten, katapulten paraat houden...'

'*Falaricae*,' onderbrak Aristide hem. 'Ik heb een keer gezien wat die brandprojectielen aanrichten. Daarmee kun je een hele vloot in brand steken voordat de eerste man voet aan wal heeft gezet. Als we met behulp van de katapulten, die we daar opstellen, falaricae afvuren...' Hij begon zijn idee toe te lichten. Katapulten in de ruïnes van Ostia, dat was het toch helemaal!

In gepeins verzonken knikte Gerold. 'De haven is nog maar amper te gebruiken, maar de Saracenen sturen hun schepen toch telkens weer daarheen. Ja, dat staat me wel aan: dan zetten we die smeerlappen al schaakmat voordat ze aan wal komen.'

Aristide glimlachte.

Gerolds enthousiasme verflauwde ondertussen alweer. 'Bij de Noormannen zouden we niets hebben aan die brandprojectielen. Die hebben geen haven nodig. Hun schepen zijn zo laag gebouwd dat je ze overal aan land kunt trekken. Ik heb het met eigen ogen gezien...'

Heel even leek het erop dat hij iets wilde toelichten, zijn ogen stonden afwezig, maar vervolgens haalde hij zijn schouders op en wees naar zijn kaart, waarop de twaalf voet dikke en meer dan vijfendertig voet hoge wal was getekend die het territorium van het Vaticaan omringde. Via drie poorten kon je in dit gebied komen, en die poorten moesten worden verdedigd.

Ze verdiepten zich in de kaart en Aristide wees op de plekken die ook geschikt waren voor katapulten als verdedigingswapen. Je moest de manschappen daarin uiteraard zorgvuldig opleiden. En als ook de Tiber erbij betrokken werd?

'De schatkisten van het Vaticaan vertonen een gapende leegte.'

Aristide wilde knikken, in plaats daarvan keek hij weer naar het raam. De uil stuurde opnieuw zijn kreet de nacht in. Onheilspellend rotbeest! Misschien kwam het door zijn onbehaaglijke gevoel, maar de avond in de Libelle schoot hem weer te binnen en hij vroeg opeens: 'Hoe was dat eigenlijk, toen Borgo in vlammen opging?'

Gerold trok verrast zijn wenkbrauwen op. 'Waarom interesseert dat je?'

'Er is toch iemand in de ban gedaan? Hij heeft toch bekend, of niet?'

'Ja, de jongen die de brand heeft aangestoken ging naar de Heilige Vader omdat hij niet kon omgaan met het schuldgevoel. Maar degene die in de ban werd gedaan was kardinaal Anastasius, die de jongen had aangezet tot die slechte daad.'

'De zoon van Arsenius?'

'Waarom vraag je dat als je het al weet?'

Heel even overwoog Aristide of hij moest vertellen over zijn bezoek aan de herberg, maar plotseling kwam het hele geval belachelijk op hem over. Een bediende van Arsenius had met iemand afgesproken en hem geld toegeschoven, dat kon van alles of juist helemaal niets betekenen.

Hoofdstuk 4

Dorestad, 855

'Daar is het!' Freya sloeg van enthousiasme haar hand voor haar mond. Het was hun gelukt. Allemachtig! Voor hen lag Dorestad. De plaats waar Gisla jaren geleden was ontvoerd, de geboorteplaats van haar moeder. Ze waren echt thuisgekomen!
Een zacht, voorzomers windje kwam hun vanuit een tuin vol bloeiende fruitbomen tegemoet. Achter de tuin rees een muur van natuursteen op. Die was misschien niet bijzonder hoog en werd op één punt, waar een rivier stroomde, onderbroken door een hek, maar toch kwam de plaats weerbaar over.
Freya haakte in bij Asta en gaf haar uitgelaten een kus. Wat hadden ze de afgelopen maanden vaak getwijfeld en wilden ze opgeven! Dagenlang hadden ze zich verborgen in bossen en geleefd van het weinige dat daar te vinden was. Toen de honger te erg werd, hadden ze bij een huis aangeklopt, maar waren verjaagd. Ze hadden vallen gezet en uiteindelijk zelfs gestolen. Een oude boer had hen echter gered. Hij woonde in Bardowick, de eerste grote nederzetting die ze waren tegengekomen. De man kwam naar buiten en in zijn diepe rimpels schitterden tranen. Al snel bleek dat hij zijn vrouw en vier zonen had verloren, allemaal in een paar weken tijd, en hij had dringend hulp nodig om zijn van wilgentenen en leem gemaakte huis te repareren en

daarna om de akker te ploegen. Hij was opvliegend geweest en had hen af en toe geslagen, maar hij had hen ook in leven gehouden.

Toch was, nadat ze de ploeg over de akker vol stenen hadden getrokken, de oude onrust teruggekeerd. In Bardowick hadden ze het tenslotte nauwelijks beter dan bij de Denen. Daarom waren ze er op een nacht vandoor gegaan en nu, na verscheidene vermoeiende weken te hebben gelopen, stonden de zussen hier, in de schittering van de lentezon, voor een poort die hen met open armen leek te begroeten.

'En als die Gerold hier helemaal niet meer is? Of als de mensen ons wegjagen? Die horen toch waar we vandaan komen?' zei Asta bang. Een vraag die ook Freya bezighield. In Bardowick hadden ze hen wantrouwend behandeld en de buren hadden de oude man uitgescholden omdat hij Denen onderdak bood. Freya en Asta hadden geprobeerd hun Duits te verbeteren, wat hun verrassend goed was gelukt, misschien omdat ze vanaf hun geboorte de stem van hun moeder hadden gehoord. Maar als je aandachtig luisterde, kon je nog steeds horen waar ze waren opgegroeid. En de haat tegen de roofzuchtige Denen zat diep.

'We moeten nu flink zijn,' zei Freya en ze liep verder voordat ze misschien de moed zouden verliezen.

Bij de poort werden ze inderdaad van top tot teen bekeken, vooral Freya, die nog altijd de kleren van de overleden kolenbrander aanhad en net als in Bardowick doorging voor een tengere jonge man. Om uit te leggen waarom ze aan het rondtrekken waren verzon ze een verhaal over Bardowick, zei dat de man haar grootvader was en was overleden; daarna was er een inhalig familielid gekomen dat de boerderij van hen had afgepakt. Maar al snel merkte ze dat de blikken van de mannen naar Asta afdwaalden, die... ja, wat deed ze eigenlijk? Niets bijzonders, ze was alleen zo akelig mooi. Ze had haar haar in een ingewikkeld kapsel gevlochten en... iets op haar lippen gesmeerd? Die konden onmogelijk uit zichzelf zo glanzen. Was het vet?

Asta's mooie uiterlijk bleek in deze situatie uitkomst te bieden. Na wat opmerkingen heen en weer lieten de wachters hen zonder verdere plichtplegingen binnen de muren. Een van hen riep zelfs nog naar hen waar ze hun maag konden vullen, namelijk bij de domkerk, waar iedere middag voedsel werd uitgedeeld aan de armen.

Maar eerst liepen ze vol verbazing door de straten. Dorestad was groter dan Bardowick, veel groter. De huizen in de stegen hadden vaak twee verdiepingen, een paar waren net als kerken ook nog eens van steen. Bij een van de ramen hadden de bewoners de varkensblazen weggehaald om zonlicht binnen te laten en Freya ving een blik op van een duur wandtapijt dat wellicht afkomstig was uit de Oriënt, want er waren mensen in uitheemse kleding op geborduurd. Op de dwarsbalk boven een deur ontdekten ze letters. Misschien ging het om een magische spreuk die het huis de zegen van de Heer moest brengen. Ze vond het jammer dat ze het niet kon lezen.

De steeg kwam uit op een marktplein waar vee, stoffen, schoeisel en de laatste verschrompelde wintergroenten werden verkocht. Nadat ze een andere straat in waren gegaan, waar de huizen verder naar achteren lagen en de percelen groter waren, ontdekten ze een smederij met een brandende rookplaats; verder waren er boerderijen, een omheinde tuin vol bijenkorven, een opslagplaats waar karren op een koper wachtten... en overal liepen mensen, die zich voorzichtig een weg baanden over de door de laatste stortbui nog kletsnatte straten.

'Wat een mensen,' fluisterde Asta vol ontzag.

Ja, precies.

'Als onze grootvader echt een graaf is, dan bezit hij vast en zeker een van deze huizen,' merkte Asta op en ze draaide opgetogen om haar as.

Daarna arriveerden ze bij de domkerk. Verbaasd bleven ze staan op een halfrond plein dat werd omgeven door een hek met wit bloeiende sleedoorns; ze bewonderden het bakstenen gebouw, het grootste pand dat ze ooit hadden gezien. Het was in drieën verdeeld, met een toren op het hoofdgebouw in het midden. Aan de zijkanten bevonden zich lagere constructies met schuine daken en muren met ramen. De toegangspoort was gemaakt van solide eikenhout, misschien een reactie op de overval van de Denen, en groot genoeg om tientallen mensen tegelijkertijd binnen te laten.

Freya was nog nooit in een kerk geweest, ook niet in Bardowick. Een onbestemde schroom had haar daar steeds van weerhouden. De uitleg van haar moeder over het werkelijke geloof was schameltjes geweest. Daarom wist ze bijna niets over het christendom. Ze was opgegroeid met Odin, Thor en Freya, naar wie ze waarschijnlijk was vernoemd. En dat waren goden geweest die eenvoudig te begrijpen waren. Machtig, maar eigenlijk niet anders dan mensen. De liederen van de heldendichters waren doorspekt met hun woedeaanvallen en intriges. Maar Jezus... 'Hij is pure liefde,' had haar moeder gezegd. Wat moest je je daarbij indenken? Bovendien was Freya niet gedoopt. Mocht ze dan eigenlijk wel een kerk binnengaan?

Asta, die in Bardowick al kerkdiensten had bijgewoond, stapte onbekommerd de brede trap op. Freya liep achter haar aan, en bleef opnieuw staan. God weet alles. Ook dat had ze onthouden van de waarschuwingen van haar moeder. Hij moest dus weten dat ze een heiden was. In Bardowick stond alleen een scheef houten kerkje, waar de God van de christenen waarschijnlijk weinig aandacht aan schonk. Dit hier was anders, het zag eruit als... als het huis van een vorst, een echt heiligdom. Zou God de twee eigenwijze heidenen met ijzeren vuist treffen als ze gewoon naar binnen gingen?

'Wat is er?'

'Ik wil niet naar binnen.'

'Stel je toch niet zo aan,' zei Asta spottend. Ze duwde de zware deur open en verdween de kerk in. Er gebeurde niets. Geen donderslagen, geen bliksemflits vanuit de hemel. Aarzelend volgde Freya haar zus. Ze staarde naar een beschilderde houten figuur die aan de andere kant van de kerk aan een enorm kruis hing. Dat moest Jezus zijn, die arme zoon van God die ze vermoord hadden. Waarom had zijn vader hem niet beschermd tegen zijn vijanden? Freya keek zwijgend om zich heen. Het plafond boven haar welfde zich angstaanjagend hoog, de kerk was groter dan welke hal ook waar ze ooit in was geweest. Hier had dus het bloedbad plaatsgevonden waar haar moeder over verteld had? Tussen deze muren was ze door Björn ontvoerd?

De verwoestingen waren natuurlijk allang aangepakt. De inwoners van Dorestad hadden de muren met nieuwe verf beschilderd. De schilderingen aan de zijkanten van de kerk kwamen merkwaardig over op Freya: voorstellingen van mensen die vreselijk mishandeld werden. Waarom beleefden de christenen zo'n plezier aan afbeeldingen van martelaren.' Ze liep een nis aan de zijkant in, waarin een houten schrijn stond met een kleed erover en een kaarsenstandaard, een kleinere uitvoering van de schrijn voor het kruis met Christus. Wat merkwaardig dat nog niemand hem gestolen had, want het houtsnijwerk was overdadig, beslist kostbaar. Achter de schrijn stond een beschilderd engelenbeeld, te herkennen aan de gouden vleugels. Ook aan deze bode van God was geen ketting bevestigd om het beeld te beschermen tegen dieven. De christenen leken behoorlijk bang te zijn voor hun God.

Door de ramen viel het bleke middaglicht, wat het vertrek in een zachte schemering dompelde. De kerk maakte meer indruk op Freya dan ze wilde toegeven. Maar er was zoveel dat ze niet begreep. Waarom had God bijvoorbeeld Zijn almacht niet gebruikt om de Noormannen te verslaan die vlak voor Zijn ogen Zijn kinderen afslachtten?

'Kijk eens!' Asta trok haar terug naar de hoofdbeuk en wees naar een schildering waarop een man was afgebeeld met een kind op zijn arm. 'Dat daar is de Here Jezus.'

Hoe wist zij dat nou? Door haar bezoeken aan de kerk in Bardowick? Toen haar zus een kruis sloeg, deed Freya haar snel na. De man op de schildering zag er vriendelijk uit. Het raakte haar dat hij zo vol liefde neerkeek op de zuigeling op zijn arm. 'Ik wist niet dat Jezus kinderen had.'

'Die had hij ook niet, sufkop. Maar hij houdt van kinderen. Dat wil zeggen: van allemaal. Jezus houdt van elk kind op aarde, zonder uitzondering,' legde Asta vol overtuiging uit.

'Ook van die van de Denen? En de Saracenen?'

'Ik zei toch: van allemaal. Jezus heeft gezegd dat het koninkrijk Gods aan de kinderen toebehoort.'

Freya keek stiekem of haar zus haar voor de gek hield. Maar Asta keek ernstig en Freya's blik ging weer naar de glimlachende Jezus. Ze moest denken aan Orm, aan wie ze de bramen had gegeven. Dus Jezus hield ook van die kleine schooier? Op een geheimzinnige manier leek de man op de schildering niet langer naar het kind, maar naar háár te glimlachen. Verontrust keek ze opzij, om snel weer naar buiten te gaan. Ze wachtte totdat ook Asta naar buiten kwam. 'We moeten onze grootvader zoeken,' maakte ze kortaf kenbaar.

'Wat is de kerk prachtig, hè?'

'De God van de christenen heeft onze moeder in ieder geval niet beschermd.' Ze wachtte de reactie van haar zus niet af, maar liep naar een armoedig geklede man die op twee stokken leunde en informeerde naar Gerold, de markgraaf van Villaris. De kreupele man haalde zijn schouders op en sjokte verder. Misschien kende hij geen belangrijke personen? Ze ging op zoek naar beter geklede mensen. Niemand kon haar helpen. Nou, goed dan, het was achttien jaar geleden dat hun moeder was ontvoerd, een eeuwigheid. Het kon zijn dat Gerold allang was overleden. Of hij was ook om het leven gekomen bij de overval en hun moeder had zich ingebeeld dat hij naar haar had geroepen? Op de een of andere manier moest je jezelf toch troosten als het leven in een nachtmerrie veranderde.

Asta stond weer naast haar. 'Ik heb honger.'

Freya snoof. Pas nu merkte ze dat de geur van kruidige vleessoep in de lucht hing. Waar kwam dat vandaan? Uit het van ouderdom scheefstaande houten huis met de open deur dat vlak bij de domkerk in een kleine groentetuin stond? Werd hier misschien het voedsel aan de armen uitgedeeld waarover de wachtposten het hadden gehad? Ze liep achter Asta aan, die zich al op weg had begeven.

In het schemerdonker binnenshuis troffen ze armoedige, in lompen gehulde figuren aan die dicht opeengepakt om een tafel zaten. Een paar van hen stopten brood in hun mond, anderen keken hunkerend naar de haard, waarop iets borrelde in een met roet besmeurde ketel. Een vrouw stond druk in de pan te roeren. Over haar hoofd had ze een sluier die alleen haar gezicht vrijliet, zo liepen getrouwde christelijke vrouwen rond, alsof ze zich schaamden voor hun haar. De vrouw was lelijk, wat vooral door haar mond kwam: die was te groot voor haar smalle gezicht en het leek daardoor of ze aan het grijnzen was. 'Nog even, het duurt nu niet lang meer. Zit me niet zo in mijn nek te hijgen,' snauwde ze tegen een door ernstige huiduitslag misvormde vrouw. Onder haar sluier kwamen een paar haarslierten tevoorschijn. Ze zweette.

Toen ze de nieuwelingen zag, was Freya erop voorbereid dat ze eruit gegooid zouden worden, twee extra eters en ook nog eens vreemden! Maar de vrouw glimlachte heel even en bromde: 'Kom maar binnen! Hoe meer zielen... enzovoorts. Ik ben Jutta.'

Het eten was blijkbaar klaar, want ze gaf een van de mannen een teken om de ketel van de vuurhaak te tillen en naar de tafel te brengen. Met een opscheplepel verdeelde ze de soep, die verleidelijk naar spek en kool rook, over verschillende kleinere ketels die telkens tussen vier eters waren neergezet; daarna sprak ze een zegen uit over de maaltijd.

Of het nu door de zegen kwam of door haar kookkunsten, de soep smaakte als... 'Het lijkt wel manna,' zei de man die tegenover Freya zat en ze knikte, hoewel ze er geen idee van had waar het om ging. Maar nog beter was het gevoel toen het knagende hongergevoel in haar buik minder werd, pure gelukzaligheid. Toen de pan helemaal leeg was, wat helaas veel te snel gebeurde, ging Freya naar Jutta's plek aan het uiteinde van de tafel en ze bedankte haar. Jutta knikte en wilde vermoedelijk nog iets aardigs zeggen, maar opeens betrok haar gezicht. Haar blik dwaalde naar de deur.

Freya probeerde te ontdekken wat haar aandacht had getrokken, maar zag niets. Of toch wel? Het werd donkerder in het vertrek en er kwam een man binnen die Jutta waarschijnlijk door een van de ramen had zien aankomen. Hij was zo te zien rond de dertig, had brede schouders, was weldoorvoed en ging gekleed in wollen kleding zonder scheuren of verstelde plekken. Zijn baard omringde zijn kin en onderlip als een zwarte cirkel. Hij keek om zich heen en de mensen aan de tafel leken ineen te krimpen. Hij kwam rustig dichterbij en bleef voor een man staan die nog steeds zijn afgelikte lepel in zijn hand had.

'Diethard, kijk eens aan.' Hij vertrok zijn lippen in de zwarte cirkel tot iets wat lastig te duiden was. Hij pakte de lepel van de armoedzaaier af. 'We hadden toch een afspraak?' De woorden klonken onschuldig, maar de angst op het gezicht van de man sprak boekdelen. Jutta liep om de tafel heen. 'Laat hem toch, hij heeft honger en onze Heiland zegt...'

'Ik weet dat hij honger heeft. Iedereen heeft honger. Natuurlijk hebben ze honger. De Here heeft hen gestraft met ziektes en gebreken. Maar is het juist daarom niet schandelijk als sommige van onze armen, die veel minder hulp nodig hebben, de anderen verdringen, er altijd op uit zijn om zich als eerste vol te proppen?'

Hij legde de lepel op tafel en pakte in plaats daarvan de stok waarop de man die de uitbrander kreeg had gesteund. 'Hoe vaak moet ik het nog tegen je zeggen, Jutta: de soep is alleen toereikend als je die verstandig verdeelt. Je mag je niet door de gulzigaards en klaplopers laten ompraten en de bescheiden mensen daaronder laten lijden. Zo is het toch, Emma?'

De vrouw die hij aansprak glimlachte verlegen. De man naast haar mompelde iets instemmends. Een kreupele man, bij wie het linkerbeen ontbrak, boog zich over de tafel en sloeg Diethard met zijn lepel op zijn hand, een gebaar dat niet zozeer pijnlijk als wel krenkend was.

Had de man met de zwarte baard gelijk? Was Jutta te zachtaardig? Diethard leek geen last te hebben van de een of andere ziekte. Wat natuurlijk niets wilde zeggen. Er waren natuurlijk ook aandoeningen die niet op het eerste gezicht te zien waren. Maar de man die net was binnengekomen was zo te horen de ruimhartige schenker van de soep, en dan mocht hij ook beslissen aan wie zijn gave werd uitgedeeld. Hij liep de tafel langs en bleef bij Asta staan. 'Smaakt het?'

Ze staarde hem aan als een kuikentje dat naar een havik keek.

'Een nieuw gezicht, toch? De Heer lijkt in al Zijn goedheid te hebben besloten om deze armzalige hut te tooien met een uitzonderlijk mooie bloem.'

De man glimlachte en Asta's wangen werden vuurrood. Ze streek, zonder het zelf te merken, een streng haar uit haar gezicht.

'Laat haar met rust,' siste Jutta, die begonnen was om de lege ketel naar een kuip te sjouwen.

'Arm kind, je ziet er doodmoe uit. Je hebt vast en zeker een lange weg afgelegd. Waar kom je vandaan?'

Asta stotterde iets over Bardowick.

'O! Wat ver weg voor een weerloos meisje.'

'Maar mijn broer is bij me.'

De man keek aandachtig naar Freya en knikte even naar haar. 'Dat tref je. In tijden als deze mag geen enkele vrouw alleen door het leven gaan. Hoe heet je?'

'Esther,' loog Asta snel. Dat leek heel veel op haar echte naam, maar gaf haar heidense achtergrond niet prijs. Ze had hem ook al in Bardowick gebruikt en Freya had zich daar Johannes genoemd, in navolging van de dappere Johanna die haar moeder had willen redden toen Björn de domkerk had overvallen.

'En wat brengt jou... wat brengt jullie naar onze stad, Esther?'

'We zijn op zoek naar onze grootvader. Gerold von Villaris.'

De man schudde meelevend zijn hoofd, ook hij leek de naam niet te kennen. 'En waar gaan jullie vandaag overnach...'

'Bij mij,' onderbrak Jutta hem, alsof het al zo was afgesproken. 'En morgen reizen ze verder.'

'Dat is mooi, dan is er al voor alles gezorgd.' De man zette de stok weer tegen de tafel. 'Mocht het jou of je broer desondanks aan iets ontbreken, mooie Esther, ik schenk niet alleen het eten dat mijn schoonzus kookt aan de armen, maar heb ook zelf de leiding over een christelijk huis. Daar kunnen jullie altijd aankloppen. Mijn naam is Giso en mijn bescheiden huis ligt tegenover de smederij.' Hij draaide zich om en wilde vertrekken, maar bedacht zich. 'Wat me net te binnen schiet: een van mijn dienstmeiden is ziek geworden. De kans bestaat dat ik jullie een tijdlang werk kan geven, mocht dat voor jullie een zorg minder betekenen.'

Jutta snauwde hem toe: 'Ze komen allebei bij mij. Ik heb hun hulp harder nodig dan jij.'

'Ik dacht dat ze morgen alweer zouden vertrekken?'

Jutta zweeg overrompeld en Giso liep naar de deur. Daar draaide hij zich opnieuw om. Nu ging zijn blik uit naar alle aanwezigen. 'Zo te zien zijn er minder échte armen in deze stad, maar is het aantal klaplopers verdubbeld. Ik zal daarom opdracht geven om de voedselporties te verkleinen.'

Het volgende moment was hij verdwenen.

* * *

Ze vertrokken toch. Jutta had haar aanbod om bij haar te overnachten niet herhaald en ze had het duidelijk ook niet echt gemeend. Ze had die Giso alleen het zwijgen willen opleggen. God weet wat voor vete die twee met elkaar aan het uitvechten waren.

'Wat een vreselijk mens,' foeterde Asta toen ze het huis achter zich hadden gelaten. Die man geeft zijn geld en als dank moet hij zich door die troela laten beledigen. Hoorde jij het ook? De toon waarop ze tegen hem uitviel? Alsof hij haar knecht was! En dat terwijl hij veel welgestelder moet zijn. Heb je zijn jasje gezien? Die fluwelen rand? En wat aardig van hem om zelf een oogje in het zeil te houden. Dat was blijkbaar ook nodig. Waarom zeg je niets?'

'Omdat ik er niet tussen kom.'

'Zal ik je vertellen wat er aan de hand is met die Jutta? Ze is jaloers op hem dat de Almachtige hem heeft gezegend en dat ze zelf in armoede leeft. Ze is natuurlijk een arm familielid dat zich eraan ergert dat hij haar geen geld toestopt. Het is meer dan royaal van hem dat hij haar ondanks dat brutale gedrag soep laat koken. En nu?'

'Wat: en nu?'

'Nemen we Giso's aanbod aan en gaan we kijken of hij werk heeft? Tot nu toe hebben we niets ontdekt over onze grootvader. Misschien leeft hij niet eens meer. En op de een of andere manier moeten wij toch verder.'

Daar had Freya ook al aan gedacht. Met tegenzin schudde ze haar hoofd. 'Totdat het donker wordt, blijven we naar hem zoeken.'

***

Maar wie ze ook aanschoten, bijna niemand wist zich de naam Gerold von Villaris te herinneren en als dat wel het geval was, wisten ze niets over zijn verblijfplaats. De overval van de Noormannen, ja, dat was de oude mensen wel bijgebleven. Een verschrikkelijke tragedie. De brand, de vele doden, de verkrachte vrouwen... Het had jaren geduurd om de domkerk weer te herstellen. Iedereen die dat ook maar enigszins kon had zijn steentje bijgedragen. Gisla? De dochter van Gerold? De reactie bestond uit een vermoeid hoofdschudden.

'Ik hoop dat God de Deense duivels voor hun zonden laat branden in de hel,' mompelde Asta. Het was meer een gevoel om haar ontgoocheling uit te drukken dan een echte vloek, maar het had een angstaanjagende uitwerking. De man met wie ze op dat moment in gesprek waren, een handelaar die op de markt vis had verkocht en alles wat overgebleven was nu in een zak stopte, draaide zich met een ruk om. Hij keek angstvallig om zich heen, het leek er even op dat hij hen gewoon wilde laten staan; maar hij fluisterde een zacht "Sst" en vertelde hun op zachte toon iets vreselijks waarvan ze hevig schrokken.

Er waren nog altijd Noormannen in de stad. Erger nog, ze hadden zelfs de macht in handen in Dorestad. Niet de rovers van destijds, maar jaren geleden was er iemand met de naam Rörik aan het plunderen geslagen; en keizer Lotharius, hier werd de stem van de man zwaar van afkeuring, had de man in plaats van hem naar de duivel te laten lopen, heel Friesland in leen gegeven. Een politieke beslissing die niemand kon volgen en die begrijpelijkerwijs tot grote woede onder de inwoners had geleid, na alles wat ze hun hadden aangedaan. Ja, de man werd gedoopt, maar dat had van hem beslist geen apostel gemaakt, want nu overviel hij blijkbaar met een deel van zijn mannen de christenen in Vlaanderen en in het Frankische Rijk. Er waren ook geruchten dat hij terug wilde naar zijn vaderland, om daar zijn erfdeel terug te halen, dat iemand hem afhandig had gemaakt. En dat zou waarschijnlijk de beste oplossing zijn. 'De Denen en Zweden of hoe ze ook allemaal heten zijn moordenaars, woestelingen, duivels. Die hebben geen hart dat in het heilige doopwater kan worden gezuiverd. Een wolf in een schapenvacht is nog altijd een wolf!'

De visser was al pratend steeds woedender geworden, maar nu wilde hij naar huis. Het marktplein werd inmiddels steeds leger, de zon stond pal boven de toren van de kerk. Maar voor een advies had hij nog wel even tijd. 'Er zijn nu maar weinig van die schoften in de stad, maar zodra het donker wordt is het beter om hen niet tegen te komen. Zeker niet als vrouw.'

* * *

'We weten waar de smederij is. Zullen we naar Giso gaan?' drong Asta aan.

Was dat een goed idee? Ze waren doodop en de honger begon ook alweer op te spelen. De gedachte aan een maaltijd en een strobed om op te slapen, misschien zelfs langere tijd veilig te zijn als Giso hen echt in dienst nam, oefende een bijna onweerstaanbare aantrekkingskracht op hen uit. En toch... Freya dacht aan de blik waarmee Giso haar zus had opgenomen. Aan zijn gespeelde vriendelijkheid. Dat hadden ze tijdens hun reis al vaker meegemaakt. Zelfs die oude man uit Bardowick was een keer naar de stal gekomen en had Asta's borsten vastgepakt en die pas losgelaten toen Freya hem had getrapt. Heel merkwaardig dat Asta zelf geen angst en weerzin voor die man voelde. Freya wendde zich tot een oude vrouw die met een stapel hout op huis aan ging en vroeg haar naar het huis van Jutta.

De kokkin van de soep woonde vlakbij, in een steeg met allerlei hoekjes. Haar huis was oud, maar allerminst armoedig. Een bronzen, glimmend gepoetste deurklopper glansde in het avondlicht. Freya sprak zichzelf moed in en klopte aan. Jutta deed zelf de deur open en heel even leek ze verbouwereerd. Ze aarzelde toen Freya verlegen haar verzoek om hulp ter sprake bracht. Nee, echt welkom waren de twee niet. Uiteindelijk ging ze toch opzij.

Hoofdstuk 5

Rome, 855

Wanneer merkte Aristide dat er iets niet in orde was? Niet in de stegen van de stad, daar was het vreselijke nieuws nog helemaal niet doorgedrongen. Maar terwijl hij langs de muur liep die het pauselijk paleis scheidde van de rest van de stad zag hij mensen op elkaar inpraten en heftig gebaren. Het ging er in de dichtbevolkte wijk aan toe als in een bijenkorf waarin een horzel was binnengedrongen. Toen hij zijn pas inhield verstond hij losse flarden van zinnen... 'Heilige Vader... helse pijnen... nomenclator... was toch net weer beter? ... buiten kennis...'
Ging het slechter met Leo? Blijkbaar wel! Aristide haastte zich verontrust de brede trap van het paleis op, langs de wachtposten die iedereen scherp opnamen, maar hem als lid van de garde doorlieten, en hij ging vervolgens de brede gang over. Vlak voor de deur die uitkwam op de privévertrekken van de Heilige Vader stuitte hij op Raduin, de plaatsvervangend commandant. Zijn meerdere had haast, maar nam wel de tijd om hem bij zijn arm te pakken. 'Heb je Waldipert gezien?'
'De *vicedominus*? Is hij niet bij Leo?'
'Ga hem zoeken en zodra je hem vindt, stuur je hem naar Gerold! Maar wees voorzichtig. Die smeerlap is gevaarlijk.' Raduin liep snel verder, zonder zich nader te verklaren.

De deur naar het slaapvertrek van de Heilige Vader was dicht en Aristide bleef vertwijfeld staan. Hij had niet het recht om ongevraagd een van de pauselijke kamers te betreden en de Heilige Vader bevond zich ook niet in een gevaarlijke situatie waarin een zwaard nuttig zou zijn. Waarom moest Waldipert worden gezocht? De vicedominus van de Heilige Vader was iemand met een hoge rang en omdat het slecht ging met Leo hoorde hij bij hem te zijn. Smeerlap? Raduin had nooit de neiging om krachttermen te gebruiken. Maar als het slecht ging met de paus en Waldipert werd gezocht...

Lieve hemel!

Aristide staarde nog altijd naar de deur en opeens meende hij een hand te zien die hem jachtig opendeed. Een hand met daaraan een vinger met een plompe, opzichtige ring, getooid met een felgroene smaragd. Het leek wel of de kreet van de uil weer door de vertrekken weergalmde.

Was het dus Waldipert die door de vreemdeling met de blauwe mantel in de Libelle een zak met geld toegeschoven had gekregen? En omdat Raduin hem net had uitgescholden voor smeerlap: waar was dat geld voor gebruikt? Aristide duwde zijn vingertoppen tegen zijn ogen. Achter de deur dacht hij gekreun te horen, gevolgd door geruststellend gemompel. Gif was in deze in verval geraakte stad het favoriete wapen van de machtigen. Hij was een stommeling geweest! Waarom was hij die vent met de zak geld destijds niet gevolgd? Waarom had hij de twee samenzweerders niet al in de Libelle ter verantwoording geroepen of in ieder geval gedwongen hun gezicht te tonen?

Maar goed: Raduin had hem de opdracht gegeven om Waldipert te zoeken. Als de man in zijn eigen vertrek was geweest, had Raduin hem daar ingerekend. Omdat dat niet was gebeurd... Was hij al op de vlucht geslagen? Raduin zou ervoor zorgen dat de stadstorens bemand werden, in dat opzicht hoefde hij niets te ondernemen. Maar de vicecommandant wist niets van Arsenius. En Waldipert vermoedde niet dat hij was gezien toen hij die ellendige opdracht accepteerde. Stel dat de moordenaar zich naar zijn opdrachtgever had gehaast om hem te laten weten dat zijn judaswerk volbracht was. Het viel toch te verwachten dat hij het grootste deel van zijn beloning pas zou krijgen als de moord had plaatsgevonden?

Aristide liep snel via dezelfde weg terug als hij gekomen was. Voor de poort van het paleis stuitte hij op Cosimo, die kennelijk met een stuk of tien andere gardisten zojuist de pauselijke stallen had doorzocht. 'Jullie moeten met me meekomen,' beval hij. Een van de eigenaardigheden was tegenwoordig dat ze hem gehoorzaamden, hoewel hij geen hogere rang had.

Hij wist natuurlijk waar Arsenius' villa stond; de man bezat, afgezien van het pauselijk paleis, de meest luxe woning van de stad. Terwijl ze door de stegen marcheerden informeerde hij snel zijn kameraden. Het ging om de arrestatie van de vicedominus en ja, voor dat doel zouden ze het huis van Arsenius doorzoeken. Precies, hij had het over de kardinaal.

Cosimo kwam naast hem lopen. 'Worden we hierin van hogerhand beschermd?' fluisterde hij.

'Dat is voor mijn rekening.'

Cosimo redeneerde snel. 'Heeft het te maken met het voorval destijds in de Libelle?'

Aristide knikte.

'Schitterend. Als het misloopt, dan kunnen we onze borst natmaken.'

'Jullie kunnen gewoon zeggen dat je dacht dat ik die opdracht van hogerhand had gekregen.' Aristide verhief zijn stem. 'Jullie doorzoeken alles: de hoofdvertrekken, stallen, zijkamers... Alleen de privévertrekken van de kardinaal neem ik op me.'

Ze arriveerden bij de Tiber; vanaf dat punt was het niet ver meer. Arsenius' villa werd bewaakt, maar de mannen met de lansen waren te overdonderd om de pauselijke gardisten tegen te houden. Achter de toegang bevond zich een hal, een afstand die ze met een paar passen overbrugden; daarna stonden ze in het peristilium, een door zuilen omgeven tuin. De gardisten sperden hun ogen open. In juli was Rome een droge stad, maar hier groeide en bloeide ondanks de hitte alles alsof de Almachtige de binnenplaats dagelijks met een regenbui verblijdde. Vijgenbomen, granaatappelstruiken, mirte met witte bloesem, citroenboompjes waaraan gele vruchten hingen...

'Doorlopen!' riep Aristide.

Ook in de binnenvertrekken had intimiderende luxe de overhand. Kandelaars van puur goud, overvloedig beschilderd met taferelen van heiligen, gestoffeerde stoelen die waren bekleed met zijde... Aristide ontdekte een marmeren bad, groot genoeg om de halve garde in te laten baden. In een kleinere kamer waarin alleen een enorm, zacht bed stond hing de geur van rozen.

Hij dacht aan zijn huurhuis, waar de kinderen van de buren 's winters vaak rondliepen met opgezwollen buikjes omdat de ouders niet genoeg eten voor hen hadden. De overvloed hier was... om kotsmisselijk van te worden als je bedacht dat deze dienaar van Jezus 's zondags smeekte om de zegen van God voor de armen.

Ze zetten het huis op zijn kop, kamer na kamer, met de grootst mogelijke spoed. Helaas vonden ze geen enkel spoor van Waldipert en ook de heer des huizes liet zich niet zien. 'Hij is buitenshuis, maar ik zweer jullie dat ik hem alles zal vertellen wat zich hier heeft afgespeeld. Dit... verachtelijke spektakel krijgt voor jullie een staartje!' siste de eerste huisbediende, die inmiddels doorhad wat er gaande was.

Ontgoocheld liepen ze terug naar de straat.

**

Uiteindelijk vonden ze Waldipert toch nog. Op de weg terug naar het pauselijk paleis werd de overgang over de Tiber versperd door een groep mensen. De menigte tuurde voorovergebogen naar de rivier. Eerst dacht Aristide aan een drenkeling en het ergerde hem dat niemand aanstalten maakte om hem met een boot te hulp te schieten. Hij duwde de toeschouwers opzij, en ontdekte een lijk dat met het gezicht naar beneden tussen het afval dreef. Zijn schoudermantel, die als een deken over hem heen dreef, was van roodgeverfde wol waarin een breed, wit kruis was geweven.

Vloekend pakte Aristide zelf een boot en voer samen met Cosimo naar een struik aan de overkant, waar het lijk inmiddels in verstrikt was geraakt. Ze trokken de dode aan een punt van zijn mantel naar

zich toe. Terwijl Aristide een van de slappe armen pakte, verraste het hem nauwelijks aan de hand een ring met een groene smaragd te ontdekken. Ook de opengesneden keel verbaasde hem niet.
Kardinaal Arsenius was hun vóór geweest.

***

Gerold zelf hoorde zijn relaas aan. Zijn gezicht werd strak toen hij hoorde over Waldiperts dood, maar hij ging meteen weer naar de paus. Leo leefde nog, Gerold wilde uiteraard bij hem zijn om te zorgen dat hem niets overkwam.

De nacht verstreek, maar Aristide kon het, net als alle andere gardisten, niet over zijn hart verkrijgen om het paleis te verlaten. Ze hadden het gevoel dat ze tekortgeschoten waren in hun belangrijkste taak, het beschermen van de plaatsvervanger van God op aarde, hoewel ze nooit hadden kunnen vermoeden dat de judas uit zijn naaste omgeving zou komen. Iedereen die geen dienst had was naar een van de wachtlokalen gegaan en daar staarden ze naar de muren. Leo was een goed mens, te goed om hem nu al te moeten missen. Toen het grauwe ochtendlicht binnendrong in het vertrek klonk er opeens een gejammer door het paleis en nog voordat Raduin het vertrek binnenkwam, wisten ze dat het moorddadige plan was geslaagd.

De Heilige Vader was overleden.

***

De dagen daarop waren een nachtmerrie. Leo werd bijgezet in de Sint-Pieterskerk; dat gebeurde snel vanwege de verzengende hitte, waardoor een lichaam snel tot ontbinding overging. De Kerk van God had nu geen leider en Aristide voelde naast al het verdriet ook de onrust die in de stad heerste. Overgangsperiodes lokten altijd een machtsstrijd uit, die niet zelden uitmondde in bloedige onlusten. De aandacht voor de mannen die de verkiezing van de nieuwe paus op touw moesten zetten was dan ook groot. Een waarnemend driemanschap bepaalde dat die over drie dagen zou plaatsvinden.

Op de dag voor de verkiezing gebeurde er iets wat Aristide buitengewoon aangreep. Hij was op weg naar Gerold om nog een keer met hem over Waldipert te praten. Dat de man de Heilige Vader had vergiftigd was dan wel bekend, maar door alle opwinding rondom de begrafenis was het er nog niet van gekomen om te vertellen wat hij in de Libelle had gezien. Misschien had hij ook geaarzeld omdat hij zich afvroeg of hij echt zeker wist wie de man was die Waldipert het geld had toegeschoven. Stel dat hij Arsenius valselijk beschuldigde. Maar uiteindelijk was het niet aan hem om te beoordelen wat hij meende te hebben gezien. Dat moest Gerold doen.

Hij bereikte de vertrekken van de superista, twee sobere, praktisch ingerichte kamers waarin af en toe ook besprekingen plaatsvonden. Toen hij aanklopte bleef achter de deur alles stil. Heel spijtig! Aristide maakte aanstalten om zich om te draaien, maar wilde nog niet weggaan. Stel dat Gerold alleen even naar het privaat was. Hij wilde eindelijk zijn hart luchten over de informatie die hij had. Onrustig bewoog hij zijn tenen. Hij stond niet alleen hier voor de deur vanwege de samenzwering in de Libelle. Hij hield terdege rekening met de mogelijkheid dat Arsenius vanwege het doorzoeken van de villa zijn beklag over hem zou doen of dat al had gedaan. Dan was het alleen maar goed als ook zijn visie op de kwestie bekend werd. Daarom misschien toch nog even wachten? Om de hoek van de gang stond een bank, een prima plek.

Nadat hij nog maar net op het met kussens bedekte zitmeubel had plaatsgenomen ging er inderdaad een deur open en was Gerolds stem te horen. Met een diepe zucht kwam Aristide overeind. Terwijl hij om de hoek tuurde zag hij de superista voor de deur van zijn kamer staan. Helaas was hij niet alleen: voor hem stond Johannes, de nomenclator. Aristide beet op zijn lippen. Daar wilde hij zich liever niet in mengen.

Op het moment dat hij zijn gezicht alweer wilde wegdraaien, zag hij dat Gerold de handen van de man greep en die... Hij nam ze in de zijne. Allebei. Het had iets... teders? Ja, verdraaid, het was een verdraaid liefdevol gebaar. Aristide staarde verward naar de verstrengelde vingers die zich gewoon niet van elkaar wilden losmaken. Het viel

hem nu ook op hoe dicht Gerold en Johannes tegenover elkaar stonden. Hun gezichten raakten elkaar bijna.
 Hij slikte. Onder de gardisten, die te weinig verdienden om een gezin te kunnen onderhouden, kwam het soms tot ongepaste relaties. Als dat werd ontdekt, dan werd er hard gestraft. God had de mensen geschapen als man en vrouw en zo hoorde het ook te zijn bij intieme contacten. In dat opzicht was de Heilige Kerk onverbiddelijk. En nu pleegde Gerold een dergelijk vergrijp?
 Ze lieten elkaar los, Johannes fluisterde lachend een paar woorden die Aristide niet verstond en liep weg. Op het moment dat Gerold wilde teruggaan naar zijn vertrekken vermande Aristide zich en hij stapte de hoek om. De superista kwam volkomen ongedwongen over toen hij hem bij zich riep en met een gebaar aangaf dat hij binnen kon komen. Had dat korte voorval zo-even wel echt plaatsgevonden?
 'Zeg het maar,' zei hij en hij luisterde aandachtig terwijl Aristide hem vertelde over de twee mannen in de Libelle. Zijn ogen werden steeds groter. 'En je weet het zeker, wat hun identiteit betreft?'
 De bediende was alleen door Cosimo gezien, moest Aristide toegeven. 'Maar Waldipert zat daar in ieder geval. Die ring is uniek. En ik heb met eigen ogen kunnen vaststellen dat zijn tafelgenoot hem een zak toeschoof. En dat zijn keel is doorgesneden, is ook boven alle twijfel verheven,' voegde hij er droogjes aan toe. Hij vertelde over het doorzoeken van de villa van de kardinaal.
 Gerold kauwde op zijn lip en schudde uiteindelijk zijn hoofd. 'Dat is te weinig om er iets mee te doen. Arsenius is een van de machtigste mannen van de stad. Hij kan de verdenking in een handomdraai van tafel vegen. Als ik jou niet kende, zou ik zelf ook argwanend zijn. Mensen kunnen zoveel beweren. En dat Waldipert een bekentenis gaat afleggen, dat heeft hij nu met succes voorkomen.'
 Aristide knikte terneergeslagen.
 'Bovendien... Het gerucht gaat dat Arsenius' zoon Anastasius de pauselijke troon weleens zou kunnen bestijgen.'
 'Hè?'
 'De keizerlijke partij heeft zich ingespannen voor hem. De pauselijke partij heeft vervolgens voor Hadrianus gestemd, dat is een pries-

ter uit Sankt Calixtus. Maar dat is een zwak iemand. Het is heel goed mogelijk dat Anastasius het gaat redden.'

Aristide sperde zijn ogen open. Hij had weinig aandacht geschonken aan de uitverkiezing van de kandidaten. Dat was hoge politiek en daarop had hij sowieso geen invloed. Hij kreeg een knoop in zijn maag.

Gerold, die merkte hoe het met hem gesteld was, klopte hem op zijn schouder. 'Maak je geen zorgen. Als Arsenius naar mij toe zou komen... Ik sta aan jouw kant. En omdat hij niet vrijuit gaat, zal hij niet bepaald stof willen doen opwaaien. Niet in zo'n beslissend stadium.'

'Hij kan ook later nog een klap uitdelen.'

'Niemand kan zijn leven tot het eind toe uitstippelen.' Gerolds glimlach was oprecht en er school geen kwaad achter. Aristide keek hem onzeker aan. Had zijn commandant de nomenclator echt op een ongepaste manier aangeraakt? Inmiddels was hij er bijna van overtuigd dat hij zich had vergist.

De verkiezing werd de spectaculaire gebeurtenis die Gerold had voorspeld. De geestelijken die trouw waren aan de keizer probeerden hun kandidaat Anastasius erdoor te drukken. De pauselijke kandidaten de weifelachtige Hadrianus. Maar de verkiezing nam een wending waar niemand op had gerekend: het volk, dat ook naar de verkiezing was gekomen en volgens een reglement uit het jaar 824 hetzelfde stemrecht had als de hoge adel en de geestelijken, stemde tegen de machthebbers. Met hun hulp werd nomenclator Johannes Anglicus tot paus gekozen.

Hoofdstuk 6

Dorestad 855

Een visser klopte aan. Hij kwam met een kleine mand met pos die hij in de Rijn had gevangen Jutta's huis binnen. 'Ze zijn helemaal vers,' zo verzekerde hij. 'Een waar genot, gekookt of gebraden. God zegene je.'
'God zal het je lonen,' antwoordde Freya gedachteloos, zoals christenen in dergelijke gevallen altijd zeiden. Ze nam de mand in ontvangst en rook eraan. Zo vers als hij had beweerd was de vis zeker niet. Waarschijnlijk had de man die de vorige dag, toen de markt werd overspoeld door vis, niet kunnen verkopen.
Freya nam de visser met de onverzorgde grijze baard onopvallend op. Jutta had verteld dat hij gegiste appels uit de tuin van een weduwe had gestolen. De vrouw had hem betrapt en de priester had hem opgedragen de armentafel tot het eind van het jaar twee keer per maand van vis te voorzien. Hij gehoorzaamde. Maar deed hij het uit oprecht berouw of alleen uit angst voor de kwellingen van de hel die de priester hem ongetwijfeld had voorgespiegeld? Freya vermoedde dat hij alleen aan zijn eigen hachje dacht. En daardoor was de gift eigenlijk net zo egoïstisch als de diefstal.
'Moge God het je lonen. En vergeet niet om ook voor mij te bidden.' Met een overdreven lachje haastte de man zich weg. Toen de

deur achter hem dichtsloeg, kringelde de rook van het vuur dat ze voor het koken en stoken gebruikten.

Freya legde een bos wortels apart die ze uit Jutta's moestuin had gehaald en begon de vis schoon te maken. Ze prakkeseerde erover waarom je in het christendom je zonden kon afkopen. God was in het diepst van Zijn hart blijkbaar een koopman. Soms eiste Hij alleen een gebed, maar in de meeste gevallen moest het iets materieels zijn. Stoffen, graan, groente, een schaap... En natuurlijk was iemand die royaal kon schenken beter af dan een arme stakker. Heel even voelde ze bijna genegenheid voor de Deense goden, die logen en moordden, net als mensen, maar daarbij tenminste niet huichelden. Dat kon ze namelijk niet uitstaan: als iemand zich beter voordeed dan hij was.

Ongetwijfeld was ook Giso een berekenende weldoener, die de armen alleen hielp omdat hij iets had uitgehaald. Ze zag zijn akelige gezicht als hij Jutta de wekelijkse lading groente en honingwijn moest overhandigen. Het leek overigens om een flinke zonde te gaan, omdat hij zo onvermoeibaar boete moest doen. En trouwens...

Ze woonden nu acht weken in het oude huis; nadat Jutta, die het werk in de moestuin en voor de liefdadigheid nauwelijks kon overzien, had gemerkt hoe hard haar gasten werkten, verstomde haar gebrom en zag het ernaar uit dat ze onderdak hadden gevonden. Maar toen begon Giso ook tussen het brengen van de ladingen door op bezoek te komen. Uiteraard vanwege de mooie nieuwe bewoonster. Jutta schuimbekte van woede, maar Asta deed alsof ze het niet merkte. Die domme gans leek geen genoeg te kunnen krijgen van Giso's gevlei. *De glans van je haar...* 'Maar meneer toch...' *Je fluweelzachte ogen...* 'Ik word helemaal verlegen van je.' Gisteravond, toen Jutta en Freya de schapen voerden, was ze verdwenen en pas na middernacht teruggekomen. Ze was gegarandeerd bij Giso geweest. Jutta had haar een draai om de oren gegeven. Maar in plaats van zich te verontschuldigen was Asta weggestormd en had ze zich huilend op haar strobed laten vallen. Toen Freya haar later duidelijk maakte wat hun te wachten stond als Jutta hen eruit gooide, reageerde ze uit de hoogte.

'Dan gaan we gewoon bij Giso wonen. Je ziet toch dat hij een fatsoenlijk mens is. Hij heeft trouwens een kleermakerij. En hij is ook

weduwnaar.' Tijdens die woorden had ze veelzeggend met haar ogen geknipperd en Freya had haar het liefst ook zelf een draai om de oren gegeven.
'Het is stom om je wel en wee te laten afhangen van een man!'
'Het is stom om iets anders te willen dan een echtgenoot die het geld en de macht heeft om een vrouw te beschermen!'
'Zoals Björn ons beschermd heeft?'
'En was het nou echt zo erg geweest als we hem hadden gegeven wat hem toekwam?'
Freya staarde haar zus aan. Iets dergelijks had ze al eerder gezegd. Meende ze dat serieus?
Asta's stem werd wat zalvender. 'De Almachtige heeft mannen opgedragen om over ons vrouwen te heersen, omdat we niet slim genoeg zijn om de gevolgen van onze daden te overzien. We hebben aanwijzingen nodig...'
'Ja, voor sommigen van ons zal dat zeker het geval zijn,' had Freya giftig geantwoord.
Sindsdien waren ze gesprekken over Giso uit de weg gegaan.
De vis lag in een schaal, klaar om te worden bereid, en Freya waste haar handen in een kuip met water en klom met de ladder naar de bovenverdieping. Het huis van de oude vrouw had namelijk boven de hal een tweede verdieping, net als in Björns langhuis. Beneden werd gewoond, gekookt en geslapen; op de bovenverdieping, die slechts de helft van het huis bestreek, bevond zich een afgesloten kamer. Freya had geen idee wat de vrouw des huizes daar deed. Jutta sliep op de benedenverdieping, net als zij, het betrof dus in geen geval een extra slaapkamer. Maar elke vrije minuut nam ze de ladder om daarboven... tja, wat? Haar man was lakenwever geweest en had in dat vertrek misschien zijn zaken afgehandeld. Voelde ze hem dicht bij zich als ze ernaartoe ging?
Jutta deed open nadat Freya had aangeklopt, maar ze ging pontificaal op de gang staan zodat haar het zicht op kamer werd ontnomen.
'De visser met de grijze baard...'
'Hij heet Berengar.'
'Berengar heeft pos gebracht. Ik heb ze schoongemaakt.'

'Prima.' Ze staarden elkaar aan. Jutta's huid was rimpelig en vol bruine vlekken, maar haar ogen wezen op een helder verstand, waardoor je, net als bij haar glimlach, vergat hoe lelijk ze was. 'Verder nog iets?'

Freya schudde haar hoofd. Jutta kon met hen overweg, maar of ze hen ook mocht? Misschien was haar gastvrijheid jegens broer en zus niet zozeer ruimhartigheid als wel een boetedoening voor iets?

Opeens zette Jutta een stap naar achteren en ze wees met een abrupt gebaar naar de kamer. Freya kwam dichterbij en sperde haar ogen open. Ze wist niet wat ze had verwacht. Misschien een weefgetouw waaraan Jutta vroeger had gewerkt terwijl haar man zijn zakelijke transacties controleerde. Of manden met gekaarde schapenwol die ze als appeltje voor de dorst bewaarde... In plaats daarvan zag ze een tafel waarop in het midden twee stapels perkament lagen. Een grotere, vol met lettertekens, en een kleinere, die bestond uit lege bladzijden. Blijkbaar was Jutta bezig geweest om inkt van het perkament te schrapen, want er lagen zwarte korreltjes en een scherpe, donkere steen waaraan ook korreltjes kleefden op tafel.

Aan een van de uiteinden van het tafelblad zat een gat met daarin een hoorn, waarin een gitzwarte vloeistof dreef. Daarnaast stond een schaal met ganzenveren, waarvan de pennen waren ingekort en bijgepunt waren. En aan de andere kant van de tafel... Freya liep er gefascineerd naartoe. Was dat een boek? Ze pakte het op. Het ging om een aan elkaar gelijmde stapel perkamentvellen die in leer waren gebonden. Op de beide opengeslagen bladzijden stonden zorgvuldig rijen tekens naast elkaar, van links naar rechts, alsof ze op onzichtbare lijnen waren aangebracht. Ze boog voorover en liet haar hand boven het perkament zweven, maar durfde het niet aan te raken. Te kostbaar, te kwetsbaar. Ze mocht beslist niets stukmaken. 'Een boek.' Het woord voelde op haar tong aan als een exotische smaak.

'Wat weet je van boeken?' vroeg Jutta.

Eigenlijk niets. Gisla had het af en toe over gehad, meestal als ze vertelde over de leergierige Johanna, die bezeten was van boeken. 'Ze schreef de boeken over,' had haar moeder gezegd, met de welwillende glimlach van iemand die een dommig geheim van een vriendin prijsgeeft. En dat de veer in haar hand daarbij als de zuigsprieten van een insect over de bladzijden gleed.

Freya merkte dat Jutta op een antwoord wachtte. Ze haalde onbeholpen haar schouders op. Opeens zag ze weer die brede glimlach op het gezicht van de oude vrouw. 'Dit hier is een bijbel,' legde ze zachtjes uit, waarna ze Freya's hand pakte en haar wijsvinger voorzichtig over de rand van de bladzijde liet glijden. Uit een grote kist haalde ze een kleiner kistje tevoorschijn, waarin ook een stapel volgeschreven vellen perkament lag. 'En dit heb ik zelf geschreven. Ik heb de inkt van oud perkament geschraapt en schrijf daarop de letters uit het heilige Woord van God.'

'Is ieder teken een woord?'

'Dat weet ik niet. Ik kan alleen overschrijven, niet lezen. Mijn levenswerk bestaat erin om Gods Woord te behouden, zodat Zijn geboden bewaard blijven en Zijn kinderen niet op een dwaalspoor worden gebracht.'

'En die andere tekens?' Freya wees naar de perkamentstapel waar Jutta de letters van afkraste om de bladzijden opnieuw te kunnen beschrijven.

'O, dat is iets heidens. De letters zijn vreemd, anders dan in de Heilige Schrift. Dat is gewoon een verspilling van perkament.'

'Hoe ben je eraan gekomen?'

Freya zag dat Jutta's gezicht betrok. Blijkbaar had ze de twee kostbare boeken niet helemaal legaal in bezit gekregen. Misschien had ze zich erover ontfermd toen de Denen de stad overvielen en er overal chaos heerste? In plaats van te antwoorden wees Jutta op een tweede kruk die in de hoek van de kamer stond. 'Je kent mijn geheim nu,' zei ze zacht. 'En nu wil ik dat van jou horen. Waarom hangt een Deens meisje in jongenskleren rond in Dorestad met haar zus om geesten uit het verleden op te schrikken?'

**

Het was zo moeilijk om erover te praten. Freya was in de afgelopen weken te weten gekomen hoe hartstochtelijk de Friezen de Deense indringers haatten. Maar Jutta had te veel ontdekt om de rest te verzwijgen. Dus begon Freya zacht aan haar bekentenis. Eerste vertelde ze over de overval op Dorestad en de ontvoering van haar moeder. Jutta's gezicht werd zachter bij het horen van Gisla's naam. 'De dochter van de heer Von Villaris! Ze heeft het dus overleefd. Wie had dat gedacht! Ze was zo'n mooie dame. Als ik het me goed herinner, is ze kort daarvoor getrouwd met graaf Hugo. Of niet?'

Freya knikte. 'Je kende haar vader dus ook? Wat is er van hem geworden? Weet je waar hij nu woont?'

'O, nu begrijp ik waarom je overal hebt geïnformeerd naar die man nadat jullie hier net waren gearriveerd. Maar daar kan ik je helaas niet bij helpen. Het is natuurlijk al zo lang geleden. Volgens mij kwam hij na de overval nog een keer terug. Daarna was hij opeens... Ik weet het niet. Gewoon verdwenen. Maar we leefden ook in twee verschillende werelden. En Gisla? Hoe is het haar vergaan na de ontvoering?'

Freya bracht verslag uit, maar met heel weinig woorden. Het was ondraaglijk om in details te treden. Gisla's erbarmelijke positie als bedslavin, hoe ze werden geslagen en getreiterd... Freya werd nog geslotener toen ze over de laatste avond in het dorp van haar vader vertelde en wat ze had gedaan om Asta te beschermen.

'Jij hebt die gemene duivel...'

'Zijn naam was Björn.'

'... gedood?' Jutta glimlachte. Ze keurde die daad goed, geen twijfel mogelijk. 'Maar waarom loop je in mannenkleren rond? O, dat ik dat nog vraag! Je bent slim!'

'Als man word je gerespecteerd, vrouwen worden als beesten behandeld,' viel Freya haar op trieste toon bij.

'Arm kind! En ik wilde jullie nog wel weigeren toen jullie na dat eten bij me kwamen, omdat ik een fijn gehoor heb en in jullie stem meteen een Deense klank hoorde. Dat was voor mij onverdraaglijk. Maar daarna dacht ik eraan dat God van al Zijn kinderen houdt.' Ze ging met het kleine kistje met de overgeschreven vellen perkament terug naar de grote kist en klapte het deksel dicht. 'Maar jullie zijn bedriegers. Jullie liegen over je afkomst, je naam, en jij ook over je geslacht. En zeker aan die laatste leugen moet je een eind maken.' Ze

liep naar een tweede kist, die naast het raam stond, en haalde er een gewaad uit. 'Je moet de mensen laten zien dat je in werkelijkheid een vrouw bent en van nu af aan niet langer Johannes heet, maar... wat is je echte naam?'
Freya vertelde het haar en Jutta's gezicht betrok. 'Dat kan niet, het klinkt te Scandinavisch, ze zullen je ter plekke doodslaan. Daarom zullen we je Johanna noemen.'
Freya schudde haar hoofd en Jutta, die het mooie lichtgroene gewaad uit de kist al openvouwde, stopte daarmee.
'Ik wil geen vrouw meer zijn,' zei Freya zacht. 'Vrouwen zijn ertoe veroordeeld om te worden overheerst, eerst door hun vader, dan door hun echtgenoot en tot slot door hun zonen... Elva, de vrouw van Björn, had het voor het zeggen in het dorp waar ik woonde. Ze zorgde ervoor dat alles goed verliep. Maar zodra Björn weer terugkeerde, was haar woord niets meer waard.'
'En dat was ook goed, want zo heeft de Almachtige het bepaald.' Jutta zei het op nadrukkelijke toon, alsof dat buiten kijf stond, en toch klonk er een lichte twijfel in door. Ze had na de dood van haar man het heft in handen kunnen nemen in huis. Was haar onafhankelijkheid haar misschien goed bevallen? Zij kon beslissen wat ze in de moestuin wilde verbouwen, de toon aangeven, bepalen wie ze uitnodigde en wie ze de deur wees... 'Je moet trouwen, zodat je onder de pannen bent. En dat kan alleen als je een meisje bent.'
'Maar dat wil ik niet.'
Jutta aarzelde. Daarna vouwde ze het gewaad weer op en legde het terug in de kist. 'Jullie kunnen hier niet eeuwig blijven. Je hebt wel gemerkt dat ik me niet eens een dienstmeid of een knecht kan veroorloven. Maar voorlopig kunnen jullie hier blijven wonen. En nu gaan we naar beneden, we hebben nog heel veel te doen.'

***

Twee dagen later, een zondag, woonde Freya haar eerste kerkdienst bij. Jutta stond erop dat ze met haar naar de kerk ging. 'Neem voor de verandering eens een voorbeeld aan je zus! Het mag dan wel zo zijn dat je onder heidenen bent geboren en getogen, maar dat betekent niet dat je ook als heiden moet sterven. Ik zal er, ter wille van jou en je moeder, voor zorgen dat de ware christelijke geest in jou komt.'

Nou ja...

Asta hoefde niet te worden overgehaald en vergezelde hen. Ze leek zich al thuis te voelen in de domkerk van Dorestad en groette links en rechts allerlei mensen met een vriendelijk woord. Hoe kende ze al die mensen? Omdat ze aardiger was en zich openstelde voor vreemden? Freya's gezicht betrok toen ze zag dat Giso de kerk binnenkwam. Hij wisselde een vertrouwelijk, bijna samenzweerderig lachje uit met Asta. Hij kon wat haar betrof de boom in, maar wat kon ze eraan doen?

Freya mengde zich stilletjes tussen de gelovigen totdat zij, Asta en Jutta een plekje hadden gevonden naast het altaar. Haar blik dwaalde weer naar de gekruisigde Christus en ze vroeg zich af of hij wist hoe vervelend ze dit kerkbezoek vond en hoe graag ze zich eraan had onttrokken. Opnieuw zag ze in gedachten een goddelijke vuist op zich neerdalen. Pas toen een paar honden en zelfs een varken de kerk binnentrippelden, en niemand zich eraan stoorde, werd ze wat rustiger. Misschien was de God van de christenen ruimdenkender dan Zijn volgelingen dachten.

De dienst begon met eigenaardig klinkende liederen. Freya staarde naar het altaar met de geborduurde deken, naar de kaarsen, de duur uitziende kelk en de andere voorwerpen waarvan ze de betekenis niet begreep. Het kwam op haar over als een feestelijk allegaartje met maar één enkel doel: opscheppen. Haar blik ging weer naar het kruis waaraan Jezus was vastgespijkerd. Ook dat begreep ze niet. Waarom lieten de christenen hun Here zien terwijl hij gemarteld werd? Genoten ze van het lijden van hun eigen God? Het enige wat de troosteloosheid van de kerk goedmaakte was de afbeelding waarop Jezus een kind in zijn armen had. Iemand die zonder uitzondering van alle kinderen op aarde hield... Ze zuchtte.

De bisschop kwam de ruimte binnen. Hij had een hard gezicht en ze had meteen een afkeer van hem. Ook door zijn prachtige kleding, die argwaan bij haar opwekte. De machtigen onderdrukten de weerlozen, het was ook overal hetzelfde. Ze luisterde wrevelig naar het onbegrijpelijke Latijn dat hij declameerde en lette pas weer op toen hij overging op de taal van het volk. Daar was plotseling weer sprake van de liefde van Jezus, dit keer voor de weduwen en wezen, de armen, de zieken, kortom, de hulpeloze mensen. De Here zegende iedereen die hen hielp en sprak een vloek uit over degenen die hen honger lieten lijden.

Freya wist zich geen raad. Iets binnen in haar voelde zich sterk aangetrokken tot deze nieuwe God, maar... er was ook wantrouwen. Kon een dergelijke macht en mededogen samengaan in één enkele God? Misschien strooide Jezus zijn volgelingen alleen zand in de ogen, zodat ze hem gunstig gezind waren?

En opeens was dat allemaal niet meer belangrijk. Ze zag dat Giso, die een stuk van hen af stond, samenzweerderige blikken wisselde met Asta. Hij tuitte zelfs stiekem zijn lippen tot een kus. Wat was die kruiperige vent van plan? Hij was toch niet te vertrouwen! En dat moest ze Asta duidelijk maken. Wel moest ze daarbij geduldig te werk gaan. Alleen was geduld helaas niet een van haar sterke punten.

Alsof Asta er een voorgevoel van had dat ze een uitbrander zou krijgen, glipte ze nadat de dienst nog maar net was afgelopen naar buiten en verdween. En ook Giso was plotseling in geen velden of wegen te bekennen.

* * *

'Waar blijft ze nou?' Het vuur smeulde alleen nog maar in de stenen vuurplaats, het moest al ver na middernacht zijn. Bezorgd en geërgerd tilde Jutta de varkensblaas op die het minieme raam van haar huis bedekte. Er klonk kabaal, alsof een kat tegen de vieze houten emmer vol gaten was gesprongen die sinds een paar dagen op de stoffige straat lag. 'Waar blijft ze nou?' Ze herhaalde telkens hetzelfde zinnetje.

Ten slotte hield Freya het niet meer uit. 'Ik ga naar Giso!'
'Dat zou ik maar niet doen.'
'Asta is bij hem. Ik zag toch hoe ze tijdens de kerkdienst naar elkaar keken. Daar is iets gaande en ik ben de broer die op haar moet letten.'

'Jij bent helemaal niets.'

'Maar...'

'Je blijft hier. Als er een vlinder in het vuur vliegt, dan baat het hem niets als een andere vlinder ook in de vlammen vliegt.'

'Waarom zeg je dat?'

'Wat?'

'Dat Giso... in het vuur is. Wat is er met die man? Je haat hem, Jutta. Daar moet toch een reden voor zijn. Er móét iets gebeurd zijn. Zeg het maar gewoon.'

Jutta trok de varkensblaas voor het raam weer strak om te voorkomen dat er muggen binnenkwamen.

'Waarom moet hij eten bij jou brengen?'

'Omdat hij niet in de hel wil branden. En hou er nu over op. Ik ga slapen.' Onhandig opende ze de gespen van haar overgooier en stroopte hem af over haar achterwerk en benen.

Freya liep naar haar toe, pakte haar pols en dwong haar om weer overeind te komen. 'Wat heeft hij gedaan?'

Heel even leek het erop alsof Jutta haar wilde wegduwen, maar toen barstte ze los: 'Giso haat vrouwen. Hij behandelt ze als vuil. Zo, nu weet je het.'

'Wat moet ik me daar precies bij voorstellen?'

'Nou, dat hij ze... Goed. Hij haat ze niet meteen. Voordat ze hem gehoorzamen, verlangt hij naar hen. Hij ligt aan hun voeten, doet lief, overlaadt hen met geschenken. Maar dat houdt op zodra hij ze bezit. Dan verandert zijn genegenheid in haat.'

'Ja, maar...'

'Misschien is hij bezeten door de duivel. Weet ik veel. Misschien is hij zelf de duivel wel!'

Freya staarde de woedende oude vrouw aan.

'Hij is de weduwnaar van mijn overleden zus.'

Dat gaf geen opheldering. Of misschien toch wel? Freya's hart klopte pijnlijk tegen haar ribben. 'Hoe is ze overleden?'

Met een bittere lach gooide Jutta haar armen in de lucht. 'Ze werd gewoon steeds onhandiger. De ene keer ging ze met haar hand in het vuur, dan stroomde er een pan heet water over haar gezicht. Ze sneed

zich aan keukenmessen en de hond, dat rotbeest van Giso, was erop gebrand om haar te bijten. Het was altijd haar eigen schuld. Uiteindelijk is ze overleden onder de hoeven van een doorgedraaide koe.'
'En jij gelooft...?'
'Ik geloof helemaal niets. Ik weet alleen dat Giso heeft gebiecht en sindsdien eten voor mij en de armen brengt.'
Terwijl Freya een mes in de schede aan haar riem stak en haar schoudermantel omdeed, probeerde Jutta niet langer om haar tegen te houden.

***

De nacht begon al ten einde te lopen toen Freya bij Giso's huis arriveerde. Ze klopte een paar keer op een kleine deur die eruitzag alsof hij werd gebruikt door knechten en dienstmeiden. De oude vrouw die na het aankloppen opendeed bracht haar met de vinger tegen de lippen naar een achterafkamertje, waar tegen de muur een strobed was gemaakt. Door de dunne wandjes heen hoorde Freya varkens rondsnuffelen. Asta was alleen in het vertrek. Ze had haar prachtige blonde haar nu niet in een vlecht, het lag uitgewaaierd rond haar vredige gezicht. Ze sliep.
'Laat me maar alleen met haar.'
Schouderophalend verdween het oudje. Freya liep naar haar zus en schudde haar wakker. 'Kom mee!'
'Wat... O, ben jij het,' mompelde Asta. 'Wat is er aan de hand? Au, je doet me zeer.'
'Hup, opstaan.'
'Maar waarom?' vroeg Asta slaapdronken.
'Omdat je naar huis moet.'
Het gesprek dat volgde vond buiten plaats, tussen de kleermakerswerkplaats, de kleine groentetuin en de stal waarin Jutta's zus blijkbaar om het leven was gekomen. Het duurde maar kort. Freya vertelde wat ze van de oude vrouw had gehoord.
Toen ze klaar was zei Asta: 'Dat mens... is alleen maar jaloers. Giso heeft Demud – ja, ik weet hoe zijn vrouw heette, hij heeft het al vaak

over haar gehad... Hij hield met heel zijn hart van haar. Ook van zijn twee eerste vrouwen. Hij treurt nog steeds om hen. Maar vooral aan Demud was hij verknocht. En daar was Jutta vanaf het begin jaloers om, omdat ze namelijk zelf graag met Giso was getrouwd. Hij ziet die lasterpraat van haar door de vingers omdat ze Demuds zus is en geeft haar zelfs voedsel, uit pure goedheid, zoals je zelf ook wel hebt gezien. Dat is toch een bewijs van zijn goede hart. En nu... wegwezen!'

'Wat wil je...?'

'Ik blijf hier. Giso heeft iemand nodig die voor hem kookt, voor de kippen zorgt en zijn huis schoonhoudt. Hij heeft me in dienst genomen.'

***

Asta hield haar poot stijf. Ze haalde nog dezelfde dag haar weinige bezittingen op en trok in bij haar minnaar.

'Wat moet ik doen?' vroeg Freya en ze keek Jutta aan.

'Je staat machteloos.'

En dat was ook zo. Freya was voor de mensen in Dorestad weliswaar haar broer, maar omdat ze bang was dat Asta haar geheim zou verraden had ze niet de mogelijkheid om in te grijpen. Zelfs niet toen een van de buren haar staande hield in de steeg en haar waarschuwde voor Giso en het treurige lot van zijn vrouwen. Freya wachtte haar zus nog verschillende keren op in de stad en probeerde op haar in te praten, maar Asta sloeg alle waarschuwingen in de wind en vertelde blij over een ophanden zijnd huwelijk.

Hij ligt aan hun voeten... Maar dat houdt op zodra hij ze bezit...

'Zit niet zo te dromen,' mopperde Jutta en ze nam de boterstamper van haar over. 'Er moet iemand naar de domschool. En daar bedoel ik jou mee. Breng dit halve brood naar de meester daar. Hij heeft er recht op, maar niet meer dan een halfje. Zorg ervoor dat hij je niet aan je hoofd zeurt. En blijf daar niet hangen. Ik heb je hier nodig.'

Freya begaf zich op weg. Ze haastte zich door de stegen, waar een jongen een moedervarken met haar biggetjes naar de poort dreef en een ontstemde boer knorrig naar het wiel van zijn kar staarde; ze ontweek de viezigheid die 's ochtends uit emmers in de straatjes was geleegd en bereikte uiteindelijk de school, die in een stenen gebouw naast de domkerk was gehuisvest. Door de ramen heen klonk de stem van de meester naar wie ze het brood moest brengen. Ze aarzelde even. Mocht ze hem storen terwijl hij lesgaf? Of kon ze maar beter wachten, ondanks Jutta's gezeur? Ze besloot om aan te kloppen. Het zou tenslotte maar een paar tellen duren om hem het brood te overhandigen.

Bij de deur aangekomen tikte ze erop en toen hij geopend werd, keek ze in een vertrek dat vol stond met lessenaars. Achter elk daarvan zat een jongen – die bij het raam waren al bijna volwassen, die aan de deurkant nog kleine ventjes die onhandig met hun griffel op een lei krasten.

Ze kreeg niet de tijd om te blijven staren. Een wrevelig kijkende man stond op van een stoel achter zijn katheder. Bij het zien van het brood klaarde zijn gezicht op. Hij pakte het aan, bedankte haar en wendde zich weer tot zijn oudere leerlingen, die ondanks de onderbreking de hele tijd Latijnse woorden hadden gemompeld.

Freya bleef staan alsof ze aan de grond was vastgenageld, betoverd door de intelligentie van de jongens die hun tekst niet zomaar uit het hoofd opdreunden, maar die rechtstreeks van vellen perkament oplazen. Kennelijk leerden ze hier niet alleen de magische kunst van het schrijven, maar ook die van het lezen. Ze voelde een steek van jaloezie. Jutta had haar geen tweede keer toegang verleend tot haar schrijfkamer, terwijl haar nieuwsgierigheid enorm was. Mensen hoorden wat in de Bijbel stond alleen uit de mond van hun priester. Stel je voor dat er dingen verzwegen werden. Of zelfs voorgelogen. Wat zou ze graag zelf willen lezen wat Jezus had onderwezen. Toen ze haar hals strekte, viel het haar op dat de letters op de lei van de jongens als regenwormen over de lijntjes kronkelden. Het zag er niet uit alsof ze veel moeite deden. Had Johanna ook achter een van die lessenaars gezeten? Had ze hier leren lezen? Met heel wat meer ijver? Nee, dat was bijna ondenkbaar. Hoe had ze dat voor elkaar moeten krijgen?

Een van de leerlingen, een nogal dikke jongen, grijnsde naar Freya. Maar die grimas eiste wel zijn tol: de meester, die eigenlijk net de deur wilde opendoen om Freya eruit te laten, draaide zich om en zwiepte een dunne roe tegen de nek van de jongen. De mollige leerling bleef grijnzen, hoewel de pets een rode striem had veroorzaakt en beslist pijn had gedaan. Een misplaatste en daardoor nogal griezelige reactie. Freya verliet haastig het vertrek. Achter de gesloten deur hoorde ze de meester boos naar hem uitvallen. Kasimir moest, bij Jezus en alle heiligen, nog steeds leren om de duivel in zijn hoofd in bedwang te houden... De berisping klonk echter eerder vertwijfeld dan woedend.

Freya was nog niet halverwege de gang of de deur ging plotseling opnieuw met een ruk open. Kasimir kwam struikelend het klaslokaal uit, viel op de grond, krabbelde weer overeind en begon te lachen toen hij haar zag. Terwijl de meester de deur weer dichtknalde rende Kasimir naar Freya, pakte haar hand en trok haar met opmerkelijk veel kracht naar een binnenplaats, die werd omringd door gebouwen met twee verdiepingen. Ze protesteerde, maar het was alsof ze het tegen een hond had. Kasimir duwde haar naar een stenen bank. 'Vrienden?' vroeg hij.

Nee, hij is niet griezelig en ook niet gevaarlijk, besloot Freya. De schittering in zijn ogen getuigde van argeloosheid. Het is een idioot, dacht ze, of, zoals de christenen het noemden, een van de armen van geest.

Ze nam haar omgeving in zich op. De binnenplaats deed dienst als tuin. Niet voor bloemen of gewone groenten, maar voor geneeskrachtige planten. Ze ontdekte salie, wijnruit, venkel, kervel, balsemwormkruid... precies dezelfde planten die Elva had gebruikt om zieke dorpsbewoners te behandelen. Freya had ze vaak uit de tuin moeten halen en als Elva in een goede bui was vertelde ze haar soms welk kruid tegen welke kwaal hielp. Freya was er diep van onder de indruk geweest dat iets wat uit de grond kroop een aandoening kon bestrijden die in het menselijk lichaam huisde. Waren geneeskrachtige planten misschien ook zo'n bewijs van goddelijke liefde?

Elva had echter ondanks haar inspanningen bij veel ziektes niets kunnen uitrichten. De broer van Snorri was bijvoorbeeld overleden aan een huidziekte met etterende blaasjes. Maar er stonden hier ook gewassen die Freya nog nooit had gezien. Misschien kenden de heidenen maar een fractie van de goddelijke geneeskrachtige planten, omdat ze God niet om Zijn hulp hadden gevraagd en alleen zo nu en dan iets aan de weet waren gekomen? Heel even snakte ze naar iemand die haar van elk kruid de genezende werking kon uitleggen. Maar jammer genoeg had ze alleen Kasimir. En die kon gegarandeerd niets uitleggen. Hij trappelde onrustig met zijn voeten.

'Je heet dus Kasimir?' vroeg ze, gewoon om maar iets te zeggen.

Kasimir knikte en lachte. Zijn kleding was gemaakt van goede stof, maar zat veel te krap. Ze nam daarom aan dat zijn ouders geld hadden, anders hadden ze zo'n idioot ook niet naar een Latijnse school gestuurd, maar dat ze verder niet naar hem omkeken. De klok van de domkerk luidde, ze werd ongedurig. Ze wist honderd procent zeker dat Jutta al op haar wachtte. 'Nou, goed, ik moet gaan.'

Kasimir pakte haar arm, maar liet die meteen weer los. Ze zag dat hij koortsachtig nadacht hoe hij haar moest laten blijven. 'Schrijven...' Tot haar verbazing pakte hij een stok en hij tekende ernstig iets op de grond bij haar voeten. 'Aaaa,' verkondigde hij met een tevreden glimlach.

'Ja, mooi.'

Hij schudde zijn hoofd. 'Letter. Is een Aaaa.'

Freya staarde naar de krabbel, een puntdak met een dwarsbalk. Freya had Jutta een keer gevraagd of ze misschien een paar woorden wilde opschrijven, maar die had dat meteen afgewimpeld. Een te ingewikkelde vaardigheid... woorden bestonden uit klanken, die je letters noemde. En daar waren er ontelbaar veel van. Het had afgunstig geklonken, alsof ze niet wilde dat iemand haar geheime gedrevenheid deelde.

'Dat is een A?' vroeg ze voor alle zekerheid.

Kasimir lachte, kraste een cirkel en zei: 'Oooo.'

'Ook een letter?'

Hij knikte.

'Iiii,' stelde ze voor. Dit keer kwam er een rechte streep in het zand.

'Kun je ook hele woorden schrijven?'

Hij knikte opnieuw en de stok ging opnieuw over de grond. Een hele rij krabbels... 'Kasimir.'

'Dat zijn de tekens voor jouw naam?'

'Letters.'

Freya dacht even na. 'Schrijf Johanna op,' vroeg ze en ze keek toe wat hij er nu weer van maakte. Hij schreef meer letters op dan ze in de naam kon horen. 'Dat is fout.'

Kasimir schudde zijn hoofd en wees met de stok naar alle afzonderlijke letters, terwijl hij ze tegelijkertijd uitsprak.

'Nog een keer.'

Hij gehoorzaamde. Er waren klanken bij die nadrukkelijk werden uitgesproken, andere leken juist meer op een fluistering. Verbazingwekkend! 'Goed, schrijf nu Johannes. Dat is mijn naam.' Als hij echt kon schrijven, dan moest het ene woord op het andere lijken.

Kasimir begon weer enthousiast te krassen. De letters waren nu minder netjes. En toch kon ze duidelijk zien dat de twee namen er aan het begin hetzelfde uitzagen, maar aan het eind van elkaar verschilden.

'En nu: Asta.' De naam Asta begon en eindigde met dezelfde letter, het puntdak met de dwarsbalk, dat hoorde ze. En Kasimir schreef... A, waarna gesis als van een slang klonk, gespuug en weer een A.

'Ken je alle letters?' vroeg ze ademloos.

Kasimir knikte met een brede grijns.

'Ik wil ze leren.' Ze pakte Kasimir bij de schouder vast, wat hij echter niet fijn vond. Freya liet hem weer los. 'Kun jij me leren hoe je moet lezen en schrijven?'

'Ja.'

'Dat is mooi. Wanneer kan ik je weer ontmoeten?'

De jongen begon na te denken. Omdat hij toch een idioot was en dan misschien letters in de grond kon krassen, maar verder van alles geen jota snapte? Hij pakte opnieuw zijn stok erbij, en tekende het gebouw tegenover het klaslokaal, de klokkentoren die achter hen opdoemde, en een zon die links van de klokkentoren het huis van het dak raakte. Hij wees nadrukkelijk op de cirkel met de stralenkrans.

'Dus je komt als de zon ondergaat. Hier in de tuin of ergens anders?'

Kasimir wees naar de grond. Hier dus.

Ze klopte hem gelukzalig op zijn schouder.

Hoofdstuk 7

Rome, herfst 855

Cosimo ging trouwen. Niet met de vrouw over wie hij het die zomer had gehad, maar met Ginevra. Ze was een vrolijk iemand met een bekken zo groot als een boot, waaruit de kinderen naar buiten zouden komen zoals brood uit een oven. 'Mooi is ze niet, maar ik zweer het bij alles wat me heilig is: ik hou van haar. Ik hou van haar zoals van mijn armen en benen, mijn nek, mijn haar, mijn hielen, zoals van mijn eigen hart.'

O, wat was hij dronken! Het weduwnaarschap, dat hij nu al zo lang moest verdragen, had hem te pakken gekregen. Hij was geen man die alleen kon leven. En dat ben ik ook niet, dacht Aristide, zonder zich daar echter al te ongerust over te maken. Hij was inmiddels drieëntwintig, hij zou eigenlijk zo langzamerhand een gezin moeten stichten. Maar de vrouwen met wie zijn vrienden en buren hem constant probeerden op te zadelen stonden hem niet aan. Ze waren te luidruchtig, te onnozel, te ruzieachtig of juist het tegenovergestelde: zo stil als het graf. Sommigen waren ook echt gekmakend dom. Veel van zijn kameraden prezen dat aan als een voordeel, maar hij kreeg het benauwd als hij eraan dacht om zijn leven en zijn huis te moeten delen met iemand die geen behoorlijke zin wist uit te brengen. Het maakte ook niet uit. Hij werkte graag bij de garde van de paus, zijn leven beviel hem zoals het nu was.

Ze hadden weer eens een bezoek gebracht aan de Libelle en waren nu op de terugweg. Cosimo had nog meer wijn dan anders achterovergeslagen. Afgelopen zaterdag was het besluit genomen dat hij met Ginevra in het huwelijk zou treden. Ouders, broers, zussen, tantes, neven... Hij zou niet alleen trouwen met een prima vrouw, maar meteen met een hele familie, en ook dat beviel hem, vooral omdat geen van de nieuwe familieleden een blad voor de mond nam. 'Maar je moet erbij zijn als we de zegen van de priester krijgen. Je bent mijn beste vriend...'

'Je enige,' zei Aristide glimlachend.

'En wat dan nog? Ik wil je bij me in de buurt hebben. Als het niet goed verloopt, doe ik het in mijn broek en wil ik 'm smeren. Ginevra is meer dan een vrouw die me kinderen moet schenken. Ik huil van geluk als ik haar zie. Als ik haar net als mijn andere vrouwen de dood in jaag... In de nacht dat ik haar zwanger maak, zal ik het gevoel hebben dat ik mijn... je weet wel... moet afhakken. Hier, kijk nou eens.' Hij pakte Aristides hand en ging ermee over zijn stoppelige gezicht. 'Voel je dat? Ik moet al janken bij de gedachte dat haar iets kan overkomen!'

Aristide gaf hem een opbeurende por in de ribben.

Ze gingen over de Via Portuensis, naar de Aureliaanse Muur toe. Ook deze weg liep langs de oever van de Tiber, waarbij de rivier steeds meer aan het zicht werd onttrokken door struikgewas en pijnbomen. De vensterluiken van de villa's aan de linkerkant, ooit prachtige, maar door de eeuwen heen armoedig geworden gebouwen, waren dicht. Omdat de nachten inmiddels koud waren, trokken de mensen zich terug tussen de eigen vier muren. Alleen een straathond zat achter katten of ratten aan. En ongetwijfeld lagen ergens ook nietsnutten op de loer, met losse handjes en een mes. Maar die zouden zich niet in de buurt van gardesoldaten wagen.

Opeens sprong Cosimo opzij. Iemand gooide een emmer pies leeg en de druppels morsten over zijn mantel. Hij vloekte, maar na een paar passen was zijn boosheid alweer verdwenen. Ginevra leek hem ook op vernederende momenten op te monteren. Ze liepen verder en lieten de bewoonde villa's achter zich; in plaats daarvan werd de weg geflankeerd door gebouwen die door brand waren verwoest. Geen fijne buurt. Maar zoals gezegd: twee gardisten van de paus...

Cosimo pakte onverwacht de arm van zijn vriend vast. Hij blies een met wijn doordrenkt 'Psst' in zijn gezicht en keek naar de overwoekerde oever van de Tiber. Aristide, die zich uitgeput had gevoeld en al half was ingedommeld, was in één klap klaarwakker. Er was echter geen sterveling te zien.

Wat had dat te betekenen? Cosimo's blik rustte op een paar jeneverstruiken die vanaf de oever langzamerhand de straat in bezit namen. En... verdorie, daar bewoog iets. Een schaduw die langs de takken gleed alsof hij deel uitmaakte van een herfstige nevelsliert.

'Dat is 'm.'

'Wie?'

'Die vent uit de Libelle. Arsenius' man voor het vuile werk, die Waldipert munten had toegeschoven... Man, wat ben je traag van begrip. Ik herkende de mantel!'

'Onmogelijk, vanaf deze afstand.' Aristide trok zijn vriend toch achter een brokkelige muur. De verdachte vreemdeling bevond zich misschien vijftig stappen bij hen vandaan en hij kwam opnieuw uit zijn dekking vandaan. Geen blauwe mantel, iets grijzigs, Cosimo had zich vergist. De man loerde om zich heen. Had hij hen ontdekt? Blijkbaar niet. Zijn aandacht ging uit naar het stuk weg dat voor hem lag. Even later werd hij weer opgeslokt door het struikgewas.

'We volgen hem!' siste Cosimo.

'Onzin. Wat hebben we daaraan?'

Aristide zou zich later vaak afvragen wat de reden van zijn aarzeling was geweest. Het feit dat hij een grijze mantel had gezien, terwijl Cosimo voet bij stuk hield dat het een blauwe was? Of hadden zijn ogen iets gezien wat niet werd geregistreerd door zijn verstand?

Zijn vriend, moedig geworden door de wijn, verblind door de liefde die hem nieuwe energie gaf, stormde erop af. Aristide had geen zin in een vechtpartij, maar hij wilde Cosimo ook niet in de steek laten. Terwijl zijn vriend om het struikgewas cirkelde, was hij misschien tien passen achter hem. Het volgende moment hoorde hij een schreeuw. Geen woede, geen verbazing, het was enkel en alleen pijn.

Aristide trok zijn zwaard en begon te rennen. Toen hij aankwam bij het struikgewas was Cosimo's gebrul al overgegaan in gegorgel. Zijn kameraad lag kronkelend op de grond tussen de bruine herfstbladeren, rochelend; één hand was zichtbaar in het maanlicht en zat onder het bloed. De man die hem had aangevallen hurkte naast hem en veegde het moordwapen schoon aan het gras. Maar er was nog een derde man, in een mantel die daadwerkelijk blauw van kleur was. Hij draaide zich met zijn rug naar het huiveringwekkende tafereel, alsof de moord hem niets aanging.

De garde leidde zijn mensen met zorg op. Het kostte Aristide geen moeite om de knielende man, die geschrokken weer overeind wilde komen, neer te steken. Jammer genoeg kwam zijn zwaard daarbij vast te zitten in een maliënkolder. Hij moest het loslaten en zijn mes pakken.

De man met de blauwe mantel had zich met een ruk omgedraaid. Zijn zwaard gleed in zijn hand. Hij leek volkomen rustig. Zonder enige blijk van angst liep hij naar Aristide. Toen hij langs de melkwitte vlek kwam die het maanlicht tussen de takken van de jeneverstruiken wierp zag Aristide heel even zijn gezicht. De neus was lang en bij de punt iets gekromd, de ogen waren ongewoon rond en gingen schuil in diepe kassen, zijn wenkbrauwen vormden een perfecte boog om zijn oogkassen.

Vervolgens snelde ook de man naar voren. Hij zwaaide hard met de kling, maar met niet meer dan gemiddelde handigheid. En dat was ook niet nodig: een zwaard won het altijd van een mes. De vraag wie deze strijd zou winnen hoefde niet eens te worden gesteld.

Hoofdstuk 8

Herfst 855 tot zomer 856

De maanden die volgden waren opwindend! Natuurlijk ontging het Jutta niet dat Freya elke dag rond hetzelfde tijdstip stilletjes vertrok, maar ze vermoedde dat ze Asta ontmoette en stond het daarom toe. Haar tong was scherp, haar hart zo zacht als honing.

In werkelijkheid haastte Freya zich naar een door onkruid en struiken overwoekerd en door kikkers bewoond schiereiland bij een van de armen van de Rijn en daar leerde Kasimir haar met behulp van zijn wastafeltje de wonderen van het lezen en schrijven. Het Latijnse alfabet omvatte drieëntwintig letters, zo legde hij haar uit, terwijl het Griekse alfabet er vierentwintig had en het Hebreeuwse slechts tweeentwintig.

'Wat is Hebreeuws?'

'De taal uit het Oude Testament. Omdat het aantal letters van het Latijnse alfabet daartussenin ligt, is bewezen dat het een erfgoed is van allebei de culturen.' Kasimir, die inmiddels in haar bijzijn niet langer stamelde, bracht al zijn kennis aan haar over die zijn schoolmeester hem had bijgebracht.

Freya leerde vliegensvlug. Ze zoog de klanken die hij voorzei in zich op en prentte de kunstige vormen van de afzonderlijke letters die hij op zijn wastafeltje schreef in haar geheugen. A... B... C... D...

Haar opgetogenheid nam toe toen het haar lukte haar eerste woorden samen te stellen. Uiteraard moest ze ook de betekenis daarvan leren, want Kasimirs schrijf- en leesvaardigheden beperkten zich tot Latijn en Grieks en daarom moest hij haar de bijbehorende woorden bijbrengen. Ze verhaspelde ze vaak, maar ze hadden tijd genoeg. *'Credo in unum Deum...* Ik geloof in één God... *patrem omnipotentem...* de Vader...'

'De almachtige Vader,' verbeterde Kasimir haar.

'Patrem is afgeleid van *patres.'*

'Zelfstandig naamwoord, mannelijk, vierde naamval...' dreunde hij op. *'Omnipotentis* is een bijvoeglijk naamwoord. Vierde naamval. De naamval voegt zich naar...'

'Dat weet ik toch.'

'Jij weet helemaal niets. Je doet alles fout.'

'Niet alles, veel.' Freya lachte. 'Als ik dit hier kan, wil je me dan ook Grieks leren?'

Kasimir staarde haar aan. Hij was een eigenaardige jongen. De oppervlakkige vriendelijkheid die mensen zo waardeerden in elkaar ontbrak bij hem. Er kwam niet eens een simpele groet over zijn lippen. Als hij lachte was dat op de verkeerde momenten, bij zinnen die voor tweeërlei uitleg vatbaar waren schoot zijn gezonde verstand tekort. 'Nou, er staat ons een heerlijk weertje te wachten,' had ze een keer gebromd toen zich aan de horizon zwarte wolken samenpakten.

'Er komt onweer. Van het weer snap je ook niks,' had hij minzaam geantwoord.

Maar het stoorde haar niet. Zijn hoofd was een schatkist, vol met onvervalste kennis, en waar ze ook naar informeerde, naar klanken of tekens, naar cijfers, later naar de ingewikkelde methodiek van het rekenen, hij bleef haar het antwoord bijna nooit schuldig. Hij hoestte de feiten op als kiezelsteentjes die zich in zijn mond hadden opgehoopt.

Toen het buiten te koud werd verplaatsten ze hun lessen van de oever van de Rijn naar de stal waar Freya inmiddels sliep, omdat een paar buren zich erover hadden opgewonden dat Jutta de nachten doorbracht met een jonge man. Omdat het vroeg donker werd kon-

den ze de in de was gekraste woorden vaak alleen op de tast waarnemen.
Kasimir had blijkbaar nagedacht over haar vraag. Opeens begon hij Griekse letters op zijn wastafeltje te kerven en zo leerde Freya ook de tweede klassieke taal, Latijn en Grieks liepen inmiddels tijdens haar lessen voortdurend door elkaar heen, wat niet tot verwarring leidde, alleen maar omdat het Griekse alfabet compleet anders was dan het Latijnse.

Een tijdlang was ze bang dat haar vriend haar misschien onzin leerde, de een of andere onzin die hij uit zijn fantasie had geput. Want normale vragen, zoals waar de domleraar vandaan kwam, wie er nieuw waren op school en of er nog weleens over Johanna werd gesproken, het enige meisje dat daar ooit les had gehad, maakten hem radeloos. Als door reparatiewerkzaamheden de maaltijden in een ander vertrek werden gegeten kwam hij panisch naar haar toe gerend, omdat hij niet begreep wat er aan de hand was. Elke verandering maakte hem bang, alleen van getallen en talen werd hij gelukkig, alsof ze een wereld vormden waarin hij een vesting had gebouwd waarin hij zich veilig voelde. Tijdens een bijzonder donkere nacht piekerde ze dat er in het lege omhulsel van zijn verstand wellicht een duivel was gevaren die met hen tweetjes grappen uithaalde.

Maar in de daaropvolgende zomer kwam er een zondag die alle twijfel wegnam.

Zoals inmiddels gebruikelijk was ging Freya samen met Jutta naar de kerkdiensten. En zoals ook gebruikelijk was stonden aan de andere kant van de kerk, onder de afbeelding van Jezus met het kind, Asta en Giso. Asta droeg die dag een hemd met pofmouwen op een rok in de kleur van klaprozen; haar blonde haar ging schuil onder een geborduurde muts, haar sierlijke voeten waren in felrode schoenen gestoken. Moeders mooie dochter was uitgegroeid tot een prachtige vrouw. Giso en zij waren in het voorjaar getrouwd, maar de rampspoed die Jutta had voorspeld was uitgebleven. Het waren net twee tortelduiven. Zelfs in de kerk konden ze niet met hun handen van elkaar afblijven.

Was het allemaal goed afgelopen?

Nee, volstrekt niet. Freya's hart bloedde terwijl ze haar zus heimelijk opnam. Asta had sinds de nacht dat ze haar had willen weghalen uit Giso's huis geen woord meer met haar gesproken. Ze had haar ook niet uitgenodigd voor de trouwerij. De band tussen hen was doorgesneden. En dat deed pijn. Ze hadden tenslotte niet alleen nare dingen met elkaar meegemaakt. Er waren bijvoorbeeld nachten geweest dat ze onder de dekens met elkaar hadden gefluisterd, gelachen en gehuild.

Tegelijkertijd merkte Freya dat haar eigen behoefte om de kloof te overbruggen afnam en dat deed minstens zoveel pijn. Maar haar zus was veranderd: ze deed zich gevleid voor als een van de omstanders het woord tot haar richtte, lachte overdreven, raakte de mensen om haar heen opdringerig aan, alsof ze hen wilde dwingen haar in hun midden op te nemen. Ze leek alle trots te zijn kwijtgeraakt. Ze omstrengelde de Friezen als klimop die ergens anders houvast zocht om daar steun te vinden. En daarom wordt het ook niets meer tussen ons, dacht Freya. We minachten elkaar.

Ze draaide ongelukkig haar hoofd weg en was blij dat de bisschop kwam binnenlopen met de twee priesters met wie hij de mis opdroeg. De drie mannen waren door een stevig koorhek gescheiden van het kerkvolk, dat was iets wat Freya niet begreep, want Jezus had toch de nabijheid van de zieken en armen opgezocht? Maar wat wist zij er nou eigenlijk van?

De dienst begon. En daarmee de tijd waarin ze zich meestal verveelde, omdat ze er niets van begreep. Afwezig luisterde ze naar de mis.

'*Liber scriptum proferetur...*' klonk de zin die zich een weg door haar hoofd baande.

Liber... het boek...

'*... in quo totum continetur...*'

Totus – alles... *in quo totum*... waarin alles...

Wat was dat nou? Ze spitste de oren. Daar waren woorden bij die ze begreep.

'*Unde mundus iudicetur...*'

Nee, toch niet. Of wel?

Mundus – de wereld, *iudicare* – oordelen. Waarmee de wereld oordeelt? Er ging een huivering door haar heen. Lieve hemel, God, Jezus en Maria... ze begon te begrijpen wat de priester zei en zong. Uiteraard maar een paar flarden, maar...
'*Quid sum miser tunc dicturus...*'
Sum... zal ik... *miser...* ellendige...
'... *salva me, fons pietatis...*'
salva me... red me. *Fons...* wat betekende *fons*? Dat maakte niet uit. Het belangrijkste was: ze leerde bij Kasimir echt de Latijnse taal. Hij had haar niet bedrogen. Alles wat hij haar had geleerd strookte met de feiten. Opgetogen luisterde Freya naar de stemmen van de priester en de bisschop, in een roes probeerde ze de dienst te volgen. Haar hart klopte als een trommelstok tegen haar borstkas.

Het heerlijke gevoel hield aan totdat de bisschop op een met linnen bespannen houten blok ging staan en in de taal van de Friezen met zijn preek begon. Dat was als een koude douche. De man van God in Dorestad mocht dan misschien het beste met haar voorhebben, maar elk woord dat in hun omgangstaal over zijn lippen kwam klonk als een vervloeking. Op dreunende toon verkondigde hij het ene na het andere gebod en de ene na de andere straf. Door zijn plezier in het beschrijven van de straffen en zijn voorliefde voor gruwelijke details liepen de rillingen haar over de rug. Waarom toch altijd die vervoering over wreedheden?

In ieder geval weet ik nu dat ik echt de Latijnse taal leer, probeerde ze zichzelf op te beuren, maar haar euforie was verdwenen en haar blik dwaalde weer af. Ze zag dat een paar jonge vrouwen over iets gebogen zaten wat ze niet kon onderscheiden, misschien een kind. Een hond plaste tegen een heiligenbeeld en werd door een kerkganger met een trap naar buiten gejaagd. Verder naar achteren trok een groepje mensen dat zich had afgezonderd van de andere bezoekers van de mis haar aandacht. Ze kende hen. Het ging om de Noormannen die zich hadden laten dopen, zodat keizer Lotharius hun de stad als leen gaf. Het waren niet zoveel mensen, zes mannen en twee vrouwen, een van hen uit de stad; ze was uitgestoten, omdat ze zich met de vijand had ingelaten.

Freya was de mensen tot nu toe uit de weg gegaan. Ze had alleen al een grote hekel aan de klank van hun taal. Met afschuw zag ze dat de mannen niet alleen kruizen, maar ook spelden in de vorm van Thors hamer droegen. Het was haar duidelijk dat ze de inwoners van Dorestad daarmee wilden bespotten. Twee van de Noormannen staken op het moment blijkbaar de draak met de bisschop. De haat die vanuit de inwoners op hen afkwam was bijna tastbaar, maar dat leek hen alleen maar vrolijker te maken. Ze waren veroveraars, ze wilden zich helemaal niet inlaten met het gepeupel dat zich als schapen liet neersabelen.

Freya wendde haar blik vol walging af en ze keek naar een groep boeren. Daar viel één man op, die weliswaar midden tussen de lijfeigenen stond, maar er toch niet echt bij leek te horen. Hij was misschien een jaar of dertig en droeg dezelfde armoedige kleding als de anderen. Zijn gezicht was slecht geschoren, zijn baard was stoppelig, het haar was piekerig en hing tot op zijn schouders. Niets bijzonders dus. Alleen zijn houding... Het was niet iemand die de gewoonte had om anderen slaafs te gehoorzamen of voor hen te kruipen. Daar was zijn rug te recht voor en zijn blik te nieuwsgierig.

Ging dat haar iets aan? Nee.

Ze wilde zich net weer op de preek concentreren toen de vreemdeling plotseling zijn hoofd draaide en zijn linkeroor zichtbaar werd. Dat was opengereten. Het oorlelletje hing er in dunne reepjes bij, als een gordijn dat aan flarden was omdat de ratten eraan hadden geknaagd. Gefascineerd staarde Freya naar de afschuwelijke misvorming. Het zweet brak haar uit, haar benen begonnen te trillen. Het was alsof er een sprankje van een herinnering opflakkerde en haar lichaam haar een waarschuwing wilde toeschreeuwen. Maar opeens hoestte de bisschop in zijn mouw en dat leidde haar af. De mannen van God begonnen te zingen... *Laudate dominum...* Toen Freya weer naar de boeren keek, was de vreemdeling verdwenen.

***

'Een man met een gehavend oor? Die ken ik niet.' Zoals na elke kerkdienst deelde Jutta eten uit aan de armen.
'Ik denk dat hij bij de Noormannen hoort, bij onze vijanden,' zei Freya ontdaan.
'Waarom dan?'
'Omdat... Ik weet het niet. Het is alsof ik hem al eens eerder heb gezien.'
'En? Is dat belangrijk? Hier, snijd de wortels in stukjes voor de soep, anders is er niet genoeg.'
'Hij stond achter in de kerk, tussen de boeren, alsof hij wilde voorkomen...'
'Hou nou maar eens op over die aanbidders van Satan.' Jutta had keelpijn, al een paar dagen. Geïrriteerd schepte ze de soep in de ketels en Freya begon de zware pannen naar de tafel te sjouwen.
En toch heb ik hem eerder gezien, dacht ze, lang geleden, heel lang. Ze pijnigde haar hersens, zocht in haar geheugen. Verdorie, waarom schoot het haar niet te binnen wanneer dat was geweest? Het geprakkeseer maakte haar onvoorzichtig. Toen ze de laatste ketel op tafel wilde zetten gutste er soep over de rand op haar linkervoet. 'Au!' Ze brulde het uit van de pijn en vergat de vreemdeling.

Een paar dagen later dook hij weer op in een van haar dromen. Het was een nachtmerrie van de ergste soort. Ze was omringd door duisternis, om haar heen klonk wreed gelach... Voor haar lag een rotsblok... Ze duwde er tevergeefs met haar voet tegen en spartelde om te ontsnappen aan een hand die haar wilde pakken... Ze draaide zich om... een mes, iemand wilde haar met een mes steken... STRAF... Het woord galmde door de droom heen... en het mes drong haar lichaam in. Het deed verbazingwekkend genoeg geen pijn en daardoor wist ze dat ze droomde. Een paar tellen lang leek ze wakker te worden. Maar alle besef verdween weer en de droom trok haar terug naar haar beproeving... overal water... water dat haar neus binnendrong... groene slingerplanten... STRAF... Toen ze bovenkwam om naar lucht te happen zag ze heel even het gezicht van haar belager... Zijn oor hing in flarden omlaag, als verdorde bladeren... Ze haalde naar hem uit. Hij siste. Ze sloeg hem opnieuw... Gekrab, toen opeens twee gele ogen vlak boven haar... en...

De kat.

Het was de kat die haar lastigviel. Jutta's muizenvanger. Ze was op Freya's borstkas gaan zitten omdat ze naar buiten wilde. Dat deed ze graag, die ellendige koningin van de stal. Bezweet en nog steeds trillend kwam Freya overeind. Ze liep naar de deur, schoof de grendel opzij, en de kat streek langs haar been en verdween de nacht in. Zwaar ademend keek Freya omhoog. De maan was bijna rond, de lucht koud en vochtig. Had ze tijdens de nachtmerrie geschreeuwd? Waarschijnlijk niet. De luiken van de omliggende huizen waren dicht. Dat was een gelukje, want ze kon het zich niet permitteren om door iemand te worden gezien. Haar borsten waren de afgelopen maanden gegroeid en drukten tegen de dunne stof van haar hemd. De band waarmee ze ze normaal gesproken tegen haar lichaam duwde lag naast haar bed.

Langzaam tilde ze haar rechterarm op. De mouw van haar hemd gleed naar haar schouder, waardoor een litteken zichtbaar werd dat haar onderarm misvormde. Het was al oud, Freya lette er anders eigenlijk nauwelijks op. Nu viel het haar op dat het de vorm van een hamer had. De man met het gehavende oor... Haar droom zwakte al af, maar dit keer klampte ze zich vast aan het brokstukje dat haar geheugen haar toewierp.

Ze zag een langhuis, vergelijkbaar met dat van Björn. Een van de Denen wees naar het oor van zijn kameraad, dat in flarden aan zijn schedel hing, de anderen lachten. En vervolgens: een stuk vlees op de stenen rand van een vuurplaats. Ze pakte het, werd betrapt... rende weg... struikelde over takken... werd vastgegrepen... door het riet gesleurd... in het moerasmeer onder water geduwd... En daarna... de nachtelijke hemel... het mes dat in haar arm sneed... Het beeld verdween, werd gevolgd door een ander tafereel, nee, weer het vorige: het rotsblok waaraan ze zich vastklampte, moerasachtig water waarin ze met haar benen trappelde...

De herinneringen verdwenen plotseling, alsof er een kaars werd

uitgeblazen. Freya staarde nog altijd naar het litteken. Ze hoefde er niet langer over te piekeren wat er gebeurd was. Ze had een stuk vlees gestolen; ze was gesnapt door een van de Denen en naar een waterplas gesleept om gestraft te worden. Een belangrijk iemand. Hasteinn, de broer van haar meester. Verder zou niemand het hebben aangedurfd om de slavin van de gastheer aan te pakken.
Na die nacht was ze hem nooit meer onder ogen gekomen. Had haar moeder ervoor gezorgd dat ze ergens anders aan het werk was tijdens de weinige bezoeken die Hasteinn aan zijn broer bracht? Of had Elva haar verstopt, uit angst dat haar waardevolle slavin opnieuw in de problemen zou raken?
Freya liet haar voorhoofd tegen het hout van de stal rusten. Hasteinn was dus naar Dorestad gekomen. Waarom had hij zich vermomd? Omdat hij had gehoord dat de moordenares van zijn broer hier verbleef? Nee, dat kon ze uitsluiten. Hij kon niets weten van haar nieuwe leven. Het ging niet om haar. Omdat hij zich afzijdig had gehouden van de andere Noormannen moest het om een complot tegen Rörik gaan. Wat was die man van plan?

**

Freya begaf zich nog diezelfde middag op weg naar haar zus. Uit de smederij tegenover Giso's huis drong rook naar buiten. Het vuur in de stookplaats laaide op en de smid stond voor een tafel vol hamers, tangen, vijlen en kommen met spijkers.
'Wil je iets kopen?' vroeg hij zonder op te kijken van de tafel met gereedschap.
'Nee.'
'Wegwezen dan. Ik hou niet van pottenkijkers.'
Freya haalde haar schouders op, snel stak ze de steeg over. De laatste keer dat ze Asta had bezocht was ze door een zijingang naar binnen gelaten, maar die was nu afgesloten. Dat deed er niet toe, want Asta woonde beslist niet meer in het armoedige kamertje waarin Freya haar destijds had aangetroffen.
Daarom begaf ze zich naar de grotere deur die uitkwam op de

werkplaats. Ze tuurde naar binnen en was verbaasd dat het vertrek zich zo ver naar achteren uitstrekte. En wat voor luxe het bevatte. Op verschillende tafels waren gewaden te zien in alle kleuren van de natuur, ofwel voor klanten die ze hadden besteld, ofwel om bezoekers te laten zien hoe zorgvuldig en vakkundig de kleermakerswerkplaats te werk ging. Bontgekleurde knopen, kleine kettingen, ceinturen en lange stroken met gerimpelde versieringen waren uitgestald op messing platen. Geen twijfel mogelijk dat hier voor de rijken uit de stad werd gewerkt.

Giso stond gelukkig met zijn rug naar de deur. Bovendien was hij druk bezig met een vrouw die een naad controleerde en hem daarbij bestookte met achterdochtige vragen. De twee mannen die bij hem in dienst waren naaiden met gebogen hoofd dure stoffen, waarvoor hun volledige aandacht nodig was. Daarom kon Freya ongemerkt naar een trap glippen die naar de bovenverdieping voerde, waar zich waarschijnlijk de woonvertrekken bevonden.

Op de overloop kwamen allerlei deuren uit. Freya opende er een en bleef geïmponeerd staan. Een houten muurplank die vol stond met borden en kopjes... in het midden een brede tafel, stoelen... tegen de muren stonden verschillende grote kisten, die erop wezen dat de vrouw des huizes veel kostbaarheden weg te bergen had.

Zachtjes riep ze de naam van haar zus. Het mocht niet zo zijn dat ze verdacht werd van diefstal. Ze trof het. Asta bevond zich in een aangrenzend vertrek en stak meteen haar hoofd om de hoek. Freya zocht naar woorden... wat dom van haar dat ze van tevoren niet had bedacht wat ze moest zeggen. 'Het spijt me als ik stoor,' stotterde ze, waarna ze er meteen het zwijgen toe deed. Het gezicht van haar zus onderging een metamorfose, het klaarde op, Asta's ogen begonnen te stralen. Impulsief stapte ze naar voren en ze omhelsden elkaar. Freya wilde iets zeggen, maar Asta legde een vinger tegen haar lippen en trok haar de achterste kamer in, een slaapkamer. Ze gebaarde om op een bank naast het raam plaats te nemen.

'Dat je gekomen bent. O, Freya, wat ben ik blij. Ik heb je gemist, je kunt niet geloven hoe erg. Hoe is het bij jullie? Hoe gaat het met Jutta? Kom op, vertel!'

Dit ging te snel. Daarnet waren ze nog... bijna vijanden van elkaar geweest en nu... Toch begon Freya te vertellen. Alles was beter dan zwijgen. Ze vertelde over Jutta's keelpijn en Asta mompelde iets meelevends. Maar het was duidelijk dat ze niet luisterde en ze greep de eerste de beste gelegenheid aan om haar zus te onderbreken.
'Heb je dat tapijt aan de muur van de woonkamer gezien? Het is niet van mij, maar Giso heeft beloofd een weefgetouw voor me te kopen, dat ik hierboven kan neerzetten. Omdat er beneden altijd zoveel gaande is. En garen wil hij me ook geven, zoveel ik maar wil. Hij is zo royaal. En hij heeft bewondering voor mijn vlugge vingers... Die heb ik ook echt, toch! Volgens hem kan ik met die tapijten misschien zelfs geld in het laatje brengen. Gunhild, dat is mijn dienstmeisje, heeft me geleerd hoe je patronen moet ontwerpen. Dat is me toch ingewikkeld. Waarom zeg je niets?'

Asta wachtte het antwoord niet af, maar sprong overeind en liep gehaast naar een kist. 'Kijk toch eens! Is dat niet prachtig?' Met een stralend gezicht haalde ze een jurk tevoorschijn, een groenverfde, zachte wollen jurk met een felrode rand. 'Onze moeder heeft er vast ook zo een gedragen, vroeger, voordat ze... je weet wel. Ze zou trots op me zijn als ze me in deze jurk zou zien. Denk je ook niet?'

Freya kon het gesnater bijna niet aanhoren. Ze wilde het over Hasteinn hebben. 'Weet je wie ik zondag in de kerk...'

'En moet je dit zien...' Haar zus viste uit een houten kist een bronzen armband, die ze om haar pols schoof. 'Ook een geschenk van Giso. Hij is royaal... heel lief... een geweldige echtgenoot. Begrijp je wel dat je hem onrecht hebt aangedaan? Je kent hem gewoon niet. Giso heeft gezegd...'

'Hasteinn is in Dorestad.'

Het was alsof ze haar zus had geslagen. Asta liet de arm met het bronzen sieraad zakken en staarde haar aan.

'Ik heb hem zondag in de kerk gezien. Hij was het, dat weet ik heel zeker. Ik herinner me dat ik nog heel klein was toen ik hem voor het laatst...'

'Stil. Hou je mond!' Astra haalde de armband van haar pols en stopte hem omstandig weer terug in het kistje. Daarna wilde ze de nieuwe jurk opvouwen, hij gleed uit haar handen. 'Ik ben zwanger.'
'O!'
Haar zus lachte schril. 'Je kunt me feliciteren.'
'Natuurlijk, dat is… geweldig. En wanneer zal de bevall…'
'Waarom moet je altijd alles kapotmaken?'
'Asta! Ik heb toch alleen maar gezegd…'
'Wat heb ik met die Denen te maken?'
'Luister, als Hasteinn vermomd Dorestad binnenkomt…'
'… dan interesseert mij dat helemaal niets. Ik ben getrouwd. Ik heb nu een man die me beschermt.'
Freya staarde haar zus aan. Wat ze zei was krankzinnig. Mannen waren geen tovenaars.
'Je bent gewoon jaloers omdat je zelf geen man kunt krijgen. Daarom wil je me bang maken. Maar het ligt aan jou dat niemand je ziet staan. Je bent zo… onbehouwen. Je doet niet eens moeite om in de smaak te vallen.' Asta's hand ging omhoog om een sliert haar terug te schuiven onder haar muts. Daarbij gleed het hemd weg dat ze onder haar overgooier droeg. Het was niet meer dan een vingerdikte, maar toch zag Freya de bloedrode striem die net onder de halslijn liep. Ze staarde naar de verwonding en haar ontzetting was van haar gezicht af te lezen, want Asta begon te lachen. Ze deed de gesp op de band van haar rok open, stroopte haar hemd op tot halverwege haar arm en draaide zich iets, zodat het bovenste deel van haar rug zichtbaar werd. Dat was bezaaid met striemen, sommige wat ouder, andere nog maar amper genezen.
'Ja, mijn man slaat me,' zei ze zachtjes, op een toon waarvan Freya's maag omdraaide. 'En daar ben ik trots op. Mijn man is mijn leider, zoals de Almachtige dat in de Hof van Eden heeft bepaald. Hij waakt over mij, straft me en vormt me, zodat ik de parel word die hij verdient. Hij is goed en rechtvaardig. En hij zal me beschermen tegen elke man die mij iets wil aandoen. Maar in de eerste plaats is hij de vader van mijn zoon…' Ze streelde over haar buik. 'Ik zal in de herfst bevallen, dan is ons geluk compleet. En nu moet je gaan, Freya. Ik

dacht dat je me opzocht om weer vriendschap te sluiten, maar... De Denen laten me nu volkomen koud.'

∗

Wanneer Freya haar zus in de tijd daarna toevallig tegenkwam in de stegen of tijdens een kerkdienst, dan meed ze haar. Wat zou ze ook tegen haar moeten zeggen? Vervolgens gebeurde er iets merkwaardigs dat even voor wat afleiding zorgde. Jutta kreeg bezoek van een oude vriend die ze stralend welkom heette en uitnodigde in haar schrijfvertrek, een voorrecht dat ze verder aan niemand verleende. De man was vanuit Rome gekomen, Johann, een handelaar die vroeger in Dorestad had gewoond en zich later in Keulen had gevestigd. Hij was zijn leven lang op reis geweest om zijn waar te verkopen, maar zo langzamerhand moest hij een stapje terug doen, omdat hij last had van zijn botten. Hij bleef maar een paar uur, hij had tenslotte zoveel vrienden in de stad die hij nog wilde bezoeken. Maar na zijn vertrek was Jutta veranderd: neerslachtig, in zichzelf gekeerd, ronduit somber. Toen Freya informeerde of de man slecht nieuws had gebracht, had ze haar bars de mantel uitgeveegd.

Er gingen een paar dagen voorbij voor ze Freya vroeg om boven naar haar schrijfkamer te komen. Omdat ze nu toch haar hart wilde luchten? Had de man haar bedreigd? Of oud zeer opgerakeld?

Nee, het ging om het perkament op haar tafel, de stapel waar ze de inkt van afkraste om nieuwe vellen te krijgen voor het overschrijven van de Heilige Schrift. Ze wees naar de bundel. 'Ik weet dat je die idioot van de domschool stiekem ziet. En ik zie dat je in de tuin letters in de aarde krast, terwijl je eigenlijk onkruid moet wieden. Hij leert je de geheimen van het schrift, toch?'

Freya voelde dat ze rood aanliep en obstinaat werd. 'Ik ben een man. Waarom zou ik niet leren lezen en schrijven?' vroeg ze uitdagend.

'Je bent in de allereerste plaats brutaal en eigenwijs. Maar het zij zo... Hier!' Ze pakte een paar van de volgeschreven vellen. De letters waren Grieks, dat zag Freya meteen. Jutta duwde het perkament in haar hand. 'Misschien heb je hier iets aan bij je studie. Ze zeggen dat die idioot het verschil nog niet ziet tussen een raap en een kers, maar God heeft hem het talent meegegeven om talen en het opschrijven ervan te begrijpen. En omdat je van geen wijken weet... Waarom lach je?'

'Ik hou van je.' Freya kuste de vrouw op haar wang. Ze wilde meteen met haar schat naar de kamer gaan om zich te verdiepen in de teksten, maar Jutta hield haar tegen. 'Wacht even. Wanneer wordt het kind van je zus precies verwacht?'

Stomverbaasd over de plotselinge verandering van onderwerp staarde Freya naar het gegroefde gezicht. Ze had Jutta verteld over Asta's zwangerschap, maar niet verwacht dat de oude vrouw er nog een keer op zou terugkomen. 'Dat weet ik niet.'

'Probeer daar dan achter te komen en zorg ervoor dat je haar bijstaat tijdens de bevalling. Geef het kind na de bevalling voeding, dat vooral.' Met die raadselachtige woorden joeg ze haar weg.

Hoofdstuk 9

De maanden daarna vlogen voorbij. De zomer maakte plaats voor de herfst, de oogst werd binnengehaald, de bladeren kregen bonte kleuren, Jutta gaf Freya een tweede met stro gevulde deken. Freya maakte zich niet langer druk om Hasteinn. Ze vroeg zich inmiddels zelfs af of de boer met het gehavende oor ook echt de broer van haar dode meester was. Er liepen toch overal mensen rond met verwondingen? Ook de herinneringen in haar droom wantrouwde ze inmiddels. Je kon in je dromen heel wat bij elkaar fantaseren! Alleen als ze toevallig het hamervormige litteken op haar onderarm zag voelde ze zich onbehaaglijk. Maar ze schoof de angst van zich af. Het leven vond plaats in de toekomst.

En daar gebeurden veel mooie dingen. Ze zag tijdens de zondagse kerkdiensten dat Asta's gezicht doorlopend straalde van geluk. Maar vooral merkte ze dat haar zus telkens stiekem naar haar keek. Had ze inmiddels spijt van die pijnlijke ruzie? Zouden ze elkaar misschien toch weer vinden? Ik zou die smeerlap van een Giso vermoorden als hij mij net als haar iets aandeed, dacht Freya, maar omdat Asta zich er niet aan stoorde dat ze werd geslagen... Ieder mens onderging de dingen anders en misschien was het belangrijker om Asta's mening voor lief te nemen en die van haarzelf niet op te dringen.

De zondag daarop, het was inmiddels oktober geworden, had Asta weer naar haar zitten kijken. Freya zag dat de buik van haar zus onder het gewaad als een bal opbolde. Ze zou ongetwijfeld binnenkort bevallen. Stel dat ze bij de geboorte kwam te overlijden. Zonder verzoening. Dat zou toch verschrikkelijk zijn? Jutta's waarschuwing schoot haar weer te binnen. Ze had haar aangeraden om Asta tijdens de bevalling bij te staan. Was het wijs advies van een oudere vrouw? Giso was al naar buiten gegaan, maar Asta ging helemaal op in een gesprek met een paar vriendinnen. Freya aarzelde even maar vermande zich en liep naar de andere kant van de kerk. 'Zo te zien word ik binnenkort oom.'

Asta draaide zich om. Zag ze er beschaamd uit? Afwerend? Of toch een beetje blij? Moeilijk in te schatten. Freya wist zo snel niets te bedenken om de pijnlijke stilte te doorbreken. De twee vriendinnen met wie haar zus had gepraat maakten zich tactvol uit de voeten. Dat broer en zus ruzie hadden gehad was tenslotte algemeen bekend.

'Ja, zoals je ziet... Als er niet snel iets gebeurt, dan ontplof ik.'

'Wanneer komt de kleine?' stelde Freya de vraag die Jutta haar op het hart had gedrukt.

'Dat valt niet precies te zeggen. Maar ik voel mijn rug nu wel.'

'Aha.' Ze voelden zich geen van beiden op hun gemak. Hun gesprek was een en al gehuichel.

'En jij? Wat doe...?'

'Ik zou graag...' begon Freya gelijktijdig met Asta. Ze glimlachten gespannen. Uiteindelijk wist Freya moed te vatten. 'Zou je je dienstmeisje naar me toe willen sturen als het zover is?'

'Natuurlijk. Mijn zoon zal blij zijn om zijn... nou ja, om jou te zien.'

'Nee, ik bedoel: kun je het aan mij laten weten wanneer de weeën beginnen?'

'Hoezo?'

'Ja, wat zou je denken?'

Asta's ogen werden vochtig. Opeens boog ze voorover en ze omhelsde haar zus, zo goed en zo kwaad als dat ging met haar bolle buik. 'Ik wist het wel, dat we vriendinnen zijn,' fluisterde ze. 'Die... stomme, stomme ruzie. Je weet niet hoe ongelukkig ik me daaronder voelde. Ja, ik ben zielsblij als je dan bij me bent. De vroedvrouw is heel

goed, dat zegt Giso in elk geval. Hij heeft haar uit Utrecht laten overkomen, het is familie van hem. Maar het is een kille vrouw. Ik mag haar niet. Freya, ik wil niet doodgaan.'
'Dat gebeurt ook niet. Je bent zo sterk als maar kan!'
Asta lachte en liet haar weer los. 'Giso vindt het goed dat we onze zoon naar mijn grootvader noemen. Hij zal dus Gerold heten.'
'En als het een meisje wordt?'
'Dan krijgt het jouw naam!'
'Johannes?'
Asta lachte opnieuw. 'Dan maar liever Johanna. Ik stuur ons dienstmeisje Judith naar je toe als het menens wordt.'

Een paar dagen later was het zover. Freya had al even geslapen toen er op de staldeur werd geklopt. Gejaagd sloeg ze haar schoudermantel om.
'De vroedvrouw zegt dat de bevalling bij de meesteres makkelijk en snel zal verlopen,' vertelde Judith onderweg. Je kon aan haar merken dat ze Asta's wens om in zo'n gevoelige situatie haar broer te zien raar vond.
Toen ze bij Giso's huis arriveerden leidde Judith haar stilletjes over de achtertrap langs de personeelsvertrekken en via een zijdeur naar de slaapkamer. Daar maakte ze zich snel uit de voeten. Hopelijk niet om het bij haar meester te gaan opbiechten.
Freya opende voorzichtig de deur. Giso was niet in de kamer, uiteraard niet. De christenen vonden het ongepast als er een man bij een bevalling aanwezig was. En hoe moest ze haar eigen komst verklaren? Ze had er niet goed over nagedacht. Rustig liep ze naar Asta toe, die tussen omgewoelde kussens in bed lag en kreunde. Aan het voeteneinde van het bed zat een voor Freya onbekende gezette vrouw met een enorme muts, die met een gladgeschuurd houten staafje in een drankje roerde, dat moest de vroedvrouw zijn. Ze snauwde geïrriteerd: 'Wegwezen! Hier wordt een zuigeling geboren.'
'En daarom ben ik hierheen gekomen.' Ze had een ingeving gekregen en voegde eraan toe: 'Ik ben arts.'

'Hij moet erbij blijven,' fluisterde Asta gespannen, terwijl haar gezicht alweer vertrok van de pijn. Ze pakte Freya's hand en haar vingernagels boorden zich in haar huid. Haar lichaam protesteerde, ze steunde opnieuw. Baren moest echt heel pijnlijk zijn. Geen wonder, een compleet kind moest door een uiterst smalle doorgang.

'Wat ben je daar aan het klaarmaken?'

'Een aftreksel van ijzerkruid,' bromde de vroedvrouw. 'Waarom heeft Giso er een arts bij gehaald? Het gaat hier om een doodnormale bevalling.'

Vond dat mens de zogenaamde dokter te jong? Vast en zeker. Ze mocht niet te veel tijd krijgen om erover na te denken. 'Geef hier!' Freya nam de beker uit haar hand en rook aan het drankje. Ze knikte, alsof ze er met tegenzin mee akkoord ging dat het werd gebruikt, en gaf het terug.

De vroedvrouw durfde niet te protesteren. Het licht in de kamer was zwak, alleen een paar flakkerende kaarsen; heel goed kon ze de leeftijd van de pas gearriveerde bezoeker dus niet inschatten. Daar kwam de angst van vrouwen nog bij voor alles wat mannelijk was. Freya draaide zich weg, om aan een verdere inspectie te ontsnappen.

'Die vrouw stelt zich aan,' snibde de vroedvrouw. 'Zeg maar tegen haar dat ze dat drankje moet nemen. Dat is belangrijk, zodat de geboorte... Beheers je een beetje!' beet ze Asta toe. 'Je bent niet de eerste die een kind baart. Dat zeg ik de hele tijd al tegen haar: dat ze niet de eerste is die...'

Freya stak gebiedend haar hand op en boog zich over Asta. Haar zus wist een glimlachje te produceren. Het moment daarop begon ze weer tussen de dekens te rollen, haar gezicht vertrok. O, lieve hemel, was dat normaal? Liet God elke vrouw zo gruwelijk lijden bij het baren van een kind? De vroedvrouw wist zich naast Freya te wringen. Ze wachtte totdat Asta zich weer ontspande en zette de houten beker tegen haar lippen. Asta dronk en zuchtte. 'Het doet zo zeer.'

'Zo staat het ook in de Heilige Schrift: "In pijn zult ge kinderen baren",' zei Freya om haar gezag te benadrukken en ze gaf een kneepje in Asta's hand om haar wat meer vertrouwen te geven.

'Ja, ze moet pijn lijden. En haar mond houden!' zei de vroedvrouw giftig. 'Ik heb al ontelbaar veel kinderen ter wereld geholpen. Als ze doodgaan was er altijd een moeder die jammerde.'

'Werkelijk?' Bij de papieren die Jutta aan Freya had gegeven waren ook een paar Latijnse teksten geweest, die ze echter niet had weten te vertalen, te veel onbekende woorden. Maar omdat het duidelijk was dat ze over geboorten gingen en Asta's bevalling aanstaande was, had ze Kasimir om hulp gevraagd. Op een van de vellen ontdekte hij een hoofdstuk met de titel 'Wat is de beste vroedvrouw?' Vooral één zin daaruit had Freya in haar geheugen gegrift: 'Een goede vroedvrouw zal de zwangere vrouw troosten en medelijden met haar hebben.' Als je dat als maatstaf nam, dan had Giso een absolute prutser in huis gehaald.

'Een slechte nacht om te bevallen,' mompelde de vroedvrouw, alsof ze haar vonnis wilde bekrachtigen. 'De demonen haten de heiligen, omdat ze weerstand bieden aan hun kwaadaardige achtervolgingen, en daarom haten ze ook de dag waarop we hen gedenken. Ze moeten drie dagen stil zijn, één dag voor elk wezen van de Drie-eenheid. Maar in de nacht die volgt, dwalen ze door de huizen op zoek naar barende vrouwen. Ze willen dat de kinderen sterven voordat ze kunnen worden gered door de heilige doop in de Here.'

Asta begon te huilen.

De Romeinse arts had nog iets geschreven: De vroedvrouw mag door dromen, voorgevoelens of bijgelovige ceremonieën nooit datgene verwaarlozen wat betrekking heeft op hulp bij de geboorte. Dat was volkomen duidelijk, of niet? De geleerde had toch gewaarschuwd voor precies het soort vrouwen als deze gevoelloze gifkikker?

'Ga weg hier!' gebood Freya. De vrouw keek op en staarde haar niet-begrijpend aan. Freya pakte haar bij de schouders en trok haar naar de deur. 'Je bent niet bekwaam!'

'Allemachtig!' De vrouw begon tegen te stribbelen. 'Daar heb je het recht niet toe. Wil je de vrouw van meester Giso om het leven brengen? Wat denk je eigenlijk wel? Ik ga mijn beklag doen. Ik ga...'

'Wegwezen! En wel meteen; stil en zonder een woord te wisselen met iemand in dit huis. Anders, dat zweer ik je, zal ik tot in Utrecht laten weten hoe jij met je stompzinnige onwetendheid vrouwen in

gevaar brengt. Ben je misschien een heks? Ook dat zou eens onderzocht moeten worden. Vooruit, naar buiten jij!'
Freya duwde de vrouw de gang op, gooide achter haar de deur weer in het slot en omklemde heel even de klink. Toen ze geen protesten hoorde ging ze terug naar Asta, knielde naast haar neer en fluisterde: 'Nu in alle rust. Jij bent Asta, de dochter van de gravin van Villaris. In jou huist alle kracht die je nodig hebt om voor Giso het mooiste kind op aarde te baren. Je bent sterk en je bent rustig. Jouw kind vertrouwt je.'
Ze begon zachtjes de liederen te zingen waarmee Gisla hen 's nachts had gesust. Iets anders schoot haar niet te binnen. De weeën werden krachtiger, haar zus begon met een hoogrood hoofd en al kreunend te persen. Freya boog zich voorover en ving het kind op toen het eindelijk, met het hoofdje eerst, haar onderlichaam verliet. Het was een jongen. Hij begon meteen hemeltergend te brullen.
'Geef hem maar hier.'
Freya legde de schreeuwlelijk, met navelstreng en al, in Asta's armen. Achter de deur van de woonkamer klonken luid en duidelijk Giso's vreugdekreten. Ze kuste haar zus en maakte zich snel uit de voeten.

****

En nu terug naar de stal? Onmogelijk. Freya was veel te opgewonden over het wonder waarvan ze net getuige was geweest. Ze had een roodblauw, met bloed besmeurd, spartelend bundeltje in haar armen gehouden en het meteen in haar hart gesloten. Asta had het leven geschonken aan een klein vechtertje, iemand die zich niet stilletjes door een nauwe sleuf naar een leven liet dwingen waarvan hij helemaal niet wist of het hem zou aanstaan. Deze zuigeling was... een koning.
Het kon natuurlijk ook zo zijn dat alle kinderen na de geboorte huilden, gewoon van de pijn. Wat jammer dat ze er zo weinig van wist. En van alles wat er tijdens de zwangerschap gebeurde. Waar had het kind die negen maanden doorgebracht? In Asta's buik? Maar hoe

had hij dat kunnen overleven? Je had daar niet eens lucht om adem te halen. Helemaal nergens in de buik van een mens. En waar had hij van geleefd? Zoveel vragen. Geen enkele daarvan kon ze beantwoorden.

Freya was naar de oever van de Rijn toe gelopen. In het begin was ze door haar blijdschap flink opgeschoten, maar nu ging het opeens langzamer. Ze had weer oog voor haar omgeving, boven haar kruisten de kale takken van de berken elkaar, de ochtendschemering wierp vlekken licht op de bladeren. Achter een bocht in de weg bevonden zich de rivier en de landtong waar Kasimir haar zoveel avonden lang vreemde talen had bijgebracht. Was ze uit gewoonte hiernaartoe gekomen? Waarschijnlijk wel. Maar waar was ze van opgeschrokken? Ze dacht gedempt geroezemoes te horen.

Ineengedoken vervolgde ze haar weg, totdat het struikgewas aan één kant ophield en er voor haar een vlonder opdoemde die van het schiereiland naar de rivier liep. Daar stonden mannen. Mensen uit de stad. Ze meende de norse smid te horen en twee of drie anderen. Er lag iets aan de voeten van de mannen, op de planken, en een van hen schopte ertegen met zijn laars en lachte. Freya was nieuwsgierig; het risico dat ze gevaar zou lopen was gering, dus ging ze naar hen toe. Het begon te motregenen terwijl ze de laatste stappen zette. Niemand nam aanstoot aan haar komst. Ze kenden haar inmiddels in de stad: Johannes, de jonge man die voor Jutta werkte.

'Eindelijk hebben ze een keer de juiste te pakken gekregen,' begroette Baldrich, de vatensjouwer, haar en hij maakte plaats zodat ze kon zien waar hij het over had.

Een dode. En dat niet alleen, de man was om het leven gebracht. Zijn moordenaar had zijn hoofd eraf gehakt en dat naast zijn schouder gezet, alsof hij hem belachelijk wilde maken. Freya staarde ontzet naar het bleke gezicht. Ze herkende het, hoewel de lachplooitjes zich met bloed hadden gevuld en de blonde vlecht zwart en stijf was geworden door bloed en aarde. 'Dat is een van de Denen uit de stad.'

'Slimmerik,' riep de smid lachend.

'Lasten we hem in het water gooien,' stelde een ander voor, een man met een pimpelpaarse neus.

'Waarom dat dan?' protesteerde de smid.

'Zodat we niet in de problemen komen als die smeerlappen van een Noormannen hem zoeken. Denk eens na! Wie zullen ze de schuld geven van dit geintje?'

Instemmend gemompel.

'Wacht even...' Freya dacht op de wang van het afgehakte hoofd iets te zien, nog een wond. Ze boog zich voorover en legde het hoofd op zijn kant. Daarna schepte ze met haar handen wat water tussen het riet vandaan en wreef daarmee het bloed van de huid. Daaronder was iets te zien, er was iets in gekerfd. Het duurde een paar tellen voordat ze begreep wat ze zag. De moordenaar had de omtrek van een hamer in de wang van zijn slachtoffer gekrast. De hamer van Thor, vermoedde ze, en ze kreeg het benauwd. Onwillekeurig greep ze naar haar arm.

'Wat voor de duivel is dat nou?' De vatensjouwer boog zich naar haar toe. 'De wond is in ieder geval vers.'

'De Denen gaan onderling oorlog voeren,' zei Freya met gesmoorde stem.

'En hoe kun jij dat nou weten, kereltje?'

'Omdat de hamer het teken is van hun oorlogsgod. En omdat deze dode bij de Denen uit onze stad hoort, moeten zijn moordenaars van een andere stam afkomstig zijn. Ze hebben hem vermoord en verminkt om Dorestad een waarschuwing te geven.'

'Flauwekul. Je kraamt onzin uit!'

Maar de andere mannen leken onder de indruk. De hamer in de wond was tenslotte duidelijk te zien. Uiteindelijk herhaalde de man met de paarse neus zijn plan: 'Hup, in het water met hem. En nog iets: mond houden. De Denen, waar ze ook vandaan mogen komen, zijn onze vijanden. Wat ze onderling uitspoken maakt ons niet uit. Het is alleen maar goed als ze elkaar afmaken.'

Er werd unaniem geknikt. De daad werd bij het woord gevoegd. Er werden stenen in de broekspijpen van de dode gestopt en hij werd met een klein vlot dat bij de brug dobberde naar het midden van de rivier gebracht, waar hij met een plons in het water verdween.

**

Maar uiteraard was daarmee helemaal niets opgelost, dat was Freya wel duidelijk, en ze bracht de dag die volgde door in koortsachtige radeloosheid. Moest ze naar de bisschop gaan, die wellicht het best op de hoogte was van de heidenen en hun gebruiken, ook wat oorlogen betrof? Nee, aan die man kon ze niets overlaten. Hij kwam op haar over als een zwakkeling. Maar verdorie, ze kende ook verder niemand in Dorestad goed genoeg om het aan toe te vertrouwen. Moest ze zich misschien tot Giso wenden? Hij had invloed. Er schoot haar iets anders te binnen: ze kon ook rechtstreeks naar de Denen gaan, die de man vast en zeker al misten. Geen van die dingen stond haar aan. Aan de andere kant kon ze ook niet, als een muis voor een kat, verstijfd blijven staan.

Maar opeens werden al deze overwegingen onbeduidend. Jutta kwam terug van een wandeling naar de stad. Ze trilde, haar ogen waren rood, ze had gehuild en deed dat nog steeds. Toen ze Freya voor het vuur zag staan rende ze naar haar toe, pakte haar bij de armen en begon haar door elkaar te schudden. 'Waarom, in godsnaam, heb je hem geen voeding gegeven?'

'Hè?'

'Dat had ik je toch gezegd!'

'Wat dan?'

'Ik had toch tegen je gezegd: geef hem voeding!'

Jutta liet haar los. Ze wankelde naar een kruk, zakte erop neer en wiegde heen en weer met haar armen kruislings tegen zich aan. Freya keek haar ontdaan aan. Wat kon er gebeurd zijn? Jutta had bij Asta op bezoek willen gaan, dat wist ze, alleen.... 'Wat is er aan de hand?'

Het duurde even voordat Jutta in staat was om te praten. Elk woord dat uiteindelijk over haar lippen kwam was afschuwelijk. Ze begon te praten over haar zus, over Demud. Dat ze meteen zwanger werd nadat ze met Giso was getrouwd.

Dat hoef ik niet te horen. Wat is er met Asta?

Maar dat haar man al kort na het huwelijk onbehouwen tegen haar werd.

Wat is er met Asta?

Dat ze hem een kind schonk...

'Heeft hij mijn zus iets aangedaan? Alsjeblieft, Jutta...'
En dat hij meteen na de geboorte met de kleine naar de brug bij de Rijn ging en hem in het water gooide.
'Hij heeft... Wát heeft hij gedaan?'
'Luister je niet naar me?'
'Hij heeft zijn eigen zoontje vermoord?'
'Het was geen moord, hè.' Op zachte, bijna kille toon begon Jutta het uit te leggen. 'Volgens Fries gebruik heeft een man het recht om zijn kind het leven te ontzeggen als hij het niet volmaakt vindt. Elke vader mag een pasgeborene doden, maar alleen als die nog geen voeding heeft gekregen.'
Freya wist niets uit te brengen.
'Demud werd opnieuw zwanger. Ze bracht de tweede keer, het was een heerlijke, zomerse dag, een meisje ter wereld. Giso had haar beloofd het in leven te laten, hij had het bij alles wat hem heilig was gezworen. Maar toen ontdekte hij blijkbaar ook aan haar een gebrek.'
'Je had hem tegen moeten houden.'
'Alsof ik dat niet geprobeerd heb! Hij heeft me het huis uit geslagen. En Demud... begon wartaal uit te slaan. Giso heeft haar de weken en maanden daarna geslagen totdat ze echt helemaal bont en blauw was. Hij wilde die nukken van haar genezen. Dat was later zijn verklaring tijdens zijn biecht tegen de priester.'
Moest hij daarom de armen te eten geven? Omdat hij zijn kinderen had vermoord? Was dat alles wat hem als straf was opgelegd? Een paar wortels voor het leven van twee weerloze, onschuldige mensen?
'Jutta, alsjeblieft. Wat is er met Asta en haar zoon aan de hand?'

Freya rende door de stegen. Het was inmiddels laat, er was nauwelijks nog licht tussen de huizen, die in de buurt van de markt heel dicht op elkaar stonden. Terwijl ze zich een weg baande langs verkleumde dienstmeisjes en rammelende karren vervloekte ze zichzelf. Jutta had het tenslotte echt gezegd: 'Geef het kind na de bevalling voeding!' Ze had alleen niet begrepen wat ze daarmee bedoelde. Jutta had niet zelf met Asta gesproken, ze had alleen Giso ontmoet, die een paar toespelingen had gemaakt. Die misschien slechts als doel hadden om haar te treiteren? Aan die hoop klampte Freya zich vast. Tussen Giso en Asta was alles tenslotte anders dan destijds bij Demud. Giso hield van haar zus. Hij gaf haar gewaden en sieraden, ze hielden elkaars hand vast. Hij zou zijn kind nooit iets aandoen.

Freya naderde de smederij. De eigenaar was met een klant aan het afdingen op de prijs van een van zijn twee kostbare zwaarden. Toen ze de steeg overstak werd ze bijna omvergelopen door een koe. Van de daken vlogen een paar vogels op... Achter de huizen begon iemand te schreeuwen...

Ze gooide de deur naar de werkplaats open en rende langs de mannen die bij het warme vuur over stoffen gebogen stonden. Giso was in geen velden of wegen te bekennen. Hij was vast boven bij Asta en het kind, dat perfecte jongetje dat hij direct in zijn hart had gesloten.

Ze liep struikelend de trap op, rukte de deur van de slaapkamer open... En haar hart sloeg over van opluchting. Asta stond voor een spiegel en ze kamde haar mooie blonde haar, dat ze zo te zien net had gewassen, het hing nog een beetje vochtig over haar schouder.

'Waar is hij?' Freya's ogen zochten het mandje waarin ze het kind intussen gelegd moesten hebben...

'Hij slaapt.'

Bibberig van opluchting liet ze zich op het bed zakken. Het jongetje leefde, de rest deed er niet toe. 'Hij is zo mooi,' zei ze om een gesprek op gang te brengen.

'Dat weet ik.' Asta glimlachte.

'Heb je hem al gevoed?' Het was niet meer belangrijk. Het kind was naar Giso's zin of hij was bang geweest voor een nieuwe straf van de priester. In ieder geval was de kleine ongedeerd. Freya kwam overeind en ging naast haar zus staan. Ze legde een arm om haar heen en samen keken ze in de spiegel, waar ze Asta's prachtige, stralende gezicht zagen. Geen wonder dat Giso verliefd was op zijn vrouw. Ze zag eruit als een godin. Freya wilde Asta's glimlach beantwoorden. Maar haar mondhoeken bleven opeens hangen.

Er was iets niet in orde met de ogen van haar zus. Ze flakkerden alsof er achter de pupillen een onrustige vlam bewoog, aangewakkerd door de wind. En ze ontdekte ook verschillende kleine, bloedige wondjes op haar lippen. Niet van een klap, maar... alsof Asta zich had moeten verbijten van de pijn.

'Waar is het kind?'

Asta antwoordde niet, maar door het raam drongen plotseling kreten naar binnen alsof buitenstaanders het op zich hadden genomen om die voor haar te slaken.

'Waar is je zoontje?'

Asta begon zich om te draaien, ze tilde haar gewaad op; het leek wel alsof ze danste. Pas toen Freya haar een draai om de oren had gegeven hield ze ermee op. Haar gezicht werd hard en zo mogelijk nog bleker.

'Het kon niet anders. Maak er niet zo'n drama van. Giso houdt zich alleen aan een oud gebruik. Onze zoon was... zwak. Hij hield maar niet op met huilen. En...'

Freya rende naar het woonvertrek. Geen sterveling te zien. Er stond ook geen mand waarin je een pasgeboren kind zou kunnen leggen. En die was er waarschijnlijk ook nooit geweest.

'Het is helemaal niet erg,' legde Asta, die achter haar aan was gelopen, geduldig uit. 'We krijgen een nieuw kind. Mannen zijn wijzer dan vrouwen, ze denken helderder, ze zien dat dat huilen zal overgaan in woedend gebrul en later in brutaliteit, die zich tegen de vader en moeder keert. In dit kind lag de duivel op de loer. Ik... Zelfs ik kreeg hem niet rustig. Een kind dat niet eens door het zingen van zijn moeder...'

'Alle pasgeborenen huilen!'

'Hij zal het al wel hebben gedaan en daarna gaat hij meteen naar de priester om te biechten. Pater Meingotus is een verstandig iemand. Hij zal hem weer een boete opleggen om zijn ziel te zuiveren, maar... Waar ga je naartoe?'

Freya liep struikelend de trap bij de bedienden af. Dorestad had geen brug. Maar Giso zou beslist niet willen dat zijn dure broek nat werd. Waar bevonden zich de steigers die geschikt waren om een zuigeling te verdrinken? Het schiereiland? Het riet?

De zijdeur was afgesloten, ze moest dus weer langs de werkplaats; dat maakte niet uit. Ze rukte de deur open, en daar was het alsof ze opnieuw een dolkstoot kreeg. Overal in het vertrek was bloed. Er hadden zich op de grond rode plassen en beekjes van bloed gevormd, meubels en muren waren bespat en de stoffen zaten eronder. En Giso's werkmannen: neergemaaid als slachtvee lagen ze in de plassen bloed tussen de vernielde tafels en van de muren gerukte planken. Alsof iemand alle ramen en deuren had geopend hoorde Freya opeens het lawaai in de stegen. Hoe kon dat haar zijn ontgaan, dit... beestachtige gelach... het angstige gesmeek en gehuil?

De Denen! Ze moesten inderdaad de stad hebben bestormd en wel veel eerder dan verwacht!

Freya deinsde achteruit. Als verdoofd luisterde ze naar de schelle kreten. Hasteinns mannen slachtten de inwoners van Dorestad af. Het kabaal in een van de aangrenzende vertrekken herinnerde haar eraan dat de strijders beslist ook in dit huis naar buit zochten. Ontdaan vluchtte ze naar de gang en vervolgens naar de keuken. Haar blik gleed gejaagd over een rek. Pannen en kannen, daar kon ze zich niet mee verdedigen. Waar werden de messen bewaard?

Ze hoorde gedempte voetstappen. Waarschijnlijk hadden Hasteinns mannen eerst de voorraadruimte geplunderd en waren ze nu op zoek naar nog meer buit. Naast de kookplaats was een nis, een ideale schuilplaats, en juist daarom niet te gebruiken, want uiteraard wisten de Denen waar hun slachtoffers zich verstopten. Haar blik gleed opnieuw naar het rek. Het bovenste vak werd afgedekt door een blauwe doek. Ze trok hem opzij en trof er schuimspanen, een appelboor... van alles aan, maar geen messen.

De voetstappen kwamen dichterbij.

Een van de voorwerpen was misschien toch bruikbaar. Een vleeshaak met een punt die bestond uit een gevorkt metalen gedeelte. Niet geschikt om een mens mee te doden, maar misschien wel om hem zodanig te verwonden dat ze kon vluchten.

Freya pakte het ding en hoorde op hetzelfde moment achter zich een schreeuw van verrassing. Ze draaide zich met een ruk om en zwaaide uit alle macht met de vleeshaak. Ze kreeg hulp van bovenaf:

weliswaar werd haar tegenstander beschermd door een helm, maar die bedekte alleen het schedeldak en de neus. De goden hielpen haar om haar hand zo te bewegen dat zijn oog door een van de punten van de vleeshaak werd opengereten. Het bloed spoot uit de wond, haar belager wankelde naar achteren.

Freya maakte hem zijn zwaard afhandig, pakte het met beide handen en ramde de met bloed besmeurde kling met alles wat ze in zich had in zijn lichaam. Opnieuw wist ze hem te raken, het lukte hem niet eens meer om een hulpkreet te slaken. Zijn gejammer stierf weg. Ze staarde naar zijn opengesperde ogen, waarin zijn pijn werd weerspiegeld. Had ze medelijden? Nee.

Ze keek koortsachtig omlaag. Vanwege de kou droeg ze de mantel die ze Björn na zijn dood afhandig had gemaakt. Hij leek op de mantel van de Deense aanvallers. Vliegensvlug trok ze de helm van het hoofd van haar slachtoffer. Hij was nog steeds niet dood. Maar verdedigen kon hij zich ook niet meer. Ze zette het ding, dat kleverig was van het bloed, op haar hoofd en pakte snel het zwaard weer op. Alles in haar spoorde haar aan om te vluchten.

En wat moest ze met Asta aan? Haar blik ging naar het plafond en er kroop iets lelijks, iets duisters in haar hart toen ze aan het wezentje dacht dat haar zus zonder strijd had afgestaan aan zijn moorddadige vader. Ze begreep het niet. Ze begreep het gewoon niet. Elk gevoel van medeleven werd tenietgedaan door haar afschuw. Ze liep snel door de kleermakerswerkplaats.

Buiten opende zich de hel. De Denen moesten wel in de minderheid zijn, het kon Hasteinn nooit gelukt zijn om een echt leger op de been te brengen. Maar de onvoorbereide inwoners van Dorestad hadden niets in te brengen tegen de oorlogservaring van de Denen. Ze werden afgemaakt als schapen en wie zich probeerde te verdedigen werd meteen omsingeld en door verscheidene Denen omgebracht. De aanvallers zouden niet lang blijven. Ze zouden snel alles pakken wat ze als buit beschouwden en dan weer vertrekken, want dat was hun handelwijze: aanvallen, doden, roven, vluchten.

Terwijl Freya door de stegen rende moest ze haar vermoeden bijstellen. Waar ze ook keek vielen plunderende strijders huizen binnen.

Het moest om minstens honderd bewapende Denen gaan, schatte ze in, misschien zelfs twee- of driehonderd. Dat konden niet alleen mannen uit Hasteinns dorp zijn. Hasteinn mocht dan wel de leider zijn, maar andere stammen hadden zich voor deze veldtocht bij hem aangesloten.

Waarom pleegden de Denen uit Dorestad geen verzet? Waren ze gevlucht, in de wetenschap dat ze de overval niet zouden overleven? Er fladderde een kip tegen Freya's borstkas. Zonder kop. Wie slachtte er op dit soort momenten gevogelte?

Ze wist ongehinderd Jutta's huis te bereiken. De deur was ingetrapt en een paar mannen kwamen haar tegemoet, maar ze hielden haar niet tegen. Met de Deense helm en de Deense mantel ging ze door voor een van hen. Blijkbaar hadden ze het huis alleen vluchtig doorzocht – Jutta bezat geen kostbaarheden, dat was in één oogopslag duidelijk. En op de bovenverdieping... Freya keek omhoog. Waar was de ladder gebleven? De Denen hadden een van de strobedden in brand gestoken, de vlammen verlichtten het vertrek. De ladder was nergens te bekennen. Hij lag ook niet op de grond. Was het Jutta gelukt om naar het schrijfkamertje te gaan?

Het vuur kreeg vat op de muren. Alleen de regen van de afgelopen dagen voorkwam dat alles hier meteen in lichterlaaie stond. Bewoog daar achter het strobed iets? Een man kwam overeind en hij strompelde de gevarenzone vol lekkende vlammen uit. Je kon hem nauwelijks nog als menselijk wezen bestempelen. Zijn lichaam, ook zijn gezicht, was misvormd door verwondingen, zijn hemd doordrenkt met bloed. Een van de buren? Hij had een zwaard in zijn hand en trok het toen hij haar zag.

'Niet doen, ik ben het, Johannes.' Ze siste de waarschuwing, haar angst om zich te verraden was te groot.

De man begreep haar niet. Aangezet door pijn en angst voor de Deense demonen kwam hij op haar af. Freya slaagde erin om langs hem te glippen, maar hij volgde haar en sloeg toe met bijna bovenmenselijke kracht. Ze overleefde het alleen omdat ze zich onder een tafel wist te rollen. Daarna viel de man opeens op de grond. Zijn schedel was gespleten, de hersenmassa puilde eruit.

Met bevende knieën stond Freya weer op. Haar redder was een Deen. Zijn gezicht werd, in tegenstelling tot het hare, bijna volledig bedekt door de helm die hij droeg, zelfs zijn mond en neus gingen schuil achter een goudkleurig scherm. De ogen in het vizier keken geamuseerd omlaag. Hij was lang, had brede schouders en lachte haar triomfantelijk toe. 'Je moet wat spieren kweken, ventje!'

Freya staarde hem aan. Achter haar sloegen de vlammen inmiddels uit de wand van gevlochten tenen. Ze werden weerspiegeld in de helm van de Deen. Het zag eruit alsof het hoofd van de man in brand zou vliegen. Hij lachte om haar ontzetting en sloeg haar goedgehumeurd op de schouder. 'Maak dat je hier wegkomt.' Toen was hij verdwenen.

Ze bleef achter, niet in staat om zich te bewegen. De woorden van de man weergalmden door haar hoofd. STRAF... Nee, niet de woorden, maar zijn stem. Maar was het wel mogelijk om een stem te herkennen die je maar één keer in je jeugd had gehoord? Uitgesloten. En al helemaal niet als die stem, zoals in dit geval, vervormd werd door een metalen plaat. De Deen die het vertrek daarnet had verlaten was niet Hasteinn geweest. Haar angst had haar bij de neus genomen. Dat moest het zijn.

Bij de deur naar de binnenplaats zag ze plotseling gezwaai van een arm. Een rond, wit gezicht kwam op haar af. Kasimir, de idioot. Hij had een oneffen steen in zijn hand, die Jutta altijd bij het groentebed had liggen, omdat je op de ruwe ondergrond ervan zo goed de aarde van de wortels kon wrijven. Moest dat een wapen voorstellen? Hij praatte, maar ze verstond er geen woord van. Meekomen? Gehaast trok hij haar de tuin in. Jutta lag tussen haar groentebedden. In eerste instantie dacht Freya dat ze dood was, maar misschien was ze alleen verdoofd. Naast haar lag de ladder die ze uit het huis had gesleept, misschien om haar kostbaarheden op de bovenverdieping te redden. Ze was ermee in het kolenbed gevallen en was daar, verstijfd van angst, blijven liggen. Freya hielp haar overeind.

Met Jutta's hulp baanden ze zich, via een sluiproute door allerlei tuinen, een verwilderd kerkhof en een wei, een weg naar een beek. Ze volgden al wadend de loop ervan, totdat ze een zijtak van de Rijn bereikten.

'Een boot,' zei Kasimir en hij wees naar het riet, waar een oud vlot schommelde. Zijn schouders schokten van opwinding. Onhandig omhelsde hij Freya.

Haar blik ging naar de andere kant, naar de stad, waar vlammen en rook opstegen. 'We gaan weg uit Dorestad,' zei ze zachtjes.

Hoofdstuk 10

Rome, april 858

Hugo Abbas foeterde tegen zichzelf. Hij was een man die aankoerste op de beste jaren van zijn leven, een slimme vent, moedig, ruimdenkend. Ook zijn stamboom was roemrijk. Zijn tante Judith was getrouwd geweest met keizer Lodewijk de Vrome, en zijn vader Koenraad, die zijn zwager in moeilijke tijden trouw was gebleven, was daarvoor beloond met de titel van graaf en met uitgestrekte landerijen. Maar wat had dat hém allemaal opgeleverd? Niets, dacht hij. Helemaal niets. Hij was blijven hangen in middelmatigheid.

Toegegeven, hij had de pech gehad de jongste van het gezin te zijn. Dat maakte het moeilijk om op te klimmen. Zijn vader had hem, zoals in hun kringen gebruikelijk was, afgescheept met een klooster, Saint-Germain in Auxerre. Dat was voor hem als lekenabt een lucratief baantje. Maar het was niet genoeg geweest. Een getalenteerde vent als hij moest het toch... Macht, dacht Hugo en hij trilde inwendig. Ik wil echte macht...

Zijn blik dwaalde naar Arsenius, zijn beschermheer, die op de breedvoerige manier van een oude man op het punt stond een bericht te schrijven. Hij had zijn hoop al zo lang op de Romeinse man gevestigd. Hugo had hem vijf jaar geleden leren kennen toen hij in een opwelling naar de heilige stad was verhuisd. Geen enkele plaats was zo veelbelovend als de zetel van de pauselijke regering om een invloedrijke positie in de wacht te slepen. In Arsenius, die afkomstig was uit een vooraanstaande Romeinse familie, had hij de man gezien die hem vooruit zou kunnen helpen. Met plezier had hij zich laten strikken voor de intriges die de listige oude man samen met zijn zoon Anastasius bedacht. Hij was ervan op de hoogte geweest dat Anastasius de wijk Borgo in brand zou steken en was getuige geweest van zijn vlucht naar het keizerlijk hof in Aken toen de wandaad bekend werd.

Ook tijdens de gedwongen afwezigheid van Anastasius bleef hij in dienst van Arsenius en had hij zich ook niet te goed gevoeld voor de allergevaarlijkste acties. Zo had hij bijvoorbeeld Waldipert, de vicedominus van paus Leo, ertoe aangezet om de Heilige Vader te vergiftigen, om de moordenaar vervolgens, om zichzelf en Arsenius te beschermen, eigenhandig de keel door te snijden en hem in de Tiber te gooien.

Dat was een fantastische daad geweest. Maar wat had het hem opgeleverd? Geen belangrijke positie in ieder geval. Alleen de messteek van zo'n vervloekte pauselijke gardist. Het kostte Hugo moeite om niet te gaan tandenknarsen.

Aristide heette de vent. Die werkte hem al heel lang op de zenuwen en hij had destijds, drie jaar geleden, besloten hem definitief naar de andere wereld te helpen. Daartoe had hij de hulp ingeroepen van een huurmoordenaar met wie hij af en toe samenwerkte. Maar toen was alles misgelopen. De huurmoordenaar had de verkeerde te pakken genomen, Aristide had de man omgebracht en het was tot een duel gekomen. Wat voor Hugo bijzonder pijnlijk was: hijzelf had daarbij een zwaard in handen gehad, de gardist alleen nog een mes. En toch was die duivelse vent er op de een of andere manier in geslaagd hem het wapen tussen de ribben te jagen. Alleen omdat het hem heel erg meezat was het hem gelukt om zwaargewond te ontsnappen.

Inmiddels behoorde deze Aristide tot de kleine kring rond Gerold von Villaris, de commandant van de garde; dat had hij ontdekt. En ook dat Gerold hem beschermde. Hugo had er herhaaldelijk bij Arsenius op aangedrongen om een intrige tegen die twee te beramen, maar de kardinaal was er niet in geïnteresseerd. Wat ondankbaar! Geen wonder dat Hugo de laatste weken steeds vaker overwoog om terug te keren naar het Frankische Rijk en zijn geluk te beproeven bij de heersers aldaar.

Het was zeer zeker mogelijk, hij gunde zichzelf een klein beetje optimisme, dat zijn lot zich toch nog ten goede zou keren. Arsenius' in de ban gedane zoon Anastasius was namelijk een paar dagen geleden teruggekeerd naar Rome, en wel in het gevolg van keizer Lotharius. En dat niet alleen: Hugo was er getuige van geweest dat Lotharius direct bij aankomst razend van woede bij de Heilige Vader zijn beklag had gedaan dat Gerold von Villaris, de commandant van de pauselijke garde, samenspande tegen hem met als doel de stad Rome onder Griekse heerschappij te brengen. Natuurlijk werd ook de paus zelf daarmee in diskrediet gebracht, Gerold was namelijk zijn vertrouweling. Het drama werd groter toen Daniel, de opperbevelhebber van het leger, naar voren bracht dat hij een gesprek had afgeluisterd tussen paus Johannes en Gerold waarin de twee het samen over de samenzwering hadden gehad.

Hugo had het triomfantelijke gezicht van Anastasius niet eens hoeven zien om te weten wie Daniel daartoe had aangezet. Precies op dit ogenblik werd immers rechtgesproken over die Gerold en als Anastasius daardoor weer aan de macht zou komen... Ja, daarom zat hij hier in deze kamer. Omdat opeens alles weer mogelijk leek.

Alsof zijn overpeinzingen een sein waren geweest, ging op dat moment de deur open.

'Wie heeft het lef...' bulderde Arsenius. En hij hield meteen op toen hij zijn zoon herkende.

Hugo verwachtte dat ze hem eruit zouden gooien, maar in hun opwinding leken de beide mannen hem, terwijl hij als een zoutpilaar achter een van de tafels hurkte, niet te zien.

'Nou, vertel op. Hoe is het gegaan?'

Anastasius begon te vertellen, maar zijn slechte bui gaf al aan dat de bespreking niet naar zijn zin was verlopen. Paus Johannes had zich zoals verwacht aan de zijde van zijn superista geschaard en het gesprek over de samenzwering, net als hij, ontkend. Daarna was Anastasius tussenbeide gekomen en hij had zich beschikbaar gesteld voor de *sacramentale*: hij wilde eedhelpers om zich heen verzamelen die Daniels verwijt moesten steunen.

'Zeer goed!' zei Arsenius instemmend.

'Het heeft alleen niets uitgehaald. De plaatsvervangend commandant van de garde heeft ook eedhelpers opgeroepen, uiteraard leden van zijn garde.'

'Maar hij kan toch nooit van zijn leven zoveel mannen bij elkaar krijgen als jij. Onze familie is invloedrijk!'

'Dat weet ik ook wel. En dat was ook zo. Het heeft alleen niets uitgehaald. Gerold eiste plotseling het oordeel Gods.'

'De dwaas! En?'

Anastasius lachte bitter. 'Tot dat moment leek de overwinning ons niet te kunnen ontgaan. Maar toen kwam paus Johannes met een eigenaardig voorstel. Hij wilde het afluisteren van een gesprek nadoen om te bewijzen dat Daniel had gelogen. De man werd naar de andere kant van de deur gebracht, Johannes legde zijn vinger tegen zijn lippen om zijn superista kenbaar te maken dat hij moest zwijgen. Toen citeerde hij Cicero: *"Ratio est iustitia summa insita in lege."*'

Voor de wet is het verstand het hoogste recht, vertaalde Hugo in gedachten.

'Daniel werd weer naar binnen geroepen, en hij had er geen woord van gehoord. Natuurlijk, die deur is dik. Hij leuterde dat Gerold zou hebben gezworen onschuldig te zijn, en toen hij zag dat ze hem om de tuin hadden geleid, verloor hij zijn zelfbeheersing. Het werd duidelijk dat hij had gelogen, uit afgunst, omdat zijn zoon bij een functie niet in aanmerking kwam. De paus heeft hem verbannen. Zo is de situatie nu.'

'Jezus christus!' Arsenius kwam overeind en begon zenuwachtig door het vertrek te ijsberen. 'Johannes mag dan naïef en onschuldig zijn, maar een stomkop is hij niet. Je hebt hem onderschat.'

'Inderdaad.' Anastasius glimlachte grimmig. 'Maar dat speelt geen rol. Ik ben weer in Rome en heb de volledige steun van de keizer en zijn troepen.'

Arsenius fronste zijn voorhoofd en bleef toen als door de bliksem getroffen staan. 'Wat wil je daarmee zeggen?'

Hugo had verwacht dat dit hét moment zou zijn om hem eruit te gooien, maar vader en zoon leken hem daadwerkelijk te zijn vergeten. En daardoor werd hij deelgenoot van een plan dat niet verraderlijker en gevaarlijker had kunnen zijn: Anastasius wilde bij de statiemis, die de vrijdag daarop zou plaatsvinden, het *patriarchum*, het pauselijk paleis, bestormen. Hij wilde de pauselijke troon met geweld voor zichzelf opeisen.

Hugo keek gefascineerd naar de opwinding op het gezicht van de man. En de angst op dat van zijn vader. 'Het zal niet makkelijk zijn om het paleis te veroveren. De superista is een uitstekend strijder en de mannen van de garde zijn hem trouw gebleven.'

Anastasius glimlachte. 'Om Gerold hoef je je niet druk te maken. Ik heb al een plan hoe we hem kunnen uitschakelen.'

Arsenius protesteerde nog een keer, maar zijn bezwaren klonken zwak. Hugo zag zijn ogen schitteren toen hij naar zijn zoon liep. Misschien kwam het voor het eerst bij hem op dat Anastasius de dromen van de familie, die hijzelf jaar in, jaar uit tevergeefs in vervulling had willen laten gaan, kon laten uitkomen. De troon van de paus...

Ook Anastasius leek te merken hoe bijzonder het moment was. Hij legde zijn hand op de schouder van zijn vader en fluisterde: 'Vertrouw me maar, ik zal een trots man van je maken. Dat beloof ik.'

Daarna bleek dat Arsenius zijn mannetje voor het vuile werk toch niet was vergeten. Hij draaide zich naar Hugo toe en vroeg hem met een knikje om dichterbij te komen. 'En jij, vriend van me, zult hem tijdens deze hele onderneming bijstaan. Gerold moet uit de weg worden geruimd. En ik zweer je, niemand zal ooit zo royaal worden beloond als jij zodra de klus is geklaard.'

Hoofdstuk 11

Rome, april 858

Rome was... kolossaal, de stad was gewoonweg overweldigend. Freya en Kasimir naderden de plaats vanuit het noorden, in een groep reizigers die met karren en draagstoelen, te paard of lopend onderweg waren. Freya's blik was gevestigd op de roodachtige bakstenen muur die zo hoog was dat zeven of acht mannen op elkaar zouden moeten staan om de kantelen te bereiken. De afzonderlijke muursegmenten werden beschermd door een ongelooflijk aantal verdedigingstorens. Het was een bouwwerk dat door reuzen gebouwd leek te zijn, hooguit vergelijkbaar met de Danevirke; alleen ging achter dit bolwerk geen kale, nauwelijks bewoonde landstreek schuil, maar een complete stad. Freya was tijdens hun reis in Keulen, Worms en een paar andere steden geweest die diepe indruk op haar hadden gemaakt. Maar in haar gedachten leken dat opeens niet meer dan gehuchten. Hoeveel mensen zouden er wel niet wonen in de Stad van God waar ze nu naartoe gingen?

De weg vanaf het bos, waar ze de muur voor het eerst hadden gezien, werd breder bij het naderen van de wachttoren. Vlak voordat ze arriveerden bleef Kasimir staan. 'Mannen,' zei hij ongelukkig. Hij had iets tegen mannen. Ze waren onbehouwen, soms gevaarlijk, en bijna altijd staken ze de draak met hem. Ook Freya lette scherp op de bewapende mannen. Ze kwamen argwanend en ruw over. Elke tweede passant werd staande gehouden, bij veel van hen werd de kleding doorzocht en de kreten die af en toe klonken toonden aan dat het er daarbij niet altijd even zachtzinnig aan toeging.

Maar dat maakte niet uit. 'Volgens Jutta woont Gerold von Villaris hier,' herhaalde ze wat ze Kasimir al zo vaak had uitgelegd.

Want dat had de oude vrouw opgebiecht toen ze ongeveer een week na hun vlucht uit Dorestad in een door regen geteisterd bos vol opgewaaide natte bladeren hadden gezeten en ze Jutta's hand vasthield, die gloeide van de koorts. Haar weldoenster had bij de overval op Dorestad maar een paar kleine schrammen van een mes opgelopen, die niet veel te betekenen hadden. De wonden zouden snel genezen, had Freya aangenomen. Maar er was koudvuur ontstaan en ze had in dat ellendige bos gezeten zonder enig idee te hebben wat ze ertegen kon doen. 'Waarom weet ik zo verschrikkelijk weinig over het genezen van mensen!' had ze zachtjes gefoeterd. Misschien groeide vlak naast haar voeten het kruid waarmee ze haar oude vriendin zou kunnen helpen. Heel even had ze overwogen om terug te keren naar Dorestad. Maar ze hadden er toen al verschillende dagmarsen op zitten en wellicht had Hasteinn de geboorteplaats van haar moeder in zijn macht.

En opeens was Jutta gaan praten. Freya moest naar het zuiden gaan, steeds verder naar het zuiden, totdat ze in de Heilige Stad was. Op nadrukkelijke toon, al piepend en hoestend, zodat ze haar nauwelijks kon verstaan, had ze hun de reden genoemd: Johann, de handelaar uit Dorestad die bij haar op bezoek was geweest, had haar toevertrouwd dat hij tijdens een van zijn reizen de markgraaf van Villaris had ontmoet. 'In Rome. Je grootvader Gerold woont in Rome. Hij is in dienst getreden bij de paus, als commandant van diens garde,' fluisterde ze. 'Ik wilde het je vertellen, maar ik was zo bang... ik wilde niet dat je bij me weg zou gaan. Ik... ik hoop zo dat je me niet haat...' De tranen van schaamte stroomden over haar wangen.

'Mijn grootvader? Je bedoelt...'

Jutta hoestte. Er kwam geen bloed, maar Freya merkte dat haar benauwde gekuch de naderende dood aankondigde. Ze had de hand van de oude vrouw in de hare genomen. Was ze woedend geweest? Nee, daarvoor had ze het veel te koud gehad. Maar toen het donker werd en Jutta was opgehouden met ademen en Kasimir Freya met beide armen vastklampte uit angst dat ook zij zou kunnen stserven, besloot ze om daadwerkelijk naar Rome te gaan. Naar haar enige familielid dat nog in leven was, want Asta, die wrede moeder, behoorde daar wat haar betrof niet meer bij. En dus hadden ze zich, nadat ze Jutta's lichaam hadden begraven, op weg begeven.

De reis had langer geduurd dan verwacht, veel langer. Ze sleepten zich het hele verdere jaar en ook nog het volgende voorjaar voort van dorp naar dorp en van stad naar stad, waarbij ze met allerlei klusjes hun eten verdienden. Vaak moesten ze zich de een of andere schooier van het lijf houden, die de tengere knaap en zijn onbeholpen metgezel als een makkelijke buit beschouwde. Maar Freya had inmiddels altijd een stevige stok bij zich. Ze had verbeten geoefend om ermee te vechten, urenlang, zoals ze dat bij Snorri had geleerd, alsof haar leven ervan afhing, wat af en toe ook het geval zou zijn.

Maar dat lag nu achter hen. Ze hadden hun doel bereikt en Freya dwong Kasimir om zich met haar bij een van de wachtrijen aan te sluiten. Hij klemde zich vast aan Freya's mantel en staarde naar de bewapende mannen zoals een vogel naar een kat.

'Ze doen ons niets.'

En dat was ook zo: de Romeinse wachters hielden Freya's vechtstok waarschijnlijk voor een hulpmiddel tijdens het lopen, en ze lieten de twee jonge mannen zonder bezwaar door. Aan de andere kant van de poort stonden hun nieuwe wonderen te wachten. Een uitgestrekt plein doemde voor hen op, omzoomd door huizen die net kleine paleisjes leken, allemaal van steen, veel ervan met twee of zelfs drie verdiepingen, met zuilen, puntdaken en hoge, gebogen vensters, waardoor een overvloed aan zonlicht de kamer moest binnenstromen. Achter een raam zag Freya een elegante vrouw in een geel, soepelvallend gewaad staan die met iemand praatte die je van buitenaf niet kon zien. Ze had een doorzichtige beker in haar hand waarin je rode wijn zag glinsteren. Freya stootte Kasimir opgetogen aan en maakte hem erop attent. 'Die beker moet van glas zijn,' fluisterde ze. 'Kijk toch eens. Alsof hij van lucht is gemaakt. Dat is glas!'

'Er zijn hier zoveel mensen,' klaagde Kasimir.

'Ik zal ze allemaal de stad uit jagen.'
'Dat kun jij toch helemaal niet. Het zijn er veel te veel.' Hij begon haar uit te leggen waarom het voor haar onmogelijk zou zijn om haar plan uit te voeren. 'Echt, wat jij toch allemaal verzint!'
Grapjes begreep hij nog steeds niet.
Achter de daken rees een forse toren op en Freya vroeg zich af of die misschien tot de vesting behoorde die de Heilige Vader beschermde. Ze had tijdens hun reis opgevangen dat de stad een van de favoriete aanvalsdoelen was geworden van Saraceense piraten. In dergelijke gevallen moest de paus zich natuurlijk ergens kunnen verschansen. En daarmee was ze weer terug bij de reden van haar reis: ze moest haar grootvader vinden, de commandant van de pauselijke garde.

Een man botste met zijn kar tegen Freya's knieholtes, waardoor Kasimir en zij ruw uit elkaar werden gedreven. Ze werkten zich tussen voetgangers, ruiters, karren en draagstoelen door en werden heen en weer geschud. Uiteindelijk lukte het Kasimir om weer naast haar te komen lopen. Hij klemde zich bang aan haar mouw vast. 'Waarom zijn we hier?'

'Dat weet je toch, voor mijn grootvader.'

Zijn schouders begonnen te schokken, een duidelijke aanwijzing dat hij in tranen zou uitbarsten, en Freya besloot in actie te komen. Ze pakte een man bij zijn arm, die haar echter in een vreemde taal hardhandig van zich af duwde. Ze ontdekte een bewapende man die de straat af liep. Zijn zwarte haar was zorgvuldig geknipt, net als zijn korte baard, maar in de eerste plaats was hij jong, nauwelijks ouder dan zij. Ze baande zich een weg naar hem toe en vroeg in het oude Latijn dat Kasimir haar had geleerd: 'Waar vind ik de commandant van de pauselijke garde?'

De man keek haar verrast aan. 'En wat wil je dan van hem?'

'Dat is persoonlijk.'

'Is dat zo?' Op zijn gezicht verscheen een lachje, zo onaangenaam dat het hem jaren ouder maakte. 'Hoe heet je?'

Freya verafschuwde het om te worden uitgehoord. Ze was altijd al wantrouwend geweest, een les van haar bestaan als slavin, maar de reis naar Rome had haar tot op het bot argwanend gemaakt. Ze wilde rechtsomkeert maken, maar daar was het al te laat voor. De man pakte haar bij haar schouders en duwde haar zwijgend voor zich uit. Ze wierp een waarschuwende blik op Kasimir, die zenuwachtig naast haar draafde: Hou afstand! Hopelijk had hij het begrepen. Na een paar honderd passen probeerde Freya zich te bevrijden. Onmogelijk. Zijn handen leken wel een klem.

'Laat me los!'

'Dat zal ik doen. Zodra het daar tijd voor is.' Nu deed zijn ijzeren greep echt pijn. Hij koerste af op een groep mannen die ook bewapend waren en voor een groentekar stonden, en de kopers van de boer de weg versperden. Sommigen waren te paard, de meesten behoorden tot het voetvolk. De man die ze onvoorzichtig genoeg om informatie had gevraagd nam één iemand uit de groep apart, een vent met een hoekig gezicht, kille donkere ogen en weerbarstig zwart haar. Hij duwde Freya met uitgestrekte arm van zich af, zodat ze niet kon meeluisteren, en begon met hem te fluisteren. Na een kort gesprek droeg hij haar over aan zijn kameraad en verdween weer in de mensenmassa.

'Nou, kom maar mee.' De man met het zwarte haar nam met een knikje afscheid van zijn makkers.

'Laat me los! Ik heb niemand iets aangedaan.'

Geen reactie.

'Waar gaan we naartoe?'

'Je wilt toch naar de pauselijke garde?'

'Ik wil...'

'Dat doet er nu niet meer toe. Geef dat ding maar aan mij.' Hij pakte de stok van haar af en Freya hield op met tegenstribbelen. Het was zinloos.

Ondanks haar verwarring merkte ze dat de aanblik van de stad van lieverlee veranderde. Ze werd door de vreemdeling op sleeptouw genomen door stegen die weliswaar breder werden, maar ook viezer, en de villa's maakten eerst plaats voor lelijke huurhuizen en vervolgens voor vervallen, gedeeltelijk door brand verwoeste ruïnes; daartussendoor graasden schapen en wilde geiten. Hier moesten ooit, decennia of eeuwen geleden, gevechten hebben plaatsgevonden, maar blijkbaar was er niet genoeg geld geweest om de stad daarna weer op te knappen. De Heilige Vader mocht dan invloedrijk zijn, rijk was hij beslist niet. Een steelse blik over haar schouder maakte haar duidelijk dat Kasimir angstig van de ene naar de andere muur sloop.

Haar bewaker trok even aan haar arm. 'Je zou jezelf een plezier doen als je me vertelt wie jou opdracht heeft gegeven om op zoek te gaan naar de commandant.'

'Ik neem nooit opdrachten aan. Ik ben vrij.' Freya aarzelde. 'Gerold von Villaris is mijn grootvader.'

De man barstte uit in een schaterlach. 'Voor minder doe je het niet, hè?' Ik ken de commandant vrij goed. Hij heeft geen familie. Je moet jezelf niet in problemen brengen die je niet aankunt, jongen.' Ze gingen opzij voor een ruiter die met roekeloze snelheid over straat stoof.

'Ik zal een gokje wagen: is je opdrachtgever kardinaal Anastasius?'

Freya schudde haar hoofd, maar probeerde niet meer om zich te verdedigen. Ze hoorde voetstappen. Kasimir sloot zich bij hen aan. Gelukkig kwamen er uit een paar zijstraten nu ook weer voorbijgangers. Ze hadden een drukker deel van de stad bereikt. Al snel doemde er een kerk voor hen op, groter dan de dom van Dorestad, groter dan alle andere gebouwen die Freya ooit had gezien. Naast de kerk stond een hoge, ranke zuil waarin letters waren gebeiteld. Ze keek voorzichtig achterom en zag dat Kasimir daar met open mond bleef staan. Ja, precies, de letters waren afkomstig van een taal die ze nog niet kenden.

Achter de zuil bevond zich een compact achthoekig, door ouderdom getekend gebouw waarvan ze dacht dat het een kapel was. Daarnaast strekte zich een gebouwencomplex uit en zonder dat de gardesoldaat iets had gezegd wist ze dat het moest gaan om het paleis van de Heilige Vader: een rechthoekig bouwwerk met verschillende verdiepingen en lange rijen grote ramen, woelig als een mierenhoop, alleen krioelde het niet van de insecten, maar waarschijnlijk van geestelijken die druk waren met hun bezigheden.

Uit de kapel klonk opeens zacht gezang. *Cum sancto spiritu in gloria Dei patris*: met de Heilige Geest in de heerlijkheid van God...

Waar het paleis niet in was geslaagd, wist het gezang wel bij Freya teweeg te brengen. Er ging een rilling van eerbied door haar heen. Ze had geweten dat ze naar de stad van de Heilige Vader, de plaatsvervanger van God, zou gaan. Maar voor het eerst besefte ze dat ze hem daadwerkelijk in levenden lijve zou kunnen zien. Hield hij misschien op dit ogenblik een kerkdienst? Ze vergat haar benauwde situatie en werd op hetzelfde moment ruw geconfronteerd met de realiteit. De gardist was blijven staan en dwong haar om hem aan te kijken: 'Nou, jongen, dit is je laatste kans om op te biechten wie jou heeft ingehuurd.'

Er schoot haar geen antwoord te binnen en hij dwong haar een trap op te lopen. Een blik maakte haar duidelijk dat Kasimir haar weer op de hielen zat, zij het op enige afstand. De gardesoldaat opende een deur, die achter hen met een klap weer dichtviel. Ze liepen door eindeloze gangen. Door geopende deuren zag Freya zalen met lange rijen tafels, waaraan misschien gegeten werd. In andere vertrekken bevonden zich gestoffeerde stoelen. En daarna... een kamer met kasten vol boeken. Dat waren er niet zomaar een paar, maar... honderden, misschien duizenden... Het moest om een bibliotheek gaan. Daar had ze over gehoord: dat er huizen waren waarin geleerdheid eeuwenlang werd bewaard.

De gardist sleurde haar mee. 'Als het Anastasius niet was, wie dan wel? En wat moest je precies gaan doen? Gaat het om gif? Naar binnen sluipen, erachter komen waar je grootvader...' het woord kwam met bijtende spot over zijn lippen, 'woont en dan een poedertje in een fles uitgelezen wijn...'

Ze liet de man praten. Als ze geluk had zou hij haar rechtstreeks naar Gerold brengen, om hem te confronteren met zijn vermeende kleinkind, en dan kon zij uitleggen wie haar moeder was. Ze gingen een hoek om en bleven voor een deur staan.

'Zo, jongen, je laatste kans.'

Toen Freya zweeg deed hij de deur open en duwde haar een ruime kamer in. Die was spaarzaam gemeubileerd. Aan de muren hingen wapens, ter versiering of om ze in geval van twijfel bij de hand te hebben, dat kon ze niet zeggen. In het midden stond een grote tafel, waaraan zeker tien mannen met een sombere gelaatsuitdrukking zaten.

'Je bent laat, Aristide,' mompelde een van hen. Hij keek nauwelijks op van het stuk papier dat hij zat te bestuderen. De sfeer in het vertrek was gespannen en de mannen zo nerveus dat het op haar oversloeg.

'Ik werd opgehouden,' lichtte haar metgezel bondig toe. 'Deze knaap informeerde naar jou. Ik weet het niet... misschien ben ik te zenuwachtig.'

De man bij de tekening zag er slecht uit, alsof hij een flink pak slaag had gekregen. Over zijn linkerwang liep een grote schram, ook had hij daar allerlei bloeduitstortingen. Toch werd Freya's aandacht vooral getrokken door zijn haar. Een vuurrode krans troonde op zijn toegetakelde hoofd. Rood, dacht Freya. Net zo rood als dat van mij.

En zo te zien had hij ook de juiste leeftijd, rond de zestig, schatte ze. Heel even kreeg ze van emotie bijna geen lucht.

'We hebben nu geen tijd om ons met zoiets bezig te houden. Laat hem gevangenzetten tot alles voorbij is.' De roodharige man keek nog altijd niet op en Aristide, zo heette de man die haar hiernaartoe had gebracht in ieder geval, duwde haar zonder een woord te zeggen terug de gang op. Daar pakte hij haar bij de kin en keek haar aandachtig aan. Hij pakte haar haar en bestudeerde ook dat. Omdat hij onder het stof de rode kleur had ontdekt? 'Je beweert dus echt de kleinzoon van de superista te zijn?'

Opnieuw bespaarde ze zich de moeite om te antwoorden. Of hij haar nu wel of niet geloofde, dat was haar om het even. Belangrijk was de man aan de tafel.

'Tja...' Aristide keek naar een bank naast de deur. 'Luister. Jij wacht hier en verroert geen vin totdat ik weer terug ben! Is dat duidelijk? Je blijft híér zitten!' Daarop verdween hij de kamer weer in.

Freya vouwde haar handen omdat haar vingers trilden. Ze had zich dit moment zo vaak voor de geest gehaald. De beelden in haar hoofd waren één en al ontroering geweest, het elixer dat haar kracht had gegeven en haar drijfveer was geweest. En nu? Ze voelde zich als iemand die was weggerukt bij een warm vuur en in ijswater was ondergedompeld. Het kon zijn dat de commandant van de garde echt haar grootvader was. Rood haar was in Italië tenslotte nog ongebruikelijker dan in het noorden. Verder was de man echter ontmoedigend vreemd op haar overgekomen. Had ze in zijn bijzijn niet iets moeten voelen? Een soort band? Warmte? Verbondenheid? Ze had helemaal niets gevoeld, alleen een lichte misselijkheid. En hij had niet eens opgekeken.

Ze dacht aan Asta's woorden: 'Als die Gerold hoort wie we zijn, zal hij ons haten vanwege onze vader.' Wat was het oordeel van haar zus scherp geweest, en wat sentimenteel het hare.

Natuurlijk zou Gerold in haar niet zijn kleindochter zien, maar het bastaardkind van dat Deense monster dat zijn moeder had ontvoerd. Het was alsof de schellen haar van de ogen waren gevallen. Ze had zichzelf sinds hun vlucht uit Dorestad iets wijsgemaakt.

Als verdoofd staarde Freya naar de vloertegels, waarop de laarzen van de gardist een spoor van vuil hadden achtergelaten. Alle hoop was verdwenen en ze zou in geen geval smeken om Gerolds liefde. Daar was ze te trots voor.

Ze kwam langzaam overeind. Kasimir. Allereerst moest ze haar vriend zien terug te vinden. Hij was oprecht, iemand op wie ze echt kon bouwen. Maar al na een paar stappen bleef ze radeloos staan. Waar waren ze vandaan gekomen? De gangen zagen er overal hetzelfde uit.

Terwijl ze doorliep ontpopte het paleis van de paus zich als een door God verlaten doolhof. Verschillende keren hoorde ze voetstappen en verborg ze zich achter gordijnen of openstaande deuren. Stemmen werden luider en stierven weg en ze glipte weer verder, totdat ze in een zaal kwam. Voor de muren stonden beelden. Het viel haar op dat die allemaal mannen voorstelden. Uitsluitend mannen, vrouwen waren het immers niet waard om er steen, verf en artistieke aandacht aan te verspillen. Die werden verpatst, geslagen, je deed hun pijn door hun kinderen te vermoorden... Het leeg wel alsof haar maag werd verteerd door gal.

Opeens hoorde ze een harde, vertwijfelde kreet. Kasimir? De schreeuw kwam van heel dichtbij. Ze gluurde om de hoek, liep het aangrenzende vertrek binnen... En plotseling brak de chaos uit. Kasimir stormde de kamer in. Hij werd gehinderd door een plomp iets dat hij onder zijn hemd verborg en werd achtervolgd door... door een kat, inderdaad, een kat, een grijs gestreept, sissend beest dat hem op de hielen zat. Zijn gezicht veranderde in pure gelukzaligheid toen hij Freya zag. Hij rende haar kant op, hoopte te worden gered. Maar natuurlijk tevergeefs, want achter de kat kwamen verscheidene mannen aan, een van hen zwaaide met een schaar.

Kasimir stak afwerend zijn handen in de lucht. Daarbij gleed een boek onder zijn wambuis vandaan, dat op de goudrode tegels uit elkaar viel en een kijkje gaf op kunstig versierde letters in gouden en bonte kleuren. Freya's mond werd droog. Het ging hier om een kostbaar iets, waarschijnlijk uit de bibliotheek, en haar sympathieke, gekke vriend moest het hebben gestolen. Ze zouden hem doodslaan of folteren of ophangen of dat allemaal bij elkaar. Hij wilde zich achter haar verschuilen, maar nog voordat hij bij haar was werd van achteren een gespierde arm om Freya's borstkas gelegd en ze voelde de kilheid van een lemmet dat tegen haar keel werd geduwd.

'En ik dacht nog wel dat ik had gezegd dat je moest wachten,' mompelde een knorrige stem.

**

Hun handen werden vastgebonden met dunne touwen, die de man met de schaar van een gordijn knipte. Het moest om een bibliothecaris gaan, want hij pakte, nadat de boosdoener buiten gevecht was gesteld, het boek op als een gewonde zuigeling en streek bezorgd over de bladzijden. Iemand stelde voor om die goddeloze schurk naar de *segreta* te brengen, naar de kerker. Kasimir begon te huilen en Aristide sloeg geïrriteerd zijn armen over elkaar. 'Wie is dát dan?'

'Een arme van geest die heel veel van de Almachtige houdt,' antwoordde Freya giftig.

'En bovendien een dief met wie de Here duidelijk niet zoveel opheeft?'

'Moeten ze nu naar de segreta?' wilde een van de wachters weten.

Maar voordat Aristide kon antwoorden klonk een stem uit een van de andere vertrekken, die zich afsplitste van de kamer met de open haard. Hij klonk rustig, bijna zacht. 'Willen jullie die arme van geest en zijn vriend naar me toe brengen?'

Verbazingwekkend genoeg protesteerde niemand. Aristide pakte Freya bij de arm, kneep haar om aan te geven dat hij geen capriolen meer zou toestaan en duwde haar door een deur, dit keer naar een kamer met grote ramen, waar warm avondlicht en trillerig vogelgezang binnendrongen. Aan de geelgeverfde muren getuigden geweven voorstellingen van de pijn van martelaren; die vond ze niet mooi, maar de sandelhoutgeur van de kaarsen die hier overal brandden verminderde bij haar de spanning en liet haar rustiger ademhalen. Diverse gemakkelijke stoelen getuigden van gastvrijheid en bovendien... Nu begon haar hart weer sneller te kloppen: overal lagen boeken. Niet keurig op planken, zoals in de bibliotheek, maar verspreid over tafels en kisten, zelfs eentje op een kruk met vlechtwerk. De kostbare bewijzen van de wetenschap, waaraan ontelbaar veel geleerden jaren van hun leven hadden besteed, werden hier blijkbaar gebruikt, op zo'n vanzelfsprekende manier als bij anderen potten en pannen. Ze werden niet bewaard, maar... bestudeerd.

Freya had het tot nu toe niet kunnen opbrengen om de persoon aan te kijken die beschikte over al deze schatten, maar nu draaide ze haar gezicht naar de gestalte die voor een kruis stond dat tot aan het plafond reikte en die haar opnam, en ze werd op hetzelfde moment hardhandig op haar knieën gedwongen. Aristides vuist greep haar kraag vast. Ook Kasimir lag op de tegels.

'Wie hebben we hier dan?' vroeg de zachte stem.

Aristide beperkte zijn reactie tot één kort zinnetje: 'Een boekendief en... iemand die eigenaardige dingen beweert.'

'Ik ben geen dief,' jammerde Kasimir. 'Ik wilde toch alleen maar lezen. Er staan zeldzame letters in, heel zeldzaam. Die ken ik niet. Ik wilde alleen kijken...'

'Sst,' siste Freya naar hem.

'Want je praat met de Heilige Vader.' De woorden klonken rustig en ironisch, maar vooral triest. De man met de zachte stem droeg een eenvoudig geel gewaad met een witte boord, het haar rond de kaalgeschoren kruin was nog vol, maar er waren al grijze stukken te zien.

'Ik wilde alleen maar lezen,' volhardde Kasimir koppig.

'Waarom?'

'Omdat...' Kasimir was te verbluft om antwoord te geven. Hij wist dat niet iedereen plezier had in lezen, dat had hij op school in Dorestad tenslotte dagelijks meegemaakt, maar hij had het nooit begrepen. De magie van de tekst sprak toch voor zich?

'Mijn vriend kent veel vreemde talen en kan erin lezen en schrijven, maar van andere dingen begrijpt hij jammer genoeg niets. Zijn hoofd is in de war,' fluisterde Freya. Het was haar inmiddels duidelijk wie er voor haar stond: de Heilige Vader zelf, Johannes, plaatsvervanger van Jezus Christus op aarde. Toch had ze zich deze invloedrijke man anders voorgesteld. Niet zo... werelds, met donkere kringen onder zijn ogen, die getuigden van slaapgebrek, en zorgelijke rimpels, met een flinke buik, die op een voorliefde voor goed eten wees, en merkwaardig kleine oren, die bijna verdwenen onder het haar en onmannelijk, bijna vrouwelijk overkwamen.

Maar vooral had ze die glimlach niet verwacht die na haar antwoord zijn gezicht had laten stralen. Machtige mensen glimlachten niet. Ze waren boos, ernstig, wreed of verwaand, maar ze straalden nooit goedheid uit, zoals deze gezant van God. *Diliges proximum tuum sicut te ipsum.* Heb uw naaste lief als uzelf. Voor het eerst geloofde Freya een mens te zien die van deze stelregel doordrongen was.

De Heilige Vader liep naar Kasimir, en Aristide spande zijn spieren. Voor de in gevechten geoefende strijder was het gedrag van de paus vooral riskant. Hij was bereid op elke verdachte beweging te reageren.

'Dus je kunt lezen?' Johannes hielp Kasimir overeind en leidde hem naar een van de opengeslagen boeken. 'Wat staat hier geschreven?'

Kasimirs ogen begonnen te stralen. Hij pakte het in leer gebonden boek op en las vloeiend voor wat er in Oudgrieks geschreven stond. Een paar zinnen, waarvan hij niet zeker wist of Freya ze begreep, vertaalde hij uit vaste gewoonte in het Fries. Het ging over een medisch onderwerp, de gelaatsuitdrukking van een stervende. Een spitse neus... diepliggende ogen... de slapen ingevallen, de oren koud en verschrompeld...

De Heilige Vader stond hem verbazingwekkend veel tijd toe. Hij leek geraakt te zijn door de jonge man met de opgetrokken schouders, die plotseling in een geleerde veranderde, maar misschien was dat een illusie, want buiten was het inmiddels bijna donker en in het spaarzame kaarslicht was weinig te onderscheiden. De minuten verstreken. Kasimir ging helemaal op in het boek en de woorden borrelden eruit als water uit een bron. Uiteindelijk nam Johannes hem het boek voorzichtig uit handen. 'Het lijkt mij dat je echt een man met verbazingwekkende talenten bent, beste vriend.'

Kasimir lachte van blijdschap.

'En hoe zit het met je beschermer? Kan hij ook lezen?'

De paus legde het boek terzijde, draaide zich naar Freya toe en wilde ook haar overeind helpen. Maar toen gebeurde er iets vreemds. Halverwege de beweging bleef hij staan. Hij legde zijn handen op haar wangen en bracht haar kin omhoog, waarna zijn gelaatsuitdrukking veranderde. Hij keek haar strak aan alsof... ja, alsof wat? Alsof ze toch een vijand was? Had God hem een teken gegeven, een vernietigende boodschap? Freya's mond voelde opeens kurkdroog aan.

'Hoe heet je?'

'Johannes.' Het ontglipte haar. Zo noemde ze zich tenslotte al jarenlang. En een broek droeg ze ook. Die twee dingen hadden altijd juist geleken. Maar hier, ten overstaan van de paus met dezelfde naam, kwam het onbeschaamd op haar over. Ze verwachtte half en half dat hij haar met Gods macht tegen de grond zou gooien.

'En waarom ben je naar Rome gekomen, Johannes?'

Freya moest moeite doen om haar stem niet te laten overslaan. 'Ik wilde de commandant van de garde zoeken... Het... is... een familiekwestie.'

'Hoe heet je moeder?'

Hij informeerde naar Gisla? Waarom? Ging het hier om een openbaring van God? Kon de Heilige Vader in haar hart kijken? Ontredderd noemde Freya de naam.

Het werd stil. Johannes draaide zich om en liep naar het raam en Aristide greep voor alle zekerheid Freya's kraag vast met zijn vuist. Geen capriolen uithalen.

De stilte duurde eindeloos. Buiten waren twee mannen te horen die lachten om... Het was niet te verstaan. De Heilige Vader deed het raam dicht en draaide zich weer om. Hij richtte zich tot Aristide. 'Neem de geleerde mee, maar zijn vriend blijft nog even bij me. Ik zal je waarschuwen als je hem kunt ophalen.'

Het stond Aristide niet aan. Hij likte over zijn lip, maar er zat voor hem niets anders op. Met tegenzin haalde hij zijn hand van haar kraag en verdween de gang op met Kasimir.

'Vertel eens over je leven en over je moeder,' zei Johannes toen de deur achter de twee was dichtgegaan. 'Ik wil alles weten.'

Alles, ja. Freya was bereid om alles over haar leven te vertellen aan de Heilige Vader. Ze had het altijd verafschuwd om haar zonden te laten ontfutselen door de biechtvader in Dorestad, die haar had gedoopt in het vieze water van de Rijn en daarbij zo dronken was geweest dat ze bijna verdronk. Jutta had haar telkens onder allerlei dreigementen naar de biechtstoel bij de trappen van de domkerk moeten sleuren.

Maar hier, in dit vertrek, waar voor het raam een vogel hartverscheurende melodieën floot, was het anders. Ja, ze wilde bij deze heilige man met zijn zachte stem haar hart uitstorten en alles prijsgeven wat haar kwelde. Ze zocht naar woorden, begon met Gisla's ontvoering en wilde vertellen over het leven bij de Denen. Maar plotseling was het alsof er een ploeg over de akker van haar herinneringen was gehaald die alles wat haar was bijgebleven in stukken had gesneden. Ze begon opeens over de moord op Björn... Waarom verdoemt de Heilige Vader me niet? Daarna volgden de kwellingen uit haar jeugd... Haar woede over Asta, die vast en zeker om het leven was gebracht... de vlucht uit Dorestad... de Danevirke, nog een moord... Opnieuw Asta, die had toegestaan dat haar kind werd vermoord... Op dat punt brak ze in tranen uit. Johannes sloeg zijn armen om haar heen en fluisterde dat er een officiële brief naar de Friese bisschoppen zou worden verstuurd dat God het veroordeelde als een vader zijn kind doodde...

'Ik heb haar in de steek gelaten.'

'Nou...'

'Ze was verzwakt door de bevalling en... buiten zichzelf van angst. Waarom heb ik daar niet aan gedacht?' Freya sprak stamelend over haar hunkering om bij iemand te horen, onlosmakelijk... Ze had Kasimir natuurlijk en beschouwde hem echt als vriend, een trouw en lief iemand op wie ze heel erg gesteld was, maar...

'... je verlangt natuurlijk naar je grootvader,' zei Johannes en hij streek over haar wang. 'In ieder geval heb je hem nu gevonden.'

'Als hij het al is.' Nee, daar twijfelde ze niet aan. 'Maar wie zal er nu om een bastaardkind geven?'

'Hij misschien wel heel veel.'

'Ik heb mensen vermoord. Zal ik, als ik doodga, branden in het eeuwige vuur van de hel?'

De paus glimlachte, maar ze zag ook de twijfel in die glimlach. Ze had tenslotte daadwerkelijk mensen gedood, ze was een moordenaar. Hij knikte naar haar, trok vervolgens aan een bel, en Aristide kwam met Kasimir terug in de kamer.

'Wil je ze alsjeblieft allebei meenemen... naar jouw huis. Het zijn goede mensen. Dit is maar een tijdelijke oplossing totdat de statiemis in de Sint-Pieter is opgedragen. Daarna zien we wel verder.'

Aristide knikte, al was het niet bepaald enthousiast. Toen ze bij de deur waren richtte de paus nog één keer het woord tot hen. 'Is er een boek waarvan je kameraad heel erg enthousiast zou worden?' vroeg hij aan Freya.

Zonder na te denken, antwoordde ze: 'Het boek waar hij uit heeft voorgelezen. Waarin staat waar je aan kunt zien wanneer iemands dood nabij is.'

Johannes pakte het glimlachend van de tafel. 'Ik heb zo het gevoel dat hij niet de enige is die geboeid is door dit onderwerp. Je verstond elk woord dat hij voorlas. Hij hoefde het niet eens te vertalen, toch?'

Ze keken allebei naar Kasimir, die heftig knikte omdat hij begreep dat zijn leerling geprezen werd.

'Hier.' Johannes overhandigde Freya het boek. 'Neem maar mee om tot aan de statiemis de tijd te verdrijven. Het is een wijs boek dat werd geschreven door een Griekse arts genaamd Hippocrates. Het is uiteraard een kopie. Maar desondanks wat de inhoud betreft van grote waarde, ook al moeten sommige dingen die hij aannam als achterhaald worden beschouwd.'

'Dank u,' zei Freya.

Hoofdstuk 12

Rome, 858

'Lieve hemel, hou die benen toch eens bij je!' Meestal negeerde Aristide de gasten die de Heilige Vader hem om onbegrijpelijke redenen had opgedrongen, maar vandaag was dat onmogelijk. Hij had haast en net als katten liepen die twee hem constant voor de voeten. Nee, alleen die ene, de idioot. Hij werd er gek van. In alle vroegte had Kasimir ontdekt dat het huurhuis op de vieze binnenplaats een impluvium had, een bekken waarin regenwater werd opgevangen. Vol enthousiasme had hij een emmer gepakt en met water gevuld en nu zat hij midden in de kamer met adembenemende traagheid de ruimte tussen zijn tenen te wassen. Zijn broek, schoenen met gaten en wambuis met rijgveters lagen her en der om hem heen... En nu begon hij ook nog, in zijn blootje, te zingen

'Jij blijft hier in huis,' snauwde Aristide toen hij zag dat de knaap met het rode haar zijn schoenen aan zijn blote voeten schoof. Die nam, weinig verrassend, niet eens de moeite om te antwoorden. Hij deed wat hij wilde en had er lak aan of hij daarmee mensen voor het hoofd stootte.

Terwijl Aristide zijn koppelriem over zijn hoofd schoof keek hij heimelijk naar de zogenaamde kleinzoon van de superista. Zijn rode haar leek op dat van Gerold, daar viel niet aan te tornen. Inmiddels meende hij ook andere overeenkomsten te ontdekken. De kleur van de ogen bijvoorbeeld, een intens blauwe kleur. Die elegante manier van bewegen, hoewel het amper voorstelbaar was dat zoiets van de ene op de andere generatie overging. Wat gedrag betrof waren er echter duidelijke verschillen. Gerold liet zich gelden, hij had een vaste stem, zijn manier van doen… Elk gebaar gaf aan dat hij wist wat hij wilde. Deze knul kwam daarentegen… ja, ook hard, maar tegelijkertijd… achterdochtig over? Heel gevoelig?

Hij vertrouwde hem niet. Wat echter onbelangrijk was, want Gerold had de jongen erkend. Hij had Aristide nog bezocht op de avond waarop hij hun leven was binnengestapt en was sindsdien bijna elke dag langsgekomen. Als smoes gebruikte hij pakjes die hij de jonge Johannes, zoals Aristide zijn gast inmiddels noemde, overhandigde en waarin boeken uit de pauselijke bibliotheek zaten. Aan de andere kant had Aristide gezien hoe gelukkig de superista was. En als het echt zo was dat kleinkind en grootvader elkaar hadden teruggevonden… Overigens ging hem dat sowieso niets aan. Hij wenste de twee veel geluk en hoopte verder dat hij zijn huis snel weer voor zichzelf zou hebben.

Johannes pakte zijn stok, die hij hem dom genoeg had teruggegeven.

'Ik zei toch dat ik jullie er niet bij wil hebben?' beet Aristide hem toe.

'Moet ik jou dan om toestemming vragen?'

Nee, dat hoefde hij niet. Wat een bezoeking. De jongen ging naar de deur, en draaide zich weer om.

'Wat nou?'

'Het is vandaag een gevaarlijke dag voor de Heilige Vader. Bij een statiemis rijdt hij door de hele stad, het staat overal vol met mensen. Die kunnen niet allemaal goed in de gaten worden gehouden.'

Dat was een waarheid als een koe en dat had hij vast van zijn grootvader. 'En daarom ga jij dat zelf even regelen?' Aristide knikte ironisch naar de stok.

'Kwaad kan het natuurlijk ook niet.'

Goed dan. Aristide protesteerde niet meer. De idioot maakte tenminste geen aanstalten om achter hen aan te gaan.

Ze liepen naar het pauselijk paleis en de knaap slaagde er daadwerkelijk in om een paard te bemachtigen. Misschien was het hem gelukt om de stalmeester wijs te maken dat hij bij de garde hoorde? Of had Gerold zelf instructies achtergelaten?

Opnieuw vlamde Aristides wantrouwen op. Hij haatte leugens en stiekem gedoe. Wat de jonge Johannes deed maakte hem niets uit, maar, en daar had hij veel meer moeite mee, ook de superista leidde hem om de tuin. Dat had hij de vorige avond ontdekt. Gerold was zoals gebruikelijk langsgekomen, maar had hem dit keer weggestuurd. Waarom? Het huis bestond uit twee vertrekken, tot die tijd had hij zich met zijn kleinzoon teruggetrokken in de slaapkamer als hij vertrouwelijk met hem wilde praten en had hij erop vertrouwd dat de hoofdbewoner hen niet zou afluisteren, wat Aristide ook niet deed. Waarom opeens al die geheimzinnigheid?

Aristide had zijn superista hoog zitten, hij bewonderde hem, maar hij zou wel gek zijn als dit gedrag niet verdacht op hem was overgekomen. Daarom had hij 's nachts gewacht tot Johannes en de idioot sliepen en de buidel gepakt die de superista bij zijn bezoek had meegebracht. Het was een reiszak van stevig, dik linnen, verstevigd met leer, en er zaten geen boeken in, maar kleren: beenlingen, hemden, twee leren wambuizen, een schoudermantel, een paar laarzen... Was het een geschenk omdat zijn kleinzoon verder wilde reizen?

Aristide hadden ze nog wat beter bestudeerd en ontdekt dat de kleren veel te groot waren voor Johannes. Hij zou erin verzuipen. Gerold, die in geen enkel opzicht arm was, had toch op elke straathoek iets beters kunnen vinden? Er was dus maar één logische conclusie: de zak was niet ingepakt voor Johannes, maar voor Gerold zelf. De superista wilde weg, en wel heimelijk.

Maar waarom?

Uit angst voor Anastasius, die had geprobeerd hem te verwoesten en bij een tweede poging misschien succesvol zou zijn? Was hij bang voor de man? Wilde hij met zijn kleinzoon ergens in den vreemde in alle veiligheid een nieuw leven opbouwen? Dat vermoeden drong zich op, maar aan de andere kant was niemand de paus zo trouw als Gerold.

Het klopte allemaal van geen kanten, en juist daar werd Aristide gek van.

***

Ruim een uur later verliet de stoet het pauselijk paleis. Het leek wel of God zelf voor het ideale weer voor deze speciale gelegenheid had gezorgd: aan de strakblauwe hemel stond een bijna witte zon, een licht briesje bracht de vaandels en wimpels in beweging; het was warm maar nog niet heet.

Tussen de huizen door stegen de jubelkreten van de inwoners van Rome op en de sfeer was zo feestelijk als je je maar kon wensen. Aristide bleef bij de paus in de buurt, omdat Gerold dat zo had geregeld en omdat hij dat zelf ook het liefst wilde. Met de jonge Johannes aan zijn zij. Hij was aan het schutteren om in het zadel te blijven. Waarschijnlijk had hij nog nooit op een paard gezeten. Nou ja, die belachelijke stok had hij in ieder geval achtergelaten in de stal.

De paus, die in het midden van de processie reed, leek ook niet te genieten van de dag. Zijn glimlach kwam gespannen over en als hij zich opzijboog om naar de verzoeken van zijn onderdanen te luisteren of hen te zegenen kwam hij zeldzaam afwezig over. Hij zag ook bleek. Was hij ziek? Aristide dacht aan de dood van Leo. Gif was het favoriete wapen in deze godvergeten, eerder schíjnheilige dan heilige stad. Maar nee, stelde hij zichzelf gerust. De Heilige Vader was op zijn hoede. Zij allemaal. Het was vast zo dat hij zich gewoon niet lekker voelde.

Ze reden langs de ruïnes van het Colosseum. De mensen waren vrolijk en deinsden er niet voor terug om elkaar op de grond te duwen om in de buurt van de paus te komen. Overal gejuich, het viel niet te ontkennen hoe geliefd Johannes was bij het volk. Iemand liep langs de stoet en liet daarbij een gezang horen; de Heilige Vader dwong zichzelf tot een glimlach.

Aristide zag dat Gerold zijn paard naast dat van de paus leidde en dat de twee met elkaar praatten. Ook de blik van de superista was zorgelijk. Was deze rotochtend maar vast voorbij!

Hoe meer ze vorderden, hoe voller de straten leken. De zware lucht van de wierook waarmee de acolieten in zilveren vaatjes zwaaiden die als een nevel door de menigte trok prikkelde Aristides longen. Geconcentreerd blijven, ondanks alles. Waarom was de keizer eigenlijk niet naar de processie gekomen? Dat viel hem nu pas op. Wachtte Lotharius de stoet in de kerk op? Hij zag dat de jonge Johannes worstelde met zijn paard. Wat belachelijk! Ze reden richting de San Clementekerk.

Opeens gebeurde er iets. Aristide merkte eerst alleen dat de mensen onrustig werden. Daarna hoorde hij plotseling gevloek en kreten van pijn. Hij ging in zijn stijgbeugels staan en probeerde te zien wat er voor hem gebeurde. Vanuit de menigte werd een steen gegooid, die een van de gardesoldaten raakte. Het bleef niet bij één steen, meteen volgden er meer... En daarna begon het pas echt. Het regende stenen op de pauselijke stoet. Lieve hemel, hij was voorbereid op een pijl en had de ramen en daken van de huizen in de gaten gehouden. Hij had op toeschouwers gelet die aan zijn kant van de processie naar voren drongen en had gekeken of ze steekwapens bij zich hadden. Maar... stenen?

Gehaast ging hij met zijn paard vlak bij de paus rijden. Het was bijna onmogelijk om iemand te doden vanuit een menigte waar geduwd en getrokken werd. Dus wat was het doel van deze aanval? Hij hoorde dat de Heilige Vader een waarschuwing naar Gerold schreeuwde. 'Het is een val!' Zijn stem klonk gealarmeerd, ontdaan, bang. Waar was de superista? Wat was er verdorie aan de hand? Aristide ontdekte Gerold. Die negeerde de paus en ging achter een paar van de stenengooiers aan die hij in de mensenmassa had ontdekt.

Vertwijfeld wees de paus Gerolds kant op. De stenengooiers vluchtten naar de trap van de San Clementekerk, de superista zat hen op de hielen. Maar opeens, als op bevel, draaiden ze zich om en ze omsingelden hem. Een val, verdorie, ja! De schellen vielen Aristide van de ogen. De aanval met de stenen was geen spontane actie geweest, en was ook niet gericht op de Heilige Vader, maar op zijn trouwste lijfwacht.

Aristide gaf zijn paard de sporen, maar het dier reageerde panisch, omdat zich ook om hen heen een cocon van mannen had gevormd die van onder hun mantel plotseling zwaarden tevoorschijn trokken. Hadden ze het op de hele garde gemunt? Hij probeerde zijn paard onder controle te krijgen en liet zich toen dat niet lukte uit het zadel glijden. Vanuit zijn ooghoeken zag hij dat de roodharige knaap van zijn paard werd gegooid, maar meteen weer opkrabbelde en naar een opening zocht om naar de kerktrap te gaan.

Aristide moest verschillende uithalen afweren. Kwam het door een ingeving van bovenaf dat hij zich plotseling met een ruk omdraaide? Hij keek rechtstreeks in een gezicht dat hij uit duizenden zou herkennen. Een gebogen neus tussen twee ronde ogen. De lippen kromden zich tot een afzichtelijke glimlach... Herken je me? Daarna kwam het zwaard van de man op hem af en hij wist het alleen te ontwijken omdat zijn tegenstander onverwacht een duw in de rug kreeg.

Aristide hief zijn zwaard om de volgende uithaal te pareren, maar er sneed iets in zijn bovenarm. Het stelde weinig voor, maar het dreef hem tot een onbedwingbare woede. Hij sloeg er nu op los, alle kanten op. De man met de ronde ogen was opzij gedrongen, maar probeerde verbeten om opnieuw bij hem in de buurt te komen. Geen tijd om zich met hem bezig te houden, want... Gerold! Waar was Gerold? Nog steeds op de trap bij de kerk? Een paar van de andere gardisten kwamen Aristide te hulp en hij slaagde erin zich te bevrijden uit het gewoel. Het duurde een eeuwigheid voordat hij de trap bereikte. Raduin, de plaatsvervangend commandant van Gerold, was opeens aan Aristides zij en samen wisten ze de in het nauw gebrachte man te bereiken.

Gerold lag op de trap, net als een paar van zijn belagers die hij had neergestoken. De gewonde mannen schreeuwden het uit van de pijn, twee of drie van hen bewogen niet meer, de superista was een begenadigd strijder. Maar hij was zelf ook geraakt. Hij had zichzelf op de bovenste trede in veiligheid gebracht, met vlak achter zich de kerkmuur, en Aristide zag zijn ogen oplichten toen hij zijn mannen zag. Zijn hand ging trillend naar het zwaard, maar hij slaagde er niet in om het te pakken. Koppig probeerde het hij het nog een keer, tevergeefs. Hij kon zijn arm niet meer bewegen.

En plotseling werd het Aristide duidelijk dat zijn commandant op sterven lag.

Raduin zonk naast Gerold op zijn knieën en nam hem in zijn armen. De mensenmassa, die ondertussen in een kring om de kerktrap stond, week uiteen en de paus kwam gehaast dichterbij. Hij knielde naast Gerold en probeerde met zijn lange mantel de stroom bloed te stelpen. Maar dat zou niet lukken. Het was te laat. Er ging een fluistering door de menigte terwijl Gerolds ogen braken en zijn lichaam slap werd. Er barstte iemand in snikken uit. Nee, niet de paus, maar Gerolds kleinzoon, die zo heftig op zijn knokkels beet dat het bloed tussen zijn vingers liep.

Uiteindelijk klonk de stem van de aartsdiaken: 'Kom, dan dragen we hem de kerk in.' Hij maakte aanstalten om de Heilige Vader overeind te helpen. Johannes knikte verdoofd. Maar toen hij eenmaal stond gebeurde er iets vreemds en angstaanjagends. Hij begon opeens te kronkelen, viel vlak naast de dode op de grond en rolde heen en weer terwijl hij vreselijke kramp had.

Dus toch gif!

De aartsdiaken vreesde dat het iets anders was. *'Deus misereatur!* De paus is bezeten door de duivel!'

De mensen deinsden ontsteld terug. Een geestelijke begon de Heilige Vader met wijwater te besprenkelen om de helse demon te verdrijven. Johannes begon te schreeuwen, een geluid dat uit het vagevuur leek te komen. Hij draaide nog altijd heen en weer op de grond en de mensen staarden naar zijn mond, neus en oren, in de hoop dat de boze geest daaruit zou ontsnappen.

En toen... zomaar opeens... bloed. De witte mantel kleurde rood ter hoogte van Johannes' dijbenen. Aristide staarde naar de vlek die zich snel uitbreidde. Was ook de Heilige Vader aangevallen? Hadden ze een wond over het hoofd gezien? Nog een ijzingwekkende gil, en plotseling was het stil.

De aartsdiaken raapte alle moed bijeen en schoof de stof van de mantel omhoog. Een kleine, blauwachtige, met bloed besmeurde klomp vlees lag tussen Johannes' benen. Een paar tellen lang was het doodstil. Daarna riep de diaken totaal van streek: 'Een wonder!'

Opnieuw werd het stil. 'Nee. Het werk van de duivel!' klonk het uit de menigte. Er brak een uitzinnig tumult los.

De Heilige Vader lag op de stenen en glimlachte alsof hij iets verbazingwekkends en prachtigs zag. Maar de glimlach was bedrieglijk, want zijn grauwe gelaatskleur gaf aan dat ook hij op sterven lag. Als betoverd staarde Aristide naar de lelijke klomp vlees die eruitzag als... een misvormde zuigeling. Opeens begreep hij het. Wat hier op de kerktrap was gebeurd was allesbehalve het werk van de duivel of een wonder. Hij zag zichzelf weer in het pauselijk paleis staan terwijl hij op Gerold wachtte. Vervolgens het moment dat hij hem bij de deur met Johannes, destijds nog nomenclator, ontdekte... de aanblik van die twee, die teder elkaars handen aanraakten...

Aristide week achteruit. Er was maar één verklaring: paus Johannes, de gezant van God, de leider van alle christenen, was in werkelijkheid een vrouw en Gerold was haar geliefde. En dat ze nu stierf was het gevolg van een miskraam, waarvan ook Cosimo's vrouwen het slachtoffer waren geworden.

Aristide wankelde de kring uit en zag allemaal ontdane en ook sensatiebeluste gezichten. Plotseling ontdekte hij de knaap met het rode haar. De jonge Johannes stond op een muur, omdat hij er niet in was geslaagd zijn grootvader te bereiken. Zijn ogen waren zo wijd opengesperd dat de pupillen omgeven waren door een lichte rand. Hij zag eruit alsof hij een vuistslag had gehad.

Er botsten mensen tegen Aristide aan. Iemand brulde: 'We zijn bedrogen.' De naam van Satan viel. En vlak daarna volgende een nieuwe verdenking: 'De paus was zijn hoer! Satan heeft gezorgd voor een kind in de buik van zijn duivelse bruid.' Die gedachte werd vliegensvlug opgepakt en het woord 'duivelshoer' galmde door de straten.

Het schoot Aristide te binnen dat hij, net als iedereen die trouw was geweest aan de paus, nu met enorme problemen zou worden geconfronteerd.

Hoofdstuk 13

Aristide haalde haar van de muur en Freya liet zich, te verdoofd om helder te kunnen nadenken, door hem meesleuren.

Ze had haar grootvader gevonden. Hij had haar verteld over de jeugd van haar moeder, over al het tragische dat hen was overkomen; zij had hem verteld over haar jeugd als slaaf. En toen hij wist dat ze ook echt het kind van zijn dochter was had hij haar niet verstoten vanwege de man die haar had verwekt, maar haar in de armen gesloten en gehuild. Ze was zielsgelukkig geweest.

Aan dat geluk was ook niets veranderd toen hij haar de afgelopen nacht iets ongehoords had opgebiecht, namelijk dat paus Johannes in werkelijkheid een vrouw was. Het ging om Johanna, de door Gisla zo bewonderde vriendin. 'En sinds zij aan de macht is gaat het beter met de Romeinen en de Kerk dan in de tijd daarvoor,' had hij op rustige toon uitgelegd. 'Ze is zachtaardig, heeft een messcherp verstand en een vast geloof, dat gebaseerd is op de Heilige Schrift en dat ze heeft ontdaan van het heidense bijgeloof dat door de jaren heen de Kerk binnengeslopen was.'

Freya had moeten slikken. En Gerold had nóg een schok in petto: Johanna was zwanger. 'Ja, van mij. Ze zal mijn kind ter wereld brengen,' had hij verteld. Hij had haar de tijd gegeven om zijn bekentenis te verwerken. Ging hij ervan uit dat ze zo verontwaardigd zou zijn over zijn ontucht dat ze hem de rug zou toekeren? Die gedachte was

in het geheel niet bij haar opgekomen. 'Wat gaat ze doen?' had Freya in plaats daarvan gevraagd.
'Ze gaat Rome in het geheim verlaten en samen met mij ergens ver weg een nieuw leven beginnen. En als je wilt, dan ook met jou.'
'Maar... hoe gaat dat dan in zijn werk?' had ze schor gefluisterd.
'Het moet in ieder geval in stilte gebeuren. Daarom heeft ze ook aan mij gevraagd om haar boeken hiernaartoe te brengen. Ze wil vrijdag nog de statiemis houden, daarna verlaten we de stad.'
Freya had even tijd nodig gehad om die woorden tot zich te laten doordringen. Maar toen haar duidelijk werd wat dit voor haarzelf zou betekenen, stond ze bijna te springen van geluk. Wat kon het haar schelen als twee mensen elkaar hadden gevonden in de liefde? Hoe kon de Kerk zoiets bestraffen, maar iemand die zijn eigen kind verdronk er met het schenken van eten van laten afkomen? Nee, ze vond niet dat ze haar grootvader en zijn geliefde iets moest verwijten. Haar toekomst had er vanaf dat moment zo veelbelovend uitgezien, totdat God die met ijzeren vuist aan diggelen had geslagen: Gerold en Johanna waren dood.

Aristide ging langzamer lopen en trok Freya een steeg in en ze wist wat er nu ging komen. Hij zou haar meedelen dat Kasimir en zij moesten verdwijnen. Zijn commandant was dood. Er was geen reden meer voor vriendelijkheid. Verbazingwekkend dat hij haar nog helemaal tot hier had meegenomen.

'Jongen, wat een... verdomde klotetoestand!'
Aristide had begrepen wat zich op de trap van de San Clementekerk had afgespeeld, dat kon ze aflezen aan zijn ogen. Hij dacht snel en kritisch, maar ze wilde niet horen hoe hij Johanna door het slijk haalde. 'Ik ga Kasimir halen en dan gaan we weg.'

De gardesoldaat knikte.

'Ik wil alleen nog weten wie Gerold en Johanna heeft laten vermoorden.' Ze had geen antwoord verwacht en was verbaasd toen hij een naam noemde.

'Anastasius, geen twijfel mogelijk. Hij is kardinaal, eigenlijk verbannen, maar is kortgeleden met de keizer teruggekeerd naar Rome. Hij wil op de pauselijke stoel zitten. Daarom de moord, daar kun je gif op innemen.'

Anastasius dus. Freya prentte de naam in haar geheugen.

'Kom, we moeten verder.'

Al snel arriveerden ze bij Aristides huurhuis. Samen haastten ze zich het vieze trappenhuis in, dat voorzien was van onfatsoenlijke tekeningen. 'Opschieten. Ze zullen hier gegarandeerd opduiken!'

'De mannen van de kardinaal?'

'Ja, wie anders? De moord op Gerold was voorbereid, natuurlijk willen ze ook dat deel van de garde afslachten dat hem toegewijd is.'

En daar behoorde Aristide toe. Dat was duidelijk, anders had Johanna hen niet aan hem toevertrouwd.

'Hou op met janken.'

'Dat doe ik helemaal niet.' Freya duwde de deur van de woning open. Kasimir verwelkomde hen met een gelukzalige glimlach, in zijn handen een van de boeken die de paus... die Johanna naar hen toe had gestuurd om mee te nemen naar haar nieuwe leven.

'Waar gaan jullie naartoe?' vroeg Aristide en hij begon zijn eigen spullen te verzamelen.

'De hele wereld staat voor ons open.'

'Geen idee dus. Neem alleen het hoognodige mee. Nee, boeken vallen daar niet onder.'

Freya gooide de duplicaten in een zak en zette die op haar schouder.

'Waarom probeer ik het ook... Luister, de paus...'

'De pausin, ze was in verwachting.'

'Ja, dat viel niet te ontkennen. Maar daar wil ik niets over weten. Hier in de stad zal niemand je meer helpen. Snap je dat?' Hij stopte een buidel waarin iets rinkelde tussen de kleren in een zak, terwijl Kasimir overstuur in het vertrek stond en het boek tegen zich aan drukte waarvan hij daarnet nog zo gelukkig was geworden.

'Ik wil hier blijven,' protesteerde hij.

'Dat kan niet. Kom!' Freya wilde naar de deur, maar Aristide versperde haar opeens de weg.

'Jullie kunnen de stad niet verlaten met die vervloekte boeken. De poorten worden geheid bewaakt en als ze jullie reiszakken openen en dat hele handeltje vinden, dan hangen jullie vanwege diefstal.'

'Ik wil helemaal niet weg.'

'Maar...'

'Mijn grootvader is vermoord.'

'Och, lieve hemel!' Hij barstte in lachen uit. 'Wat ben je van plan? De villa van de kardinaal bestormen? Zijn bewakers doodslaan met dat belachelijke stokje van je?'

'En wat dan nog? Wat kan dat jou schelen?'

Ze wilde langs hem heen stormen, maar hij pakte haar bij haar arm. Ze zag dat hij in tweestrijd stond. 'Nou, goed dan, het zij zo: jullie gaan met mij mee.'

'Waarom zouden we dat doen?'

'Om in leven te blijven.'

Ze maakten gebruik van sluipwegen, maar die behoedzaamheid hadden ze zich kunnen besparen. Aristides huis bevond zich in de *disabitato*, het verwilderde buitengebied van de stad, en die was zo dunbevolkt dat je er ook in normale tijden niet veel mensen tegenkwam. Maar het schandaal van de dood van de paus, die in werkelijkheid een pausin was geweest, ging als een lopend vuurtje door de stad en iedereen die daartoe de mogelijkheid had was naar het pauselijk paleis gerend om te zien of God vuur zou laten regenen op de San Giovannibasiliek. Terwijl DEGENE VOOR WIE NIETS VERBORGEN BLIJFT toch eigenlijk niet verbaasd had moeten zijn, dacht Freya bitter.

Aristide bracht Kasimir en haar naar een vrouw genaamd Ginevra, die in een armzalige hut te midden van vergelijkbare hutten woonde binnen gezichtsafstand van de stadsmuur. Zijn hoer, nam Freya in eerste instantie aan, want de vrouw, stevig en mooi, met haar dat bestond uit ontelbaar veel kleine krulletjes, bracht een klein meisje naar hem toe dat hij teder over de haren streek. Al snel bleek echter dat ze de verloofde van een van zijn vrienden was geweest.

'Een paar dagen voor de bruiloft hebben ze Cosimo vermoord, aan de oever van de Tiber,' vertrouwde Ginevra op de avond van die vreselijke dag toe aan Freya, toen ze in haar rokerige keuken zaten en ze hun gebraden spek met wat brood bracht. 'Nou ja, in ieder geval heeft hij me mijn engeltje nagelaten. Terwijl Cosimo zo bang was dat ik een kind in mijn buik zou krijgen, omdat zijn echtgenotes allemaal zijn overleden. 'Dan zadel ik je op met een reus in je lichaam die jou het leven kost,' zei hij tegen me, en daarom wilde hij er voor de trouwerij zelfs tussenuit knijpen. Kun je je dat voorstellen? Toen heb ik hem bij me in bed getrokken en ervoor gezorgd dat die reden van hem om er als een haas vandoor te gaan verdween. Het komt zoals God het wil, heb ik tegen hem gezegd. Uiteindelijk viel ons helaas een heel ander lot ten deel.'

Ze veegde een paar tranen weg en prees Aristide, die haar en de kleine Cosima, die ze zes maanden na de dood van haar vader zonder enig probleem op Gods mooie wereld had gezet, van alles voorzag wat ze in hun leven nodig hadden. 'Een man met een hart als dat van Jezus.'

De man met het hart van Jezus stak afwerend zijn handen op. Hij hield er niet van als mensen hem dankbaar waren, dat had Freya al geconstateerd. Het was beter om afstand te bewaren, je aan niemand te binden. Dat begreep ze heel goed. Het aantal mensen dat zijzelf in haar leven had toegelaten was ook op de vingers van één hand te tellen. Op dit moment was dat alleen Kasimir nog.

Ginevra pakte het meisje op en stopte wat broodkruimels in haar mond terwijl Kasimir vol verbazing naar het tweetal keek. Zo'n klein kind had hij waarschijnlijk nog nooit gezien. Nadat Cosima door haar moeder op de grond was gezet en een aardewerk kruik vol water omverrende, wachtte hij geschrokken of Ginevra haar een pak slaag zou geven. Toen dat niet gebeurde begon hij te stralen van opluchting. Het was nog licht en hij liep achter het meisje aan naar de met schapenkeutels bezaaide wei die tussen Ginevra's hut en de nabije stadsmuur lag. Freya zag hoe hij het meisje overeind hielp nadat ze in het hoge gras was gestruikeld.

Kort daarna nam Aristide afscheid en hij verdween. Waarnaartoe? Daar zei hij geen woord over.

***

'Ik heb met mensen gepraat die Anastasius haten,' zei Aristide zacht toen hij laat in de nacht terugkwam. En dat leken er heel wat te zijn. Nadat hij naast haar was gaan liggen op het strobed dat Ginevra voor hen had gemaakt in de keuken met de zwartgeblakerde wanden legde hij uit dat de kardinaal het patriarchum had laten bezetten. Anastasius maakte schaamteloos aanspraak op de troon van de Heilige Vader. 'Die smeerlap is verbannen en wil de heiligste positie van het christendom bekleden!' zei hij bitter. En omdat hij gesteund werd door de keizer, was het heel goed mogelijk dat hij het doel van zijn enorme eerzucht zou bereiken.

'Een moordenaar?'

'Een moordenaar en een brandstichter.' Ze kreeg te horen dat Anastasius jaren geleden een wijk in Rome in brand had gezet, de Borgo. 'Die man is niet alleen verachtelijk door zijn misdaden, hij is ook echt een gevaar, voor Rome en voor alle christenen.'

***

De dagen daarna verzamelde Aristide mannen om zich heen van wie hij veronderstelde dat ze zijn afschuw deelden. Hun doel: voorkomen dat Anastasius tot paus werd gekozen. Maar hij weigerde om Freya mee te nemen naar de ontmoetingen over de samenzwering. 'Hoe minder mensen aanwezig zijn, hoe sneller de tongen loskomen. Je hoort alles toch wel,' beweerde hij.

Maar dat was natuurlijk gelogen. Na die aanvankelijke openhartigheid kwam hij alleen nog met het allernoodzakelijkste op de proppen. Ze was hem weer tot last geworden, een last waarvan hij zich het liefst wilde ontdoen, nam Freya aan. Het had ook geen zin om het stiekem te volgen, want alles vond achter gesloten deuren plaats.

Van al het verdriet werd ze loom. Ze had geprobeerd om Ginevra te helpen bij haar werkzaamheden, maar die stond niet toe dat een jonge man de was deed of de keuken op zijn kop zette. 'Heeft God ons niet in de Hof van Eden uitgelegd welke plichten de man en welke plichten de vrouw te vervullen heeft?'

Had hij dat? Freya wist het niet. De terechtwijzingen zetten haar er telkens toe aan om zich weer op de boeken te richten die Johanna had achtergelaten. Al snel was ze opnieuw verdiept in een wereld vol kennis. Ze had inmiddels in het boek van Hippocrates gelezen, die een beroemd arts was geweest en de vier soorten lichaamsvocht had beschreven die de gezondheid van de mens bepaalden: bloed, slijm, gele en zwarte gal. Hij had ziektes toegeschreven aan een verkeerde mengeling van vochtsoorten, een veelomvattende en slimme benadering, vond ze, omdat hij onder de vele symptomen naar één gemeenschappelijke oorzaak zocht. Zijn eenvoudige grondbeginsel luidde: *Medicus curat, natura sanat.* De arts behandelt, de natuur geneest.

Ze had echter niet verwacht dat ze in Johanna's nalatenschap nog meer medische documenten zou vinden. Ze had eerder gerekend op religieuze boeken, kerkleer en dergelijke. Maar tot haar genoegen gingen ook de andere duplicaten over geneeskunde.

Een van de boeken had haar bijzondere aandacht. Het was geschreven door een man genaamd Soranus van Efese. *De arte obstetricia morbisque mulierum – Over de kunst van de verloskunde en ziektes bij vrouwen.* Sinds ze machteloos aan Asta's bed had gezeten werd ze achtervolgd door een beklemmend gevoel van hulpeloosheid. Haar zus had een gezond kind ter wereld gebracht, maar wat zou er zijn gebeurd als er complicaties waren opgetreden?

Freya las geboeid wat de mens honderden jaren geleden al wist over bevallingen: welke symptomen erop wezen dat het embryo, zoals Soranus het ongeboren kind noemde, dreigde te sterven, dat er een nageboorte volgde en wat je moest doen als die door het lichaam van de barende vrouw werd tegengehouden. Ook stond tot in detail beschreven wat je moest doen als er tijdens de geboorte problemen ontstonden, als bijvoorbeeld het embryo vast bleef zitten en het leven van de moeder gevaar liep. Van veel dingen kreeg ze kippenvel. Een zogeheten waterhoofd bijvoorbeeld, dat de geboorte onmogelijk maakte, moest door een insnijding worden geopend, zodat het vocht werd afgevoerd en het hoofd in elkaar klapte, waarna het kleine lijkje uit de moeder kon worden getrokken, om in ieder geval háár leven te redden. Ook ledematen van het embryo moesten onder bepaalde omstandigheden worden losgemaakt. Wat verschrikkelijk, het was...

nauwelijks voor te stellen. Maar toch! Moest je soms niet koelbloedig iets vreselijks doen om nog meer tegenslag te voorkomen? Ze dacht aan alle kinderen die door de dood van de moeder wees waren geworden. Was het niet juist de plicht van een barmhartig iemand om te werk te gaan op een manier waardoor zo weinig mogelijk letsel ontstond? Soranus had tekeningen van vrouwenlichamen gemaakt en Freya kwam te weten dat het lichaamsdeel waarin de zuigelingen groeiden de baarmoeder of uterus werd genoemd.

Een tweede hoofdstuk ging over ziektes waaraan vrouwen na de zwangerschap en de bevalling konden lijden. Het onderlichaam werd af en toe getroffen door oedemen en zweren, soms ontstond er een ontsteking. Voor de behandeling konden geneeskrachtige planten worden gebruikt en soms ook mechanische middelen, bijvoorbeeld iets wat hij een klysma noemde.

Ze voelde een steek in haar hart toen ze het boek opzijlegde. In het kleine dorp in Denemarken waren zoveel vrouwen gestorven die misschien in leven hadden kunnen blijven als ze iemand als Soranus aan hun zij hadden gehad...

Ginevra stak haar hoofd om de hoek van de deur. 'Je kunt me misschien toch even helpen. In de tuin...'

'Ik kom al.'

Elk vrij ogenblik pakte Freya nu haar boeken. Er was een boek bij met de titel *Hortulus* dat in het benedictijnerklooster Reichenau was geschreven en dat was nog maar zo kortgeleden dat je de gallusinkt nog dacht te kunnen ruiken. Ze ontdekte dat de iris pijn aan de blaas genas, dat kervel bloedstelpend werkte, radijs de hoest liet verdwijnen, de lelie de pijn van kneuzingen verzachtte... Een ander boek bevatte complete recepten voor bijvoorbeeld een aftreksel tegen wormen of een slangenmiddel waarmee ook melaatsheid kon worden genezen. Zoveel mogelijkheden om te helpen...

Telkens opnieuw keerden Freya's gedachten terug naar de vrouw aan wie ze de boeken te danken had. Af en toe werd ze dan radeloos en bitter. Waarom had Johanna de Heilige Kerk bedrogen door de pauselijke troon voor zich op te eisen? Want er was toch sprake van bedrog toen ze, in de wetenschap dat ze een vrouw was, die positie accepteerde? Maar haar twijfels verdwenen weer als Ginevra zich lovend over de vrouw uitliet, hoe erg de dode nu ook door het slijk werd gehaald in de stegen van Rome: pausin Johanna had de armen geholpen, ze was op dezelfde manier te werk gegaan als Jezus. Klaar! En, zo dacht Freya, God had haar toch de lakens laten uitdelen? Stel dat haar doen en laten Hem beviel. Misschien maakte het Hem niet uit of er een man of een vrouw over Zijn Kerk heerste? Had Hij Johanna misschien alleen bestraft voor haar ontucht? Of was haar dood helemaal geen straf geweest, maar had Hij van haar een martelares gemaakt, zoals zoveel mannen en vrouwen van wie Hij heel veel hield?

Soms kwam er ook een andere gedachte bij haar op, die haar niet minder pijn deed: waarom had Johanna zo lang geweigerd om haar geliefde te volgen? Freya had nog nooit van een man gehouden, met uitzondering misschien van Snorri, die toen nog een jongen was. En toch: wat moest je denken van een geliefde die niet bereid was om alles op te geven voor de ander? Door welke hunkering, door welk verlangen werd Johanna gedreven? Een zucht naar macht kon het niet zijn geweest, want wie belust was op macht interesseerde zich niet voor de armoede van andere mensen. Ook geldzucht sloot Freya uit. Dan had Johanna andere dingen bij Aristide in bewaring gegeven. Goud of documenten met geheime kennis waarmee ze anderen had kunnen helpen of benadelen door ze af te persen.

Maar ze had uitsluitend boeken over geneeskunde uitgekozen, die haar de mogelijkheid zouden hebben verschaft om de zieken en zwakken te helpen. Dus moest ze een goed hart hebben gehad. Freya merkte dat ze zich langzamerhand verzoende met de vriendin van haar moeder.

Waar ze echter niet in berustte was de gedachte dat de moordenaar van haar grootvader er wellicht ongestraft van afkwam, ja, misschien zelfs de meest eervolle positie in het aardse Koninkrijk van God zou bekleden. Ze vertrouwde op Aristide en zijn geheime plannen.

* * *

'Wat wil je daarmee zeggen – dat je de stad wilt verlaten?' vroeg ze verbijsterd toen Aristide een paar weken later met de dauw aan zijn laarzen terugkeerde naar Ginevra's keuken. Hij zag er vreselijk uit. Zijn gezicht was grauw van vermoeidheid, bij zijn mondhoeken waren diepe rimpels te zien, zijn baard stak aan alle kanten uit.

Hij liet zich uitgeput op de rand van de kookplaats zakken. 'Ze haten Anastasius. Ze haten hem uit de grond van hun hart en ze weten ook hoe gevaarlijk hij is. Maar moed? Hoe beter de geldkist thuis gevuld is, hoe kleiner de bereidheid om iets te riskeren. Anastasius zal de verkiezing winnen.' Hij klonk in en in berustend.

'Hoeveel stemmen zijn er eigenlijk nodig om dat te voorkomen?' vroeg Freya.

'Het leven biedt nooit zekerheid. Dat is gewoon een illusie,' mompelde Aristide, zonder op haar vraag in te gaan. 'Ik jaag die smeerlap een mes in zijn lijf. Hem en Hugo Abbas. En dan is alles weer in orde.'

'Wie is Hugo Abbas?'

'Hugo de Abt, Anastasius' mannetje voor het vuile werk. De moordenaar die ook Cosimo op zijn geweten heeft. Ze zeggen dat hij een Frank is, van goede komaf. In de verte familie van de keizer. Maar hij schept een hels genoegen in het vergieten van bloed. Ik maak ze allebei van kant, die rekening heb ik nog te vereffenen. En dan verdwijn ik.'

Freya stond op en liep naar hem toe. Ze legde haar handen tegen zijn gezicht en keek hem in de ogen. Het waren ogen die intelligentie, warmte en vastberadenheid uitstraalden… Maar het waren ook de ogen van een man die zich blindstaarde op iets. Ze vermoedde dat hij zijn plan met de dood zou moeten bekopen. 'Anastasius is niet bang om te sterven, maar om onbeduidend te zijn,' zei ze.

'Is dat zo?' Hij liet haar handen op zijn wangen.

'Hoeveel mannen heb je nodig om te voorkomen dat hij tot paus wordt gekozen?' herhaalde ze haar vraag.

'Eén.'

'Hè?'

'Marinus Probus. Hij is een van de optimaten, zo rijk als de pest, zijn familie is verwant aan zo'n beetje de hele stadsadel van Rome. Ik ben bij hem geweest en tot een paar dagen geleden zag het ernaar uit dat ik kon rekenen op zijn medewerking in de strijd tegen de kardinaal. Als hij zich had uitgesproken tegen Anastasius, hadden een man of tien zijn voorbeeld gevolgd. Maar opeens gaf de lafaard niet thuis. Hij kon niet eens de moed opbrengen om me recht in mijn gezicht te zeggen dat hij de kant van de tegenpartij heeft gekozen.' Aristide duwde haar handen tegen zijn wangen en haalde ze vervolgens weg. 'Zou je even met me willen gaan wandelen?'

* * *

Daar had ze misschien beter voor kunnen bedanken. Maar ze liep met hem mee naar de doolhof van steegjes van de *abitato*, waar de mensen hun po leegden en bedelaars in hoeken poepten. Zijn bestemming was het pauselijk paleis. Al van verre zag ze de bewapende keizerlijke garde, die samen met de mannen van Anastasius voor de oude muren patrouilleerden. Freya werd zenuwachtig. Was Aristide doorgedraaid? Wilde hij daar naar binnen stormen en... ja, wat dan?

Nee, hij sloeg al ver voor het paleis af en slenterde in de richting van het achthoekige Baptisterium. Na een paar stappen bleef hij staan en wees omhoog naar de muur die het terrein scheidde van de rest van het pauselijk paleis.

Freya slikte. Boven op de muurkap staken, uitgestald als meloenen op de markt, op speren gespietste mannenhoofden uit. Het vlees was aangevreten door vogels en insecten en verkeerde in staat van ontbinding. Bij alle hoofden ontbraken de ogen. Misschien waren die ook weggepikt, maar ze dacht eerder dat ze voor de terechtstelling bij de mannen waren uitgestoken. Resten van paardenvijgen op de muur toonden aan dat de Romeinen de menselijke trofeeën met uitwerpselen hadden bekogeld. Een spookachtige vertoning van macht en wreedheid. Opeens rook Freya ook de stank die de hoofden verspreidden. Ze ademde niet door, om te voorkomen dat ze moest overgeven.

Naast haar begon Aristide zachtjes namen op te sommen. 'Appius, Gaius, Servius, Raduin...' Zijn blik dwaalde daarbij over de huiveringwekkende stoet. Een hoofd, een naam. Het moest bij de geëxecuteerden gaan om zijn vroegere kameraden die trouw waren geweest aan de overleden paus en daarvoor hadden moeten boeten. Het tentoonstellen van de hoofden had ook vast als doel om mensen af te schrikken. Noemde hij nou net Gerolds naam?

Freya keerde het gruwelijke tafereel de rug toe. Ze moest hier wegwezen. Met een paar passen liep Aristide weer naast haar. 'Het spijt me,' mompelde hij, 'ik wilde je alleen laten zien hoe het ervoor staat.'

'Zijn ze ook op zoek naar jou?'

'Natuurlijk. Ze willen...' Hij greep haar arm vast en trok haar quasiterloops naar een klein ongeval: een ossenkar was door een gebroken wiel in een mesthoop gekanteld, die de halve lengte van een huis in beslag nam. In de dampende mest lagen meelzakken, een ervan was opengebarsten. De eigenaar van de kar vloekte.

'Kijk naar de poort, maar doe het omzichtig. Zie je die vent die net naar buiten gekomen is? Blauwe mantel, bronzen armband, de man die de wachters aan het uitfoeteren is? Onthoud zijn gezicht. Dat is Hugo Abbas.'

Ze nam Cosimo's moordenaar heimelijk op. Zwart haar, een kromme neus die zijn verder gelijkmatige gezicht iets scheefs gaf, ogen die diep in de kassen lagen, alsof hij wilde verbergen hoe goed hij zijn omgeving in de gaten hield. Freya draaide zich weer naar de mesthoop toe. Het is net een wolf die altijd paraat staat om te bijten, dacht ze.

Onopvallend gingen ze ervandoor.

Hoofdstuk 14

Het was de avond van diezelfde dag. Ginevra braadde, met Cosima op haar heup, varkenstestikels en Kasimir was de linzen aan het weken waarmee ze de lekkernij wat verfijnder wilde maken. De mollige vrouw lachte en kletste terwijl ze het vlees omdraaide. Blijkbaar wilde ze een deel van het gerecht verkopen, want Aristide zorgde dan wel voor haar, zoals ze Freya toefluisterde, '... maar je weet nooit wat het leven brengt, toch?'

Freya merkte verbaasd hoe zorgvuldig Kasimir hun gastvrouw hielp. Hij roerde met dezelfde overgave in de pan met linzen als waarmee hij haar vroeger de Latijnse en Griekse letters had geleerd. Als de kleine Cosima naar hem lachte kwam hij overeind en streek met zijn bruine linzenvinger over haar ronde gezichtje. De zak met boeken lag onbenut in de hoek waar Freya hem had neergelegd. Het was alsof een deel van zijn persoonlijkheid dat ergens diep was weggestopt opeens weer aan de oppervlakte was gekomen.

'Wie is Marinus Probus?' vroeg Freya terwijl ze de naaldjes van een takje rozemarijn riste, die ook aan de pan moesten worden toegevoegd. Het vlees was bruin genoeg en Ginevra hing de ketel met een dikke wollen lap een haakje hoger. 'Hè?'

'Het moet een invloedrijk iemand zijn, behoorlijk rijk...'

'O, die.' Ginevra barstte in lachen uit. 'Ja, stinkend rijk, precies.' Ze zwaaide de rook weg die opsteeg uit de pan. 'Was is er met hem?'

Freya hoefde niet te antwoorden, Ginevra kletste al door. 'Er wordt beweerd dat hij nog altijd verliefd is op die... Volgens mij heet ze Paulla. Als het klopt wat er over haar wordt geroddeld, dan is ze van lagere komaf dan hij. Niet arm, God verhoede. Maar hij zou wat beters kunnen krijgen. Nu wil hij dat helemaal niet, zeggen ze, want Paulla... Ik heb haar trouwens een keer in de San Clemente gezien, tijdens de kerkdienst. Blond haar, lippen als kersen, zoet als honing, dat kan ik je wel vertellen. Als ik een man was...' Ze lachte en knipoogde samenzweerderig naar Freya.

'En wat weet je verder over Marinus?'

Zijn aanbedene was interessanter. 'Maar Paulla heeft niet alleen een mooi smoeltje,' zei Ginevra, 'dan doe je haar tekort. Ze schijnt ook een goed hart te hebben. Moeilijk te geloven, hè? Mooi en kil gaan samen, zeg ik altijd. Maar bij haar niet. Ik heb gehoord dat bij Marinus een van de slavinnen iets had gegapt. Niets bijzonders, ze had eten achterovergedrukt, appels, een hele mand, die ze waarschijnlijk stiekem wilde opsnoepen.'

Ginevra controleerde het vlees met een mes, bewoog twijfelend haar hoofd heen en weer en draaide zich weer om.

'In elk geval, ze werd betrapt en je kunt ervan uitgaan dat de straf voor zoiets pijn doet. Anders zou natuurlijk het hek van de dam zijn. Maar Paulla is toch voor haar opgekomen en uiteindelijk kwam het meisje er met een flinke preek van af. Dan heb je nu een beeld van de dame met de kersenlippen. Slim, voortvarend, zachtaardig. Geen wonder dat Marinus stapelverliefd is op haar. Maar wat interesseert dat jou eigenlijk?'

'Niks. Ik heb alleen over hem horen praten,' loog Freya.

∗

Alleen die ene man, Marinus, had Aristide dus nodig om kardinaal Anastasius daar te raken waar dat het meest pijn deed: in zijn zucht naar eer. En die zachtaardige Paulla op wie hij verliefd was en naar wie hij blijkbaar luisterde was slim en voortvarend. Was het God zelf die haar de weg wees die ze moest bewandelen?

Toen Ginevra de dag daarop bij een vriendin was ging Freya naar de afgescheiden ruimte waar ze met haar dochtertje sliep. Het was haar duidelijk dat er geen onbekende man zou worden toegelaten tot de jonge vrouw. Dus opende ze een houten kist vol krassen en trok Ginevra's tweede jurk aan. Die was groen, met een felgele rand bij de hals, waarop sterren waren geborduurd. Op de stof was een zilverkleurige speld, in de vorm van een vogel, aangebracht om de hals bij elkaar te houden. De jurk zag eruit alsof hij nooit was gebruikt, misschien had ze hem op de bruiloft willen dragen.

Freya haalde de jurk met een slecht geweten uit de kist en trok hem aan over haar wambuis en beenlingen. Ik leen hem alleen maar en het is voor een goede zaak – daarmee troostte ze zich. Ze was zo mager dat de mannenkleren onder de jurk haar niet dik maakten, maar het was raar om weer golvende stof op haar benen te hebben. Onaangenaam? Ja, dat wel. Ze zette het dubbele gevoel van zich af en ging op weg.

Veel verwachtte ze er echter niet van. Hoe goedig die Paulla ook mocht zijn, ze zou niet echt met een vreemde over haar verloofde willen praten en hem vervolgens al helemaal niet willen overhalen een riskante coup te gaan plegen. En toch leek zij de enige te zijn die op Marinus' gemoed kon werken nadat hij Aristide niet meer had binnengelaten.

Freya formuleerde in gedachten haar argumenten. Eigenlijk was dat er maar één: ze moest Paulla ervan overtuigen dat Anastasius een moordenaar en brandstichter was en dat hij, als ze hem tot paus kroonden, de Heilige Kerk in het verderf zou storten. Een duivel wil de pauselijke troon beklimmen. En Jezus heeft jou uitgekozen om dat te voorkomen... Nou ja, dat met Jezus was misschien een beetje gewaagd.

Veel te snel stond Freya voor het huis dat voorbijgangers haar hadden aangewezen. Het was een villa aan de Via Aurelia, geelgepleisterd, de luiken in een vrolijke, felrode kleur geverfd. Op de binnenplaats groeide een pijnboom waarvan de parasolvormige kruin uitstak boven de omringende pannendaken.

Freya had een mand met aardbeien bij zich, achterovergedrukt uit Ginevra's tuin én haar smoes om te worden toegelaten tot de dochter des huizes. Deze moest ik van Marinus bij Paulla brengen... Hemel, stel dat de familie van Paulla Marinus' slaven kende. Of dat de man uitgerekend nu naast zijn verloofde zat. Dan zouden ze haar opknopen als bedrieger.

Maar haar vrees was ongegrond. De ogen van de oude vrouw die de deur opendeed lichtten op toen ze Marinus' vermeende geschenk liet zien. Zonder plichtplegingen werd ze via een gang naar een kamer gebracht. Nee, geen kamer, het was... een stenen vogelkooi. Alleen was het zo dat de vogels niet ademden en tjilpten, maar op de pleisterlaag waren geschilderd. Mollige appelvinken, roodborstjes, zwartgele wielewalen, geel gespikkelde spreeuwen... hele zwermen vulden de muur. Was dat mooi? Of afgrijselijk? Het merkwaardigst vond Freya de grijs-witte haviken die in de hoeken waren geschilderd en van daaruit loerden naar hun soortgenoten. Vond de goedige Paulla de aanblik van gevaar leuk? Dat was niet te zeggen. Het idee om de kamer op te sieren was misschien niet eens van haar afkomstig.

'Kijk eens wat meneer Marinus laat bezorgen.' De slavin die Freya had binnengelaten schoof haar zo nadrukkelijk het vertrek in alsof ze zelf het geschenk was. De kamer zag er rommelig uit. Een van de kisten stond open: doeken, jurken en kousen hingen slordig over de houten rand; over de vloer verspreid lagen kussens, met daartussenin, als bonte stippen, allerlei zweetdoeken. Daarentegen kwam een klein tafeltje naast het bed over als iets wat leek thuis te horen in een gasthuis voor zieken; er stond een schaal op vol met zorgvuldig kleingesneden groente, een tweede met koud vlees en bovendien een vaas met takjes van de jeneverbes. Freya zette haar aardbeien ernaast.

'Wat is meneer Marinus attent, vindt u niet?' vroeg de slavin.

De mooie Paulla draaide voor de eerste keer haar hoofd om. Ze lag op een met donzen kussens bekleed bed en was inderdaad een streling voor het oog: slank als een wijnrank, met fraaie voeten, sierlijke handen en een fijnbesneden gezicht. Maar de kersenlippen die Ginevra zo geprezen had waren kleurloos, haar gezicht bleek, de ogen betraand. Freya's blik viel op een schaal van aardewerk die half verborgen onder het bed stond. Die was schoongemaakt, maar de slavin had onder de rand een restje opgedroogd braaksel over het hoofd gezien. Dat was dus de verklaring voor Paulla's gebrek aan eetlust: indigestie.

Freya wilde iets zeggen, maar de zieke was haar voor. 'Ik wil niemand zien.'

'Maar kindje toch,' protesteerde de oude vrouw, 'kijk toch eens hoe erg meneer Marinus naar je verlangt. Je kunt toch niet...'

'Ik zeg dat ze moet gaan!'

Nou, dat was niet mis te verstaan. Met een gevoel van teleurstelling draaide Freya zich naar de deur toe. Tijdens de paar passen naar het voorvertrek viel haar opeens een onaangename geur op. Niet alleen het braaksel, maar... Ze was in verwarring. In plaats van de deur achter zich dicht te doen, liet ze hem door een merkwaardige achterdocht op een kier staan.

'Waarom doe je zo dwaas, kindje,' hoorde ze het oudje jammeren. 'Begrijp je niet wat Marinus je met zijn geschenk duidelijk wil maken? Hij is berouwvol, en het is buitengewoon ruimhartig van hem dat hij met een geschenk spijt betuigt. Paulla, ach meisje toch' – het klonk alsof de slavin bij haar op de rand van het bed wilde gaan zitten – 'iedere man is soms onbeheerst, dat is hun temperament, daar kom je nog wel achter. Ze kunnen zich niet inhouden en dan...'

De geur was zo sterk dat hij tot op de gang doordrong. Het was afkomstig van een plant. Jeneverbes? Nee, die rook anders: kruidig, prettig, een beetje zoetig, een beetje pittig... in elk geval aangenamer.

'... is het toch echt niet te veel gevraagd om op zijn minst naar hem te luisteren.'

En toen schoot het Freya eindelijk te binnen welke plant die geur afscheidde: de zevenboom, die veel weg had van de jeneverbes en daarom in de volksmond ook stinkjeneverbes werd genoemd. Qua uiterlijk kon je ze makkelijk met elkaar verwarren, maar de uitwerking... De zevenboom werd gebruikt voor het beëindigen van zwangerschappen!

Ze ging terug naar de kamer, liep naar het tafeltje, wreef de naaldvormige blaadjes tussen haar vingers, en liet ze meteen weer vallen. Snel veegde ze haar hand af aan een zweetdoek, die opgevouwen op een stapeltje op een tweede tafeltje lagen. De oliën van de zevenboom konden alleen al bij aanraking blaasjes veroorzaken.

'Ben je niet goed bij je hoofd?' snauwde de oude vrouw haar toe. Ze pakte de takken snel bij elkaar met de zweetdoek en gooide ze door het raam op de binnenplaats.

Wat volgde was een woedeaanval van het oudje, daarna tranen en tot slot een gestamelde verklaring. De vrouw was Paulla's vroegere kinderjuffrouw. Ze heette Gaia en was zorgvuldig nagegaan hoe ze Paulla in haar onzalige toestand... 'Ze is zwanger, uiteraard, maar niet door haar schuld. Mijn lieve Paulla is een nog maar net tot bloei gekomen knop... Ze is nog zo naïef en wist niet hoe onbezonnen mannen kunnen zijn als ze zich laten meeslepen door vrouwelijk schoon...'

'En jij wilde haar die rommel laten drinken?'

'Ze hebben me verteld dat als ik het voorzichtig doseer...'

'... dan is het verdorie nog steeds gif!'

'Maar...'

'Het zou dodelijk zijn voor haar. Verdomme, Gaia, je stond op het punt om je meesteres te vermoorden!'

Nog meer tranen. Maar gelukkig bleek dat Paulla nog niets van het helse blad had gebruikt. Het braken werd veroorzaakt door haar zwangerschap. 'Ik heb haar...'

'Wil je ons even alleen laten,' onderbrak Paulla, die tot nu toe niets had gezegd, haar kinderjuffrouw.

'Ik zou mezelf nog eerder met een mes...'

'Doe dat dan, maar niet hier alsjeblieft.'

Gaia kon geen woord meer uitbrengen. Het leek er een paar tellen lang op alsof ze zou ontploffen, maar toen verdween ze met een laatste zorgelijke blik op haar beschermeling.

Paulla ging rechtop zitten. Ze keek naar haar handen en zei: 'Het was Marinus niet. Zo, dat moest ik even kwijt. Hij weet ook niets af van mijn zwangerschap.' Ze nam haar bezoekster op. 'En bovendien hoor jij helemaal niet bij zijn huishouden, anders zou ik je wel kennen. Dus wie ben je?'

'Iemand die het goed met je voorheeft.'

'Is dat zo?' Paulla's blik dwaalde naar het tafeltje waarop een paar naaldjes waren blijven liggen tussen de borden en de aardbeien. Aarzelend zei ze: 'Zo te zien heb je verstand van geneeskrachtige en giftige planten. Was deze hier echt zo giftig als je zei?'

'In kleine hoeveelheden al. Alleen iemand die er niets van weet zal proberen om daarmee een zwangerschap te beëindigen.'

'Dat wist ik niet. Zijn er... Laat ik het zo zeggen: is er eigenlijk wel een mogelijkheid om dat wat in mijn buik...' Ze viel stil en ook Freya aarzelde met haar antwoord. Een kind dat in het lichaam van zijn moeder groeide was al een mens en moest daarom met zorg worden behandeld, dat had ze bij Soranus gelezen. Maar gold dat echt tijdens de hele zwangerschap? De Griekse arts leek zelf ook getwijfeld te hebben en had geprobeerd om het dilemma op te lossen door Aristoteles te citeren: 'Een mannelijk embryo wordt veertig dagen na de bevruchting leven ingeblazen, bij een vrouwelijk embryo duurt dat negentig dagen.'

'Hoelang is het geleden dat je zwanger bent geraakt?'

'Vijf weken en twee dagen.'

'Heb je sindsdien gebloed?'

'Nee.'

Goed. Zevenendertig dagen. Dan was in het lichaam van de jonge vrouw alleen nog maar een klompje vlees aanwezig, dat zich bovendien nog niet veilig had ingenesteld. 'Misschien is er inderdaad iets aan te doen,' mompelde Freya.

∗

Het kostte moeite om aan alle benodigdheden te komen die Soranus adviseerde voor een abortus. Violier, kardemom, zwavel, absintalsem, mirre... Toen ze alles had verzameld loste ze de middelen op in water, zoals de arts had opgeschreven, en ze maakte er een *pessum* van, een tampon, dat ze voorzag van een touwtje. Terug bij Paulla hielp ze haar in het bad dat Gaia, nog steeds gekrenkt en wantrouwig, voor haar maakte. Daarna vroeg ze het meisje om zich af te drogen en op bed te gaan liggen.

Het was een moeilijk moment om Paulla over te halen haar benen te spreiden, maar uiteindelijk deed ze dat. Freya hield haar adem in.

Iets lezen en het ook daadwerkelijk uitvoeren waren twee heel verschillende dingen. Ze schoof het pessum in de richting van de baarmoeder en omdat Paulla's onderlichaam zacht was geworden door het bad, verliep het hele proces net zo soepel als Soranus had voorspeld.

Freya stond erop om die nacht bij de jonge vrouw te waken en omdat haar ouders al die tijd weg waren stoorde ze daarmee ook niemand. De baarmoeder stootte de vrucht de volgende middag af. Het leek heel veel op een menstruatie en verliep zonder veel pijn te doen.

'En nu is alles goed?' vroeg Paulla al lachend en huilend.

Freya nam haar in haar armen. Alles goed? Dat bestond niet. Niet op deze wereld. Ze wiegde het jonge meisje.

'Hij heette Cluvius,' fluisterde Paulla. 'En hij is... hij was bijna als een broer voor me. We hadden met elkaar een feest gevierd ter ere van Vesta, de godin van de huiselijke haard. Niet serieus natuurlijk, want we geloven uiteraard allemaal in de Heiland, het was gewoon voor de aardigheid, met vrienden. Het werd laat en Marinus ging naar huis. Mijn moeder stuurde me naar bed. En toen stond hij opeens in mijn kamer. Ik had niet eens de deur horen opengaan. Hij kroop bij mij onder de dekens...'

'Ik weet het,' fluisterde Freya en ze trok haar tegen zich aan.

'Maar waarom heb je me nou die aardbeien gebracht? Wie ben je? Waar kom je vandaan?'

Freya legde het uit.

Paulla sprak nog diezelfde dag met Marinus. Wat ze precies tegen hem zei kwam Freya niet te weten, ze zouden elkaar nooit meer tegenkomen. Maar de Romein stuurde een boodschapper naar Aristide en vroeg hem om te komen en hij nodigde voor die ontmoeting ook zijn vrienden uit. De volgende dag wendden de mannen zich gezamenlijk tot keizer Lotharius, om hem mee te delen dat ze Anastasius nooit als hun paus zouden erkennen.

De keizer gaf toe aan dit gezaghebbende verzet en liet zijn beschermeling vallen.

De dag dat de achterbakse kardinaal het pauselijk paleis uit werd gejaagd bleef de Romeinen in het geheugen gegrift staan. Veel van de eenvoudige burgers dachten nog altijd met weemoed terug aan paus Johannes, en de brand in de wijk Borgo, waarvoor Anastasius was verbannen, was evenmin vergeten. Er waren destijds te veel mensen omgekomen.

Een menigte mensen stond de van zijn macht beroofde kardinaal bij het verlaten van het pauselijk paleis op te wachten. Hij verscheen, met op zijn schouder wat flarden stof van de afgerukte schouderband van zijn kardinaalschap, en meteen klonken er honende kreten. Een rotte tomaat raakte hem bij zijn hals en spatte nog voordat hij kon reageren uiteen op zijn borst. De bloedrode schandvlek werkte als een kurk die uit een fles werd getrokken en plotseling werden er van alle kanten dingen naar hem toe gegooid. Niet alleen schimmelende groenten, ook mest en in koolbladeren verpakte uitwerpselen. Het meeste ervan miste doel en toch leek hij na een paar stappen op een wandelende straatgoot.

Ook Freya en Aristide woonden het schouwspel bij. Anastasius' gezicht was één grote grimas van onbeheerste woede. Een klein kind, misschien drie jaar oud, kraaide een woord naar hem dat het vanuit de menigte had opgevangen: 'Hel... hel...' en heel even zag het ernaar uit dat hij zich op het jongetje wilde storten om het te vermorzelen. Het kostte hem enorm veel inspanning om zich weg te draaien. Daarbij viel zijn blik ook op Aristide. Hij fronste zijn voorhoofd alsof hij probeerde zich hem te herinneren.

'Ik behoorde tot de garde van paus Johannes,' zei Aristide, zonder zijn stem te verheffen, en hij voegde er met een nauwelijks zichtbare glimlach aan toe: 'Het was me een genoegen dat ik deze dag kon laten plaatsvinden.'

Anastasius wilde reageren, maar hij werd geraakt door een stuk hout en wankelde verder. In dat ene moment dat hij in elkaar was gekrompen ontdekte Freya in de mensenmassa tegenover hen een gezicht. Veel kon ze niet onderscheiden: een kromme neus, een blik vol giftigheid en vervolgens een snelle beweging toen de man zich omdraaide en vluchtte. Zijn blauwe mantel raakte verstrikt in de doornen van een rozenstruik bij de muur van een huis. De mantel scheurde... en Hugo Abbas was verdwenen.

***

Een paar dagen later werd een man genaamd Nicolaas met instemming van het Romeinse volk tot paus van de Heilige Kerk gekozen. Een van zijn eerste daden bestond erin de mannen van de pauselijke garde in ere te herstellen. Er waren veel meer overlevenden in de exclusieve groep dan Freya had vermoed. En natuurlijk stonden ze klaar om ook de nieuwe heer van Rome te dienen.

Hun terugkeer naar de garde werd gevierd in herberg de Libelle. De mannen dronken op Nicolaas, ze dronken op Marinus, ze dronken op Aristide.

'Jullie moeten vooral een dronk uitbrengen op de welbespraakte jonge Johannes,' mompelde Aristide toen de meesten van hen al beschonken waren.

Freya, die naast hem op een bank zat in een bijzonder donkere hoek, gaf hem een elleboogstoot in zijn ribben. 'Hou je mond,' snauwde ze hem toe. Dat ontbrak er nog maar aan, dat iets van Paulla's hulp en wellicht zelfs iets over haar zwangerschap publiekelijk bekend werd.

'Ik zwijg als het graf.' Hij hield zijn glas naar haar op.

Het zag in de Libelle blauw van de rook en het stonk er naar wijn; een paar mannen begonnen luidkeels de liefde te bezingen en naast de deur probeerde een oudere gardesoldaat, onder begeleiding van de spot van zijn kameraden, een handstand te maken. Aristide legde zijn arm om Freya's schouder. Hij trok haar naar zich toe en fluisterde iets in haar oor, misschien herhaalde hij in zijn aangeschoten toestand dat hij niet uit de school zou klappen, maar ze verstond er niets van. Het was krap op de bank. Hij gloeide van geluk en dat gevoel sloeg over op haar huid. Ze nam hem op terwijl hij lachte en wijn morste en een toespraakje hield over Gerold. Hij haalde zijn arm niet weg. Die bleef op haar schouder totdat de waard hen er bij zonsopgang uit gooide.

***

Ze liepen in de disabitato en waren onderweg naar Ginevra's huis. 'Ik moet op zoek naar een huis,' mompelde Aristide. Daar had hij gelijk in, zijn eigen woning was tijdens zijn afwezigheid opnieuw verhuurd, daar was nu een gezin van acht personen gehuisvest dat niet echt bereid was om weer te vertrekken. Ze waren moe, maar op een fijne manier. Zonder dat met elkaar af te spreken sloegen ze vlak voor Ginevra's huis af naar een zijweggetje. Door korstmos ingelijfde muren, verwilderde tuinen, weilanden, met gras overwoekerde heuvels, het gebied aan de andere kant van de drukkere stadswijken mocht dan in verval zijn geraakt, de stilte deed hun goed na het lawaai in de Libelle. Freya hoorde de hoge trillers van de roodborstjes in de amandelbomen en af en toe de roep van een patrijs.

Na een tijdje veranderde Aristide opnieuw van richting. Ze gingen nu naar een van de stadspoorten. Ook daar had Freya niets tegen in te brengen. De wachters hielden hen niet tegen en ze liepen over de eeuwenoude geplaveide handelsweg die in een rechte lijn tot aan de horizon reikte. Hier werd de straat eveneens geflankeerd door vervallen gebouwen, die eruitzagen alsof enorme vogels hun nest in het landschap hadden gebouwd. De lucht had de kleur van papaver, met al wat rafels bij de randen.

'Ben je dronken?' vroeg Aristide.

'Nee.'

'Ja, wel een beetje. Hoor je de vogels?'

'Mijn oren tuiten ervan.'

Hij lachte. Ze gingen verder. Een ruiter kwam hun tegemoet en er dwarrelde stof in hun gezicht. 'Die Kasimir van jou is toch wel een rare druif.'

'Hij heeft ooit mijn leven gered.'

'Allemachtig, echt waar?'

'Althans, bijna. Iemand wilde me vermoorden. Ik was... ik was heel bang. En opeens stond hij in de deuropening, met een steen in zijn hand.'

'En daar heeft hij die vent mee...?'

'... tegen de grond gewerkt. Dat wil zeggen... dat zou zijn gebeurd. Toen de man... Hou op met lachen.'

'Ik zei toch: allemachtig.'

Een merkwaardig hunkering maakte zich van haar meester, een verlangen dat zich echter meteen vermengde met een vleug melancholie die in een paar tellen veranderde in een bijna tastbare neerslachtigheid. De afgelopen avond kon voor Aristide weleens een nieuw begin zijn. Hij zou op zoek gaan naar een huis, werken, 's avonds met vrienden naar de Libelle gaan... Maar voor haar betekende het een afscheid. Ze was geen soldaat, zou dat ook nooit worden. Ze moest gaan bedenken wat ze met haar leven en met dat van Kasimir aan moest. Wat lag er voor haar in het verschiet... helemaal niets.

Freya boog zich naar haar schoen toe alsof ze er een steentje uit moest halen. Niemand mocht bij haar zien dat ze de tranen in haar ogen had. En Aristide al helemaal niet. Daar was ze verdorie te trots voor. Net op het moment dat ze weer overeind wilde komen zag ze achter zich op enige afstand een ezelkar die over de straatstenen hobbelde. Ze meende achter de kar iets blauws te zien flikkeren en meteen kreeg de aloude angst haar weer in zijn greep. Maar toen de man met de kar een onverharde weg insloeg was de straat leeg, ze had het zich ingebeeld. Was dat haar lot? Spookbeelden die haar tot aan haar dood achtervolgden?

'Wat is er?' Aristide had haar gadegeslagen.

'Helemaal niets.'

'Daar lijkt het anders niet op.' Hij hielp haar overeind, bracht haar kin omhoog en keek haar in het gezicht. Zijn haar... Waarom slaagde hij er verdorie niet in om dat netjes te kammen? Dat kreeg hij gewoon niet voor elkaar. Het stond alle... Opeens trok hij haar tegen zich aan. Haar borsten, ook al had ze die zoals altijd ingesnoerd, scheidden hun lichamen als een kleine, geharde muur. Ze probeerde zich in een reflex los te maken, maar dat stond hij niet toe. 'Ik wist het,' mompelde hij, 'de hele tijd al. Ik...'

'Jij weet helemaal niets.'

'Wat ben ik een stommeling geweest!'

Zonder elkaar los te laten tuimelden ze een verwilderde boomgaard in die zich langs de straat bevond. Aan de voet van een dadelpalm lieten ze zich vallen. Freya's handen streken over Aristides lippen, die van hem onder haar hemd.

'Volgens Soranus...'

'Hè?' Hij sloeg zijn armen om haar heen, zijn lichaam was warm en liefdevol. Freya vergat wat Soranus had gezegd. De geur van de bloemen om hen heen was bedwelmend, het onkruid zacht als een veren bed. Toen Aristide het koord van haar hemd losmaakte probeerde ze het gezicht van Björn voor het zijne te duwen. Maar het was meteen weer verdwenen. En wat Aristide deed was zo mooi en voorzichtig, zijn handen gingen zo bedachtzaam te werk. Totdat de drang tot eenwording merkbaar wordt. De vrouw moet maagd blijven, totdat de drang...

Freya hield op met denken.

Hoofdstuk 15

Hugo liep over van haat. Hij was Anastasius naar het pauselijk paleis gevolgd, in de hoop dat de machtsbeluste zoon van zijn beschermheer voldoende stemmen bij elkaar wist te soebatten of te kopen om de pauselijke stoel te verwerven. En toen die vernedering, die verschrikkelijke nederlaag. Arsenius was die dag door een flauwte tot zijn bed veroordeeld, hij had de val van zijn zoon niet hoeven meemaken. Maar Hugo was er getuige van geweest hoe de joelende mensenmenigte de man kleineerde.

Hij had ook meegekregen dat die gardesoldaat, Aristide, die hij inmiddels als geen ander haatte, Anastasius had tegengehouden. Hij had hem horen opscheppen dat hij persoonlijk de ondergang van de kardinaal op touw had gezet, en er geen moment aan getwijfeld dat de man de waarheid sprak. De hoofden die op de muur van het pauselijk paleis werden tentoongesteld moesten zijn bloed aan het koken hebben gebracht. Hugo had meteen aan Arsenius doorgegeven wat hij te weten was gekomen. 'Maak hem af! Laat hem lijden,' had de oude man, happend naar adem, tegen hem gefluisterd. Van opwinding liet hij alles lopen, het stonk vreselijk.

Hugo had sindsdien verschillende keren geprobeerd om Aristide te vermoorden, maar het was alsof de gardist een verbond had gesloten met de hel. Telkens bevond hij zich in gezelschap van zijn kameraden of op een plaats die te opvallend zou zijn geweest voor een moord.

Ook na de nacht in de Libelle die ze al pimpelend hadden doorgebracht, toen hij achteloos de stad verliet, was het Hugo niet gelukt hem te slim af te zijn. Er was een jonge knaap bij hem geweest, héél erg jong nog, zonder baardgroei, een insect dat je terloops zou kunnen vermorzelen. Maar de gardist was een begenadigd strijder, dat had hij in de nacht bij de Tiber bewezen, en dan kon ook een insect volstaan om het gevecht te beslissen.

Ondanks dit besef had Hugo het niet kunnen laten om hem te volgen, eerst in de disabitato, daarna de stad uit. Zijn rib, die die smeerlap tijdens hun gevecht had gebroken, deed nog steeds pijn, net als zijn gekwetste trots. Hij had dekking gezocht achter struiken en resten muur, vervolgens achter een ezelkar die over de stenen hobbelde. Alleen: wat had het voor zin om als een geslagen hond achter de twee mannen aan te sluipen? Op een gegeven moment was hij omgedraaid om terug te keren naar Arsenius' paleis.

En daar was hij ook nu, terwijl hij gefrustreerd aanviel op een schaal met gebraden fazant die iemand in zijn kamer had neergezet. Walgelijke troep, koud en maar halfgaar. Wat moest hij nou toch doen? Teruggaan naar Auxerre om zich in het klooster te laten lastigvallen door de monniken, die door stroopsmeren bij hem in de gunst wilden komen? Eindeloze audiënties houden voor tot herendienst verplichte boeren, voor zaken die hem nog minder interesseerden dan viezigheid onder zijn vingernagels? De verveling zou dodelijk zijn voor hem.

Misschien moest hij het toch niet te snel opgeven wat Arsenius en zijn zoon betrof. Of proberen in contact te komen met andere mannen van adel in de stad. Lotharius was vertrokken, misschien kwamen er weer nieuwe invloedrijke personen aan de macht. Als Nicolaas stierf zoals Leo destijds gestorven was... Gif, dacht Hugo. Er waren altijd wel corrupte of gekrenkte dienaren te vinden.

Hij liet zijn eten staan, veegde zijn handen af aan een kussen en liet zich op bed vallen. Het lukte hem echter niet om tot rust te komen. Zijn gedachten keerden terug naar Aristide en in gedachten beleefde hij het moment waarop hij Anastasius over de dood van die vervloekte gardesoldaat die hem de pauselijke troon had gekost zou informeren. 'Hij heeft door mij zijn straf ondergaan.' Dat zou zwaarder wegen dan welke andere dienst ook die hij de kardinaal zou kunnen bewijzen. En het was tenslotte heel goed mogelijk dat Anastasius opnieuw aan de macht wist te komen, zo'n geraffineerde konkelaar was hij wel...

Bij het aanbreken van de dag was Hugo eruit. Anastasius was degene op wie hij zijn pijlen moest richten.

Een paar dagen later wendde hij zich tot een nieuweling bij de garde, van wie hij wist dat die omkoopbaar was; hij drukte hem een paar munten in de hand en droeg hem op om uit te vinden waar Aristide inmiddels woonde.

∗

Het ging om een van die armzalige huizen die in de loop van de eeuw aan de rand van de abitato waren gebouwd. Een onderkomen voor mensen die zich niets beters konden veroorloven. Takken, leem en stro... een storm zou die smerige krotten zo kunnen meesleuren. 'Rechts van de hut staan twee hoge mirrestruiken met witte bloesem,' had de verraderlijke gardist verteld. Het kostte Hugo geen moeite om het bouwsel te ontdekken. Hij sloop achter een van de struiken, en trapte in de hondenpoep. De zachte derrie lekte meteen door zijn zolen. Tandenknarsend veegde hij het eraf in het onkruid. Hij zou de hele verdere dag stinken als een schaapherder.

Nu zat er niets anders op dan wachten. Het duurde een tijd voordat er eindelijk iemand de hut uit kwam. Een vrouw met een kind op haar arm. Ze richtte haar gezicht naar de zon en begaf zich met het kwebbelende meisje op weg naar een verderop gelegen put om een emmer te vullen. Hugo beet op zijn lip. Lieve hemel, wat stonk die hondenpoep!

De deur ging opnieuw open. Er verscheen een jonge vrouw, niet bepaald mooi, ook niet lelijk, maar... absoluut niets voor hem. De manier waarop ze zich bewoog, die was hem te vastberaden. Ze was veel te trots. Hij hield bij vrouwen meer van zachtheid, iemand die je een bepaalde kant op kon duwen. Ze verdween in de richting van de

Tiber en hij dacht niet meer aan haar. Waarom zou Aristide zo'n krot als onderkomen hebben uitgekozen? Je verdiende vast niet slecht bij de garde. Omdat het het beste was om je te verstoppen tussen een hoop rotzooi? Dat deed er al met al niet toe. Duidelijk was dat hij hier geen eeuwigheid kon blijven rondhangen. Daarom keek hij om zich heen en toen hij ook bij de huizen ernaast niemand kon ontdekken, waagde hij zich uit zijn schuilplaats.

Hugo sloop voorzichtig naar de kleine ramen en tuurde de kamer in. Achter het eerste raam bevond zich een keuken met een zwartgeblakerde vuurplaats onder een rookgat; ook zag hij een tafel met wat soepbeenderen, een paar krukken, slaapplaatsen van stro in de hoeken, maar geen sterveling te zien. Achter het tweede raam ontdekte hij nog een strobed en een weefgetouw, met aan de doekboom een grove, beige wollen stof zoals de armen die droegen. Hugo nam aan dat er nog twee vertrekken in de hut moesten zijn. Hij ontdekte inderdaad aan de achterkant van de woning een paar gleufvormige ramen, waarvoor echter een paar lappen waren gehangen om de zon buiten te houden. Hij hoorde geen stemmen.

Genoeg rondgegluurd. Hij glipte naar de voordeur en stapte de keuken binnen. De kamer erachter, met het weefgetouw, negeerde hij. Hij wist immers dat die leeg was. Interessant waren de twee andere vertrekken.

Terwijl hij over de gang sloop overviel hem opeens een wonderlijke opwinding; het had iets weg van het gevoel dat hij kreeg als hij naar bed ging met een van de hoeren die Arsenius geregeld naar hem toe stuurde. De kans dat Aristide zich op maar een paar passen afstand van hem bevond deed hem glimlachen. Hij trok zijn mes en opende zachtjes een van grove planken gemaakte deur, en keek naar de rug van een man die geknield voor een houten kruis zat te bidden. Hij werd slap van teleurstelling. Het was Aristide niet, ook al kon hij het gezicht niet onderscheiden. De snuiter had een gebogen houding, zonder een greintje trots. Een naïeve ziel. Hugo zou kunnen vertrekken, maar zijn frustratie was zo groot dat hij de biddende man bij de haren greep en hem de keel doorsneed. Het slachtoffer rochelde nog even voordat zijn ogen braken.

Hugo liet het lichaam vallen en ging op zoek naar een andere deur. Die vond hij onder een schuine balk die het dak stutte. Maar daar stond alleen een geit die in een stinkend hok stond te herkauwen. Hij wilde zich net omdraaien toen hij in de keuken een geluid hoorde. Was de vrouw terug met het water?

Hij sloop over het gangetje, en kon zijn geluk bijna niet op: Aristide stond voor de tafel, met zijn rug naar hem toe, net als de biddende jongen. Hugo had zijn bloederige mes inmiddels afgeveegd en weer in de koker gestoken. En daar liet hij het ook zitten. Bij Aristide was een zwaard nodig. Ze stil mogelijk trok hij het uit de schede, bang dat zijn slachtoffer door een geluid zou opschrikken.

Maar Aristide ging te veel op in zijn bezigheid, wat hij ook aan het doen was. Die vent gaf hem belachelijk veel tijd om het zwaard zo goed mogelijk vast te pakken en de afstand en hoek in te schatten om de punt van de kling uiterst precies te kunnen mikken. Zijn eerste doel zou het onderlichaam zijn. Aan dat soort wonden ging je niet meteen dood. Hij wilde dat zijn slachtoffer zou kronkelen van de pijn, zodat hij de angst in zijn ogen in zich kon opnemen. God, wat een geluk had hij!

Hugo spande zijn spieren.

Helaas raakte de steek hem niet zoals hij had gewild. Aristide was onverwacht in beweging gekomen. Hij wankelde door de kracht van de uithaal en probeerde zich om te draaien. Terwijl hij viel greep hij naar zijn linkerheup, maar hij was niet meer in staat om zijn zwaard te trekken. Integendeel: het belemmerde hem en raakte vast tussen zijn benen. Tijdens zijn val dwarrelden samen met hem een handjevol wilde bloemen op het zand. Die idioot was bezig geweest om ze in een beker water te zetten. Bloemen. Uitgerekend bloemen werden hem noodlottig!

Hugo genoot ervan om in de donkere ogen te zien dat het besef begon door te dringen. 'Niemand zet Hugo Abbas de voet dwars,' zei hij arrogant. Hij wilde zich over de gewonde heen buigen om verder te gaan met zijn werk toen hij buiten plotseling stemmen hoorde. In de ogen van de stervende man flitste angst op. Hij probeerde te waarschuwen, maar Hugo bedekte zijn mond en stopte er snel een paar bloemen in, ook een manier om te voorkomen dat de man kon schreeuwen. Hij liet hem los en verstopte zich achter de deur.

Er lachte iemand, een vrouw, en Hugo sloeg zichzelf bijna tegen zijn voorhoofd. Vandaar die bloemen! De idioot die daar zonder geluid te maken over de grond rolde was verliefd en was nu bang dat de vrouw in de val zou lopen. Hij knipoogde naar de gewonde, die probeerde de bloemen uit te spugen.

De vrouw met het kind kwam binnen. Ze was lelijk. Wat jammer, dit kon nooit Aristides liefje zijn! Hij zou hogere eisen stellen. Hij stak haar neer. Het kind glipte hem echter uit de vingers en liep gillend naar buiten. Toen Hugo haar nakeek door het raam ontdekte hij de tweede vrouw die hier woonde. Ze liep naar het meisje toe; de muts die ze ophad raakte los en gleed van haar schouder. Vuurrood haar omlijstte haar gezicht en er ging Hugo een licht op. De jongen die zo hinderlijk aan Aristide vastgekleefd leek te zitten en hem ook in de disabitato had vergezeld was in werkelijkheid dus een vrouw, zijn hoer.

De rode heks had nog niet door waarom het meisje gilde. Ze pakte het kind op en rende met haar naar het huis, geen flauw idee wat er door haar heen ging. Hugo verstopte zich opnieuw achter de deur. Hij zag dat die rode meid op de drempel bleef staan en naar de vrouw keek die bewegingloos in haar bloed lag. En vervolgens naar de man die tevergeefs probeerde om overeind te komen. Haar ogen werden groot.

'Weg!' wist Aristide uit te brengen, hij spuugde het woord tegelijk met de bloemen uit.

Het mens gehoorzaamde, sneller dan Hugo kon reageren. Hij wierp een blik op Aristide, twijfelend wat hij moest doen. Het was verleidelijk om in de keuken te blijven en zijn wraak te voltooien. Maar hij ging toch achter de vrouw aan, die nog altijd het kind met zich meezeulde. Hij maakte zich niet echt ongerust. De andere hutten leken verlaten, de mensen waren op de akkers of op de markten om handel te drijven, het zou niet moeilijk zijn om het vluchtende stel te pakken te krijgen. Maar toen hij naar buiten stormde waren ze al verdwenen.

Besluiteloos cirkelde hij om de woning heen en liep daarna een heuvel op die geschikt was als vluchtweg. Vanaf de top bekeek hij alle mogelijke schuilplaatsen, maar kon geen spoor ontdekken van de twee. In plaats daarvan vond hij bloedsporen terwijl hij terugging naar de hut. Dat rotwijf! Die hoer was blijkbaar teruggekomen terwijl hij naar haar had gezocht. Een uitgewaaierde plas bloed gaf aan dat ze was neergeknield naast de gewonde. Naast de dode, corrigeerde Hugo zichzelf. Aristide verroerde zich niet meer. Zijn ogen waren star, speeksel en bloedresten plakten bij zijn mondhoeken. Die smeerlap was gewoon doodgegaan. Wat jammer, hij was nog van alles van plan geweest met hem.

Maar het was nu niet het moment om daar spijt over te hebben. Hij werd langzaamaan nerveus. Weer buiten ontdekte hij eindelijk de twee voortvluchtigen. De vrouw rende met het kind voor haar borst naar de abitato toe, naar de plek waar de drukkere straten begonnen. Als ze die buurt bereikten... Ze kon hem beschrijven, wist misschien zelfs zijn naam...

Hij begon aan de achtervolging, maar ondanks haar vracht leek de vrouw vleugels te hebben. Ze verdween in een klein populierenbos en toen hij daar arriveerde was ze weg.

Hoofdstuk 16

Beieren, april 859

In het bos, een netwerk van hoog oprijzende, nog kale bomen, rottend hout en viltig struikgewas, brak de nacht aan. Bovendien regende het en was het koud. Al die ongemakken zouden los van elkaar te verdragen zijn, maar allemaal bij elkaar kregen ze Freya bijna op de knieën. Ze was samen met Cosima al urenlang onderweg, maar hoewel ze een in het struikgewas gekapt pad volgden, waren ze op geen enkele nederzetting gestuit, wat inhield dat ze hierbuiten moesten overnachten. De kleine Cosima had haar hoofdje op Freya's schouder gelegd en ze rilde, zonder te klagen. Sinds ze haar moeder had zien sterven had ze amper een woord gesproken. Het was alsof er tegelijk met die verschrikkelijke gebeurtenis ook in haar iets was gestorven.

Freya, die moeite had om door alle plassen op het pad niet uit te glijden, probeerde haar warm te krijgen onder haar mantel, die ze maanden geleden in Lombardije had gestolen, maar... Lieve hemel, ze was zelf zo uitgeput. Haar blik bleef rusten op een scheefgegroeide beuk, waaronder mos en de bladeren van de afgelopen herfst zich tot een zacht bed hadden gevormd. Ze werd overvallen door een bovenmenselijk verlangen om het zich daar, samen met het kleine meisje in haar mantel, behaaglijk te maken en te wachten totdat de engelen Gods hen kwamen halen. Alleen zouden het geen engelen zijn die kwamen, omdat het natuurlijk een zonde was om jezelf van het leven te beroven. En een dubbel zo grote zonde als je ook nog een kind met je mee de dood in sleurde. Waarschijnlijk zou een duivel met hoorns...

Freya draaide zich met een ruk om. Had ze daarnet iets horen ritselen? Ze zocht met haar ogen ingespannen het kreupelhout af en verafschuwde zichzelf daarom. Het ritselde vast en zeker overal, ze werden omringd door talloze onzichtbare dieren. Hugo Abbas... Als hij haar was gevolgd, zou hij haar al maanden geleden te pakken hebben gekregen. Inmiddels bevonden de Alpen zich tussen hen in, een barrière van klippen en moeilijk begaanbare wegen. Onbegrijpelijk dat dat monster desondanks het vermogen bezat om haar in paniek te brengen.

Cosima, die haar angst leek te voelen, klampte zich vast aan haar haar en Freya aaide over de rug van het kind. Ze had geen hoge pet op van haar mogelijkheden om mensen te troosten. Er ontbrak iets. Toch moest ze het proberen. 'We zoeken een plekje om te slapen, daarna zullen we ons beter voelen.'

Het kleintje reageerde niet. Ze had iemand nodig die haar in haar armen wiegde, een liedje voor haar zong, ze had Ginevra nodig.

Met een zucht ging Freya op een glooiing zitten en ze dwong Cosima om haar aan te kijken. 'Ik kan je niet de hele tijd dragen, je bent te zwaar voor me.' De ogen in het gezichtje werden groot. 'Maar dat maakt niet uit,' zei ze snel, 'omdat je zelf al... Wat is er? Nee, niet huilen. Je hoeft niet bang te zijn.' Het haalde niet uit, de tranen begonnen te stromen, onderbroken door heftig gesnik. 'Ik ben bij je. Ik laat je nooit alleen. Ik... ik ben nu je mama.'

Door dat toverwoord stopten de tranen. Cosima staarde haar aan.

'Nu begrijp je het wel, hè? Ik ben je mama. Je moet nu zelf een stukje lopen.'

Het was belangrijk dat ze een onderkomen vonden. Op zijn minst een hol. Met de kleine hand in de hare ging Freya weer op pad. Lopen betekende hoop, ze moesten niet meer gaan zitten, want dan kwam ze misschien nooit meer overeind.

Freya's gedachten dwaalden terug naar Rome. In haar herinnering keerde ze terug naar Ginevra's huis nadat de moordenaar daar was weggegaan; ze had naar het bloed gestaard dat uit Aristides wond stroomde, en naar de bloemen naast zijn hoofd. Hij had geglimlacht, maar die glimlach had meteen plaatsgemaakt voor pure angst. 'Wegwezen, neem de kleine mee...' Onder het praten had hij naar de gedeukte pot gekeken waarin hij zijn gouden munten bewaarde.

Ze wilde het niet, maar de tekenen van zijn naderende dood waren overduidelijk aanwezig: de bleke driehoek rond zijn mond en neus, de moeizame ademhaling, en toen ze haar hand op zijn borst legde was zijn hartslag onregelmatig. Hij lag op zijn zwaard. Ze had het niet kunnen lostrekken zonder hem ondraaglijke pijn te bezorgen. En ze kon zich dus niet eens verdedigen als Hugo Abbas terugkwam.

'Ga nu!'

Ze had naar Kasimir gezocht en zijn lichaam gevonden. Daarna had ze het goud uit de pot genomen, de stervende Aristide gekust, Cosima opgepakt, en ze was gevlucht. Eerst de stad uit, daarna de Kerkelijke Staat uit. Maar de man met de blauwe mantel bleef hen achtervolgen. Hij teisterde haar in haar dromen, ze zag hem in de schuren waar ze hen vol medelijden lieten slapen en ze meende het gezicht met de kromme neus onder de gewaden van reizigers te zien.

Moedeloos liep ze verder over het pad dat veel te vaak overging in onkruid.

En toen gebeurde het wonder toch nog. Het bos werd minder dicht en aan het eind schemerde iets geels, een vlam, een onmiskenbaar teken van een woning met mensen erin. Freya nam Cosima op haar arm om sneller vooruit te komen. Maar even later wachtte hun de volgende teleurstelling: de weg eindigde bij een groot meer. En het huis waaruit licht naar buiten drong stond op een eiland, weliswaar niet ver weg, maar het water zorgde voor een onoverbrugbare barrière.

Freya liet zich bij de oever in het gras zakken en trok Cosima tegen zich aan. Het kleintje huilde stilletjes, ze rilde van de kou en had honger. In het huis op het eiland werden nog meer lichten aangestoken. Het moest om verschillende gebouwen gaan, misschien zelfs om een heel dorp. Maar daar hadden ze natuurlijk niets aan. Ze moest opstaan... langs de oever blijven lopen... iets anders vinden...

'Geen geschikte tijd voor vrouwen en kinderen om hier in hun eentje buiten te zijn, geen geschikte tijd, beslist niet.'

Freya slaakte een gil, ze kon het niet tegenhouden. Hugo... Maar de woorden waren gesproken in het dialect van de streek. Uit de duisternis kwam een man tevoorschijn en hij stak geruststellend zijn handen op. 'Ik doe je niets, wees maar niet bang. Tja, narigheid, overal narigheid, en een kind heb je ook nog bij je?' Hij zuchtte en gebaarde dat Freya hem moest volgen. De man was al oud, zeker rond de vijftig voor zover ze dat bij het weinige licht kon zien. 'Er zijn bendes op pad, gespuis op rooftocht,' zei hij terwijl hij takken opzij boog om hen naar een paadje te leiden. 'We durven zelf bijna niet van het eiland te gaan als de zon onder is. Josef de Hakker is een van hen. Het was ooit een prima jongen, die Josef, totdat de duivel in hem gevaren is. Zo'n beetje van de ene op de andere...'

'Waar breng je ons naartoe?' onderbrak Freya hem. Een goedig gezicht zei helemaal niets. Bij de Denen waren er mensen die hun kinderen knuffelden terwijl ze vertelden hoe ze mensen in huizen hadden opgesloten en vuur op de strodaken hadden gegooid.

'Nou, naar het klooster. Ik heet trouwens Adam.' Het pad ging bergopwaarts en weer omlaag. Plotseling doemde opnieuw het meer op, en tegelijkertijd een lange steiger waaraan een boot lag. 'Jullie hebben geluk dat ik jullie stemmen hoorde. Ik wilde al bijna wegvaren. Wees maar niet bang...' Hij lachte omdat Cosima terugdeinsde bij het zien van de boot die in het water schommelde. 'Ik ben visser, in deze boot ben je net zo veilig als in het Koninkrijk Gods.'

Freya gaf hem het kind aan en stapte na hen in het vaartuig. De regenwolken waren weggetrokken tot achter een bergketen en de lucht, die nu zo helder was dat de sterren te zien waren, werd in het kalme meer weerspiegeld. Al snel genoot ze van de krachtige, rustige riemslagen. De lichten op het eiland kwamen opeens over als een welkomstgroet.

Na het aanmeren leidde de man hen over smalle weggetjes tussen tuinen en stevige huizen door naar een poortgewelf, onderdeel van een muur die twee hoge gebouwen met elkaar verbond. Freya keek heimelijk naar de huizen. Hier heerste welvaart, dat viel niet te ontkennen. Maar dat had ze al vermoed door de overvloed aan kaarslicht dat door de ramen scheen. Ze keek stilletjes om zich heen. Haar kleding had het zwaar te verduren gehad, die hing nat en tot op de draad versleten om haar lichaam. Maar dat was niet belangrijk. Het enige waar ze op hoopte was een slaapplaats in de een of andere stal of schuur.

Adam trok aan een belkoord en even later werd een houten venstertje in het wachtlokaaltje van de poort omhooggeschoven. Een geïrriteerde stem vroeg wat ze wilden en de oude man droeg haar over aan de vrouwelijke portier.

Het eiland heette Frauenchiemsee, kreeg Freya van de zuster te horen tijdens de korte weg naar het hoofdgebouw. Het klooster behoorde tot de orde van de benedictijnen en de abdis heette Irmingard. 'Ze is een dochter van Lodewijk, de koning van de Franken,' vertelde de verkleumde portier. Freya was te moe om onder de indruk te zijn. De vrouw bracht haar via een binnenplaats aan de zijkant naar een verderop gelegen gebouw. 'Jullie zijn op dit moment de enige bezoekers. Toch wil ik je vragen je best te doen om het kind stil te houden. Onze gasten bevinden zich in dezelfde gebouwen als de zieken. En...' ze begon zachter te praten, 'met een van de zieken gaat het helaas helemaal niet goed.'

'Natuurlijk.' Freya nam Cosima op haar arm om haar te kunnen kalmeren, mocht dat nodig zijn. Het kleintje werd meteen slap, alsof ze op dit moment had gewacht om eindelijk te kunnen slapen.

Terwijl ze het gebouw binnengingen hield Freya haar adem in. Tussen de dikke muren rook het sterk naar zweet, niet-gelucht beddengoed en inderdaad... ziekte. Braaksel, urine... Het summum van netheid was het ziekenhuis in ieder geval niet. Ze dacht aan wat Soranus haar had geleerd over het belang van hygiëne.

De portier scheen met haar traanlamp naar een deur die uitkwam op een lange gang. 'Daar vind je je bed. Beslis zelf maar waar je wilt slapen.'

En iets te eten zou er waarschijnlijk pas de volgende dag zijn. Freya wilde zich net omdraaien toen een van de deuren aan de andere kant openging. Er kwam een non naar buiten. Haar kleding was zwart, net als haar gezicht, zodat Freya heel even het beklemmende gevoel had dat de dood zelf de gang op stapte. Toen viel het licht van de lamp op de vrouw en werden haar door uitputting getekende gelaatstrekken zichtbaar.

'Een gast,' zei de portier terwijl ze met een mouw over haar neus wreef. 'Adam heeft ze...'

'Je moet de abdis waarschuwen. Het gaat steeds slechter met Maria.'

Alsof de zieke over wie ze het had die uitspraak wilde benadrukken, was tot op de gang een doordringend gekreun te horen. De portier zette een paar passen naar binnen en Freya volgde haar. Ze bevonden zich in een kamer waarin de tocht een aantal dikke kaarsen aan het flakkeren bracht. Op een bed, met het hoofdeinde tegen de muur, lag een bleke, bijzonder jonge vrouw.

De non die voor haar verpleging verantwoordelijk was, vast en zeker het hoofd van de ziekenzaal, zuchtte. 'Ga naar Gisela, Barbel. Ik heb een kruis van malachiet nodig. En ook wat stof van het heilige altaar dat ze vochtig moet maken. Dat moet ze allebei in een zakje doen. Heb je dat begrepen? Het kruis ligt in een la van het altaar, Gisela moet hiervan op de hoogte zijn. En...'

'In het hoofdaltaar?'

'Ja, waar anders, het... Ach, laat maar, ik ga zelf wel.'

Het hoofd haastte zich weg en na een weifelende blik op de zieke besloot de portier om haar achterna te gaan. Het meisje in het bed had door alle pijn de tranen in de ogen; ze zweette en haar hand ging telkens weer naar haar onderlichaam. Arm kind, ze zag zo wit...

Cosima werd te zwaar in Freya's armen en ze verliet de kamer eveneens, waarna ze de kleine naar de kamer bracht die de portier hen had aangewezen. Zoekend met haar voet vond ze een stapel stro. Toen ze bukte, ontdekte ze dat er een laken en een dunne deken op lagen. Het was niet veel, maar beter dan alles wat ze de afgelopen weken hadden gehad. Ze legde Cosima op het stro en dekte haar toe. Het meisje was zo uitgeput dat ze gewoon doorsliep.

Freya keek via de gang naar de ziekenkamer. Malachiet? Wat was dat nou weer? Daar had ze nog nooit van gehoord. En stof... Welke ziekte kon je genezen met stof, en werd het van een altaar gekrast? Dat arme meisje! Ze was beslist niet ouder dan dertien of veertien. Freya kwam overeind en liep met tegenzin terug naar de ziekenkamer, wat natuurlijk niet mocht. Ze had daar niets te zoeken. Het meisje leek bij bewustzijn, maar was verdoofd van de pijn.

'Hoelang heb je deze klachten al?' vroeg Freya, wat Soranus waarschijnlijk ook als eerste had willen weten.

'Een tijdje. Al een paar dagen.' Praten was inspannend voor de zieke.

Freya ging naar haar toe en pakte haar pols om de hartslag te controleren. 'Waar heb je precies pijn?'

De zieke legde haar vrije hand zoals te verwachten was op haar onderlichaam. Haar lichaam was warm, ze had waarschijnlijk ook koorts. 'Het... steekt. Het doet zo zeer...'

Op de gang klonken voetstappen. Freya weerstond de neiging om de benen te nemen. Malachiet en stof... Haar verontwaardiging nam toe. Verscheidene nonnen kwamen het vertrek binnen. Voorop liep een rijzige vrouw, het gezicht omlijst door een sluier, de blik waakzaam, de volle lippen getuit, alsof ze iets afkeurde. Afgaande op haar gedrag en het respect dat de andere nonnen voor haar toonden, moest het om een belangrijk iemand gaan. Misschien was het de abdis? Ze was jong, verbazingwekkend genoeg maar een paar jaar ouder dan Freya. Naast haar liep het hoofd van de ziekenzaal, aan de andere kant een oudere vrouw bij wie norse plooien een eind hadden gemaakt aan het knappe uiterlijk dat ze vroeger moest hebben gehad.

'Dat is toch niet te geloven!' Het hoofd van de ziekenkamer haastte zich naar Freya toe en pakte haar ruw bij haar arm. 'Wat doe jij hier? Stelen? Dat heb je met dat gespuis!' Haar klaagzang was gericht aan de portier. 'Ze stoppen alles in hun zakken wat ze maar te pakken kunnen krijgen! Dat is dan de dank voor onze barmhartig...'

'Ik wilde alleen maar kijken of ik kan helpen.'

'Helpen, nou nog mooier! *Ik* zal je helpen en wel...'

'Stil! Wat valt hier te stelen?' De abdis snoerde de furie de mond. Ze kwam dichterbij en keek Freya onderzoekend aan. 'Dus jij wilt onze arme Maria helpen?'

Freya knikte, terwijl ze vanbinnen haar impulsiviteit vervloekte.

'En uiteraard beschik je daarvoor over de nodige vaardigheden?'

Klonk er ironie door in haar stem of belangstelling? 'Ik ben vroedvrouw,' flapte Freya eruit. Dat was een leugen. Als je als vrouw de boeken van Soranus gelezen had, dan betekende dat nog niet dat je verloskundige was. Daarvoor moest je jarenlang door een echte, ervaren vroedvrouw worden begeleid en van alles van haar hebben geleerd. Maar stof van een altaar...

'En wat heeft deze vroedvrouw ons te melden?'

Freya aarzelde. Ze had een vermoeden van wat er aan de hand was met het meisje. De plek die Maria had aangeraakt vormde een eerste aanwijzing. 'Misschien kan ze genezen.'

Dit keer was het de norse vrouw die boos werd en zich tot de abdis richtte. 'We liggen al dagen voor onze Schepper op de knieën om te bidden, bijna zonder onderbreking.'

'Zo is het maar net. Als Hij wilde dat Maria zou genezen, dan zou Hij die ziekte bij haar wegnemen,' blafte het ziekenhoofd en ze kneep Freya in haar arm.

De abdis knikte instemmend. 'Wat heb je hiertegen in te brengen?'

Waarom vroeg ze dat? Om achteraf nóg strenger te kunnen straffen? Ze moest haar verontschuldigingen aanbieden en vertrekken, iets anders zou gekkenwerk zijn. Maar de glimlach van de vrouw leek zo... oprecht, alsof ze echt geïnteresseerd was.

Freya dacht goed na over haar antwoord. 'In de Heilige Schrift staat geschreven: "Ook Lucas, onze geliefde arts, groet u." Omdat deze Lucas een man van God was, kun je daaruit toch concluderen dat het de Here bevalt als zijn kinderen de geneeskunst uitoefenen?' Waar had ze dat argument gelezen? Niet bij Soranus. Het moest in een van de andere boeken uit de bibliotheek van het pauselijk paleis hebben gestaan.

'Inderdaad, die groet staat in de brief aan de Kolossenzen, nietwaar, Ursula?' bevestigde de abdis met een blik op de norse vrouw.

'Neem me niet kwalijk, Irmingard,' sprak Ursula haar tegen, 'maar wordt daarmee niet vooral bedoeld dat Lucas zichzelf beschouwde als arts van de ziel, die de heiligen in Kolosse wilde genezen van hun zonden? En mag ik ook vragen waarom we een zelfingenomen schepsel, dat vanuit de een of andere verborgen hoek ons klooster is binnengeslopen, moeten toestaan...'

'Dat is een terecht bezwaar, of niet?' Die vraag werd aan Freya gesteld.

Hou je mond, hou gewoon je mond. Maar Freya kon het niet laten om te antwoorden. 'Omdat Paulus, aan wie de brief werd geschreven, Lucas ook als arts bestempelde, moeten we wel aannemen dat daarmee daadwerkelijk een medisch beroep werd bedoeld.' Zo, en nu zou ze zich niet meer laten verleiden om nog maar één woord te zeggen, omdat ze het nog nooit had meegemaakt dat iemand enthousiast reageerde als je hem in het ongelijk stelde.

De abdis liep naar het bed. Maria had haar ogen dichtgedaan, maar haar vuisten waren gebald. Slapen was in haar situatie onmogelijk. 'Wat heb je tot nu toe geconstateerd?'

'De hartslag van de zieke is versneld, haar lichaamstemperatuur is verhoogd en ze heeft koortsrillingen. Ook heeft ze me laten zien waar ze pijn heeft. Namelijk hier.' Freya wees naar het onderlichaam.

'En wat houdt dat in?'

Freya weifelde opnieuw, ze ging naar de andere kant van het bed. Toen ze de dekens terugsloeg, steeg de geur van urine als een wolk op. 'Bovendien kan ze haar plas niet meer ophouden.' Misschien omdat het haar niet meer lukte om uit bed te komen? Dat zou de simpelste verklaring zijn. Freya schoof het hemd van de zieke omhoog, dat nat was van het zweet, en onderzocht tastend haar lichaam. Ze zag vanuit haar ooghoeken dat Ursula verontwaardigd naar lucht hapte.

Toen ze met haar hand het lichaam beneden de navel aftastte, vond ze een harde plek.

Irmingard boog zich voorover. 'Wat is dat?'

'Misschien wil je zelf even voelen... Het onderlichaam is opgezwollen, de huid droog. Alles wijst erop dat de uterus is ontstoken.'

'Wat is dat, een uterus?'

'Zo wordt de holte genoemd waarin tijdens een zwangerschap de zuigeling groeit.'

'Het is een holte. Aha, dat lijkt me duidelijk, op de een of andere

manier moet zo'n wurmpje ergens beschutting hebben.' Irmingard glimlachte. 'Hoe heet je?'
'Freya.'
'Een heidense naam!' siste Ursula.
'Mijn ouders hebben pas na mijn geboorte Jezus gevonden,' loog Freya.
'En waarom ben je hier op ons eiland?' wilde Irmingard weten.
Ja, waarom eigenlijk? 'Uit nood.'
'Tss!' snoof Ursula.
'Je hebt gelijk, Ursula: tss. Omdat we op een eiland wonen, zou iemand in nood gegarandeerd ergens anders om hulp vragen. Dus moet de Here zelf haar en Adam hiernaartoe hebben geleid, denk je ook niet?' Ze zei het ironisch, maar op een slimme manier. Irmingard richtte zich weer tot Freya. 'Zie jij een mogelijkheid om haar te helpen?'
Freya keek naar het zieke meisje. Wat wist ze er nu van? Ze had gelezen, veel gelezen. Maar behalve Paulla had ze nooit iemand behandeld. Aan de andere kant: stof van het altaar... 'Ik zou een klysma dat de uterus slap maakt nodig hebben, bestaande uit zoete en warme oliën, en ook verzachtende kompressen.'
'Duivels spul!' vond Ursula.
Irmingard keek Freya onderzoekend aan, vervolgens ging haar blik naar het zieke meisje. Twijfel en hoop streden om voorrang.
'Dat zou ik willen voorstellen.' Nu niet de oude artsen erbij halen, die als heidens en daardoor als goddeloos werden beschouwd.
'Goed dan,' besloot Irmingard. 'Bidden doen we in elk geval. Probeer het ook maar met jouw vaardigheden.'

***

Het werd een lange nacht vol angst. Freya begon de zieke te wassen, wat kennelijk al een tijd niet meer was gebeurd. Vooral de geslachtsorganen maakte ze grondig schoon. Ze liet het verbeten toekijkende zaalhoofd, ze heette Elsbeth, lavendel- en kamilleolie halen, bovendien een varkensblaas die was uitgekookt en een van gaten voorziene houten koker die Elsbeth altijd voor darmspoelingen gebruikte. 'Nee, een ongebruikte, hij moet per se schoon zijn.'

De dag brak aan en Freya maakte gebruik van het ochtendlicht om met de behandeling te beginnen. In het begin was ze onzeker. De zieke spande door de pijn en uit angst haar spieren. Pas na een paar kompressen met warm, aangenaam ruikend water hielden die verkrampingen op; daarna kon Freya het klysma aanbrengen in de baarmoeder zoals dat door Soranus was beschreven en getekend.

's Middags kwam de abdis een kijkje nemen in de ziekenkamer. Ze hoorde aan wat Freya tot dan toe had ondernomen en ging naast Maria zitten, pakte haar hand en sprak haar zachtjes moed in.

'We moeten de priester laten komen in plaats van dat arme kind met kokers te folteren,' gromde Elsbeth. 'Hier is een biecht nodig en ziekenzalving. Ik wil graag herinneren aan de klacht van de bisschop van Orléans dat geen aandacht wordt geschonken aan gezalfde olie en dat zieken in handen van waarzeggers...'

'Wat voor kokers?'

Freya legde haar handelwijze uit. De werking van een klysma, de zegeningen van genezende oliën.

Irmingard bezat de gave om te luisteren. Ze hoorde alles aandachtig aan. Daarna stond ze op. 'Elsbeth, het zorgen voor de zieken vraagt alles van jouw krachten en daar moeten we zuinig mee omgaan. Van nu af aan ga je vooral voor de andere zieken zorgen. We laten Maria over aan de vaardigheden van de vroedvrouw. Ja, dat is precies wat we gaan doen!' zei ze om het protest van het zaalhoofd de kop in te drukken.

Kort nadat Irmingard de ziekenzaal had verlaten kwam de kleine Cosima naar de deur gestormd, met in haar kielzog een dienstmeid, aan wie de abdis blijkbaar opdracht had gegeven om op het kind te passen. Het meisje brulde van angst toen die haar weer naar buiten wilde sleuren, totdat de meid haar met eten lokte. Freya knikte Cosima bemoedigend toe, waarna het kind zwichtte en zich op de arm liet nemen.

Nadat de twee weer waren verdwenen ging Freya naast Maria zitten, die zwaar ademend tegen de kussens lag. Was al te zien of de behandeling had geholpen? Haar gezicht was grauw, de kringen onder haar ogen bijna zwart. Wat zou er gebeuren als ze ondanks alle inspanningen stierf? Heks... Een kwaadaardig woord dat stond voor de brandstapel. Wat zou er van Cosima worden als de abdis haar veroordeelde omdat ze een nutteloze vroedvrouw was? Zou Ginevra's dochter in het klooster mogen blijven en zouden ze voor haar zorgen?

Freya vermande zich. Dit was niet het moment om haar hoofd vol te stoppen met zorgen. De blaas lag vlak bij de uterus en zou ook onderdeel van het probleem kunnen zijn. Ze liet honingwater uit de keuken komen en doordrenkte er zetpillen ermee, die volgens Soranus effectief waren tegen ontstekingen. Moest de zieke veel drinken om de blaas ook op die manier als het ware van bovenaf te zuiveren? Had daarover iets in haar boeken gestaan? Freya kon het zich niet herinneren en besloot om Maria veel te laten drinken, maar het werd haar pijnlijk duidelijk hoe gebrekkig haar kennis was.

De dag verstreek, en ook de dagen erna. Kompressen, klysma's met warme, zoete olie... Telkens weer troostende woorden... daarna, omdat een mens tenslotte moest eten, een lichte soep... En heel geleidelijk, zodat er nauwelijks een bepaald moment was aan te wijzen, begon het meisje wat helderder uit haar ogen te kijken, ze sliep langer en huilde merkbaar minder.

De abdis verscheen weer voor een van haar geregelde bezoekjes. 'Gods wegen zijn ondoorgrondelijk en soms laat hij uit stenen water stromen,' verkondigde het zaalhoofd, dat haar vergezelde, giftig.

Irmingard boog zich over Maria heen. 'De lakens zijn verschoond,' stelde ze vast.

'Omdat zieken hygiënisch en droog moeten kunnen rusten. Het hele hospitaal moet grondig worden schoongemaakt,' zei Freya. De haat spatte van Elsbeths gezicht af, maar zo was het nu eenmaal. Freya probeerde haar uitspraak te motiveren. 'Hippocrates, een vooraanstaande Griekse arts die vanwege zijn wijsheid al eeuwenlang door andere artsen wordt geciteerd... Hij heeft over hygiëne geschreven, die hij naast voeding en het gebruik van geneeskrachtige bronnen en planten beschouwde als een van de pijlers van de genezing.'

'Echt waar?' De abdis keek om zich heen alsof ze het vertrek voor het eerst zag. In de hoeken hingen spinnenwebben, op de lemen bodem lagen vlokken stof die, op de plaatsen waar water was gemorst, waren veranderd in bruine vlekken.

Elsbeth werd vuurrood. 'Er zijn niet genoeg dienstmeiden.'

'Dan moeten een paar van onze zusters vandaag maar minder bidden en in plaats daarvan harder werken. Regel dat maar en wel nu meteen.'

'Neem me niet kwalijk, maar de zieke heeft rust nodig en dat is op het moment nog belangrijker dan de hygiëne,' sprak Freya haar tegen.

Irmingard trok haar wenkbrauwen op.

'Ze heeft hygiëne én rust nodig. Op het moment vind ik rust belangrijker.'

Elsbeth snoof verontwaardigd en de abdis barstte in lachen uit. Ze boog zich opnieuw over Maria heen, die haar beduusd aankeek. Het ging beter met haar, geen twijfel mogelijk.

'Volgens mij hebben ze jou hier nu even niet nodig. Wil je met me meekomen, Freya?' Irmingard opende de deur. Ze liepen over de binnenplaats van het klooster, waar lelies en narcissen de bloemperken extra glans gaven. De zomer was in aantocht en Freya merkt hoe erg ze daar na alle donkere dagen naar verlangde. Ze keek of ze Cosima zag, maar het kleintje was nergens te bekennen.

'Je kunt dus lezen? Heb ik dat goed begrepen? En zelfs vreemde, oude talen?'

'Dat hebben ze me in Dorestad geleerd.'

'Jou, een vrouw van het volk?'

De scepsis was hoorbaar en er schoot Freya geen antwoord te binnen dat niet als een leugen zou hebben geklonken. Kasimir leek een soort legendarisch personage, volslagen ongeloofwaardig.

Irmingard veranderde opeens van richting en nam haar mee naar een van de huizen die de binnenplaats omzoomden. Ze gingen een trap op en liepen over lange gangen. Uiteindelijk opende de abdis een deur en... Freya slikte. Ook het klooster van Frauenchiemsee beschikte over een bibliotheek. Niet zo groot als die in Rome, maar op verschillende planken stonden zeker honderd boeken en duplicaten.

Het vertrek ademde geleerdheid, zakelijkheid en wijsheid uit. De planken oefenden een magische aantrekkingskracht uit en ze liep ernaartoe. Ze las de namen van onbekende auteurs. Iemand die Fredegar heette had een kroniek geschreven, Gregorius van Tours een werk met de merkwaardige titel *Tien boeken van Historiën*. Haar hart klopte sneller toen ze bekende schrijvers ontdekte: Cato, Galenus, Plinius, Oribasius, Aulus Cornelius Celsus... Terwijl haar blik over de rijen boeken vloog sprongen de tranen haar in de ogen. Er was zowaar ook een duplicaat van Soranus' boek over gynaecologie. Ze pakte het boek en sloeg het voorzichtig open. De zinnen waren haar even vertrouwd als het Onzevader. 'Net als elke ander lichaamsdeel heeft de baarmoeder soms te kampen met verslapping en zwakheid. Bij de betrokken vrouwen...'

'We hebben geleerde zusters in het klooster die deze boeken kopiëren en er zijn er een paar die kunnen lezen, maar er is niemand die weet hoe de medische boeken gebruikt moeten worden,' zei Irmingard zachtjes.

Freya knikte.

'Ik zou het fijn vinden als je een tijdje bij ons blijft. Deze bibliotheek is voor jou toegankelijk, Freya. En er wordt voor jou en je kind gezorgd en jullie krijgen een eigen huisje om in te wonen. Dat wil ik je graag aanbieden.'

Hoofdstuk 17

Maria overleefde het. Het duurde even, maar na negen dagen kwam ze voor het eerst uit bed om in de bloementuin van de zon te genieten. Ze zat op een bank waarop kussens waren gelegd en haar wangen kregen een kleurtje. 'Het doet geen pijn meer,' zei ze, en van opluchting rolden er tranen over haar gezicht. Al snel voegden zich vooral jongere nonnen bij haar. Freya voelde de blikken van de meisjes terwijl ze een oogje hield op de andere zieken, van wie ze de bedden ook in de tuin had laten zetten, om hen ook te laten profiteren van een beetje zon en licht. Ze had moeite met de nauwelijks verholen bewondering. Stel dat de nonnen na Maria's herstel te veel van haar verwachtten. Hoe ervaren je ook was in de geneeskunde, veel zieken overleden. Hoe had Hippocrates dat ook alweer zo mooi verwoord? *Medicus curat, natura sanat.* De arts behandelt, de natuur geneest. Als die natuur zich tegen de arts keerde, waren alle inspanningen voor niets. Freya vermoedde dat de opgetogenheid al snel gevolgd zou worden door ontgoocheling en verwijten.

Maar het was zinloos om zich daarover nu het hoofd te breken. Ze haalde water en sop en begon eindelijk de ziekenkamers grondig schoon te maken. Tot haar verbazing kwamen na een tijdje vrouwen uit de naburige huizen om haar te helpen. 'De abdis heeft ons gestuurd.' Ze leken niet bijzonder enthousiast, maar de stemming steeg toen ze zagen dat die vreemde vrouwelijke arts zich niet te goed voelde om zelf de was in de week te zetten en vuil uit de hoeken te vegen.

'Ik ben Brid,' zei een van de vrouwen met wie Freya houten emmers vol vuil water naar buiten droeg om ze leeg te gieten in een beerput. 'Ik ben getrouwd met Adam, de man die jou met zijn boot hiernaartoe heeft gebracht.' Ze was een al wat oudere vrouw met zomersproeten. Freya had gezien dat ze hinkte, wat haar er echter niet van weerhield om te werken.

'Zou je hem nog een keer willen bedanken? Ook namens mijn dochter...' Freya's blik ging naar Cosima, die op een verwilderd stuk tuin onkruid plukte dat in bloei stond. 'We hadden het er misschien niet levend van afgebracht als hij ons niet had geholpen.'

'Is het dat meisje daar? De kleine bijenvangster?'

Cosima had een van de vlokkige insecten laten opschrikken en liep er nu onhandig, met het bosje bloemen in haar hand, achteraan. Ze was inmiddels gewend aan het klooster, het leek haar een aangenaam gevoel van veiligheid te geven. Ze schrok nog wel af en toe wakker uit een nachtmerrie, maar als ze niet sliep begon ze haar nieuwe thuis te verkennen. Ursula was echter niet zuinig met harde woorden als ze het meisje ergens zag rondzwerven of als Cosima begon te jammeren of te lachen, zoals kleine kinderen dat nu eenmaal deden.

Brid leek haar gedachten te kunnen lezen. 'Het is niet makkelijk om een kind op te voeden in zo'n geleerde en rustige omgeving.'

'Het valt best mee.'

Alsof Cosima haar woorden wilde weerleggen slaakte het meisje opeens een kreet. Was ze gestoken door de bij? Waarschijnlijk wel. Ze stak haar vinger in haar mond en zoog erop en begon te brullen, zo hard als ze kon. Freya haastte zich naar haar toe om haar naar het hospitaal te dragen.

'Laat eens kijken, liefje, mama maakt het weer beter.' Voorzichtig verwijderde ze met een pincet de angel uit de rozerode huid en dompelde de vinger in een schaal met kamillewater. Cosima werd stil. Ze was er uitzonderlijk goed in om het gezicht af te lezen van de vrouw die ze nu altijd mama noemde en deed er alles aan om haar niet boos te maken. Hier in het klooster hield dat simpelweg in dat ze haar mond moest houden.

Freya drukte een kus op haar wangetje en Cosima begon te schuifelen om van de tafel af te komen waarop haar mama haar had neergezet. 'Tuin.' Ja, ze begon ook te praten.

Nadat het ziekenhuis was schoongemaakt hielp Freya de zieke nonnen weer hun bedden in, die voorzien waren van schone lakens. Lieve hemel, wat was ze moe! Het liefst was ze ook haar bed in gedoken. Brid kwam afscheid nemen. Met een brede glimlach keek ze naar Cosima, die in slaap was gevallen op een geïmproviseerd strobed dat Freya voor haar in een hoekje van de hospitaalvertrekken had gemaakt.

'De Here heeft Adam en mij helaas maar één kind geschonken, Grethlein. En die is nu bijna volwassen en wil trouwen. Dan zal het stil zijn bij ons thuis.'

'Ja, zo draait het rad van het leven.'

'Natuurlijk hopen we op kleinkinderen. Maar...' Brid viel stil en zocht naar woorden. 'De lach van een kind is de grootste robijn in het schatkistje van de hemelse genade.'

Het was niet moeilijk om te raden waar ze op doelde: ze deed een voorstel. Freya had het maar al te graag geaccepteerd; dat ging helaas niet. 'Ik zou je er niets voor kunnen geven.'

'Waar heb je het over! Ik zou nooit iets aannemen.'

'Zou Adam daar dan mee akkoord gaan?'

'Hij heeft het lichaam van een beer en het hart van een lammetje.' Brid keek verlangend naar het slapende kind en Freya begon te glimlachen; niet alleen omdat nu net een van haar grootste problemen was opgelost, maar ook omdat het zo goed voelde om onder mensen te zijn die elkaar hielpen. 'Alleen overdag, 's avonds wil ik haar weer bij me hebben.'

***

Het huis van Brid en Adam was net als alle andere gebouwen op het eiland bereikbaar met een korte wandeling. Freya bracht haar dochter dus vanaf dat moment iedere ochtend naar de kleine woning en ze was blij om te merken hoe snel Cosima wende. Grethlein bleek een verlegen jonge vrouw te zijn die niet veel zei en met haar gedachten meestal bij haar verloofde Wenzel was, maar ze sloot het kleine meisje al snel in haar hart. Als Freya 's avonds naar het gezin toe ging trof ze de twee meestal samen aan in huis of in de tuin. Vaak keken ze dan hoe Wenzel de stal repareerde in het huis van zijn toekomstige schoonouders. Een storm had een deel van het dak weggevaagd en hij spijkerde latten boven het gat, die hij met stro bedekte. Ze stonden elkaar bij en Freya beschouwde het als een wonder en een geschenk dat ze plaats vrijmaakten voor haar in deze kleine gemeenschap.

Ze benutte de tijd die ze ermee won om de kruidentuin van het klooster uit te kammen. De abdis liet de kruiden en groenten waaraan artsen vroeger een geneeskrachtige werking hadden toegeschreven aanvoeren vanaf het vasteland en ze plantte ze in het gewiede perk: salie, kervel, balsemwormkruid, selderie, kalebas... Als ze niet bij de zieken was of in de tuin worstelde ze de medische boeken in de bibliotheek door.

Irmingard, die haar doen en laten met grote belangstelling volgde, vertrouwde haar kostbare vellen perkament toe zodat ze haar eigen aantekeningen kon maken. Freya vergeleek de beweringen van de verschillende artsen met elkaar en bestudeerde de inzichten die vroeger waren verkregen uit sectie. Oribasius had een boek van Galenus gekopieerd dat ging over de inwendige positie van de organen. Had Galenus echt mensen opengesneden, dat wil zeggen: dode mensen? Helemaal duidelijk werd dat niet, maar het idee om onder huid en vlees te kunnen kijken... wat aanlokkelijk! Wat een kennis kon je daarmee opdoen! Helaas verbood de Kerk om sectie te verrichten, het had dus geen zin om zich daarmee bezig te houden.

De tijd voor haar onderzoek werd krapper toen op het eiland en op het nabije vasteland bekend werd dat er in het klooster een vroedvrouw was die zelfs mensen kon genezen als het onvoldoende bleek om alleen te bidden. Freya werd bij zwangere vrouwen geroepen, maar ook bij verwondingen of ziektes begon men haar om advies te vragen. Zo klopte er op een dag een man aan de deur van het klooster wiens vrouw over hevige buikpijn klaagde. Haar ontlasting was hard,

Freya voelde het terwijl ze haar onderzocht. Twee darmspoelingen brachten uitkomst. Het kind van het stel had te kampen met een zware hoest. Freya gaf het een aftreksel van tijm en primulawortel. De vrouw kwam een paar dagen later zelf naar het klooster om Freya te bedanken. 'Zonder jouw hulp was mijn zoon gestorven,' zei ze dolgelukkig.

'Nee, hij zou alleen wat langer hebben gehoest,' antwoordde Freya met een glimlach.

Alles was dus goed. Het was... zo perfect en goed dat Freya er bang van werd. 's Nachts schrok ze weer wakker van nachtmerries. Ze wist dat ze niet in de wieg was gelegd om gelukkig te zijn. Zíj was het toch geweest die Asta had gedwongen om naar Dorestad te gaan, waar haar zus Giso had leren kennen, die haar kind vermoordde? En ze was toch ook schuldig aan de dood van Aristide, Kasimir en Ginevra? Ze zouden alle drie nog in leven zijn als ze destijds niet naar Paulla was gegaan. Er rust een vloek op mij, dacht Freya terwijl ze naar de zwarte dakbalken keek.

Buiten was het stormachtig. Haar stenen huis stond buiten de kloostermuren en ook een stuk verwijderd van de andere woningen, een eenzame plek dus, pal aan het meer, waar vroeger misschien een tuinman had gewoond die het zwaardere werk deed. In een schuurtje lag nog altijd roestig tuingereedschap.

De golven sloegen tegen de steiger die het meer in liep, de wind floot. Cosima kroop, hoewel ze sliep, dichter tegen haar aan en Freya draaide zich op haar zij om haar en zichzelf te troosten door haar armen om het meisje heen te slaan. Demonen drongen haar gedachten binnen met naargeestige herinneringen.

Ze zag Aristide weer op de lemen vloer liggen in Ginevra's huis. Was Hugo nog een keer teruggekomen om zijn wrede karwei af te maken? Had hij die arme Aristide laten lijden? De pijn boorde zich haar lichaam binnen. Er was sinds ze Rome had verlaten geen dag verstreken waarop ze niet aan Aristide had gedacht, maar plotseling leek het wel alsof hij in levenden lijve naast haar bed stond. Ze hoorde hem praten, zag zijn glimlach, die hij maar zelden liet zien en die toch telkens weer om zijn lippen speelde; ze voelde opnieuw zijn

overweldigende tederheid toen ze elkaar begonnen te strelen in die betoverde tuin bij de poorten van Rome...
Ze huilde en kuste Cosima's zachte haar.

₊

De zomer ging voorbij, het werd oktober en november, en de werkzaamheden verplaatsten zich van de tuinen naar de huizen. Zeisen werden geslepen, ploegen en karren gerepareerd, de vrouwen haalden de spinbenodigdheden voor de dag en namen plaats achter de weefgetouwen. De winter was niet streng, maar bezorgde Freya toch extra werk. Jicht en reuma werden erger en de kou leidde tot longziektes. Op het eiland woonden bijna driehonderd mensen. Die werkten allemaal voor het klooster en ze maakten graag gebruik van de diensten van de vroedvrouw nadat overal bekend was geworden hoe vaak bij haar de zieken weer beter werden. Zo waren ook Freya's dagen drukbezet.

Op een middag in februari kreeg ze bezoek van Irmingard. Dat gebeurde ondertussen vaak. Het was alsof gezamenlijke interesses en een soortgelijke manier van denken een onzichtbare band tussen hen hadden gesmeed. Dit keer kwam de abdis echter niet om een praatje te maken, ze had iets op haar hart. 'Volgens mij heb ik bij het laatste bezoek van abt Poppo te enthousiast verteld over jouw talent en je kennis. Hij wil dat je naar Herrenchiemsee gaat. Zijn stalmeester is geraakt door een hoef, het schijnt dringend te zijn. Buiten ligt een boot voor je klaar.'

Freya keek door een raampje naar de steiger, waar sneeuwvlokken over het water werden gedreven en een lijfeigene voor de boot zijn koude handen wreef. Het was niet ver naar het eiland. Dit tweede, veel grotere eiland in de Chiemsee, waarop kloostergebouwen van de benedictijnermonniken stonden, bevond zich op zichtafstand. Maar de bewoners van de tweelingeilanden hadden nauwelijks contact met elkaar. De monniken kwamen naar de kerkdiensten om de sacramenten toe te dienen en af en toe werden ze daarbij vergezeld door abt Poppo, die als *pater immediatur* verantwoordelijk was voor de financiële besluiten van het vrouwenklooster. Uiteraard waakte hij ook over hun geestelijk welzijn, en die taak nam hij uiterst serieus. Freya was een keer aanwezig geweest toen de altaarstukken en relikwieën van het klooster moesten worden schoongemaakt. Hij stond toe dat de kosteres de kasten opende waarin alles werd bewaard, maar alleen zijn monniken kregen toestemming om de spullen eruit te halen en die na het schoonmaken, waarvoor natuurlijk weer de vrouwen verantwoordelijk waren, terug te zetten. Wat was dat belachelijk geweest, wat een vernedering! Geen enkele Deense vrouw had zich dat laten welgevallen!

En nu moest zij de stalmeester van die man behandelen? Freya pakte met tegenzin haar tas, waarin ze de belangrijkste kruiden en een paar scherpe messen bewaarde.

'Freya?'

'Ja?'

'Mocht je Poppo tegenkomen, pas dan op wat je zegt. Hij is een vervelende man.'

**

Het sneeuwde nog steeds terwijl ze naar Herrenchiemsee voeren. De boot kwam langs een indrukwekkend, verblindend wit gebouw van twee verdiepingen, vast en zeker het klooster, maar de roeier bracht haar gelukkig rechtstreeks naar de stallen. De stalmeester was nog jong, een knaap met lang zwart haar dat hij in een vlecht had gedaan. Hij lag op een bed en speelde samen met zijn kameraden *mola rotunda* op een houten speelbord. Er werden stenen verschoven, maar hij was er niet bij met zijn gedachten. Zijn kalmte was pure bluf, hij zweette van de pijn toen ze de stal binnenkwam.

Freya stelde vast dat zijn voet al met een leemverband was gestabiliseerd, maar nadat ze het verband had verwijderd bleek de wond warm en rood. Ze had uit voorzorg smeerwortel meegenomen tegen de ontsteking, maakte voorzichtig de pijnlijke plek schoon en smeerde de zalf erop.

De man vloekte, en deed dat in het Deens.

Heel even was ze geschokt. Aan de andere kant: waarom zou een

Deen niet in Beieren kunnen belanden? Misschien had de liefde hem hiernaartoe gebracht, het verlangen naar een beter leven, misschien ook een ruzie in zijn vaderland...

'Waar kom je vandaan?' vroeg ze hem in het Deens.

Hij lachte verrast. 'En jij?'

Hij was ofwel een kletskop of te tactvol om door te vragen toen ze geen antwoord gaf. In plaats daarvan weidde hij uit over zijn avontuurlijke leven. Blijkbaar was hij met een paar Zweden naar Novgorod gereisd, waar de Roes, zoals de mensen zich daar noemden, jaren geleden een eigen vorstendom hadden gesticht. Hij had handelgedreven, maar was op een tocht terug naar zijn vaderland in handen gevallen van piraten. Alleen omdat de goden hem gunstig gezind waren had hij kunnen vluchten. Daarna kwam hij toch weer terug op zijn vraag. 'Jij komt uit het oosten van Denemarken?'

Dat was simpel af te leiden uit haar dialect. Freya verzon een verhaal bij elkaar. Of hij haar geloofde kon ze niet achterhalen. Vervolgens vermande ze zich. 'Heb je iets gehoord over Hasteinn Ragnarsson? Vaart hij nog altijd?

'Dat kun je wel zeggen, ja! Er wordt beweerd dat hij de afgelopen zomer Luni heeft ingenomen.' De man tikte tegen zijn voorhoofd. 'En hij dacht dat het Rome was, die gek.'

Freya kreeg het warm. Met Cosima was ze langs de stad Luni gekomen. Dus zo dichtbij was haar vijand geweest? Wat de man verder allemaal vertelde ging langs haar heen. Ze was ervan overtuigd dat Ragnarsson haar allang was vergeten. Tenslotte waren er zes jaar verstreken sinds ze zijn broer had gedood en vier jaar sinds ze hem in Dorestad was tegengekomen. Maar zelfs als hij nog altijd aan haar zou denken was het onmogelijk dat het lot hem naar de Chiemsee zou voeren.

En toch was ze somber toen ze afscheid nam en op zoek ging naar de roeier. Het enige wat haar stemming een beetje verbeterde was het feit dat de abt had afgezien van een ontmoeting met haar.

* * *

De zomer kwam en ging zonder dat er iets bijzonders gebeurde. Maar op een van de eerste herfstdagen, terwijl de boerinnen de vruchten van de fruitbomen oogstten en de mannen werkten in de wijngaarden van het klooster op het vasteland, meerde op een ongewoon tijdstip, midden in de week, een boot van Herrenchiemsee aan, die abt Poppo naar het vrouwenklooster bracht. Vreemd genoeg gaf een van de nonnen korte tijd later een verzoek van Irmingard door om aan een klein feestmaal ter ere van Poppo deel te nemen.

'Ik? Waarom?'

'Ja, dat is een onverwachte eer.' De non haastte zich weg.

Het was onmogelijk om Irmingards uitnodiging af te wijzen. Ging het om de stalmeester? Was hij misschien niet helemaal beter geworden? Of was het omgekeerde het geval en was hij zo snel of volledig gezond geworden dat ze ook voor andere zieken een beroep wilden doen op de hulp van de vrouwelijke arts? Freya dacht aan Irmingards waarschuwing: 'Poppo is een vervelende man'. Ze besloot zo onzichtbaar mogelijk te blijven. Snel trok ze het gewaad aan dat ze alleen 's zondags droeg, bracht Cosima naar Brid en begaf zich op weg naar het hoofdgebouw.

De zaal waar de nonnen normaal gesproken hun maaltijd gebruikten was in allerijl opnieuw ingedeeld. De tafels stonden in een lange rij, ze waren versierd met roze en paarse asters. Kaarsen van bijenwas verspreidden een warm licht. De wandeling naar Brid had tijd gekost, Freya kwam te laat. De nonnen hadden inmiddels allemaal hun plaats ingenomen. Een van hen, portier Barbel, wees onopvallend naar een stoel aan het uiteinde van de tafel, waar de jongere nonnen zaten. Geen van de meisjes fluisterde, zoals ze dat doorgaans deden. Ze staarden naar de bloemen of naar het tafelblad.

Abt Poppo zat aan de korte kant van de tafel naast Irmingard, een intimiderende man met brede schouders, de kruin nauwgezet geschoren, gehuld in kleding gemaakt van de mooiste stoffen; omdat het zo stil was in het vertrek, kon iedereen horen wat hij vertelde. Hij had het over keizer Lotharius, die blijkbaar kort na de verkiezing van paus Nicolaas was gestorven. 'Aan een zweer die hem vanbinnen kapot heeft gevreten, God hebbe zijn ziel. Een pijnlijke beproeving, zeiden de artsen.' Zijn ogen dwaalden naar Freya, zo veelbetekenend alsof hij een boodschap wilde meegeven aan zijn woorden. Maar welke? Geen enkele, dacht ze, en hij was inderdaad alweer op een ander onderwerp overgestapt. Lodewijk, de zoon van Lotharius die de overledene als keizer had opgevolgd, was een wijs iemand, zei hij op schoolmeesterachtige toon. Irmingard, die zich zichtbaar verveelde, gaf een teken aan de bazin van de keuken, die haar hoofd om de hoek van de deur stak.

'Geen heethoofd, hij weegt alles zorgvuldig af voordat hij zich in zo'n risicovolle oorlog stort en laat daarmee de ware christelijke bedachtzaamheid zien. Maar ik zie dat ik je verveel met deze politieke kwesties?'

'Dat zorgvuldige afwegen heeft ertoe geleid dat de Saracenen tot aan Monte Cassino en San Vincenzo konden doorstoten,' antwoordde Irmingard geïrriteerd. 'Er wordt beweerd dat de abten van de twee kloosters daar zich moeten beschermen tegen plunderingen door belasting te betalen.'

Poppo wekte de indruk dat hij haar van repliek wilde dienen, maar hij hield zich in. Freya wist dat Irmingard een dochter van koning Lodewijk de Duitser was, die heerste over het oosten van het Frankische Rijk, en daarmee ook familie was van de daarnet door Poppo zo geprezen nieuwe keizer die zíj blijkbaar niet kon uitstaan. 'Oordeel niet overhaast,' zei hij met een geforceerde glimlach.

Het eten werd binnengebracht. Het half uur dat volgde verliep zonder al te lange gesprekken. Het gekletter van lepels klonk, de kruiken met rode wijn werden doorgegeven. Terwijl ze wachtten op de vlierbloesemmoes die het hoofd van de keuken als nagerecht had aangekondigd richtte de abt zich opnieuw tot Irmingard. 'Is dat daar aan het eind van de tafel de door jou zo geroemde vroedvrouw?'

'Inderdaad, Poppo. En het doet me deugd dat je stalmeester zo snel is hersteld nadat ze hem had behandeld. Gaat het nog steeds goed met hem? Echt? Nou, dat verbaast me niets. Freya heeft vaardige handen.'

'De Here die die aan haar heeft gegeven zij geloofd,' zei de abt stijfjes.

'... en Hij alleen beslist over dood of genezing,' vulde Ursula er vanaf de andere kant van de tafel hatelijk aan toe.

De glimlach die Poppo haar schonk was uitgesproken vriendelijk. Hij pakte de suggestie op. 'Een buitengewoon interessante constatering. Irmingard, wat zorgt volgens jou voor de genezing van een zieke? Het doen en laten van iemand die met bespottelijke hooghartigheid de hersenschimmen van heidense ongelovigen bestudeert, of de hand van God, zonder wiens toedoen een zandkorrel in de woestijn niet eens kan bewegen?'

Daar had je het dan, de aanval waarvoor Irmingard waarschijnlijk ook bang was geweest.

'Je zwijgt? Hoe denkt de vroedvrouw er zelf over?'

Alle ogen werden op Freya gericht. Ze schraapte haar keel. 'Dat komt beslist door de hand van God.' Ieder ander antwoord zou gekkenwerk zijn geweest. Maar toen ze zag dat Poppo triomfantelijk glimlachte, kon ze zich niet weerhouden om eraan toe te voegen: 'Aan de andere kant leert de Heilige Schrift ook dat de Almachtige voor het ten uitvoer brengen van Zijn wil gebruikmaakt van de mens. De gezalfde koning staat aan het hoofd van de christelijke mens, de paus leidt de Heilige Kerk, de vrouw baart volgens Gods gebod de kinderen, de boer oogst de opbrengsten van de akkers. Dat gebeurt allemaal door de mens, maar volgens de wil van Degene die Eeuwig is.'

Het gelach van de abdis maakte een eind aan de stilte die volgde op haar woorden. Duidelijk geamuseerd zei Irmingard: 'Vertel me eens op welk punt de vroedvrouw zich vergist, beste Poppo. Daar ben ik heel benieuwd naar.'

'En ik zou de Heilige Vader graag een bericht sturen om te vragen waarom uitgerekend een klooster een vroedvrouw in dienst moest nemen,' snauwde Poppo haar toe.

'Daar kan ik ook zelf antwoord op geven: omdat bij elk klooster gezinnen horen aan wie God heeft opgedragen om zich te vermenigvuldigen om de aarde te bevolken,' zei Irmingard op vriendelijke toon.

De maaltijd eindigde ijzig.

Irmingard vergezelde haar gast naar het meer toe en Freya zag vanuit haar huisje de boot wegroeien. Poppo's snijdende stem toen hij de stuurman terechtwees was tot in haar tuin te horen.

Verrassend genoeg kwam de abdis kort daarna via het pad naar haar woning. Ze keken samen toe terwijl de boot aanmeerde bij het Hereneiland en de abt verdween in het klooster. 'Wees voorzichtig, Freya.'

'Was het dan fout wat ik zei?'

'Nee, daarom juist. De waarheid vertellen en daarmee een invloedrijk iemand in het ongelijk stellen kan de zwaarste straffen opleveren. Als ik je niet zo dringend nodig had, dan zou ik je nu naar een plek ergens ver weg sturen.'

Ze maakte zich echter bezorgd voor niets. Abt Poppo verliet de volgende dag zijn klooster en als je het geroddel mocht geloven dat van Herrenchiemsee doordrong tot het Vrouweneiland, bracht hij de herfst door met jagen op een van zijn landerijen en de kerst met de mooiste hoer van Beieren.

Hoofdstuk 18

De winter ging over in de lente, de dagen werden weer langer en warmer. Cosima was inmiddels bijna zes en ze was nu vaak in het hospitaal om haar mama te helpen voor de zieken te zorgen. Ze bracht brood en fruit, gaf af en toe doeken aan als er een wond moest worden verbonden; ze voorzag, toen ze merkte hoe enthousiast daarop werd gereageerd, de zieke nonnen van bloemen, afkomstig uit de kloostertuin, die zich inmiddels uitstrekte over een groot stuk grond dat voorheen verwilderd was.

'Waarom huilen de vrouwen zo vaak?'

'Omdat er iets pijn doet, ook weleens als ik probeer om ze te helpen. Vaak doet het eerst zeer voordat alles weer goed komt,' antwoordde Freya.

Cosima knikte ernstig. Het was een slim meisje dat snel van begrip was. Deze avond mocht ze met haar mama mee naar de buren. Brid wilde een jurk naaien die Grethlein op de dag van haar bruiloft en later bij de dienst zou dragen. Het was een pracht van een jurk van fijne, zwart gekleurde wol, die bij de halsuitsnijding was afgezet met gevlochten, ragfijn wit garen.

'Je had haar je eigen jurk moeten geven,' bromde Adam.

'Je weet heel goed waarom dat niet kan,' antwoordde Brid.

'Waarom zou...'

'Misschien omdat er een scheur in zit?'

En die was niet te repareren? Freya nam het echtpaar nieuwsgierig op. Het gebeurde zelden dat die twee ruzie hadden, op hun huwelijk leek een speciale zegen te liggen. Maar nu gooide Adam opeens de leren schort waaruit hij de vlekken aan het verwijderen was op de grond, stampte eroverheen en verliet zonder iets te zeggen de kamer.

Freya en Brid bleven samen achter. Ze hoorden door het raam Grethlein en Cosima lachen, in de verte klonk de koorzang van de nonnen, wat zich vermengde met eendengesnater.

'Ik kan er niet tegen om Grethlein in die jurk te zien, dat is het!' Brid trapte verbitterd met haar voet tegen een weefgetouw. 'En al helemaal niet op haar bruiloft. Dat Adam het lef heeft om dat voor te stellen! Weet je dat ik bijna doodging in die jurk? Op de dag van mijn huwelijk? Ik had hem bij de varkens in het hok moeten gooien. Het is dom om je leed in een kist te bewaren.'

Freya had nooit de neiging om mensen uit te horen, maar Brid wilde haar hart luchten. Ze slaagde erin haar stem te dempen en de woorden toch als een schreeuw te laten klinken. 'Waarom wisten ze de vrede niet te bewaren? Waarom konden die mannen er verdikkeme niet gewoon voor zorgen dat alles goed was? Hoe belangrijk was het nou allemaal?' De jurk vloog op de grond. 'Ze hadden ruzie, moet je begrijpen. Mijn broer Josef, van wie ik hield, en mijn man, van wie ik minstens evenveel hield. Op de dag van mijn bruiloft. En waarom? Omdat mijn vader me een bruidsschat had gegeven die Adam en mij op weg moest helpen. Mijn vader had een goed, gevoelig hart. Hij kon de akker missen en hij mocht Adam. Die bruidsschat had hem trouwens geen lor kunnen schelen als hij had geweten wat voor onheil dat zou brengen. Hij was visser. "Ik kan voor brood op de plank zorgen, ook al is het met vissen," had hij tegen me gezegd. Waarom moest Josef zich ermee bemoeien?' Ze beantwoordde de vraag zelf. 'Omdat hij dronken was! "Het gaat jou alleen maar om de akker en om de os," zei hij tegen Adam. Een os zouden we namelijk ook nog krijgen. Toen sprong Adam uit zijn vel en begon hij te schelden en daarna...'

Freya stond op om haar armen om haar vriendin heen te slaan. Brid begon ongecontroleerd te huilen. Het volgende wat ze zei was nauwelijks te verstaan. Blijkbaar had Josef zich zo geërgerd aan Adams beledigingen dat hij, stomdronken, zijn mes had gegrepen en op hem wilde insteken. Brid was ertussen gesprongen. Het mes had zich in haar heup geboord en haar broer was zo geschrokken dat hij het huis uit stormde en van het eiland vluchtte. 'Josef, vervloekte hakker die je bent!' riep Adam hem na. En die naam is blijven plakken: Josef de Hakker. Ik heb al zo vaak tegen Adam gezegd dat hij dat woord niet meer in de mond moet nemen. Het is niet eerlijk! Het ging toch maar om een kort moment dat hij zo driftig was, één enkel ogenblik...'

'Dat zeg je omdat je je broer niet kent,' snoof een stem bij de deur. Adam was teruggekomen. Als dat was omdat hij spijt had, dan was die opwelling nu voorbij. Hij pakte zijn schort en verdween opnieuw.

∗∗*

Twee weken voor Pasen keerde abt Poppo terug naar Herrenchiemsee. Freya wachtte terneergeslagen op nieuwe problemen, maar hij was haar ofwel vergeten, of hij had besloten haar te negeren. Op paaszondag kwam hij naar het Vrouweneiland om een kerkdienst te leiden en natuurlijk vond er ook een paasmaaltijd plaats, waarvoor al dagen daarvoor werd geslacht en gebakken. 's Middags keerden de gasten terug naar hun eiland.

Opnieuw keek Freya vanuit haar tuin naar de boten die over het water voeren. Het zwarte gewaad van de abt werd omhoog geblazen door windvlagen. Hij ziet eruit als een raaf, dacht ze, en een beklemmend tafereel uit haar jeugd schoot haar te binnen: een raaf die zich in het kwaadaardige gezelschap van een wolf op de kalveren stortte die naast Björns dorp graasden. De raaf pikte ze de ogen uit, de wolf verscheurde ze, allebei vraten ze van de kadavers.

Freya probeerde de herinnering van zich af te zetten door een schop te halen; ze begon een verpieterde struik uit te graven die haar al lang een doorn in het oog was. Toen ze er met een bijl brandhout van hakte kwam de abdis haar tuin in. Ze was rood aangelopen, haar manier van lopen snel en ongeduldig. 'Ik heb iemand nodig die me wil aanhoren, anders ontplof ik!' Ze pakte Freya's arm vast en trok haar mee naar een bank die Adam in de wintermaanden had gemaakt.

'Het gaat zo meteen regenen,' zei Freya met een blik op de toppen van de Chiemgauer Alpen, waar wolken zich samenpakten.

'Dat past precies bij mijn stemming! Weet je wat Poppo me daarnet vertelde? Lotharius van Lotharingen... Je weet wie dat is? De broer van de nieuwe keizer. En mijn neef, mijn bloedeigen neef... Freya, zweer bij de Heilige Maagd dat elk woord dat je nu hoort onder ons blijft.'

Freya zwoer het. Ze zou ook zonder die eed niets hebben doorverteld.

'Het zit zo: Lotharius is een paar jaar geleden getrouwd. Met Theutberga, een dochter van de graaf van Arles. Ik was uitgenodigd voor de bruiloft en geloof het of niet, hij had vanaf het eerste moment een hekel aan zijn arme bruid. De haat werd tijdens het huwelijk niet minder, maar nam juist toe. Op een dag... heeft hij haar getrapt zoals je dat bij een hond doet. Ik was er zelf bij. Hij schaamde zich niet haar in het openbaar te vernederen.'

Freya dacht aan Elva. Ook Björn ging af en toe onbehouwen om met zijn vrouw. Maar getrapt had hij haar niet en zij zou dat ook niet hebben toegestaan. Bij de Denen hadden de vrouwen zo hun trots.

'Lotharius nam al snel een minnares. Goed, dat had Theutberga nog wel kunnen verdragen. Mannen zijn zo overspelig als honden, niemand die zich eraan stoort. Maar ze kon hem geen kinderen schenken. En daarom heeft hij haar verstoten.'

'Kon dat dan zomaar?'

Irmingard lachte kwaad. 'In Gods Heilige Kerk is dat uiteraard niet mogelijk. Alleen is Theutberga zwak, zonder strijdlust. Ze heeft zich verscholen in de abdij Sainte-Glossinde. En daarmee zou je denken: eind goed, al goed, ware het niet dat Waldrada, dat is de naam van Lotharius' hoer, zó tuk was op de officiële titel van koningin dat ze op een scheiding aandrong. Het kind dat Lotharius en zij kregen moest wettig zijn en zijn troon erven. Ze bleef Lotharius bestoken totdat hij zich tijdens de Synode van Aken tot de aartsbisschoppen wendde. Die hebben hun zegen gegeven aan zijn verzoek tot scheiding. Er wordt beweerd dat het om omkoping gaat. Maar toen wilde de Heilige Vader er niet mee instemmen. En nu...'

Irmingard sprong overeind. Het begon te regenen, maar ze merkte het amper. Opgewonden liep ze heen en weer voor de bank. 'Geloof jij in de geboden die God ons bij de berg Sinaï heeft opgelegd: dat de mens niet mag echtbreken en dat hij in de eerste plaats geen valse getuigenis mag afleggen?' Ze wachtte het antwoord niet af. 'Tja, en moet je nu eens horen wat Poppo me heeft verteld: om de scheiding erdoor te drijven bij de paus, beweert Lotharius opeens dat Theutberga ontucht heeft gepleegd. En wel met haar eigen broer!'

'En dat is een leugen?'

'Ja, ben je niet goed wijs? Theutberga is zo zedig als een madeliefje. Maar Lotharius zou een lam nog een wolf noemen als het dat zo uitkomt. Hij is zo... kruiperig. En hij wil hiernaartoe komen!'

'Hè?' vroeg Freya verbluft.

'Dat is de tweede blijde boodschap die Poppo me daarnet heeft overgebracht,' zei Irmingard sarcastisch. 'Ik neem aan dat hij hem zelf heeft uitgenodigd. Om mij te pesten natuurlijk. Hij weet dat ik mijn neven niet kan uitstaan. Zij mij trouwens ook niet.'

'Zou het dan niet beter zijn om die Lotharius...'

'Koning van Lotharingen, dat is zijn titel.'

'... op het Hereneiland te huisvesten?'

'Samen met zijn hoer? Want die neemt hij natuurlijk mee en bij de monniken mogen geen vrouwen overnachten. Het staat nog niet vast wanneer hij precies komt, maar sowieso nog deze zomer. Hij wil hier uitrusten voordat hij zich op weg begeeft naar de Alpen om die scheiding los te peuteren bij de paus. Maar ik kan er niet tegen dat die man de muren van mijn klooster gaat besmetten met zijn adem. Daar kan ik niet tegen, Freya.'

'Kun je er een stokje voor steken?'

Irmingard zweeg even. 'Nee,' zei ze toen gelaten.

* * *

Wanneer werd er voor het eerst melding gemaakt van een demon? In mei? In ieder geval stond de tuin al in bloei.

Het begon allemaal met een lijfeigene van Frauenchiemsee die op de eigendommen aan de overkant van het meer brandhout had gehakt voor het klooster. Bij terugkomst vertelde hij iedereen die hij tegenkwam dat in Breitbrunn, een dorp aan de andere kant van het meer, een demon was opgedoken. Die had stenen gegooid tegen het huis van een vatenmaker en toen de heer des huizes naar buiten stapte, ging het ijzingwekkende wezen voor zijn ogen in rook op. 'In rook! Kort daarvoor had er nog een mens gestaan en opeens: alleen nog een rookpluim!' Maar pas later werd het echt griezelig: de vatenmaker was zijn huis weer binnengegaan, was naar bed gegaan en nog diezelfde nacht stuiptrekkend en onder afgrijselijk geschreeuw gestorven.

De bewoners van Frauenchiemsee sloegen een kruis. Hun blikken zweefden verontrust naar de oever aan de overkant van het meer, waar het bos donker afstak tegen de waterig blauwe lucht. Een demon en dan ook nog zo dicht bij hun eiland? Een paar dagen lang ging na het invallen van de schemering niemand meer zijn huis uit en een hond die als een dolle bleef blaffen naar het poorthuis van het klooster werd met een bijl doodgeslagen.

Toch zou de kwestie waarschijnlijk weer snel in de vergetelheid zijn geraakt als niet een paar weken later een handelaar het eiland had bezocht: een man met een bontgekleurde kap op die veel had gereisd en naar het klooster wilde om daar oosterse kruiden te verkopen. De overste nam peper, kruidnagels, gember en saffraan bij hem af en na de koop ging hij naar de huizen van de lijfeigenen om bij een van de boeren die hij van vroeger kende, Meusewin, te overnachten.

Er kwamen maar zelden bezoekers naar het klooster, waardoor het hele dorp al snel in Meusewins kleine huis zat. De bierpul ging rond en de man begon te vertellen wat hem op zijn reis allemaal was overkomen. Hij was helemaal in Hongarije geweest en had zelfs mohammedanen bezocht. Ook in Rome? Uiteraard. Hij raakte niet uitgepraat over het pauselijk paleis en Freya, die zich onder de toehoorders bevond, vond dat hij ofwel een uitgesproken slecht geheugen had of aan het opscheppen was. Er waren geen gouden koepels en brede, prestigieuze straten in de Eeuwige Stad. Misschien was dat vroeger zo geweest, maar de laatste tientallen jaren niet.

Vervolgens kwam Kempten ter sprake, een plaats in de buurt van Bingen waar hij ook een paar zakjes van zijn kostbare peperkorrels had verkocht. En toen viel opnieuw het woord 'demon'.

De gesprekken en het gelach stierven weg en de handelaar, die blij was met de hernieuwde aandacht, fluisterde: 'Het goddeloze wezen waart daar al maanden rond. Hij gaat altijd op dezelfde boosaardige manier te werk. Hij slaat met een hamer tegen de muur van een huis – ik heb met eigen ogen de deuken in het hout gezien, het was bijna gescheurd! – en de mensen in het huis gaan dood. Sommigen overkomt dat nog dezelfde nacht, anderen pas na dagen of weken. Maar dood gaan ze allemaal. Twee families zijn zelfs verbrand omdat de demon hun huis in brand stak.'

De eilandbewoners keken elkaar geschrokken aan. Natuurlijk dachten ze weer aan Breitbrunn. Daar had de demon met stenen gegooid, in Kempten had hij een hamer gebruikt. Het waren verschillende werktuigen, maar het doel was toch hetzelfde, namelijk om de huizen te beschadigen?

'Te markéren. De demon markeert de huizen,' mompelde een van de mannen. 'Hij wil onthouden welke bewoners slachtoffer gaan worden.'

'Precies,' was Malachias, de oom van Brid, het met hem eens en hij herinnerde eraan dat God, toen hij de Egyptenaren wilde straffen, het volk Israël opdracht gaf om het bloed van een lam op hun deuren uit te smeren zodat hij hen zou sparen. Waren demonen niet gevallen engelen? Deed deze demon misschien de opdracht van God na door de huizen ook te merken, maar dan om te doden en niet om de mensen die er woonden te sparen?

Grethlein, die tussen Wenzel en Freya in bij het raam zat, schoof dichter naar haar verloofde toe en duwde haar hand onder zijn arm.

'Wat er in Breitbrunn is gebeurd is al meer dan twee maanden geleden en hier is nooit iets voorgevallen,' zei Adam in een poging de mensen te kalmeren. 'De demon is vast en zeker allang de bergen over gegaan.'

'Toch moeten we de abdis op de hoogte brengen,' vond een oude vrouw die naast de vuurplaats haar kleinkind wiegde. Haar blik ging naar Freya, van wie blijkbaar iedereen wist dat ze kind aan huis was bij de abdis.

***

'Een demon, alweer.' De abdis stond op uit de leunstoel waarin ze was ingedut. Voor haar lag op een tafel een opengeslagen boek. Het was midden in de nacht.

'De mensen zijn bang,' zei Freya.

'En je kunt het ze niet kwalijk nemen,' zuchtte Irmingard en ze liep naar het raam om frisse lucht in te ademen en wakker te worden.

Freya ging naast haar staan en ze keken allebei naar buiten, waar nevel was blijven hangen in de takken van een boom. 'Een van mijn voorvaderen, koning Pepijn, kreeg in Aken in bad bezoek van een demon,' fluisterde de abdis. 'Er wordt beweerd dat dat gedrocht een menselijke gedaante had aangenomen om hem te misleiden. Hij stapte het bad in alsof hij een dienaar was, maar Pepijn herkende zijn duivelse afkomst en doorboorde hem met een zwaard. Het badwater, zo wordt gezegd, vulde zich daarna met verrotting, bloed en vet.'

Verrotting, bloed en vet... Freya probeerde zich te herinneren of de Denen het ooit over demonen hadden gehad. Bij de Noormannen hielden de slinkse Loki en zijn kinderen, de Midgaardslang en Fenrir, huis. Ook reuzen en trollen. Maar demonen? Misschien bleven ze daarvan verschoond omdat ze heidenen waren? Dat de dienaren van Satan het niet de moeite waard vonden om hen te achtervolgen? Of hadden de Denen gewoon niet ingezien dat de demonen de oorzaak waren van dood en verderf?

'Maar goed, we moeten in ieder geval voorzorgsmaatregelen treffen.' Irmingard verstrakte. 'Aan de eilandbewoners moeten kruizen en wijwater worden uitgedeeld, zodat ze zich kunnen verdedigen als ze door een van die monsters worden aangevallen. Ook moeten al bij de geringste verdenking de klokken worden geluid. En ik zal Poppo vragen om ons een paar weken lang een monnik toe te wijzen die heel hard de naam van de Here over het eiland moet roepen als hem iets verdachts opvalt. Ze vluchten bij het horen van Gods heilige naam, wordt beweerd. Wat is er? Waarover ben je aan het piekeren, Freya?'

'Waar bestaan de lichamen van demonen uit?'

'Uit een fijne stof, zoals bij engelen, legt Augustinus van Hippo uit in *Civitate Dei*. Daarom zijn hun zintuigen ook scherper dan die van de mens. Maar omdat ze in tegenstelling tot engelen ook lagere ge-

daanten aannemen, kunnen ze ook lijden, en daar moeten we onze hoop op vestigen: het is mogelijk om ze te vernietigen.'
'Op dezelfde manier als Pepijn deed, met een zwaard?'
'Het verhaal gaat dat er meerdere mogelijkheden zijn.' Irmingard zuchtte. 'Jammer genoeg weet ik daar bijna niets van.'
'Staat het boek van Augustinus in de bibliotheek?'
De abdis knikte.
'Dan moeten we ons daarin verdiepen. En wel zo snel mogelijk.'

**

Ze vonden het boek, maar de demon was sneller dan ze konden lezen. Er waren nog maar twee dagen verstreken toen Volker, de bierbrouwer van het klooster, kort na zonsopgang opeens schreeuwend tussen de huizen door wankelde. Hij krabde zijn gezicht open, rukte zijn slierterige haren uit zijn hoofd en was niet in staat iets uit te leggen. Omdat het niet lukte om hem een zinnig woord te ontlokken haastten de buren zich naar zijn ouderlijk huis, want Volker was ondanks zijn gevorderde leeftijd nog ongetrouwd, een buitenbeentje zonder vrienden die moeilijk met andere mensen overweg kon.

De deur, van zwaar eikenhout dat in de loop van tientallen jaren donker van kleur was geworden, stond wagenwijd open, kippen kakelden binnenshuis, de mensen hoorden een geit mekkeren. Freya, die net op weg was naar Brid, sloot zich aan bij de geschrokken mensenmassa, die als aan de grond genageld naar de deuropening staarde. De geur van rook hing in de lucht, hoewel het zomer was en niemand zijn kostbare hout zou verspillen om het huis te verwarmen. De gedachte aan de demon van Breitbrunn drong zich in alle hevigheid aan hen op.

Freya baande zich een weg door de omwonenden en ging het huisje binnen. Tegen de achterste muur ontdekte ze het strobed van de twee oude mensen, het was leeg. Tegenover het bed stond een tafel met een pan waar vliegen omheen zoemden; boven de kookplaats stond een driepoot met daaraan een ketel. Van het vuur steeg echter geen rook op. Waar kwam die lucht vandaan?

In het achtergedeelte van het huis had de waardevolle geit haar onderkomen. Ze stampte en rukte aan het touw waarmee ze was vastgebonden. Het woonvertrek en de stal waren van elkaar gescheiden door een dikke houten wand die tot borsthoogte reikte, zodat Freya niet kon zien waardoor het dier van slag was. Weifelend keek ze achter het schot.

Volkers ouders lagen naast de geit. Malachias, de vader, pal tegen de wand, zijn vrouw Margret half over hem heen, alsof de twee daar zo waren neergegooid. Margrets levenloze ogen waren naar het plafond gericht. In haar hand had ze verschillende kippenveren. Blijkbaar had ze in al haar paniek naar alles gegrepen wat ze maar te pakken kon krijgen. Haar dunne witte haar was losgeraakt. Ze hadden allebei alleen een hemd aan en waren dus waarschijnlijk 's nachts gestorven, en allebei hadden ze alles laten lopen, zoals dat gebeurde als een mens overleed. Omdat Malachias' hemd veel korter was dan dat van Margret kon Freya zijn besmeurde onderlichaam zien. Ze haalde een deken van het bed en legde dat over de doden heen. Het arme oude stel zou niet hebben gewild dat ze in deze toestand zouden worden aangetroffen. Daarvoor hadden ze te veel waardigheid bezeten. Toen ze de hut uit stapte zag ze dat de buren zich inmiddels voor drie minieme ramen hadden verzameld. Wat was daar te zien? Opnieuw duwde Freya zich een weg naar voren. Op de dwarsbalk boven het raam had het hamerslagen geregend. De spaanders lagen op de grond, nog helemaal licht en vers. Rook en stukgeslagen hout van een huis, het bewijs was er nu: de demon had ook op Frauenchiemsee toegeslagen.

Achter haar rug was iemand meelijwekkend aan het roepen. 'Nee, alsjeblieft, dat niet, nee...' De menigte ging uiteen. Brid waggelde over de weg. Een buurvrouw stormde naar haar toe en hield haar met beide armen stevig vast. 'Je gaat niet naar binnen. Alsjeblieft, lieve...'

Brid probeerde zich los te rukken.

'Stil maar, lieverd. Je kunt niets meer doen. Je oom en Margret... God heeft ze bij zich geroepen.' De vrouwen worstelden. Adam, die zijn vrouw was gevolgd, wilde hen uit elkaar halen, maar opeens ging zijn hoofd omhoog. Snoof hij ook de geur van rook op? Hij sloeg een kruis en draaide zich moedig naar de deur toe.

Maar daar stond Volker inmiddels, overstuur, zijn gezicht vol schrammen. Ontdaan zag Freya dat hij Adam een enorme vuistslag gaf, waardoor bij het slachtoffer het bloed uit de neus spoot. 'Smeerlap die je bent, jij blijft met je poten van mijn ouders af. Ik maak je nog liever af dan dat ik je... Laat me los!' Hij probeerde zich te bevrijden uit de handen van de dorpsbewoners die hem inmiddels hadden vastgepakt.

Op dat moment begonnen de klokken te luiden en een rij nonnen kwam als een leger van God naar de hut toe. 'Hou op!' klonk het woedend uit Irmingards mond.

***

Het was een uur later. De abdis was, na een geschokte blik op de slachtoffers van de demon en nadat ze Brid toestemming had gegeven de doden te wassen, teruggegaan naar het klooster om de nodige maatregelen te nemen. De abt werd geïnformeerd, een van zijn monniken moest komen om voor de overledenen te bidden en hen met wijwater te besprenkelen. Maar de geestelijke was er nog steeds niet en Freya zat samen met Brid in de hut, want de buren waren allemaal gevlucht; ze fluisterden waarschijnlijk liever in de beschutting van hun eigen vier muren over de afschuwelijke gebeurtenis. De geit en de kippen verdrongen elkaar achter het houten schot, de twee doden waren gewassen en lagen, gehuld in dekens, op hun strobed, en Brid begon op zachte toon te vertellen hoe de vork in de steel zat wat Volkers aanval op Adam betrof. Daarvoor moest ze ver teruggaan in het verleden.

Malachias was haar oom en natuurlijk ook die van Josef, en Volker was daarom vanzelfsprekend haar neef. 'Vroeger waren we vrienden en dat ging verder dan de normale gehechtheid die een bloedband met zich meebrengt. Maar na dat gedoe met mijn broer Josef, die op Adam wilde insteken, en toen Adam Josef daarna uitmaakte voor hakker, is dat allemaal stukgelopen. Malachias stond aan Josefs kant en daardoor Volker en Margret ook...'

Brid zuchtte. 'Het is inmiddels allemaal twintig jaar geleden. We hebben elkaar niets aangedaan, begrijp dat goed. Maar we praatten ook niet meer met elkaar. Margret en ik wel. Soms, als de mannen er niet bij waren. Ik mocht haar graag en zij mij ook, geloof ik. Maar Malachias, Volker en Adam bleven lijnrecht tegenover elkaar staan. Wat had ik dan moeten doen? Weggaan bij mijn eigen man? Door een kwestie waaraan Adam helemaal geen...' Haar stem werd nog zachter. De vraag wie er schuldig was, was lastig. 'Toen Malachias niets meer te maken wilde hebben met Adam had hij hem gewoon uit de weg moeten gaan, maar de familie tegen elkaar opzetten... De laatste jaren was het een en al haat,' mompelde ze met een zucht waarvan haar hele lichaam begon te beven. 'Terwijl ik als kind met Volker speelde zodra het werk dat toeliet. We hebben stenen over het water laten scheren en vis gebraden...'

Freya luisterde nog maar met een half oor. Ze staarde in het vuur. De stenen vuurplaats glinsterde aan één kant, alsof iemand er water over had gegoten, en de rooklucht die ze bij binnenkomst had opgesnoven schoot haar weer te binnen. Ze stond op, liep naar het zwartgeblakerde metselwerk en streek er met haar hand over. Ja, inderdaad, het voelde vochtig aan. Toen ze de half verbrande blokken hout optilde ontdekte ze daaronder een klein plasje zwart water. Blijkbaar had iemand het kookvuur aangestoken en het kort daarna weer gedoofd. Om voor de rook te zorgen die de dorpelingen aan de demon uit Breitbrunn deed denken? Ze kreeg het er benauwd van. Ze keek om zich heen of ze een emmer zag maar kon er nergens een ontdekken, wat ook merkwaardig was, want een huishouden zonder een emmer om water mee te halen, dat bestond niet. De stal had een deurtje dat naar buiten leidde.

'Wat doe je nou?' vroeg Brid.

Freya wurmde zich langs de geit, opende de deur en... inderdaad. Tussen een bed met kool en de aangrenzende mesthoop lag een achteloos weggegooide houten emmer. Ze ging het huis weer in en liep naar de twee overledenen. Tijdens de periode die ze in het hospitaal had doorgebracht had ze de stadia geleerd die een lichaam doorliep tot aan de begrafenis. Eerst ontstonden er roodpaarse en blauwgrijze vlekken. Dan kwam daar de stijfheid van het lichaam bij, die begon bij de oogleden en kauwspieren en zich in de uren daarna over alle ledematen uitbreidde. Na één of twee dagen verdween die stijfheid weer, de ledematen konden weer worden bewogen.

Freya maakte Margrets gezicht vrij en probeerde haar kaak te bewegen. Dat was nog mogelijk, ze was dus pas kortgeleden gestorven. Daarna sloeg ze de deken op om het hele lichaam te kunnen zien. In haar zij en op haar rug, waarop Margret had gelegen, waren zoals verwacht lijkvlekken ontstaan. Wat ze niet vond was een wond die de dood kon hebben veroorzaakt. Hoewel: Margrets normaal gesproken magere gezicht was opvallend opgezwollen. Freya boog zich over de hals van de overledene en ontdekte roodachtige vlekken, een teken dat onder de huid de adertjes waren gesprongen. Ze was gewurgd.

Brid voegde zich bij haar. 'Wat ben je toch aan het doen?' vroeg ze geschokt.

'We moeten de abdis erbij halen.'

* * *

Het vergde tijd om alle verdachte sporen aan Irmingard uit te leggen. De lijkvlekken en de stijfheid van het lichaam die erop wezen wanneer iemand was overleden. Het vuur, waarover water was gesprenkeld om rook te veroorzaken. De emmer bij de deur die waarschijnlijk was weggegooid om te verdoezelen hoe de rook was ontstaan. En met name de roodachtige vlekken die Freya ook bij Malachias' hals ontdekt...

'Je wilt dus zeggen dat die twee niet het slachtoffer zijn geworden van een demon, maar van een moordenaar van vlees en bloed?'

'Als een demon een lichaam heeft dat uit de fijnste materie bestaat, dan heeft hij geen spieren die de aderen van een mens kunnen laten springen. En een demon hoeft ook geen water te gebruiken om...'

'Jaja...' Irmingard legde haar met een handbeweging het zwijgen op. Ze kwam geschokt over. 'Maar de klappen met de hamer tegen het hout...'

'... geven aan hoe geslepen de moordenaar is.'

Irmingard knikte. Ze sloeg de deken voorzichtig terug over de doden. 'Het bevalt me niet.'

Freya keek haar verbaasd aan.

'Dat we abt Poppo naar het eiland moeten halen, bedoel ik. Het beoordelen van dit soort voorvallen, een onderzoek beginnen, dat moet onder zijn leiding gebeuren, niet die van mij. Ik heb er een hekel aan als hij zijn neus in mijn zaken steekt.'

'Kunnen we het voorlopig voor hem verzwijgen?'

Irmingard glimlachte mat. 'Helaas is hij uitgerekend nu op het Hereneiland. Ik kan het niet riskeren om hem te negeren.'

***

De abt arriveerde die middag al op het Vrouweneiland. Freya, die zag dat zijn boot aanmeerde, ijsbeerde zenuwachtig door haar hut. Ze had waar het de moordenaar betrof inmiddels een verdachte op het oog, die ze niet meer uit haar gedachten kon zetten. Volker was een zonderling iemand, aan de ene kant zo gesloten als een oester, dan opeens weer opvliegend, zelfs om de meest onbeduidende redenen, had Brid gezegd. Had hij misschien ruzie gekregen met zijn ouders en ze in een vlaag van woede gewurgd? Vermoordde hij eerst zijn vader en vervolgens zijn moeder, om te voorkomen dat ze zijn wandaad onthulde? En probeerde hij daarna om de verdenking af te schuiven op een demon? En was ook zijn vertwijfeling, toen hij zijn gezicht openhaalde, alleen maar gespeeld om de buren om de tuin te leiden?

Ze kon zich natuurlijk vergissen. En daarmee rees de volgende vraag: moest ze Poppo vertellen over haar verdenking? Maar stel dat iemand anders die twee arme oude mensen had vermoord en ze een onschuldig iemand in de problemen bracht.

Ze had zich al haar overwegingen echter kunnen besparen. Poppo verliet het eiland al na een uur, zonder haar erbij te halen.

Het ontbrak Freya aan de rust om af te wachten totdat de abdis haar liet komen. Ze ging naar het hoofdgebouw van het klooster, waar Irmingard haar met een sombere gelaatsuitdrukking ontving.

'Slecht nieuws?'

'Dan kun je wel zeggen, ja.' Irmingard gebaarde naar een stoel, maar Freya bleef staan. 'Ik zal maar met de deur in huis vallen. Poppo beschouwt de klappen met de hamer en de rook, die toch door het hele dorp is gezien en opgesnoven, als overweldigend bewijs dat een demon de twee oudjes om het leven heeft gebracht.'

'Maar ik heb...'

'En bovendien ziet hij jouw inspanningen om de aanwezigheid van die demon te camoufleren als bewijs dat je met hem onder één hoedje speelt.'

'Hè?'

'Als reden voert hij ook nog aan dat niemand weet waar je vandaan komt. Een vrouw die vanuit het niets opduikt, zegt hij, en een kind laat doorgaan voor haar dochter terwijl haar uiterlijk aantoont dat ze liegt. Hij vindt je een heks.'

Freya merkte dat ze wit wegtrok. 'Ik ben ter wereld gebracht door een vrouw uit Dorestad, de dochter van een markgraaf, die een slaaf van de Denen werd,' legde ze afgemeten uit. 'Daar ben ik jaren geleden gevlucht. Eerst naar Dorestad, om te proberen familie te vinden, daarna naar Rome, waar mijn grootvader woonde, en uiteindelijk naar dit eiland. Meer valt er over mij niet te vertellen. En Cosima is de dochter van een vriendin van me die om het leven kwam. Ik heb haar met me meegenomen omdat ze verder op de hele wereld niemand meer...'

'Stil maar. Ik heb niet gezegd dat ik Poppo's mening deel.' De abdis trok haar wenkbrauwen op. 'Wat is er?'

'De mening van een vrouw doet er toch niet toe, hoe machtig ze ook is, maar alleen die van de man die...'

'Denk je echt dat ik me zo snel bij de dingen neerleg?' Irmingard lachte droogjes. Ze ging naar een geheim vak in de met hout betimmerde wand en haalde er een fles wijn uit, waarna ze twee bekers vulde. 'Ik heb Poppo uitgelegd dat de kwestie me te bedreigend lijkt om door een gewone abt te laten ophelderen en dat ik me tot mijn vader, de koning, zal wenden; ik zal hem vragen een geestelijke te sturen die ervaring heeft met dit soort problemen en alles kan oplossen.'

'En daarmee was de zaak afgedaan?' vroeg Freya verbluft.

'Er is nog niets afgedaan zolang Poppo zijn bisschopsstaf en mijter draagt. Maar je moet je een tijdje gedeisd houden, Freya. Dat wil ik van je vragen. Geen speculaties meer over de dood van Malachias en zijn vrouw.'

Hoofdstuk 19

Freya hield zich aan dit verzoek. Dat de rust desondanks niet weerkeerde lag aan Adam. Waarschijnlijk had Brid hem verteld hoe grondig Freya de doden had onderzocht, vooral bij de hals, en dat ze de abdis erbij had gehaald. In elk geval werd er opeens over gespeculeerd dat Malachias en Margret misschien door een gewoon mens waren gedood. Adam kwam ook meteen met een naam op de proppen: Josef de Hakker. 'Dat ligt toch voor de hand! Josef wilde Malachias' erfenis binnenhalen. Het was tenslotte zijn oom.'

Toen Freya daarvan hoorde bracht ze ertegen in dat Volker, als Malachias' zoon, diens huis en grond zou erven. Adam liet zich zijn verdenking echter niet uit het hoofd praten. Ofwel hij wist iets over een oude erfovereenkomst wat hij niet wilde prijsgeven, of hij was simpelweg verblind door haat.

'Josef zal komen om zijn erfenis op te eisen. Let maar op! Dat duurt niet lang meer.'

Maar hij vergiste zich. Josef kwam niet naar het eiland en Malachias' huis en diens land aan de andere kant van het eiland gingen, zoals Freya had vermoed, naar Volker. Freya sloeg de erfgenaam vol wantrouwen gade. Ze vond hem ongebruikelijk vrolijk. Zelfs de tranen die hij er bij de begrafenis uit wist te persen kwamen geforceerd op haar over. Of behoorde hij tot de groep mensen die het moeilijk vonden om gevoelens te uiten? Maar goed: Irmingard had haar gevraagd om haar mond te houden en daar hield ze zich nog steeds aan.

∗

Dat was maar goed ook, want het duurde nog geen vijf weken of ook Volker werd uit het leven gerukt. Opnieuw gebeurde het 's nachts en de buren vertelden dat ze wakker waren geworden van een vreselijk geschreeuw. 'Alsof het van iemand afkomstig was die iets afgrijselijks meemaakt, alsof er...'

... een demon was komen opdagen? Ja, dat was precies wat hen zo bang had gemaakt. Ze waren naar zijn huis gerend en hadden bezorgd door het raam getuurd, maar konden niets zien. Toen het opeens stil werd in het huis waren ze, vol angst voor Satan, teruggevlucht naar hun eigen huizen, waar ze de deuren hadden gebarricadeerd; ze hadden gebeden en pas bij zonsopgang voldoende moed bijeen weten te rapen om de abdis op de hoogte te stellen.

Dit keer was het dus Irmingard die als eerste het huis binnenging. Ze trof het lijk van Volker aan, ineengekrompen voor de vuurplaats. En ook dit keer ontdekte ze nieuwe klappen van een hamer bij een van de ramen.

Freya zag ervan af om naar het getroffen huis te gaan. Poppo was op reis, zoals zo vaak, maar hij zou terugkomen en... Je moet je gewoon gedeisd houden, dacht ze en ze merkte dat haar maag in opstand kwam. Zou de abt haar, als het nieuwe dodelijke slachtoffer hem ter ore kwam, ook in het openbaar ervan beschuldigen een heks te zijn?

's Nachts, terwijl de nonnen in hun cellen sliepen en de geschokte dorpsbewoners zich in hun huizen hadden verscholen, kreeg ze echter onverwacht bezoek. Irmingard duwde de deur open, in haar andere hand een fakkel. 'Psst, ik ben het. Zou je op willen staan? Ik heb je nodig.' Terwijl Freya haastig haar gewaad aantrok, fluisterde ze: 'Ik heb het lichaam van Volker in de kist laten leggen en naar het kerkhof laten brengen, en ik wil dat je er daar even naar kijkt. Nu! Samen met mij.'

Freya wierp een blik op Cosima, het meisje sliep als een roos onder de bontgekleurde deken die Brid voor haar had genaaid. Zachtjes sloopt ze met de abdis naar buiten, waar de nachtelijke regen de paden had doorweekt. De kleine, sobere kapel op de begraafplaats was in het achtergedeelte voorzien van een beenderhuis om de botten van de doden te bewaren, die door de geringe afmetingen van het kerkhof maar een paar jaar onder de grond konden rusten. Aan de voorkant was een vertrek voor de dienst. Ze stapten de kapel binnen en Irmingard opende de kist, die in de heilige schaduw van het kruis op twee steunen was neergezet. Ze hield de fakkel boven de dode.

Het leek wel of Volker gekrompen was, hij kwam nog armoediger over dan toen hij nog leefde. Zijn lichaam was zo stijf, alsof hij uit hout was gesneden. Zijn ogen waren open, waarschijnlijk had niemand de moed kunnen opbrengen om ze na zijn dood te sluiten.

'Zal ik dan maar?'

Freya deed Volkers hemd open, zoals ze dat eerder ook bij Malachias en Margret had gedaan. Bij zijn hals had hij geen verwondingen, dat zag ze meteen. Maar op zijn linkerarm ontdekte ze schrammen. Die zaten echter aan de buitenkant van zijn onderarm, wat ze merkwaardig vond. Als een vreemde, demon of mens, hem had beetgepakt en met geweld had vastgehouden, dan hadden zijn vingernagels zich toch in de binnenkant van de onderarm moeten boren? En nog plausibeler: in de binnenkant van zijn bovenarm? Waarbij een demon ook nog eens geen handen van vlees en botten had. Ze draaide het lichaam, voor zover dat door de lijkstijfheid mogelijk was. Afgezien van de verwondingen aan zijn arm leek hij ongeschonden te zijn.

Opnieuw boog ze zich over het gezicht van de man, en meende daarin opeens een gevoel te zien. Angst? Ontzetting zelfs? Maar dan kon niet, want de ogen van een mens verloren hun gloed bij het sterven. Freya haalde diep adem. 'Kun je de fakkel wat lager houden?' Ze boog zich nog dichter over het onverzorgde gezicht.

Het waren de pupillen. Die waren onnatuurlijk vergroot en... glansden eigenaardig. Dat glanzen kon komen door het fakkellicht, maar dat het wit van de ogen bijna volledig verdrongen was door de pupillen...

Freya fronste haar voorhoofd. Ze herkende het; ze had zoiets al eerder gezien. Maar waar?

Het duurde even voordat het tot haar doordrong. Rome. Ze was ooit bij de ruïnes van de Thermen van Trajanus geweest en had daar vrouwen aangetroffen die hun lichaam verkochten. Ook bij hen waren haar de vergrote, glanzende pupillen opgevallen. Ginevra had haar later uitgelegd hoe dat kwam. De vrouwen beconcurreerden elkaar heftig, waardoor een flink aantal van hen probeerde om hun ogen te veranderen met behulp van belladonna, wolfskruid, want hun klanten vielen voor grote pupillen, zo werd beweerd. 'Maar,' had Ginevra er afkeurend aan toegevoegd, 'dat loopt er voor die hoeren vaak op uit dat ze krankzinnig worden en afschuwelijke kramp krijgen, soms gaan ze er ook aan dood.'

Freya nam de fakkel over van Irmingard. 'Valt jou iets op aan de ogen?'

De abdis was een subtiele waarnemer. Ze sloeg een kruis. 'Wat is dat?'

'De gevolgen van een vergiftiging met belladonna, neem ik aan. Dat moet ik nog even nalezen.'

'Denk jij dat hij zich per ongeluk...' Ze staarden naar het lijk. Malachias, Margret en Volker waren dood. Drie mensen uit één familie. Twee van hen met zekerheid vermoord. Was het daarom niet logisch om aan te nemen dat degene die de ouders had gedood ook Volker had omgebracht?

'*Cui bono?*' fluisterde Freya. Wie heeft er baat bij? Dat had de beroemde Seneca naar verluidt gevraagd toen hij een verdachte verdedigde. Aristide was gek op dat citaat en had het af en toe gebruikt als hij het over de intriges bij de Romeinse adel had. Dus: wie had er baat bij de dood van die drie mensen?

'Adam?' prevelde Irmingard, die ongeveer dezelfde gedachtegang had.

Of allebei Volkers erfgenamen op het eiland, en dat waren Brid en Adam. Freya klemde zenuwachtig de fakkel vast. Ze wilde bijna dat ze dat gedoe met die pupillen had laten zitten. Dat Brid iemand zou vermoorden leek haar uitgesloten. Maar dat gold ook voor Adam...

Hij had haar hiernaartoe gebracht. Hij had haar verwelkomd in zijn huis. Hij maakte grapjes met Cosima, stopte haar stukjes appel en andere lekkernijen toe, alsof het zijn eigen kleindochter was. 'Misschien wilde Josef zijn erfenis buitmaken.'
'Hè?' Irmingard had even de tijd nodig om zich de man te herinneren. 'Brids broer? Die ze de Hakker noemen? Er is al jarenlang niets meer van hem gehoord. Nee, dat lijkt me niet logisch.'
Misschien had ze gelijk. 'Ga je Poppo op de hoogte brengen van Volkers dood?'
Irmingard zuchtte. 'Ik moet hem wel inlichten; als hij de geruchten van een ander hoort zal het allemaal nog erger zijn.'
'En je wilde je vader vragen een geestelijke te sturen. Hoe zit het daarmee?'
Irmingard maakte een afwijzend gebaar. Ofwel ze had helemaal geen contact gehad met de koning, omdat ze bang was dat het nog meer stof deed opwaaien, of hij had geweigerd. Terneergeslagen verlieten ze de kapel.

Maar vervolgens verbleekte Volkers dood bij een andere gebeurtenis die zo kolossaal en gedenkwaardig was dat in vergelijking daarmee alles onbeduidend werd: er arriveerde een bode die de komst van koning Lotharius van Lotharingen aankondigde, de neef van de abdis.

₊

De twee kloostereilanden veranderden binnen één enkel uur in een mierennest. De koning, zo werd verteld, was nog maar twee dagreizen van hen verwijderd. Omdat hij met een enorm gevolg reisde, dat moest worden gehuisvest en te eten moest krijgen, gingen de bedienden van het klooster naar de dorpen op het vasteland, waar slaapgelegenheden en immense hoeveelheden eten moesten worden geregeld.

Maar ook op het Vrouweneiland ontstond een drukte die haar weerga niet kende. Omdat de koning en een aantal van zijn dienaren in het kloostergebouw zouden verblijven moest ook daar alles worden schoongemaakt en verfraaid. Bovendien moest er een welkomstfeest worden georganiseerd, besloot de abdis. Daarom werd iedereen die daartoe in staat was aan het werk gezet. De vrouwen veegden, kookten en bakten, de mannen haalden in de omringende dorpen wijn en voorraden. Hun boten bevolkten het meer als een kleine armada.

Uiteraard moest ondanks alle drukte de begrafenis van Volker plaatsvinden. Alleen Brid en Freya verschenen echter op het minuscule kerkhof. De teraardebestelling vond plaats in een schandalig snel tempo, een gebed, een paar holle frasen van de priester, zodat Brid naderhand verbitterd haar beklag deed. Volker had tenslotte zijn hele leven op het eiland doorgebracht.

Maar ook zijzelf moest onmiddellijk terug naar het klooster, want Grethlein en zij moesten de minnares van de koning terzijde staan. 'Ze schijnt een veeleisende dame te zijn,' siste Brid naar Freya. 'Bloemen! Ik moet haar kamer met bloemen versieren. Ze heeft via de bode laten weten dat ze niet in een kamer verblijft die niet met bloemen is versierd. Heb je ooit zoiets meegemaakt?'

Freya was de enige die stilletjes in het hospitaal haar werk mocht doen. Ze nam aan dat Irmingard haar bewust op de achtergrond wilde houden, want ook Poppo zou gegarandeerd veel tijd op het eiland doorbrengen zolang de koning daar was. Het viel niet uit te sluiten dat hij diens aanwezigheid zou aangrijpen om de vroedvrouw van het klooster als heks te bestempelen. Dat zou niet alleen voor hemzelf genoegdoening geven: als de abt een bestrijder van Satans schepselen bleek te zijn, zou dat met zekerheid zijn aanzien verhogen. Freya overwoog heel even om het eiland een tijdje te verlaten zolang de koning in het klooster verbleef. Maar een van haar beschermelingen hoestte bloed op, ze moest zalf inwrijven en voor medicijnen zorgen...

**

Lotharius en zijn gevolg meerden op een zonnige middag aan bij het Vrouweneiland. De tuinen schitterden door alle bloemen en groenten, en bomen met hun diepgroene blad wierpen schaduwen.

De koning was een man in de bloei van zijn leven, bijna dertig, schatte Freya, die zijn aankomst door een raam van het hospitaal gadesloeg. Zijn schouderlange haar was zwart en krullend, zijn gezicht smal, zijn lippen hadden een kromming, alsof de mondopening er te klein voor was geworden. Was hij wreed? Heerszuchtig? Ze dacht een bepaalde verbetenheid bij hem te ontdekken, zoals je dat bij mensen zag die hun best deden om aan de eisen van hun omgeving te voldoen. Als hij een blik wierp op de dame die hem vergezelde klaarde zijn gezicht heel even op, maar meteen daarna versomberde zijn blik weer.

En Waldrada? Ook zij had donker haar, maar het was eerder bruin; het was nog weliger dan het zijne, was vastgezet met spelden en viel tot over haar schouders. Ze had een elegante manier van lopen en pakte haar paarse gewaad met gouden knopen zelfverzekerd op, de glimlach waarmee ze de nonnen begroette was vriendelijk. Was ze echt bazig en eerzuchtig? Het was onmogelijk om dat te beoordelen.

Freya trok zich weer terug in haar kamer.

Het feestmaal dat voor de koning was klaargemaakt duurde tot diep in de nacht. Toen Freya vanuit het hospitaal terugkwam in haar hut waren de gesprekken en het gelach nog altijd hoorbaar op het eiland.

Cosima was zo moe dat ze na wat brood te hebben gegeten op haar bed ging liggen. Ze sliep meteen. Het was een kind met levendige dromen, waarbij ze soms mompelde en dingen zei die Freya niet verstond; maar het gebeurde bijna nooit dat ze wakker werd. Freya liep naar het raam. Vanuit het klooster klonken nu niet alleen de geluiden van gesprekken, maar ook de muziek van een luit. In het dorp heerste daarentegen volledige stilte. Geen wonder; alleen de ouderen, kleine kinderen en mensen die aan het ziekbed gekluisterd waren bevonden zich nog in hun huisjes.

Een ideaal moment, dacht Freya. Als ik het nu niet doe, dan gaat het nooit meer gebeuren. Ze trok haar mantel aan, pakte een lantaarn, waarvan ze het licht zo goed mogelijk verborg achter de dikke wollen stof, en verliet het huis. Het was niet ver naar Adams woning; er was geen sterveling te zien. Ze duwde de deur open, zette de lantaarn op tafel en deed de deur weer dicht, waarna ze op zoek ging. Veel plaatsen waar iemand zijn gereedschap zou kunnen opbergen waren er niet. Er was een grote kist, met daarin echter alleen kleding en weinig dingen van waarde, een iets kleinere kist waarin Brid levensmiddelen had opgeslagen zodat er geen ongedierte bij kon, nog zo'n kist waarin Adams hengels en netten lagen...

Freya draaide zich teleurgesteld om. En nu? Ze keek naar het plafond waaraan hammen en worsten hingen. Had Adam het gereedschap in een van de nissen tussen de muur, het dak en de steunbalken gelegd? Onder begeleiding van het geblaat van de schapen begon ze op een kruk de schuine delen te doorzoeken. Ze vond een rieten mat waarin oude stoffen waren gewikkeld, een glimmende ketel die misschien voor Grethleins huwelijk was bedoeld, een bakje met naalden en draden... Net toe ze zich uitrekte om bij een bijzonder hoge hoek te kunnen komen, hoorde ze geluiden bij de deur. Geschrokken sprong ze van de kruk. Maar de deurklink ging al omlaag, geen mogelijkheid om te verdwijnen...

Grethleins verloofde kwam binnen, ineengedoken, doodop en nu ook nog verbijsterd. 'Wat doe jij hier?'

Er schoot Freya geen smoes te binnen die niet overduidelijk als een leugen zou hebben geklonken en terwijl ze nog naar een verklaring zocht, gaf Wenzel die zelf. 'Wie had dat gedacht? Onze lieve vriendin Freya is dus een dievegge.'

'Dat is niet zo.'

'Wegwezen!' Hij wees naar de deur. Van zijn jonge, argeloze gezicht, dat ze zo graag mocht, was alle vriendelijkheid verdwenen, zijn stem klonk net zo hard als zijn woorden.

'Ik zocht alleen iets.'

'Dat zie ik, ja.' Hij pakte haar arm en wilde haar naar de deur sleuren.

'Het heeft te maken met die demon.'

Wenzel keek haar verbaasd aan en liet haar los. Hij was niet iemand met diepe gedachten, maar een eenvoudige jonge man die graag werkte, van zijn Grethlein hield en zich in zijn element voelde als hij met andere mensen uit zijn familie of in het dorp kon lachen en praten. Hij keek haar wantrouwend aan.

Freya koos haar woorden zorgvuldig. Ze bracht naar voren dat inmiddels een derde familielid van Brid op gewelddadige wijze was omgekomen. Als de koning weer vertrokken was zou abt Poppo zich met de zaak gaan bezighouden, dat stond wel vast. Stel dat hij Adam in het vizier kreeg.

'Hoezo Adam?'

'Omdat hij het huis van Brids familieleden zal erven,' legde ze geduldig uit.

'Zo iemand is hij helemaal niet.'

'Iedereen die hem kent weet dat,' was Freya het met hem eens, hoewel ze juist door haar wantrouwen in deze situatie was beland.

'Maar het zou goed zijn als we de hamer konden vinden die hij wel móét hebben. Die van hemzelf dus. Als we kunnen vaststellen dat de ijzeren kop niet past bij de gaten in de vensterbalken van Volkers huis, dan kunnen wij bewijzen dat niet Adam maar iemand anders tegen de ramen van Malachias' huis heeft geslagen.'

'O, op die manier.' Wenzel begreep het. Hij liep naar het gedeelte van de dieren en daar bleek ondanks de beperkte ruimte nog een hokje te zijn, waarin Adams gereedschap lag. Een bijl, twee schoppen, een tang, een sikkel, een kistje met spijkers... En natuurlijk ook de onmisbare hamer. Freya pakte hem.

Samen met Wenzel ging ze naar Volkers huis, dat sinds zijn dood leegstond. Wenzel ging bij een van de gehavende ramen staan en hield de hamer tegen de beschadigde plek. De ijzeren kop paste bij lange na niet in het gat, hij was veel te groot. Freya nam het stuk gereedschap van hem over en ging naar de andere ramen. Dezelfde uitkomst. Ze viel bijna flauw van opluchting.

'En nu?' vroeg Wenzel.

'Ben ik blij dat ik Adam nog steeds kan vertrouwen. Daar ben ik echt blij om, Wenzel.'

Grethleins verloofde had niet de neiging om mensen dingen te blijven verwijten. Hij knikte kort naar haar en verdween weer naar het klooster toe. De reden waarom hij naar Adams huis was gekomen was hij vergeten.

* ** *

Er was geen gelegenheid meer om met de abdis over Adams hamer te praten, de gasten en haar verplichtingen als hoofd van het klooster namen al haar tijd in beslag. Als Freya haar gejaagd over de binnenplaats zag lopen, kwam ze oververmoeid en gespannen over. Freya bleef dus doorgaan met haar zorg voor de zieken en probeerde zo onzichtbaar mogelijk te blijven. Wenzel, die goedzak, leek gelukkig niet met Adam en Brid over de nachtelijke gebeurtenis te hebben gepraat, in elk geval bleven ze allebei vriendelijk tegen haar, net als eerst.

Hoofdstuk 20

Vrouweneiland

Hugo wreef in zijn ogen en kon het nog steeds niet geloven. Was dat echt mogelijk? Hij stond voor het raam in de kamer die ze hem en nog twee mannen uit Lotharius' gevolg hadden toegewezen en eigenlijk voelde hij zich niet lekker. Hij had last van indigestie, wat waarschijnlijk was veroorzaakt door het bedorven vlees van de vorige avond, en staarde al geruime tijd slechtgehumeurd naar de binnenplaats van het klooster. Maar daarnet was er iemand uit een van de huizen aan de overkant gekomen, een vrouw met een vuurrode bos haar. De aanblik had hem getroffen als een donderslag bij heldere hemel. Dat was toch… Ze ging met een emmer naar de put om water te halen en hij kon alleen haar rug nog zien. Was dat echt…?
Rustig, kalm aan. Misschien leken ze alleen maar op elkaar. Er waren honderden, misschien zelfs duizenden vrouwen met rood haar. Maar haar manier van lopen… zelfverzekerd, bijna mannelijk… zo soepel als ze aan de zwengel van de put draaide… Hugo deed een stap naar achteren om zelf niet te worden herkend en loerde stiekem naar haar. De vrouw had de emmer weer naar boven getrokken. Ze ging ermee naar het gebouw waar ze vandaan was gekomen en hij kon nog steeds alleen haar rug zien. Maar opeens draaide ze zich om, alsof ze merkte dat ze in de gaten werd gehouden. Hij keek naar haar gezicht

en had zich niet vergist! Inwendig juichte hij. Aristides liefje, die verrekte slet die hem in Rome door de vingers was geglipt, was op het eiland. Hoe was dat nou mogelijk? Hij had geen idee. Drie jaar geleden, toen dat vuile kreng met het kind in haar armen de hut uit was gerend, had hij in alle hoeken en gaten naar haar gezocht, maar het was alsof ze van de aardbodem was verdwenen. Ook in de dagen daarna had hij haar nergens kunnen ontdekken en hij kwam uiteindelijk verbitterd tot de conclusie dat hij die wraak op zijn buik kon schrijven. En nu werd ze hem op een presenteerblaadje aangeboden.

Voorzichtig trok hij zich verder terug in de kamer. Ze mocht hem beslist niet ontdekken! In werkelijkheid ging het hem helemaal niet om deze vrouw, maar om Aristide. De smeerlap die Anastasius' kans op de pauselijke troon en daarmee zijn eigen kans op roem en macht aan diggelen had geslagen was dood, en toch had Hugo steeds het gevoel gehad dat hij hem niet compleet had vernietigd. De geschoktheid van de gardist toen die roodharige de keuken was binnengekomen was hem tenslotte niet ontgaan. Zij was zijn zwakke plek, dat had hij meteen begrepen. En dat die vrouw was ontkomen, had hem ontzettend dwarsgezeten. Het voelde aan alsof iemand kort voor het hoogtepunt koud water over hem had gegoten. Bood het lot hem een tweede kans? Hij hoopte van harte dat het vuur van de hel waarin die gardesoldaat ongetwijfeld aan het branden was een kijkgat naar de wereld had!

Maar ho! Hij moest voorlopig eerst het hoofd koel houden. Stel dat die vrouw hem ook herkende. Dat ze hem van de moord beschuldigde. Was hij misschien zelf in gevaar? Hugo wreef over zijn pijnlijke buik. Nee, hij stond onder bescherming van een koning die hem vertrouwde. Waar dat meisje hem ook van beschuldigde, zíjn woord zou zwaarder wegen.

Maar nu moest hij zich eerst omkleden. Het avondeten begon zo meteen en Lotharius verwachtte dat hij naar de zaal kwam. O, dat vervloekte vlees! Hij was kotsmisselijk. Er zat echter niets anders op, Lotharius was een heethoofd. Hij trok een gunst die hij had verleend ook net zo snel weer in. Hugo's positie was nog allerminst zeker.

Terwijl hij de kousen aantrok die hij tijdens de maaltijd wilde dragen dacht hij terug aan Rome, aan die kwellende weken waarin hij had gehoopt dat Anastasius zijn macht zou terugwinnen. Maar ze hadden de kardinaal in een klooster gestopt, zodat hij daar een onbetekenend bestaan als bibliothecaris kon leiden, en de man had gehoorzaamd. Dus moest Hugo op zoek naar een nieuwe beschermheer. Hij was in dienst getreden bij de Aquitaanse koning Pepijn. Er volgde een periode vol pieken en dalen, waar een eind aan kwam toen hij de vorige winter uit de gratie was geraakt. Door een dienstmeid, het was bijna niet voor te stellen. Toegegeven, hij had het meisje flink onder handen genomen. Maar ze had ongetwijfeld al iets gemankeerd. Je ging toch niet dood aan een paar van die zalige zweepslagen! De koning was helaas woedend geweest, hoewel Hugo zich bereid had verklaard om de familie van het meisje schadeloos te stellen. Letterlijk op het allerlaatste moment was hij erin geslaagd om naar koning Lotharius te vluchten; en omdat die zijn neef niet kon uitstaan, had hij de Frankische lekenabt in dienst genomen. Kortgeleden had hij hem zelfs het aartsbisdom Keulen in het vooruitzicht gesteld.

Maar wat die rode heks betreft moet ik voorzichtig zijn, dacht Hugo terwijl hij zijn beenlingen vastsnoerde. Zijn wraak moest uitgebreid en amusant zijn, maar mocht hem in geen geval opnieuw een slechte naam als verkrachter van meisjes bezorgen, want de Keulse geestelijken moesten instemmen met zijn benoeming tot aartsbisschop en hij wilde absoluut geen uitvlucht aanreiken om hem af te wijzen.

Even later baande Hugo zich een weg door de eetzaal van het klooster, die bomvol was met mensen. Hij zat als beschermeling vlak bij de koning en de abdis en het was vermakelijk om te zien hoe erg Irmingard haar gasten verafschuwde. Waldrada, de minnares van de koning, die ze kennelijk ook niet kon uitstaan, schepte er plezier in om Irmingards afkeer nog verder aan te wakkeren. 'Wat nobel,' fluisterde ze, 'om ten dienste van de Here af te zien van het geschenk om kinderen te krijgen. Wat bewonderenswaardig dat iemand genoegen kan nemen met de afzondering van een eiland, terwijl het leven toch zoveel opwindends te bieden heeft.'

Irmingard zat te schuimbekken, en probeerde dat te verbergen door een minstreel een teken te geven om de gasten aangenaam bezig te houden met een lied.

'Vooral 's winters lijkt het me eentonig: een leven zonder rijtoeren, zonder uitstapjes naar familie...'

'Het vooruitzicht om hier nog weken of zelfs maanden te verblijven, lijkt je echt te benauwen, lieve. Wat dacht je ervan om zo snel mogelijk zelf op weg naar Rome te gaan om paus Nicolaas persoonlijk duidelijk te maken dat de kuise koningin Theutberga tot een goddeloze sodomiet is verworden...'

'Een ander onderwerp graag, nicht,' snauwde de koning op geërgerde toon tegen haar en Hugo verbeet een grijns. Paus Nicolaas had er geen twijfel over laten bestaan dat hij Lotharius' minnares verafschuwde en de beschuldiging van sodomie, die de scheiding van de koning moest rechtvaardigen, belachelijk vond.

Waldrada deed alsof ze dat niet wist en ze spreidde aanstellerig haar vingers uiteen. 'Ik wil de Heilige Vader maar al te graag informeren over alle verwenste misstappen van Theutberga. Maar helaas zijn de Alpen verscheurd door ravijnen. Op sommige plaatsen moet je de paarden met een touw laten zakken, heb ik gehoord. Er wordt beweerd dat zeker een op de tien dieren dergelijke zware inspanningen niet overleeft. Ik weet niet...'

Lotharius pakte haar hand. Wat hij in haar oor fluisterde kon Hugo niet verstaan, maar het was waarschijnlijk iets sussends. Een zonderling stel, die twee. Waarom sloeg de koning die hoer van hem niet gewoon met zijn vuist in haar gezicht als hij wilde dat ze haar mond hield? Dan was alle ergernis voorbij. Maar hij leek wel bezeten van die vrouw. Misschien is ze een heks, dacht Hugo. De onderdanigheid waarmee de koning met haar omging was toch niet normaal? Waldrada was weliswaar een mooie vrouw, maar niet mooier dan andere vrouwen in Lotharius' omgeving. Waarom was hij uitgerekend ten prooi was gevallen aan dit door ambitie verteerde mens, dat hem aanspoorde om met haar te trouwen en daarmee misschien zijn macht en koningschap in gevaar bracht?

Een heks... Hugo's gedachten werden weer teruggevoerd naar Aristides hoer. Die had met dat rode haar toch iets goddeloos over zich?

Alsof ze afkomstig was uit een verborgen wereld met wezens waarvan het hoofd was omhuld door vuur. Die gedachte stond hem wel aan en hij glimlachte terwijl hij verder fantaseerde over haar.

'Uiteraard zou ik de gevaren bij het oversteken van de Alpen niet schuwen als de Heilige Vader...'

'Hou nou eindelijk je mond eens,' zei Lotharius, die nu toch woedend was. 'Paus Nicolaas heeft gezegd dat ik hier moet wachten op zijn bode, die mij een boodschap van hem zal sturen, en dat is precies wat ik ga doen.'

Nog tijdens het eten groeide Hugo's idee uit tot een compleet plan en zijn eerste stap om dat te realiseren bestond erin dat hij zich wendde tot Poppo, de abt van Herrenchiemsee. De man had er vanaf het begin geen geheim van gemaakt dat hij een afkeer had van Irmingard en dat zou van nut kunnen zijn. Ze gingen samen naar het privaat van het klooster in het gastenverblijf en nadat Hugo zich ervan had overtuigd dat niemand hen kon afluisteren begon hij op bezorgde toon te praten. 'Er is me een vrouw opgevallen, Poppo.'

'Mooi, heel mooi. Dat bewijst dat onder de pij, die je niet eens aanhebt, toch nog een man schuilgaat!'

Hugo glimlachte. Hij begon de abt steeds sympathieker te vinden. 'Dat kan ik niet ontkennen. Maar ik ben bang dat het niet gaat om een vrouw aan wie je plezier kunt beleven.'

'O?'

Met een hard geluid verliet een deel van de poep zijn lichaam. Mijn hemel, dat deed een mens goed! Hugo probeerde zich te concentreren. Hij liet zijn stem dalen. 'Integendeel, ik moet bekennen dat ik haar zelfs onheilspellend vind, want ik hield haar in het oog... nou, bij een meer dan ongebruikelijke bezigheid. Of liever gezegd: ik hoorde haar praten.' Hij laste een betekenisvolle stilte in, die echter geen effect sorteerde omdat Poppo een late wesp van zich af moest houden. Pas nadat hij het insect had doodgeslagen richtte de man weer het woord tot hem.

'Wat heeft ze dan gezegd?'

'In het begin kon ik er helemaal niets van verstaan. Het klonk als Latijn, maar...'

'Gaat het om een non?'

'Absoluut niet. Ze had een normaal gewaad aan en heeft lang haar, waar ze graag mee te koop loopt. Rood haar, met de gloed van vuur...'

'Moge God ons behoeden,' fluisterde Poppo. 'Ik ken haar.'

'Echt waar?'

'Ze werkt in het hospitaal, er wordt beweerd dat ze vroedvrouw is. Wat bedoelde je daar precies mee, dat ze je zo verdacht voorkwam?'

Hugo boog zich naar opzij en vertelde fluisterend aan de abt het verhaal dat hij bij elkaar had gefantaseerd.

'Hmm.' Poppo's stemming werd merkbaar beter. 'Maar zorg dat je je woorden zorgvuldig kiest. Irmingard houdt dat mens de hand boven het hoofd. En ze is invloedrijk en heeft veel connecties.'

***

De basis was gelegd, het wantrouwen gezaaid. Nu was er alleen nog maar een aanleiding van buitenaf nodig waar hij een schandaal van kon maken. En ook hier schoot het lot Hugo te hulp. Een paar dagen later maakte Waldrada een lelijke val. Het ongeluk gebeurde terwijl ze een stenen trap in de kloostertuin af liep. Ze tilde haar rok op, haar dienstmeiden zagen dat haar knie bloedde en de bezorgde koning liet meteen de vrouwelijke dokter van het klooster roepen. Die verbond de knie, niets ergs, en ging terug naar het hospitaal.

Toen Hugo over de kwestie hoorde zag hij zijn kans schoon. Hij zocht de koning naderhand op, die nog steeds bij de jammerende Waldrada was. In het begin hield hij zich op de achtergrond, draaide eromheen, maar vervolgens werden zijn vragen steeds gerichter. Waar had het ongeluk plaatsgevonden? Echt waar? In de kloostertuin? Dit was waar Hugo op had gewacht om op de proppen te komen met iets wat bij de koning hopelijk de gewenste woede zou opwekken: het ging om een van achteren naar voren uitgesproken gebed.

'Wat bedoel je daarmee? Van achteren naar voren?' vroeg Lotharius ongeduldig.

'Nou, dat moet ik even inleiden. Een van de afgelopen dagen was ik ook in de kloostertuin en trof daar die vrouw aan die de knie van mevrouw heeft verbonden, de genezeres of vroedvrouw of waar ze zich ook voor uitgeeft. Ze stond met haar rug naar me toe en merkte me dus niet op. Maar ik zag dat ze iets in het zand kraste. Het leek op een gezicht, vond ik, een vrouwengezicht, omdat om het hoofd een sluier zat. Ik stond niet al te ver weg en kon dus ook horen dat ze zachtjes aan het praten was. Ze gebruikte Latijnse woorden, wat me wantrouwig maakte, omdat dit mens natuurlijk geen non is. En toen ik wat aandachtiger luisterde begreep ik dat ze een gebed uitsprak, maar van achteren naar voren. Ze begon dus met het laatste woord en...'

'Ik weet wat van achteren naar voren betekent.'

Waldrada had het sneller door dan Lotharius. 'Wil je daarmee zeggen dat ze een heks is?' Ze werd bleek. 'Sloeg dat op mij? Maakte ze een tekening van mij in het zand? O, jezus nog aan toe...' Ze wreef ontsteld over haar knie.

Hugo kuchte. 'We moeten wel voorzichtig zijn. Een dergelijke beschuldiging weegt zwaar en die mogen we niet zonder bewijs aanvoeren. Ook heb ik begrepen dat de abdis vertrouwen heeft in die vrouw. En dat zal vast en zeker niet zonder reden zijn. Irmingard...'

'... is zo dom als het achtereind van een varken.'

Hugo kucht opnieuw, maar nu om de pijnlijke stilte te overbruggen die op zijn woorden volgde. 'Nou... omdat ik me bezorgd maakte over het voorval in de tuin, heb ik de vrijheid genomen om abt Poppo aan te spreken en hij vertelde me dat hij die vrouw ook wantrouwt. Blijkbaar dook ze hier een paar jaar geleden vanuit het niets op, niemand weet waar ze vandaan komt en...'

'En hij vond het niet nodig om mij ervan op de hoogte te brengen dat in mijn onmiddellijke nabijheid een heks huishoudt?' Lotharius' vuist kwam daverend neer op de bol die het uiteinde van het bed sierde.

Hugo had er de grootste moeite mee om zijn glimlach om te zetten in een ontstelde grimas.

Hoofdstuk 21

Frauenchiemsee, 861

Het was een donkere, verbazingwekkend warme oktobernacht. In Volkers huis, waar inmiddels Adam en zijn gezin waren ingetrokken omdat het steviger en ruimer was, brandden kaarsen. Ze hadden met elkaar gegeten en Brid was nu een mooie blauwe doek aan het weven voor Grethleins uitzet, terwijl haar dochter met Cosima speelde en Adam en Wenzel schoenen repareerden.

'Ik moet even iets kwijt,' mompelde Adam. Hij was nauwelijks te verstaan, want zoals zo vaak klonk Brids onafgebroken stroom woorden boven de zachte stem van haar man uit. De trouwerij, de gelofte die Grethlein – 'Jij mag zo meteen, lieverd' – moest leren. Het plechtige moment als ze voor het altaar stond...

'Ik moet even iets kwijt,' herhaalde Adam op luidere toon. Freya keek hem aandachtig aan. Ook Brid onderbrak nu haar preek, alle blikken richtten zich op haar man. Adam was op bevel van Irmingard een paar dagen lang door de dorpen getrokken. Koning Lotharius had de draak gestoken met het kloosterbrouwsel dat ze hem voorzetten en daarom had Adam een aantal vaten wijn uit Rosenheim moeten halen, waar de handelaren zoete rijnwijnen te koop aanboden. En daarover wilde hij iets kwijt. 'Ik heb daarbij namelijk ook iets over Josef gehoord.'

Brid liet haar weefspoel zakken. Ze trok wit weg. En wat volgde was net zo erg als ze had gevreesd. Nee, erger nog. Adam had in de dorpen die hij aandeed naar zijn zwager geïnformeerd en gehoord dat Josef was opgehangen. Hij had een *magister comacinus*, een rondtrekkende steenhouwer, een mes in de buik gejaagd.

'Nee,' zei Brid. De spoel gleed op de grond.

'Ik wilde het aan jullie kwijt. Dat móést wel. Het is trouwens vijf jaar geleden al gebeurd.'

Vijf jaar? In Freya's hoofd buitelden de gedachten over elkaar heen. Als Josef al vijf jaar dood was, had hij gegarandeerd geen schuld aan de dood van zijn oom, tante en neef. En daarmee trad Adam weer op de voorgrond als verdachte. Hij had nu het huis van de overledenen in bezit, dat van hemzelf had hij verkocht. Cui bono? Alleen zou Adam nooit iets over de dood van zijn zwager hebben verteld als hij daadwerkelijk de moordenaar van die mensen was geweest.

Haar vaderlijke vriend moest vermoeden wat ze dacht. Hij keek haar recht in de ogen. 'Ik heb niemand iets aangedaan. Dat zou ik niet eens kunnen.'

'Nee,' zei Freya.

Maar pas toen ze weer thuis was, vielen alle stukjes op hun plaats. Opeens vielen de schellen haar van de ogen. Haar maag leek zich om te draaien.

Het ging om verschrikkelijke misdrijven en de dader, bij wie ze al gevaarlijk dicht in de buurt was geweest, had bewezen dat hij geen scrupules had. In Freya's hut was het donker, maar ze was huiverig om licht te maken. Zonder verdere uitleg gaf ze Cosima opdracht om gekleed en al naar bed te gaan, iets wat ze zelf ook deed. Ze moesten voorbereid zijn op een gehaaste vlucht, een vlucht die zou mislukken, besefte ze al snel. Ze woonden tenslotte op een eiland en omdat de koning te gast was, werden de boten zorgvuldig bewaakt. Freya pakte het mes waarmee ze normaal gesproken vlees sneed dat gekookt moest worden en legde het naast haar hoofdkussen.

Ze dacht aan Irmingard. Ze moest naar haar toe, maar de mannen van de koning bewaakten ook de kloosterpoorten. Het was niet erg waarschijnlijk dat ze haar op dit tijdstip nog tot de abdis zouden toelaten. Nee, ze moest tot de volgende dag wachten met haar schokkende wetenschap, en hopen dat er tot die tijd niets gebeurde.

Die hoop bleek vergeefs te zijn. Het onheil kwam echter in een andere vorm dan verwacht. In het holst van de nacht werd bij haar de deur opengerukt. Er stormden allerlei mannen naar binnen, sommigen met een fakkel in de hand, en ze trokken haar van haar bed. Cosima, die wakker schrok, huilde van angst, maar werd door de indringers, dienaren van de koning, gelukkig genegeerd. Ze redt het wel om naar Brid toe te gaan. Het is het beste om geen aandacht aan haar te besteden.

Buiten was het koud geworden, een plotselinge weersverandering. Zwarte wolken dreven over, waar een paar uur geleden nog sterren hadden gefonkeld. Toen Freya, vastgehouden door de mannen van de koning, bij de binnenplaats van het klooster aankwam, zag ze dat er in de grote zaal van het klooster ondanks het late uur nog licht brandde. Achter de ramen bewogen gedaanten, er leek zich daar een hele groep mensen te hebben verzameld. Wat was de oorzaak van alle ophef?

Iemand sloeg haar met zo'n kracht op haar achterhoofd dat ze door haar knieën zakte. Ze probeerde niet te schreeuwen, maar het deed te veel pijn om dat te voorkomen. De bewakers van de koning trokken haar lachend weer overeind. Nee, ze lachten niet allemaal. Sommigen sloegen bezorgd een kruis, iemand fluisterde de naam van de Here.

Freya werd verder meegesleurd. De gezichten van de mensen, en dat werden er steeds meer, vervaagden. Ze gingen het klooster in, een trap op. Moest ze Irmingards naam roepen? Niet nodig, de abdis wist vast en zeker wat hier gebeurde. Freya's hoofd bonkte door de klap, haar knieën stootten tegen de traptreden, haar armen deden pijn van de klemmende greep van de mannen.

Daarna waren ze in de zaal. Freya probeerde haar hoofd te rechten, wat waarschijnlijk werd opgevat als een teken van trots en meteen werd beantwoord met een volgende klap. Dit keer lukte het haar om te blijven staan. Opeens stond Poppo voor haar, met een brede grijns op zijn zelfvoldane gezicht. Irmingard kwam al gebarend binnen. Ze had haar gewaad binnenstebuiten aan en merkte het niet eens. Elsbeth was er ook... bovendien de kamerheer van de koning met zijn gladde schedel en...

Hugo Abbas.

Maar dat kon helemaal niet! Het moest iemand zijn die op hem leek. De man hield zich op de achtergrond, maar zijn gezicht straalde van geluk. Inderdaad, dacht Freya, het is Hugo. Ze voelde plotseling een angst die ze nog nooit van haar leven had gevoeld.

'... haar onmiddellijk loslaten!' klonk Irmingards stem.

'Een heks? Die er niet voor terugschrok om een dame van adel met satanische bezweringen over te leveren aan de wurggreep van demonische monsters?'

Freya keek opzij. De koning stond bij het raam, hij was degene die de woorden had uitgesproken. Zijn minnares, die naast hem stond, barstte in tranen uit en de koning sloeg troostend zijn arm om haar heen.

Haar blik dwaalde weer naar Hugo Abbas. Ze knipperde het bloed weg dat in haar ogen liep en zag dat Aristides moordenaar zijn blijdschap dat ze hem had herkend nauwelijks kon verbergen. Waar kwam hij vandaan? Hoe was dit in vredesnaam mogelijk?

'Nu doet ze het weer!' De hoer van de koning greep theatraal naar haar borstkas. 'Maria, help me... mijn hart... de demon...'

'Sla alle boosaardigheid uit het lichaam van dat mens,' gebood de koning met bevende stem.

**

Er was geen mogelijkheid om eraan te ontkomen. Ze bonden haar beneden op de binnenplaats aan een boom, met haar gezicht naar de stam. De knopen van haar gewaad werden losgemaakt, waardoor het op de grond viel. Freya stond daar met alleen een hemd aan. Het volgende moment werd haar huid opengereten door een zweepslag. De beul telde. Hij had een zware, hese stem. Elf... twaalf... O god, ze ging dood... dertien... Hopelijk hield Brid haar handen tegen Cosima's oren... achttien...

Irmingard protesteerde. Hield ze de man tegen? In ieder geval stopten de zweepslagen. 'Maak haar los!'

Maar dat deden de mannen niet. Iemand, waarschijnlijk Irmingard, trok Freya's gewaad weer omhoog tot op haar schouders. Ze liep om de boomstam heen om Freya te kunnen aankijken, haar blik was vol medeleven en woede. Daarna ging ze weg. Vervolgens dook een ander gezicht op. Dat van Hugo. Zijn grijns was zo breed dat zijn mondhoeken bijna tot aan zijn oren kwamen. 'Zíjn...' hij beklemtoonde het woord, 'hoofd werd op de muur van het pauselijk paleis gespietst, zijn lichaam overgelaten aan de ratten, dan weet je hoe het met hem is afgelopen.'

Freya spuugde naar hem, hij veegde lachend met de punt van haar gewaad zijn wambuis af.

***

Op een gegeven moment moest ze buiten kennis zijn geraakt. Toen ze zich langzaam bewust werd van haar omgeving begon het al licht te worden. Ze rilde van de pijn en de kou. Er liepen mensen over de binnenplaats. Sommigen wierpen schichtig een blik op haar, maar door de meesten werd ze genegeerd...

Ze droomde over hoofden waarin raven hun snavels boorden...

En ze schrok opnieuw op. Stemmen, opgewonden stemmen drongen van over de dikke kloostermuur tot haar door. Ze spitste haar oren. Was er een boot aangemeerd? Wat zei die Romein daarnet nou precies? Welke Romein? Hoe kwam ze erbij dat daar verderop Romeinen waren? Omdat ze vlekkeloos Latijn praten, zoals dat alleen in Rome het geval is. Freya wist die logische conclusie met veel moeite uit te dokteren. En nog een: de bode van de Heilige Vader moest zijn gearriveerd. Gehuil uit het hospitaal trok haar aandacht. Was het de non met het ontstoken been? De wond vrat zich een weg naar binnen. Het verband moest iedere dag worden vervangen, moest telkens met een vers aftreksel van smeerwortel worden behandeld...

Cosima... Had Brid haar onderdak verleend?

En... de moordenaar... Ze moest de mensen waarschuwen voor de moordenaar...

De volgende keer dat Freya haar ogen opende was de binnenplaats gehuld in middaglicht en Elsbeths stem klonk door het raam van het ziekenhuis. Ze merkte dat haar armen boven haar hoofd waren samengebonden. Ze hing nu aan een ijzeren ring die aan een van de takken was bevestigd. Haar voeten stonden in bontgekleurde bladeren. Er dook een man op met een speer in zijn hand, waarvan hij de punt wantrouwig op haar borstkas richtte. Waag het niet om je te verroeren, heks. Twee mannen uit het dorp kwamen naar de binnenplaats, Fulk en Lambert; ze wendden hun hoofd af. Lamberts steenpuist was blijkbaar genezen, hij hinkte niet meer. Maar hij durfde haar niet te bedanken. Het was gevaarlijk om de indruk te wekken dat je op goede voet stond met een heks.

Opeens dacht Freya haar naam te horen. Waar kwam dat vandaan? Wie was het? Onzeker draaide Freya haar hoofd en richtte haar blik uiteindelijk op het gastenverblijf van het klooster. Bij een van de geopende ramen stond een man en hij keek naar haar. Ze werd verblind door de zon en kon niet veel onderscheiden. Haar hoofd zakte terug op haar borstkas. Toen ze weer opkeek was de man verdwenen.

Tegen de avond werd het stil op de binnenplaats. Iemand bracht haar water. Grethlein. Freya had tranen in haar ogen terwijl ze gejaagd dronk. 'Hou Cosima hier uit de buurt!' Toen was ze weer alleen. Opnieuw brak de nacht aan. Ze had het gruwelijk koud en tegelijkertijd begon haar gezicht koortsachtig te gloeien.

Ze hoorde een mannenstem. Mooi, zuiver Latijn. Ergens klonken gelijkmatige geluiden, alsof iemand hout aan het hakken was, wat op dit tijdstip van de dag maar moeilijk voor te stellen was. De bladeren dwarrelden op door de wind. Daarna zat er iemand aan de boeien om haar polsen. Haar armen waren gevoelloos geworden, het deed heel veel pijn toen ze omlaagkwamen. Ze viel en werd opgevangen. De man die haar boeien had losgemaakt gooide haar over zijn schouder en droeg haar naar de poort. God nog aan toe, elke stap bezorgde haar helse pijnen. Voor de poort liet hij haar van zijn schouder glijden en hij slaagde erin haar overeind te houden door haar te ondersteunen. Ze keek naar zijn gezicht. Het was haar niet bekend.

Plotseling kwam Irmingard de weg op. 'O, mijn hemel, arm kind...' Haar stem beefde van nervositeit. Ze kuste haar vriendin op de wang. 'Hij haalt je hier weg.'
'Maar Cosima...'
'Die zit al in de boot.'
In wat voor boot?
'Ik vind het zo erg wat je allemaal te verduren hebt gekregen, liefje, ik vind het zo ontzettend erg. Maar ik kan je niet beschermen. Vaarwel. En mogen de Here en Zijn engelen je bijstaan.' De abdis streek over Freya's wang en wilde rechtsomkeert maken. Maar dat kon toch niet. Ze moest eerst nog weten...
'Irmingard...'
'Ja?'
'Wenzel is de moordenaar die we zochten.'
'Hè?' Nog één keer doemde het gezicht van de abdis voor haar op.
'Dat is de enige logische mogelijkheid. Bescherm Adam en Brid...' Want na zijn huwelijk met Grethlein zou hij Adams erfgenaam zijn. En als zijn schoonvader overleed, zou alles hem, die armoedzaaier, ten deel vallen. 'Ga op zoek naar zijn hamer.' Freya dacht niet dat Wenzel dat stuk gereedschap zou hebben weggegooid. Hij was zuinig, zoals bijna alle arme mensen. Misschien had hij hem in de grond gestopt, maar hij had hem gegarandeerd weer tevoorschijn gehaald toen hij zich veilig waande.
'Wenzel,' prevelde Irmingard.
Freya strompelde verder naast de vreemdeling en zag het meer al. Haar begeleider had een zwaard bij zich, dat voelde ze tussen zijn heup en die van haar. Het gaf haar troost. 'Mijn dochter...'
'Zit al in de boot.'
O, ja, dat had Irmingard gezegd. Al snel stonden ze op de steiger.
'Ik zei je toch dat zij het is. Ik kan heel goed gezichten onthouden,' zei de vreemdeling en hij schoof Freya naar het water toe. Cosima zat echt in de boot die daar in het donker dobberde. Ze sprong blij op. De man die zich samen met haar in het schommelende vaartuig bevond, verzocht haar om weer op de bodem te gaan zitten en hij hielp Freya over de rand van de boot.

'Ik moet terug. Je weet waar je moet wachten.' De voetstappen op de steiger stierven weg.

Daarvoor in de plaats kwam het gezicht van de andere man, dat ze nu pas goed zag. Weerbarstig, donker haar, baardstoppels, levendige ogen, een paar gestamelde woorden: 'O, mijn God, Heer, ik dank U...'

Freya staarde Aristide aan. Hij pakte de roeispanen.

Het eiland werd kleiner.

Hoofdstuk 22

Op de oever stonden twee paarden klaar. Het was onmogelijk om zelf op te stijgen. Aristide tilde Cosima op een van de paardenruggen, hielp Freya op het tweede paard en sprong met een zwaai achter haar. Hij pakte Cosima's teugels en ze reden over een weg en even later naar een dichtbegroeid bos. Er waren allerlei kuilen en plassen water. Freya slikte bij elke onbeholpen beweging van het paard. De zweepslagen brandden als vuur.

Maar wat maakte dat uit vergeleken met de blijdschap Aristides lichaam te voelen, zijn armen, hem te ruiken? Diep in het kreupelhout stopten ze naast een steile witte rots. Aristide hielp haar omlaag en legde Cosima neer op mos en bladeren. Het meisje sliep al toen Freya zich naast haar liet zakken.

Aristide bond de paarden vast aan een struik en Freya nam hem op. Hoe was het mogelijk dat hij die verwondingen had overleefd? Ze had toch zelf de voortekenen gezien van zijn naderende dood? En hoe was hij aan Hugo ontsnapt? Was hij het huis uit gekropen terwijl die vent achter haar aan zat? Zo moest het wel zijn gegaan. Het litteken ging schuil achter zijn kleding; het zag er vast en zeker verschrikkelijk uit.

Terwijl hij bezig was een vuur te maken stelde Freya vast dat Aristide ouder was geworden door alles wat hij door de jaren heen had meegemaakt, wantrouwiger. Gevaarlijker, dacht ze. Maar zijn ogen waren nog steeds hetzelfde. En zijn glimlach op het moment dat hij zich eindelijk naast haar op het mos liet vallen. De lucht was zwaar van de geuren van de herfst. De wind plukte aan hun kleren. Ook Freya ging voorzichtig in de zee van bladeren liggen, op haar zij, dat lukte wel. 'Je leeft nog,' zei ze.

'Tot gisteren niet, niet totdat Cassius naar me toe kwam en zei dat hij je in het klooster had gezien. O, god, Freya... Ze hadden de lichamen van een vrouw en een kind uit de Tiber gehaald. Ik kon het niet aan om er zelf naartoe te gaan om te kijken...' Ze legde een vinger op zijn lippen, hij haalde hem weg. 'Ik wist zeker dat je dood was.' Hij kon zijn tranen niet bedwingen. Zijn lippen kwamen dichterbij en hij kuste haar. Daarna omhelsden ze elkaar, voorzichtig, maar al snel vol hartstocht.

Hoe kon het toch dat er op de wereld zoveel geluk bestond?

De man die Freya uit het klooster had bevrijd, Cassius, was al gardesoldaat geweest bij de wacht van de pausin, legde Aristide later aan haar uit. Freya moest hem een paar keer hebben ontmoet, alleen kon ze zich dat niet meer herinneren. Nadat Aristide was gevonden door Ginevra's buren had Cassius hem bij zich in huis genomen en hem na zijn herstel, dat meer dan een half jaar had geduurd, naar de nieuw gevormde garde van paus Nicolaas gehaald. Ze waren vrienden geworden, waren allebei opgeklommen, blijkbaar tot een hoge positie, hoewel Aristide dat niet met zoveel woorden zei. In elk geval had de Heilige Vader hem tot bode benoemd en naar Frauenchiemsee gestuurd.

'Ik heb Hugo boven bij de kloostermuur zien staan, kort nadat we hadden aangemeerd. Cassius stuurde me meteen terug naar de andere oever. Toen zag hij jou aan die vervloekte boom.'

'Volgens mij riep hij mijn naam.'

'Dat kan best, hij was er volledig van overtuigd dat jij het was. Hij heeft een ijzersterk geheugen. Dat is echt zo.'

'Gelukkig voor mij.' Freya glimlachte.

'En voor mij.'

Van de nacht en ook de dag erna kreeg Freya nauwelijks iets mee; ze sliep bijna de hele tijd. Verbazingwekkend genoeg leek niemand hen te achtervolgen. 'Bij het bericht dat we vanuit Rome hebben gebracht zal al het andere zijn verbleekt,' vermoedde Aristide.

'Welke bericht?'

'Dat Nicolaas weigert om te voldoen aan Lotharius' verzoek om een scheiding. Twee aartsbisschoppen die de scheiding tussen de koning en Theutberga hebben goedgekeurd, zijn verbannen.'

Daardoor was de heks die ze gevangen hadden genomen dus in vergetelheid geraakt. Daarom had Irmingard het aangedurfd om Freya los te binden.

'Probeer maar te slapen.'

Maar dat ging niet. Cosima was wakker en kroop over het mos naar haar toe. Freya sloeg haar armen om de kleine heen, zo goed en kwaad als dat ging door de pijn aan haar toegetakelde rug.

'Ik ben bang,' fluisterde het meisje.

'Waarom?'

Cosima zweeg. Het kind had vast en zeker iets meegekregen van het geroddel dat vanuit het klooster was doorgedrongen tot het dorp. Je moeder is een heks! Freya streelde haar over haar dikke zwarte haar. Er waren dingen die nu uit de weg moesten worden geruimd. 'Drie jaar geleden woonde ik met Aristide en met jou in Rome,' fluisterde ze. 'Weet je daar nog iets van?'

Ze voelde dat het kleine meisje haar hoofd schudde.

'Daar woonde ook jouw moeder.'

Cosima verroerde geen vin. Geen beweging die aangaf dat ze verrast was.

'Ze heette Ginevra en was een slimme en dappere vrouw. Ze vond het goed dat Aristide en ik bij haar kwamen wonen toen we problemen hadden en ik heb vaak gewenst dat ze dat niet had gedaan, omdat dat haar uiteindelijk het leven heeft gekost. Nadat ze was gestorven ben ik met jou naar het Vrouweneiland gevlucht. Luister je naar me?'

Cosima knikte.

'Het was daar mooi, hè? Maar helaas moesten we daar ook weg.'

'Waarom?'

'Omdat er een heel slechte man achter ons aan zat. Maar je hoeft niet bang te zijn, we gaan zo ver weg dat hij ons helemaal nooit meer kan vinden.'

Cosima had het koord vastgepakt dat de halsopening van Freya's hemd bij elkaar hield. Ze frunnikte eraan en raakte Freya's blote hals aan. 'Ben je een heks?'

'Nee, dat ben ik niet.'

De kleine vingertjes maakten een strik van het koord. Cosima haalde de strik weer uit elkaar en begon er opnieuw een te maken.

'Je wilt me nog iets vertellen. Zeg het maar! Anders blijf je erover malen.'

'Ik ben bang dat je me weer alleen laat.' Haar niet-aflatende angst.

'Dan moet je nu eventjes heel goed naar me luisteren.' Freya omvatte de zachte handen van het kind. 'Jij bent mijn allergrootste schat. Als je verdwaalt, dan ga ik je zoeken. Als je ergens in het water valt, dan spring ik achter je aan. Als je in een vuur terechtkomt, trek ik je eruit. Als iemand jou pijn wil doen, dan zal ik je verdedigen. Dat zweer ik, daar kun je op rekenen.'

'Goed,' zei Cosima, meer niet. Maar haar kleine lichaam verslapte. En voor het eerst viel het Freya op hoeveel het meisje, dat ze allang als haar dochter beschouwde, op haar was gaan lijken.

*_**

Aristide had de witte berghelling niet zomaar gekozen als plaats om te wachten. Hij had hier al met Cassius overnacht en de twee hadden afgesproken elkaar hier opnieuw te ontmoeten. De volgende middag voegde de man zich bij hen, een forse strijder die volledig uit spieren leek te bestaan en een intelligente gelaatsuitdrukking had. Zijn gesprek met Aristide duurde kort, want hij wilde meteen teruggaan naar Rome.

'Lotharius ging zich te buiten aan verwensingen aan het adres van Nicolaas, zelfs bedreigingen. Ik moet de Heilige Vader waarschuwen. De koning lijkt wel... Hij is compleet gek geworden. Het valt niet uit te sluiten dat hij legers gaat samenstellen om de Heilige Stad aan te vallen. Door die heks van hem is hij helemaal doorgedraaid, als je het mij vraagt.' Cassius opende de leren tas aan zijn riem en haalde een verzegelde brief tevoorschijn. 'Rij hiermee naar Parijs, Aristide, zo snel alsof de legioenen van de hel je op de hielen zitten, en geef dit aan graaf Robert.'

'Vanwaar die haast?' vroeg Freya.

Cassius zou misschien amper antwoord hebben gegeven, maar Aristide deed dat wel. 'De Heilige Vader heeft bericht ontvangen dat de Denen het westen van het Frankische Rijk gaan binnenvallen. Dit keer willen ze Parijs plunderen, de stad van Robert. Dat wordt althans beweerd door de...'

Cassius legde een hand op zijn arm. Heel even was het stil, vervolgens stapte de gardist op zijn paard en hij stoof weer weg door het struikgewas.

'Welke Denen?' vroeg Freya toen hij uit het zicht verdwenen was.

'Hun leider noemt zich Hamstein.'

'Hasteinn,' verbeterde ze automatisch.

Aristide knikte. Waarschijnlijk hoorde hij het verschil helemaal niet. 'Hij wil die rooftocht nog voor de komende winter doorzetten, als onze zegsman het bij het rechte eind heeft. De steden verwachten geen overvallen meer, ze denken dat dat er voor dit jaar op zit en daar wil hij van profiteren.'

'Dan moeten we snel zijn.'

Hij knikte.

***

Bij God, wat deden ze hun best. Het lukte Freya om haar draai te vinden met haar paard, hoewel ze geen ervaren ruiter was en werd gehinderd door de verwondingen aan haar rug. Maar die arme Cosima kreeg last van haar bovenbenen en haar achterwerk bloedde. Ze klaagde niet, maar toen ze op de tweede avond de rand van een bos bereikten stonden haar ogen vol tranen, en het was duidelijk dat ze het niet langer volhield. Freya stapte van haar paard en wilde haar overnemen van Aristide. Die zag echter dat het bos achter de takken lichter werd.

'Wat is dat?' Terwijl ze het vroeg, zag Freya het zelf ook. Achter een paar weilanden lag een stad, een grotere stad met verschillende kerktorens die wezen op het belang ervan. Een veilige, warme plek om te overnachten?

'Het stinkt,' fluisterde Cosima.

'Wat dan?' Freya snoof en de geur drong ook haar neus binnen. Rook, er brandde iets.

'O ja, het stinkt verschrikkelijk,' mompelde Aristide. Freya ging weer in het zadel zitten en ze stuurden hun paarden het bos uit. Maar de rook steeg niet op vanuit de stad, ook niet van de randen ervan. Wat er ook in brand stond, het ging schuil achter een punt van het bos die aan de zijkant was gelegen. Ze reden eromheen en zagen wat er aan de hand was: er stond een dorp in brand.

Het was maar een gehucht, misschien zes of acht boerderijen, maar het vuur sloeg uit alle daken. Dieren die waren losgebroken uit stallen vluchtten via de akkers, een stier sloopte hekken, eenden redden zich in een vijver, een kind stond op een lege kar te huilen. En overal zwermden boeren uit met emmers, om te redden wat er nog te redden viel.

Maar dat was nog niet alles. Er waren doden. Freya zag verschillende levenloze lichamen op de grond liggen. Het ging vooral om boeren, die eenvoudig te herkennen waren aan hun sobere kleding. Twee mannen hadden echter een Deense vendelhelm op. 'Niet kijken,' prevelde ze en ze wist niet of ze dat tegen Cosima zei of tegen zichzelf. De boeren hadden de mannen vleesspiesen door de schouders gejaagd, die in de grond staken. De gezichten van de gemartelde mannen gingen schuil achter het metaal van de helmen, maar hun geschreeuw klonk over de akkers. Ze kwamen op een afgrijselijke manier aan hun eind. Het waren zonder twijfel de mannen die het dorp hadden overvallen en toch had Freya heel even medelijden.

Aristide trok aan de teugels en knikte nadrukkelijk naar haar. De dorpelingen waren erin geslaagd hun vijanden te verjagen, hun hulp was niet nodig. Argwanend keek ze om zich heen. Ze moesten niet zelf ook het slachtoffer worden van de vluchtende Denen. De Noormannen waren berucht om hun bloeddorstigheid, ze moordden ook nog als er niets meer te winnen viel.

Net toen ze hem wilde volgen, zag Freya tussen de struiken iets opflitsen in het avondlicht. Met een gebaar maakte ze Aristide erop attent. Hij gleed uit het zadel. 'Blijf op het paard. Rij naar het dorp als je in gevaar komt,' fluisterde hij naar Cosima. Ook Freya klauterde van de rug van het paard en ze trok het mes dat Aristide haar had gegeven.

Ze troffen een man aan die als een kever op zijn rug op de grond in het bos lag. Zijn met bloed doordrenkte wambuis maakte duidelijk wat hem was overkomen. Waarschijnlijk een steek met een mestvork in zijn buik. Als dat zo was, zou hij eraan sterven. Maar de angst in zijn ogen gaf aan waar hij echt bang voor was: dat de boeren hem vonden en hem voor zijn dood nog door een hel zouden laten gaan.

Freya zag dat Aristide zich wilde omdraaien. Hij was niet iemand die een stervende ombracht, maar hij peinsde er ook niet over om een vijand te helpen. Freya boog zich over de gewonde man heen en ze zag dat hij zijn ogen opensperde. Hij staarde naar het mes. Ze gaf hem de tijd om te bedenken wat hem te wachten kon staan. Hoe groter zijn angst, hoe groter zijn bereidheid om te praten. 'Waar kom je vandaan?' vroeg ze uiteindelijk.

Toen de man haar Deens hoorde praten, echt Deens, zonder accent, ontspande hij zich een beetje. 'Hedeby. En jij?'

Hedeby was te paard maar twee dagen verwijderd van Hasteinns dorp, aan de kust van de Noordzee, en Freya wist dat de strijders zich voor een gevecht vaak bij elkaar aansloten als ze een langere veldtocht gingen maken. Ze probeerde haar opwinding te verbergen. 'Weet je of Hasteinn dit najaar nog met zijn mannen naar Parijs gaat?'

De gewonde man spitste zijn oren. Een schot in de roos. Tegelijkertijd zag ze dat zijn ogen donkerder werden. De pijn leidde hem af. 'Waarom vraag je dat?'

'Omdat ik Deense ben en graag handeldrijf.' Ze glimlachte en wachtte totdat de man erop inging. Uit de richting van het dorp klonk een gepijnigde schreeuw. Onmogelijk om te zeggen van wie het afkomstig was, maar de nervositeit van de Deen nam toe.

'Handel?' hijgde hij.
'Ja. Ik wil dat je eerlijk tegen me bent en wel...' ze legde haar hand op de bronzen ring die de man om zijn rechterarm droeg, '... door op je eedring te zweren.'
Hij grijnsde geforceerd. 'Lazer op!'
'Hoe heet je?'
'Hè?'
'Je naam.'
'Ulfgrim.'
'Luister, Ulfgrim, ik zou je graag willen redden. Maar het leven sijpelt uit je weg als uit een schaal vol gaten. Als je me eerlijk antwoord geeft zal ik je doden en hier, op deze plek, met je zwaard begraven, zodat je je eervol op weg kunt begeven naar het Walhalla.'
De man slaagde erin te glimlachen. Misschien zou ze hem hebben gemogen als ze elkaar onder andere omstandigheden hadden ontmoet. Ze haalde de eedring van zijn arm en legde zijn vinger erop. Aristide leunde tegen een boom en keek naar het merkwaardige tafereel.
'Dus, wanneer gaat Hasteinn op weg naar Parijs?'
'Wil je hem ontmoeten?'
'Meer dan wat ook. Zijn broer heeft mijn moeder vermoord. Ik haat hem.'
'Zozo...' De gewonde man bewoog zijn duimen. Door de pijn viel het nadenken hem zwaar
'Twee van je kameraden zijn door de boeren die jullie hebben overvallen met spiesen tegen de grond geramd. Het zal voor hen een vreselijk einde betekenen. En het einde van alle Denen die ze tegenkomen zal op die manier verlopen.'
Ulfgrim onderdrukte zijn gekreun.
'Nou?' Ze duwde zijn bebloede hand met haar eigen hand stevig om de ring.
'Dit jaar zal Parijs in elk geval worden gespaard,' zei hij, naar adem happend.
Dus dan gaat hij de stad volgend jaar plunderen? wilde ze vragen, maar dat was te simpel, daar ging het niet om. Ulfgrim amuseerde

zich, ondanks alle pijn; hij probeerde haar te slim af te zijn. 'En waar gaat Hasteinn dit najaar naartoe?'

De Deen wilde antwoorden, maar in plaats daarvan spoot er bloed uit zijn mond.

'Je gaat dood. Waar moet je laatste rustplaats zijn? In de buik van wilde zwijnen of in een fatsoenlijk graf?'

Hij rochelde, was niet te verstaan. Daarna wist hij er een paar woorden uit te persen. '... list...' dacht ze te verstaan. En vervolgens: '... Dorestad.'

'Hij wil naar Dorestad?' Freya duwde tegen de stervende man. Hij hoestte, het bloed liep in zijn nekplooien, maar hij spande zich tot het uiterste in en klemde zijn hand om de eedring. Daarna was het voorbij. Ulfgrims hoofd zakte opzij. Aristide had een paar woorden verstaan en vroeg: 'Hasteinn trekt naar Dorestad en niet naar Parijs?'

'Dat beweerde de Deen.'

'Het is een leugen,' vond Aristide en hij stapte weg van de boom.

'Dat denk ik niet.' Freya had geen gereedschap en daarom begon ze met haar vingers in de rulle bodem van het bos te graven.

'Laat dat toch. Het is een moordenaar.'

'Ik heb hem iets beloofd.' Freya zag vanuit haar ooghoeken dat Cosima hen was gevolgd naar de kleine open plek. Met ernstige blik keek het meisje naar de dode en ze sloeg de bewegingen van haar mama gade. Er waren wortels die met het mes moesten worden doorgesneden; het graven was een moeizaam karwei, maar het lukte Freya. Ze merkte hoe vreemd Aristide het vond dat ze dit deed, maar uiteindelijk begon hij ook te graven en hij hielp om de dode in het primitieve graf te leggen. Freya boog zich voorover, sloot Ulfgrims ogen en legde de hand waarmee hij had gezworen op het met bloed besmeurde heft van het zwaard. Daarna schepte ze de aarde over hem heen en stampte die aan. Ze ging op zoek naar takken en oude dennennaalden om het graf mee te bedekken.

'We gaan naar Parijs,' zei Aristide. 'Ik moet de brief overhandigen en Robert waarschuwen voor de Denen.'

'Maar die man zei dat Parijs een list is.'

Aristide schudde zijn hoofd.

'En in Dorestad woont mijn zus...'

Ze zag dat Aristides gelaatsuitdrukking veranderde. Hij wist van Asta, ze had hem over haar verteld, maar waarschijnlijk legde hij pas nu het verband. Heel even aarzelde hij, waarna hij naar zijn paard liep en in het zadel ging zitten. Hij zou zijn opdracht uitvoeren, uiteraard. Hij was een betrouwbaar iemand.

Er drong gedempt geschreeuw door tot in het bos. Aristide keek over zijn schouder. Vanuit de stad galoppeerden ruiters, vermoedelijk late hulptroepen. Blijkbaar hadden ze inmiddels begrepen wat er in de buurt was gebeurd. De groep stoof naar het dorp en verdween achter de bomen.

'Is er een manier om je om te praten?' vroeg Aristide nadat hij zich weer naar haar toe had gedraaid. Hij glimlachte triest toen ze zweeg. 'Goed, dan scheiden onze wegen zich hier. Maar niet voor lang, Freya. En één ding moet je me voor het zover is nog geven.'

**

De geestelijke van de stad was ook naar het dorp gereden en hij was kennelijk de rest van de dag bezig geweest met het verzorgen van de gewonden; een groot aantal van hen verlangde vast en zeker naar een biecht en de laatste sacramenten. Hij keerde pas laat terug naar zijn kerk, volkomen uitgeput en niet bepaald enthousiast toen drie mensen hem stonden op te wachten en om een huwelijksinzegening vroegen. Alleen een goudstuk kon hem overhalen om zijn ambt nog een keer uit te oefenen.

Voor een altaar zonder kleed of opsmuk, in een vertrek waar de enige verlichting bestond uit één zwak olielampje, sprak hij de woorden die voorgeschreven waren als twee mensen in het huwelijk werden verbonden. *Quod Deus conjunxit homo non separet...* Wat God heeft verbonden, zal de mens niet scheiden.

Daarna moesten ze hun trouwbelofte uitspreken en Freya was zo uitgeput dat ze zich tot twee keer toe versprak bij het herhalen van de woorden van de geestelijke. Wat ze echter in haar geheugen prentte was Aristides gelofte.

'En of ik dat wil. Natuurlijk zal ik van haar houden. Dat wil ik verdorie meer dan wat ook.' Hij draaide zich naar haar toe en pakte haar bij haar schouders. 'Ik vind het vreselijk dat onze wegen zich scheiden, al is het maar voor een paar weken. Ik vind het vreselijk om te denken aan al het gevaar dat er misschien voor jou dreigt. Ik vind het vreselijk om te weten dat ik jou bij het wakker worden niet in de ogen kan kijken. Bij God, zodra ik mijn opdracht fatsoenlijk heb uitgevoerd, ben ik weer bij je. En dan laat ik je nooit meer gaan.' Hij boog zich naar haar toe, zijn neus was zo spits als de snavel van een raaf, zijn ogen schitterden.

'We zijn snel weer bij elkaar.'

'Zo God het wil,' zei hij innig.

'En daarmee verklaar ik jullie voor God en de wereld tot man en vrouw,' verklaarde de predikant geeuwend.

Hoofdstuk 23

Het werd een helse tocht. Aristide moest afzien, net als zijn paard, dat hij bijna de dood in joeg terwijl hij zich over de eeuwenoude heerweg van Augsburg naar Autun jachtte. Daar deed hij het dier van de hand en kocht een ander paard, het was onmogelijk om de reis voort te zetten met de afgejakkerde hengst. Toen de dageraad nog maar net aanbrak, was hij alweer op weg. Hij mocht geen tijd verliezen. De toekomst had onaangename verrassingen in petto. Dat was de gedachte die hem dreef. Dat vervloekte Dorestad!

Freya, het meisje dat zo'n heethoofd was en die nu zijn vrouw was, beheerste zijn gedachten. Hij verlangde naar haar, uiteraard, ze was meer dan gewoon mooi. Maar daar ging het hem helemaal niet om. Ze was... net als een man? Hij dacht aan haar enorme moed en opmerkelijke wilskracht. En ook aan hoe ze omging met de mensen in haar omgeving, waarbij ze probeerde om erachter te komen waar ze onder gebukt gingen; dat het zo belangrijk voor haar was om hen te troosten, dan zag hij de vrouw in haar weer. Zoiets kon geen enkele man. Of misschien een paar. Hij in ieder geval niet. Hij had veel kameraden gehad die hij mocht, voor een paar zou hij zijn leven hebben gegeven. Maar hij had er zelden over nagedacht met welke zorgen ze kampten.

Was het gek om over dat soort dingen te tobben terwijl hij op weg was voor een belangrijke opdracht? Natuurlijk. Maar hij kon niet anders. Verdorie, stel dat de Denen haar in Dorestad daadwerkelijk opwachtten. Die Hasteinn, die een broer had die de moordenaar van haar moeder was en die ze blijkbaar intens haatte... Ze zou voorzichtig zijn, daar moest hij op vertrouwen!

***

De tiende dag van zijn reis! Aristide voelde zich geradbraakt en zijn paard, nu een schimmel met een rusteloos temperament, was net als hijzelf aan het eind van zijn Latijn. Maar de stad, die op een eiland in de rivier moest liggen, kon niet ver meer zijn. Verkleumd kwam hij langs twee kloosters, allebei van witte steen, groot en gevestigd in de schaduw van imposante kerken, waarvan de afmetingen hun betekenis duidelijk maakten. Bij de muren was echter brand geweest, Aristide kon zien waar de vlammen zich een weg hadden gevreten. Waren de kloosters ten prooi gevallen aan een overval? Waarschijnlijk wel. Maar de roetsporen waren alweer gedeeltelijk verwijderd, sinds de overval moest er dus al wat tijd zijn verstreken.

Het was middag, de wind floot door de bomen. Aristide doorkruiste een klein bos, de weg ging omlaag en eindelijk doemde voor hem de langverwachte rivier op, en daarmee ook het doel van zijn reis. Hij trok de teugels aan en gunde zijn paard een korte pauze zodat hij de stad in zich kon opnemen. De huizen van Parijs waren gemaakt van steen en voorzien van dakpannen. Veel van de gebouwen deden luxueus aan. Ze herinnerden hem een beetje aan Rome. Aan de noordelijke kant van het eiland rees een klein paleis op, vermoedelijk de residentie van de graaf. In het zuiden was een kathedraal te zien. Aan de overkant van de rivier bevond zich op de oever nog een kleine nederzetting, alsof de stad uit zijn voegen was gebarsten.

Hij spoorde de schimmel weer aan. De weg eindigde bij een houten brug, die de stad en het omringende land met elkaar verbond. Argwanend liet hij zijn blik over de oever van de rivier glijden. De Denen voerden hun krijgstochten altijd uit in vloten. Ze waren geweldige zeilers en roeiers, snel, wendbaar. Ze hadden Brittannië weten te bereiken... het rijk van de Slavische volkeren... de landen langs de

Middellandse Zee... Geen enkele route leek hen te zwaar. Maar waar hun hebzucht hen ook bracht: het gevaar kwam altijd via het water.
Op het moment leek alles echter in orde te zijn. Behalve de vissersschuiten, die zachtjes naast de houten steigers dobberden, was er geen boot te zien. En ook de stad zelf kwam vredig over. Nadat Aristide het korte laatste stuk van de weg had afgelegd kwam er een man uit een lemen huis, een wachter met een zwaard en een strijdbijl aan zijn koppelriem. 'Wat is er van je dienst?' vroeg hij wantrouwig.

Graaf Robert ontving Aristide in een sobere privékamer. De man, die de Sterke werd genoemd, was rond de veertig, lang, met een zorgvuldig bijgeknipte baard, waar een slecht genezen litteken doorheen schemerde. Hij stond op. De tafel waaraan hij had gezeten lag bezaaid met landkaarten. Geruststellend, vond Aristide. De graaf leek een man met een uitstekend analytisch vermogen te zijn. Zijn blik was scherpzinnig en geïnteresseerd, zijn bewegingen soepel. Uit niets bleek dat hij aan ziektes leed die normaal gesproken gepaard gingen met het vorderen van de leeftijd.
Aristide maakte een buiging en haalde de brief van Nicolaas uit de leren tas die hij aan zijn riem droeg. Kon Robert lezen? Die kunst was ook aan prinsenhoven niet wijdverbreid. En ja, hij beheerste die vaardigheid. Zijn blik gleed over het perkament.
'De Denen dus weer.'
'Misschien, dat is nog niet zeker.'
Robert trok zijn wenkbrauwen op. 'Ah! En waarom dat voorbehoud? Die ratten hebben de afgelopen jaren twee keer Amiens geplunderd. Ze zijn in Tours geweest, in Orléans en ja, ook herhaaldelijk in Parijs. Het was te verwachten dat ze terug zouden komen. Wij zijn hun voerbak, hun schatkist.' Hij maakte een korte, driftige beweging met zijn hand, de kaarten vlogen op de grond. De graaf liep naar een van de ramen en keek naar de twee rivierbanen die op een pijlschot afstand van zijn paleis kolkend samenkwamen. 'Die berichten ook!'
'Een spion heeft aan de Heilige Vader verteld hoe hun plannen eruitzien.'

'O, ja. En verder nog iets?'
'Alleen wat er in de brief staat.'
Robert trommelde met zijn vingers op de vensterbank. Vervolgens keek hij over zijn schouder. 'Hoe heet je?'
Aristide noemde zijn naam en zijn rang bij de pauselijke garde.
'Lang niet geslapen, zeker?'
'Alles op zijn tijd.'
De graaf draaide zich nu helemaal om en nam hem op. 'Waarom staat het niet vast dat de Denen komen?'
Aristide vertelde wat de stervende Ulfgrim had beweerd.
'Je vertrouwt een Deense heiden die net een dorp heeft platgebrand?'
'Ja, dat is een bezwaar.' Aristide aarzelde, en kwam op de proppen met het hele verhaal. 'Ik vertrouw de vrouw die met hem heeft gesproken. Mijn echtgenote. Ze is in Denemarken opgegroeid en kent die mensen.' Zijn woorden klonken stuk voor stuk naïef. 'Ik zou Parijs bewapenen voor de strijd, maar incalculeren dat...' Wat moest hij zeggen? Waarschijnlijk liever helemaal niets.

Robert lachte spottend. 'Incalculeren, echt waar? Ik was in Tours toen ze die stad aanvielen. We hebben de smeerlappen verjaagd, daar zijn we in geslaagd. Maar na hun vlucht hebben we vrouwen gevonden bij wie het onderlichaam één grote wond was. Ik heb kinderen gezien, vastgespietst voor een schuur alsof het vlaggen waren die ons eraan moesten herinneren dat het niet zinvol is om verzet te bieden aan de Denen.'

'Dat is bitter.'
'Ja.' De graaf likte over zijn lip. 'Je bent gardesoldaat. Hoelang al?'
'Heel wat jaren.'
'Er wordt beweerd dat jullie een muur om het pauselijk paleis hebben gebouwd.'
'Dat was Gerold, de superista. Hij leeft helaas niet meer.'
'En heeft die muur jullie geholpen?'
'Uiteraard, ja. Verschillende keren.'
'Goed dan. Kom eens hier.' Robert maakte wat ruimte bij het raam en wees naar de met riet begroeide randen van de oevers. 'Wat zou jij doen om Parijs te beschermen tegen de Noormannen?'

'Tja...' Aristide aarzelde. 'Ik denk dat ik het volledige eiland ook zou omringen met een muur. Dat moet te doen zijn als je zorgt voor een diepe fundering. Bovendien versterkte wachttorens op bepaalde afstand van elkaar. In elk geval een paar bij de bruggen. Maar het belangrijkste zijn eigenlijk effectieve wapens.'

'En wat bedoel je daar precies mee?'

Aristide glimlachte. 'De drakenboten zijn van hout. Daardoor zijn in pek gedrenkte pijlen geschikt. Aansteken en op de boten afvuren. Als de schepen eenmaal branden...'

'Hebben jullie dat uitgeprobeerd?'

'Bij de boten van de Saracenen. O ja!'

Robert keerde het raam de rug toe. Hij liep naar de tafel, bukte zich om de kaarten te pakken die hij op de grond had geveegd, streek ze glad en legde ze zorgvuldig boven elkaar. 'Kom bij mij in dienst.'

'Hè?' vroeg Aristide verrast.

'Dat is een aanbod. Parijs betaalt niet slechter dan Rome.'

Aristide schudde zijn hoofd. Hij vond het jammer, constateerde hij. Hij mocht de man, die zich niet te goed voelde om vragen te stellen. 'Het spijt me. Ik moet naar Dorestad. Het ziet ernaar uit dat dat het volgende doelwit is van de Denen. Mijn vrouw is ernaartoe gereden om haar zus bij te staan.'

'Dus je gaat helemaal niet terug naar Rome?'

'Als je de Heilige Vader iets wilt meedelen, dan moet je je eigen bode sturen. Ik...' Aristide wist niet wat hij moest zeggen.

'Je vrouw rijdt naar een plaats die door de Noormannen wordt aangevallen.'

'Ze is... bijzonder.'

Robert vertrok zijn gezicht tot een glimlach. 'Ik begrijp het. Zorg dat je wat slaap krijg en een beetje op krachten komt – en een veilige reis.'

Toen Aristide al bijna bij de deur was, hield de graaf hem nog één keer tegen. 'Mocht je toch besluiten om vanuit Dorestad weer op weg te gaan naar Parijs, dan zal dat niet in je nadeel zijn.'

Hoofdstuk 24

Ze had zich op weg begeven omdat ze Asta wilde helpen. Dat geloofde Freya althans op bepaalde ogenblikken. Op andere momenten pakte ze zichzelf harder aan: het doel van haar duivelsrit, waar ze zichzelf en die arme Cosima toe dwong, was bedoeld om haar geweten te sussen. Asta en zij waren zussen. Het was hun geluk om samen te vluchten voor de Denen. Ze hadden elkaar bijgestaan. Het was verraad geweest dat ze Asta aan haar afschuwelijke echtgenoot had overgeleverd.

Maar haar stemming sloeg ook meteen weer om. Asta had toegestaan dat Giso, die verdorven schoft, haar kind vermoordde, omdat het huilde! In werkelijkheid ging het hem er waarschijnlijk om dat hij zijn vrouw wilde laten zien wat voor enorme macht hij over haar had. Hij liet zich meeslepen door zijn kwaadaardige hunkering om anderen te vernederen. Waarom had Asta dat niet ingezien? Ze had haar kind moeten beschermen, door Giso desnoods een mes tussen zijn ribben te jagen!

Aan de andere kant: had Soranus niet geschreven dat vrouwen na een bevalling soms te kampen hadden met een soort zwaarmoedigheid waardoor ze niet in staat waren om helder na te denken?

Had Asta zich misschien in zo'n soort situatie bevonden? Dan was het aan háár geweest om haar zus en het kind te beschermen.

De woorden die haar zus bij de Danevirke had gezegd schoten

Freya te binnen: 'Ik heb het bloed van onze moeder en jij dat van onze vader. Ik probeer te troosten en jij moordt.' In zekere zin was dat zo, ze had Björn en de man in het wachthok vermoord. En als haar echtgenoot zou proberen haar kind te vermoorden, zou ze hem ook om het leven brengen. Maar Jezus had gezegd: Als iemand u op de ene wang slaat, keer hem dan ook de andere toe. Was Asta misschien gewoon geloviger en meer gelouterd dan zij?

Freya probeerde te stoppen met haar vruchteloze gepieker, maar dat was onmogelijk.

***

Ze bereikten Dorestad op een koele, zonnige middag. Er stond een krachtige wind in het gebied, die regendruppels in hun gezichten blies. Cosima had haar benen opgetrokken en zich rillend in Freya's armen genesteld; de laatste mijlen waren vermoeiend geweest. Vlak voor de stadspoort trok Freya aan de teugels en ze keek naar de muren.

Als Ulfgrim niet had gelogen, dan was deze stad door Hasteinn uitgekozen als doelwit van zijn volgende rooftocht. Stel dat de overval al had plaatsgevonden. Dorestad leek echter ongeschonden te zijn. Uit de schoorstenen kringelde de rook van de vuurplaatsen en op een akker voor de poorten ploegde een boer de grond met een sterk paard. Toch was Freya wantrouwig.

Vlakbij bevond zich een kleine, verlaten schuilplaats voor schapen. Freya reed ernaartoe, tilde Cosima uit het zadel, zette haar op een scheve bank die uit het zicht stond en omvatte haar gezicht. 'Jij moet hier op me wachten. Goed? Ik ga iemand zoeken en dan kom ik terug. Het zal niet lang duren.'

Cosima knikte.

'En je zet geen stap hiervandaan!'

Opnieuw geknik. Cosima ging ineengedoken op de bank liggen en sloot haar ogen.

Freya steeg weer op en reed de stad in. Het vertrouwde straatje dat rechtstreeks naar de marktplaats leidde maakte een pijnlijk gevoel van gemis in haar los. Ze dacht aan Jutta, die haar zo warm onderdak had verleend, aan die arme Kasimir en de uren aan de oever van de Rijn, waar hij haar had leren lezen. Achter de daken rees in de heldere lucht de toren van de domkerk op, in een stal snoven de paarden, uit een raam drongen flarden van een gesprek naar buiten die klonken als een ruzie, uit een ander raam geluiden van een werktuig. Het was allemaal net als vroeger.

Het was net als vroeger, en toch voelde het verkeerd. Het duurde een paar tellen voordat Freya besefte wat haar stoorde. De mensen! Er was bijna niemand in de stegen. Een vrouw stak gejaagd de weg over om naar het huis aan de overkant te gaan, op de hoek van een huis zat een ineengedoken bedelaar die afgestompt naar het zakje vol gaten bij zijn voeten staarde, dat was het. Verder was er geen levende ziel te bekennen.

Met een bedrukt gevoel bekeek Freya de gebouwen langs de steeg wat nauwkeuriger en ze zag verdachte signalen: de deuren waren voorzien van nieuwe grendels en sloten, muren waren gerepareerd met verse leem... Bij één huis had blijkbaar het dak in brand gestaan, maar ondanks de naderende winter had nog niemand tijd gevonden om het opnieuw te bedekken met stro. Nee, in deze stad was iets aan de hand. En de reden daarvan leek duidelijk: de Denen waren Dorestad al binnengedrongen, maar nog niet zo lang geleden, zoals de angstige blikken van de bewoners deden vermoeden. Het was verwonderlijk dat de plunderaars zo weinig hadden verwoest. Hadden de inwoners van Dorestad hen er met zilver en andere kostbaarheden toe bewogen om te vertrekken? Die kans was groot. Veel mannen uit het noorden troffen bij de kloosters en in de steden die ze overvielen koeien aan die ze niet slachtten maar wilden melken, en wel telkens opnieuw. Alleen mensen die verzet pleegden of niets te bieden hadden werden vermoord.

Met opeengeperste lippen ging Freya naar het huis van haar zwager. Op het oog leek er niets te zijn veranderd. Het twee verdiepingen tellende gebouw getuigde nog altijd van de welvarendheid van de eigenaar; het maakte echter geen indruk meer op haar nu ze de stenen villa's in Rome had gezien. Maar wat haar meteen opviel was een lelijk, gekarteld gat op de plaats waar vroeger de deurknop had geprijkt. Freya stuurde haar paard naar de tuin, bond het aan een perenboom en ging naar de deur van de werkplaats. Ze duwde hem open.

Het vertrek zag eruit alsof iemand het met een enorme bezem had schoongeveegd. Op de tafels en in de schappen lag geen enkele rol stof meer, de kisten met garens, knopen en naalden waren leeggemaakt en gedeeltelijk vernield. Ook de kleermakers die hier altijd druk aan het werk waren geweest waren nergens te bekennen. Ze stapte waakzaam over de tegels, waarvan een aantal was gebarsten alsof iemand er een ijzeren kogel overheen had geslingerd. Freya klom de trap op en opende de deur naar de woonkamer. Het eerste wat ze zag was het wandtapijt waarop Jezus bij zijn doop was afgebeeld. Toen ontdekte ze Asta, die achter een weefgetouw zat.

**

Haar zus liet de weversspoel vallen. Na een eerste verraste blik lichtten haar ogen op. Ze omhelsde Freya, pakte snel eten en een kruik met wijn, lachte en leek duizelig van blijdschap. Toen ze tegenover elkaar zaten werd het stil, maar dat duurde niet lang. Daarna begon Asta harder te praten. Ze prees haar man. Wat een gezegend mens was ze toch. Giso overlaaddde haar met geschenken, hij was zo attent voor haar, de mensen benijdden haar om hem...

Geen woord over de vreselijke dag waarop hun wegen waren gescheiden, geen enkele vraag hoe het haar zus in het buitenland was vergaan.

'Inmiddels is Giso in de stad een van de vooraanstaande mannen. Hij heeft zelfs in hoogsteigen persoon met de Denen onderhandeld. Ze waren voor de tweede keer hier, Freya, pasgeleden, niet te geloven, hè. Hasteinn...'

Je zou denken dat Asta's glimlach bij die gehate naam eindelijk zou verflauwen, maar hij leek wel op haar gezicht gebeiteld.

'... heeft me gelukkig niet gezien. Ik had me hier in huis verstopt. En waarschijnlijk had hij me sowieso niet herkend, zegt Giso, omdat het al een eeuwigheid geleden is...'

'Wat is er gebeurd toen ze destijds Dorestad zijn binnengevallen?'
'Tja, wat zal ik zeggen? Ze hebben geplunderd. En jammer genoeg ook mensen vermoord. Maar dit keer was het anders. Nu hebben ze alleen gestolen. En wat ze hebben weggesleept kan worden vervangen, zegt Giso.' Die vervloekte glimlach wist van geen wijken. Het leek voor Asta wel een pantser. 'Kom even mee!' Ze pakte de hand van haar zus en leidde haar naar een kleine, afgezonderde kamer waar Freya nooit eerder was geweest. Er stond een wieg in het vertrek, verder niets. In de wieg lag een kind.

'... mijn zoon... hier, haal hem er maar uit... of nee, liever niet, hij is nu net stil...' Asta boog zich over het stevig omwikkelde bundeltje en heel even dacht Freya oprechte tederheid op haar gezicht te zien. Het kind in de wieg was misschien tien maanden oud. Hij had zijn oogjes open, maar liet geen enkel geluid horen. Waarom lachte hij niet bij het zien van zijn moeder? Dat deden alle kinderen op die leeftijd toch?

'Hoe heet hij?'
'Giso heeft hem Thomas genoemd. Naar de apostel.'
'Wat mooi. Heeft hij broertjes of zusjes?'

In plaats van te antwoorden duwde Asta haar zus weer de kamer uit. Thomas liet haar gaan zonder te protesteren. Waarom bevond hij zich trouwens in een vertrek dat zo geïsoleerd lag? Moeders wilden hun kinderen toch dichtbij hebben om hun snel de borst te kunnen geven en hun luiers te verschonen of hen te knuffelen? Zelfs boerinnen werden nooit gescheiden van hun zuigelingen, maar ze hingen ze in een met wol opgevulde kist in een boom als ze op het land werkten.

'Slaat Giso jou en je kind?'
'Doe niet zo raar!' Asta klonk driftig, maar haar gezicht vertelde een ander verhaal. Giso, zo vertelde ze Freya toen ze weer in de woonkamer waren, was op reis. De Denen hadden ook de meeste kleding van de inwoners meegenomen, waardoor hij zo snel mogelijk nieuwe stoffen en garens wilde kopen. Er lag voor hem een bloeiende handel in het verschiet. Hij wilde tot aan Keulen gaan en had speciaal voor de rollen stof een wagen geleend en werd begeleid door twee inwoners

van Dorestad. 'Maar ik heb het de hele tijd alleen maar over mezelf. Hoe is het met jou? Hoe is het jou vergaan, zus?'

Nu wilde ze het dus toch weten. Maar Freya was niet meer in de stemming om verslag te doen. Met weinig woorden vertelde ze wat dingen en hoewel ze er zelf om had gevraagd, luisterde Asta nauwelijks. Ze was weer achter het weefgetouw gaan zitten. De spoel ging door de kettingdraden, sneller dan Freya ooit bij iemand had gezien. 'Dit moet af,' onderbrak Asta haar midden in een zin. 'Mijn stoffen zijn het mooist van allemaal, vindt Giso. Die gaat hij als eerste gebruiken. Hij heeft voor deze hier al een klant, de smid... Engelbert, weet je nog? Hij is...'

'Asta, ik...'

'O ja, en jij komt natuurlijk bij ons wonen...'

'Je weet toch dat Giso me niet kan uitstaan. Voor de stad wacht mijn dochter trouwens op me.'

'O, dus je wilt meteen verder reizen?'

Ik heb een dochter! 'Ik... Nee, ik blijf een paar dagen in de stad. Ik wacht op mijn man.'

'Dus je bent ook nog getrouwd?' Het leek of Asta's belangstelling was aangewakkerd, maar vervolgens concentreerde ze zich weer op de spoel. 'Misschien heb je gelijk. Als Giso terugkomt zouden er problemen kunnen ontstaan. Maar zolang hij er nog niet is, blijven jullie bij mij slapen. Daar sta ik op.'

***

Freya haalde Cosima op bij het schapenhok. Ze sliep met haar in de kamer van hun kleine neefje; dat leek Asta de beste oplossing, omdat ze natuurlijk niet wist wanneer haar man precies zou thuiskomen. Toen Freya alleen was met de kinderen haalde ze Thomas, tegen Asta's instructies in, uit zijn wiegje. Ze hield hem tegen zich aan en probeerde hem aan het lachen te krijgen. Tevergeefs. Als hij niet af en toe zijn ogen had bewogen, dan zou het een pop kunnen zijn. Freya voelde zich in en in terneergeslagen. Cosima en zij gingen iedere dag naar de domkerk als de klokken luidden, zoals ze met Aristide had afgesproken. Maar natuurlijk kon hij nog niet in de stad zijn. Zelfs al had hij zonder onderbreking gereden, hij moest een afstand afleggen die drie keer zo lang was.

De dagen verstreken, een week, tien dagen, twaalf dagen...

Toen keerde Giso terug naar huis.

Ze hadden zijn kar niet het terrein op zien komen en ook geen geloei van de trekossen gehoord. Maar zelf had Giso Freya's paard in de tuin ontdekt. Hij opende de deuren zo zacht dat Freya hem pas opmerkte op het moment dat hij in de kamer stond. Asta keek op van achter het weefgetouw en trok wit weg.

Giso staarde Freya aan. Haar vrouwenkleren brachten hem in de war, hij kende haar tenslotte alleen als jongen. Toen hij eindelijk doorhad wie hij voor zich had, schoot hij op Asta toe. 'Maar dat is... Ik snap het niet! Die vuile leugenaar, die broer van je is dus een... een smerig... Verdomme, mijn eigen vrouw schaamt zich niet om haar baas en leermeester brutaalweg... Weg uit mijn huis!'

Dat laatste gold Freya, die zich echter niet bewoog.

'Waar haal je het lef vandaan om die heidense hoer binnen te laten in ons keurige huis, geniepige viespeuk die je bent?' Dat was weer voor Asta bedoeld. Ze barstte in tranen uit.

Toen Giso zich voor de tweede keer tot Freya richtte werd zijn stem kalm en uiterst zacht. 'Ik ga nu de ossen uitspannen. Als ik terugkom, dan ben jij weg, Johannes, of hoe je ook mag heten. Dan ben je weg of, bij God, dan zul je...' Het ontbrak hem aan verbeeldingskracht om een passend dreigement te vinden dat overeenkwam met zijn woede. Zonder zijn zin af te maken beende hij het vertrek uit.

Asta legde een vinger tegen haar lippen, alsof ze bang was dat hij hen achter de gesloten deur afluisterde. 'Je hebt het gehoord, je moet weg uit dit huis.' Haar stem klonk panisch.

'En jij gaat met me mee. Asta! Ik zal je in bescherming nemen tegen hem. En voor jou en je kind zorgen. Echt waar! Zoiets hoef je niet te accepteren.'

De deur vloog weer open. Giso was niet bij de ossen geweest, maar had een zweep gehaald, een gedroogde ossenpenis. Zonder Freya een blik waardig te keuren droeg hij Asta op om haar schort, jurk en hemd uit te doen. Freya keek sprakeloos toe terwijl haar zus zonder tegen te stribbelen aan haar knopen begon te frunniken. Ze rende naar haar toe en pakte haar vast. 'Nee!'

'Ga maar,' fluisterde Asta. 'Freya, alsjeblieft.'

'Op je knieën!' Giso bewoog de ossenzweep op en neer.

Freya wilde protesteren, erop los brullen, maar voordat ze ook maar iets kon uitbrengen ging de deur opnieuw open. Cosima stapte naar binnen. Haar ogen werden groot. Niet-begrijpend keek ze naar de man met de zweep en toen naar de vrouw die hun onderdak had verschaft en die ze inmiddels tante noemde.

Freya ging naar Giso toe, rukte de zweep uit zijn hand, sloeg hem uit alle macht in zijn gezicht, holde naar het raam en gooide het folterwerktuig de tuin in. Ze draaide zich naar Asta toe. 'We gaan!'

Asta schudde haar hoofd en Giso, die razend van woede een hand tegen zijn opzwellende wang hield, maar blijkbaar niet bij Freya in de buurt durfde te komen, begon te grijnzen. Zijn oogleden trilden van opwinding. 'Wees braaf, vrouw... wees braaf...'

Freya wachtte, maar Asta knielde neer. Was het hulpeloosheid? Ze had toch aangeboden om haar te helpen? Freya pakte Cosima's arm, trok haar de kamer uit, liep struikelend de trap af en haastte zich naar buiten.

'We moeten de reiszak met onze spullen hebben,' fluisterde Cosima.

'Niet nu.'

Ze gingen snel naar de domkerk. Freya vroeg aan een van de knechten van de kerk, die de trap van het gebouw veegde, of er een zuidelijk uitziende man was komen opdagen die naar haar had gevraagd.

'Hoe moet ik dat weten? Ik weet je naam toch helemaal niet?'

Die wist hij wel, want ze had hem de afgelopen dagen al verschillende keren genoemd. Het liefst had ze hem een klap in zijn bebaarde gezicht gegeven. 'Freya.'

De knaap ging door met vegen, zonder te reageren. Ze was tenslotte maar een vrouw. Nauwelijks meer dan een koe. Hij zwaaide achteloos met zijn bezem om een duif te verjagen.

Freya keek of ze iemand anders zag aan wie ze het kon vragen. Een grijze vrouw op een bank. Haar gekromde lichaam zocht steun bij de huismuur, maar ze had een opmerkzame blik. Freya liep naar haar toe toen de knecht haar opeens nariep: 'Ja, er was hier iemand. Hij sprak Latijn. Noemde jouw naam. Maar hij is doorgereden.'

'Is Aristide er?' vroeg Cosima. Haar ontstelde gezicht begon hoopvol te stralen.

Freya knikte. 'En nu moet je heel goed naar me luisteren. Je wacht hier op hem. En als hij komt voordat ik terug ben, zeg dan tegen hem dat ik ons paard aan het halen ben en onze zak. Jullie blijven hier op deze plek staan, jullie mogen niet weggaan!' Ze kuste het meisje op haar voorhoofd en rende naar Giso's huis.

Daar vloog ze de trap op om nog een laatste keer naar de kamer van het kind te gaan. Asta had besloten om bij haar weerzinwekkende echtgenoot te blijven, daar was niets aan te doen. Haar zus was wie ze was. Aangekomen bij de bovenverdieping bleef ze abrupt staan. Wat waren dat voor gesmoorde geluiden in het vertrek met het weefgetouw? Eigen schuld, Asta, verdorie, waarom wil je niet luisteren? Ze wilde doorlopen, gewoon weg uit dat verschrikkelijke huis, maar sloop toch naar de deur van de kamer, opende hem en tuurde door een kier.

Haar mond werd droog. Asta lag voor het weefgetouw op de grond. Ze was naakt, haar lichaam was met zoveel bloedige striemen bedekt dat er amper nog huid te zien was die onbeschadigd was. Alleen de plekken die ook zichtbaar zouden zijn als ze haar kleren aanhad, had Giso overgeslagen bij zijn strafexpeditie: armen, hoofd en hals. Asta beet op een kluwen wol om haar gekreun te smoren. De wol was ook rood gekleurd. Freya liep naar haar toe en boog zich over haar heen. Asta kneep in haar hand. Haar gepijnigde blik gleed naar een hoek van de kamer die schuilging achter de deur.

Giso kwam tevoorschijn. Zijn ogen schitterden, hij verlustigde zich in de pijn van zijn vrouw en in de woede van haar zus. De bloedige ossenzweep bewoog op en neer in zijn hand.

Freya tastte naar de plaats waar ze onder haar schort meestal een mes had, maar hier in huis had ze dat weggelegd. Haar blik viel op een tafeltje naast het weefgetouw. Daar lag een wolmesje waarmee Asta de draden doorsneed. Het lemmet was kort, maar niet te kort om het als wapen te gebruiken. Twee stappen en ze hield het mesje in haar hand.

Giso deinsde achteruit. Hij was een meedogenloze vrouwenbeul, maar zijn dagelijks leven bestond uit naaien en weven. Waarschijnlijk had hij in zijn leven nog nooit hoeven vechten en als dat zinvol zou zijn geweest, zoals bij een overval van de Denen, dan had hij zich vermoedelijk verscholen. Freya zag dat hij zijn ogen opensperde toen ze op hem af stormde. De zweep kwam omhoog, maar hij was niet bedacht op haar snelle passen. Het lemmet boorde zich in zijn vlees. Er kwam een afgrijselijke schreeuw over zijn lippen, die echter meteen weer wegstierf. Ze had zijn keel geraakt.

Asta staarde ontsteld naar haar man, die met maaiende armen op de grond zakte.

Freya begon haar wang te strelen. 'Niet kijken. Hij is een monster. Luister goed, Asta, ik ga heel even weg om iemand te halen. Dan haal ik jou en je kind hier weg. Heb je dat begrepen?'

Asta reageerde niet.

'Je hebt gelijk, ik moet je eerst verbinden.' Freya hielp haar zus overeind en zeulde haar naar de gang, zodat ze niet hoefde toe te kijken terwijl haar man stierf. Snel pakte ze twee hemden en een rok uit een kist. Ze scheurde een van de hemden in lange repen en verbond daarmee Asta's ergste wonden. Het andere trok ze over het hoofd van haar half bewusteloze zus, de rok volgde. Ze maakte de schouderbanden boven de borsten vast aan de gespen en omvatte Asta's gezicht. 'Je moet me vertrouwen. Begrijp je dat? Ik help je.'

Uit niets bleek of Asta haar begreep.

Freya rende terug naar het domplein. En daar was God voor het eerst die dag met haar. Aristide zat naast Cosima op de kerktrap. Zijn gezicht straalde van puur geluk toen hij naar haar toe liep om haar in zijn armen te sluiten, maar ze maakte zich meteen weer los uit zijn omhelzing. 'Kom! We hebben niet veel tijd. We moeten weg uit de stad.'

***

De schaduw van de nacht had de daken al bereikt toen ze bij de kleermakerij arriveerden. Freya rende voorop. De gang boven was leeg. Vol bange voorgevoelens liep ze door naar de weefkamer.

Giso was dood en Asta lag op hem. Haar gezicht lag tegen het zijne en het leek alsof ze wilde glimlachen, maar dat was onmogelijk, want ze was ook dood. Ze had het mes uit Giso's hals getrokken en het gebruikt om haar polsen door te snijden.

Aristides blik was geschokt bij het zien van het bloedbad. Cosima, die naar de kleine kamer was gerend, verscheen in de deuropening, op haar arm Thomas, over haar schouder hun reiszak. Ook zij keek met open mond naar het vreselijke tafereel.

'We moeten weg,' zei Freya. De buren zouden haar, omdat ze hier te gast was geweest, als de moordenares van de twee beschouwen, wat trouwens klopte! Als verdoofd nam ze de zuigeling over van Cosima, het kind dat zij van zijn ouders had beroofd. Ze haalden dekens en warme kleren uit de kisten van de doden en gingen vervolgens naar hun paarden.

Korte tijd later hadden ze de stad verlaten.

Hoofdstuk 25

Ze vonden een plekje in het bos onder aan een heuvel, waar ze enigszins beschut konden overnachten. Aristide verzamelde wat droge takken en maakte vuur. De opgeschrokken vogels en vossen sloegen hen met hun gele ogen gade, de wind floot, vanuit de verte klonk het gejank van jagende wolven.

Aristide keek stilletjes toe hoe Freya bij Thomas, die blijkbaar haar neefje was, de luier afdeed. Het kind bewoog zijn ledematen nauwelijks, liet zich zonder een kik te geven omwikkelen met schone repen stof en at zonder enige gretigheid een appel, die Freya voorkauwde. Aristide sloeg een kruis en draaide zijn hoofd weg. De aanblik van de dode man en de dode vrouw zat hem nog in de botten. Had Freya die twee vermoord? Uit wat ze hem later had toegeschreeuwd had hij geen wijs kunnen worden. Maar ernaar vragen? Daarvoor kon hij beter een rustig moment afwachten.

Het was makkelijker om zich met Cosima bezig te houden. Het was een pienter, ongelooflijk leergierig kind. Hij pakte zijn zwaard en ging met haar dieper het bos in, waar hij samen met haar zocht naar late eetbare kastanjes. Toen ze terugkwamen poften ze die boven het vuur, een karig maal, maar het stilde de ergste honger. Hij gaf haar de laatste appel uit zijn jas en keek bezorgd naar de lucht. Geen wolken, maar de wind was ijskoud. Het was hem duidelijk dat ze vanwege de kinderen voor de komende nacht ergens onderdak moesten vinden.

Het rustige moment kwam nadat Cosima in slaap was gevallen.
'Wat is er in het huis gebeurd?'

'Hoe kon Asta houden van iemand als Giso?' fluisterde Freya in plaats van antwoord te geven op de vraag. De zuigeling lag op haar buik, toegedekt met haar mantel, warm gehouden door haar lichaam. Het was niet te zien of hij sliep. Cosima snurkte zachtjes in de kuil die ze in een zanderige heuvel hadden ontdekt.

'Wat is er gebeurd?' herhaalde Aristide zijn vraag, maar Freya zweeg en uiteindelijk ging hij naast haar liggen om haar en het kind via zijn lichaam een beetje warmte te geven. Zijn ogen vielen dicht, maar net op het moment dat hij soezerig werd, begon ze toch te praten: 'Ik wil niet langer doden.'

'Hoe bedoel je dat?' Hij kneep zijn ogen even dicht om weer wakker te worden.

'Geen enkel mens hoort te beslissen wie mag leven of wie moet sterven.'

Dat zou mogelijk moeten zijn in een wereld waarin alle mensen even zachtaardig als Jezus waren. In hún wereld waren er volop goede redenen om elkaar de nek om te draaien. En voor hem stond vast dat Freya haar redenen had, wat ze dan ook had gedaan. Ze sloeg haar arm om haar kleine neefje en rolde met hem op haar zij, zodat ze hem in de ogen kon kijken. 'Op het Vrouweneiland was ik gelukkig, snap je? Vooral in het hospitaal. Ik hielp mensen. Niet allemaal, maar een aantal. Ik heb de pijn bij hen weggenomen en dat is al heel wat, zoals je weet. Anderen kon ik helemaal niet genezen. En ik heb hun bijna allemaal hoop gegeven of op zijn minst troost in hun zwaarste uren. En dat geeft me voldoening. Ik wil dat mensen beter af zijn als ze me ontmoeten.'

'Dat lukt je nu ook al heel aardig, zou ik denken.'

'Je begrijpt het niet, Aristide, je begrijpt het niet.' Ze maakte een van haar armen los van het kind en streelde zijn wang. 'Ik heb besloten dat ik nooit meer iemand zal doden.' Alsof ze dit wilde bezegelen, zocht ze naar het mes in de leren koker. Ze wilde het in zijn hand drukken. Toen hij het niet aanpakte, gooide ze het over hem heen in het gras.

***

De volgende dag daalde de temperatuur en ze waren door de kinderen gedwongen om een paar dagen bij een onbehouwen herenboer door te brengen. De nachten in zijn schuur waren kort, omdat Aristide de man niet vertrouwde en daarom afwisselend met Freya de wacht hield. Die vent zou tenslotte niet de eerste zijn bij wie reizigers die onderdak zochten voor hun leven moesten vrezen vanwege hun bezittingen. Aristide hield Freya voor haar eerste wachtdienst uitdagend zijn zwaard voor, maar ze sloeg haar armen op haar rug over elkaar. Volhardend, ze was onvoorstelbaar volhardend als ze eenmaal een besluit had genomen. Hij kuste haar en spoorde haar nadrukkelijk aan om hem bij het eerste teken van gevaar wakker te maken.

Na een kleine week stegen de temperaturen weer en zadelden ze de paarden om verder te reizen. Kort voor Kerstmis bereikten ze Parijs.

∗

Ze naderden de stad vanuit het oosten, opnieuw via een van de heerbanen; de bestrating was hier echter al zo verbrokkeld dat de scherpe steentjes eerder een obstakel vormden dan voor gemak zorgden. De zon scheen op de daken en zorgde voor een glinsterende rivier. Op de braakliggende akkers waren her en der sneeuwbanken te zien.

'En? Wat vind je van Parijs?' vroeg Aristide toen ze de eerste huizen bereikten.

Freya antwoordde niet en hij begreep haar. Ook al hadden in de stad aan de Seine lange tijd Merovingische vorsten gewoond, op Freya moest alles armoedig overkomen. Er waren dan wel grote boerderijen, ruime smederijen, kerken en stenen huizen van twee verdiepingen waarvan de met sneeuw bedekte daken uitstaken over royale tuinen, maar bijna geen enkel gebouw was volledig intact. Deuren en daken waren provisorisch gerepareerd, stallen waren opgetrokken naast eerder afgebrande exemplaren. Het was de stad aan te zien dat die in de afgelopen jaren herhaaldelijk was overvallen. Ook bij de mensen die ze tegenkwamen had ze haar bedenkingen. Ze kwamen wantrouwig en uitgeput over en hun kleren slobberden om hun lichaam, een uitvloeisel van de hongersnood die telkens volgde na een oorlog.

'Je bent nog niet bijster enthousiast?'

'Er is niets zoals Rome,' vond Freya.

'Als jij dat wilt, gaan we daarnaar terug.' Hij had haar verteld over het voorstel van Robert om bij hem in dienst te treden; waarschijnlijk had ze gevoeld dat hij daar graag op wilde ingaan, want ze had niet geprotesteerd toen hij de weg naar het westen had genomen. Ook was het hemzelf niet helemaal duidelijk wat hem naar Parijs trok. Waarom gaf hij de zekerheid van een baan bij de machtigste man van de christelijke wereld op om een graaf te dienen? Beslist niet omdat hij rijk hoopte te worden. Nee, hij mocht Robert, dat was het. De man was op hem moedig en slim overgekomen, maar ook fatsoenlijk, en dat was een eigenschap die zelden voorkwam, zeker bij mensen uit de hogere kringen. Ik word sentimenteel, dacht Aristide vol zelfspot. En natuurlijk zou hij terugkeren naar de Heilige Stad zodra er aanwijzingen waren dat Freya niet gelukkig was in Parijs. Alleen wilde hij haar eerst het enige gebouw laten zien dat haar misschien zou aanstaan.

Ze waren bij de Grand Pont gearriveerd, een stenen brug die van de oostelijke kant van de stad naar het Île de la Cité voerde en hij werd zich er opnieuw van bewust hoe onbeschermd het eiland was waar de graaf van Parijs zetelde. Alles nodigde uit tot plunderen, zoals juwelen in de handen van een oude vrouw.

De wachtposten gebaarden dat ze mochten doorrijden, misschien vanwege de kinderen. En ook dat is roekeloos, dacht Aristide. Iedere spion kon met kinderen een ongevaarlijke indruk maken. Achter de brug stond aan de rechterkant het kleine paleis. Maar hij stuurde zijn paard naar links, waar de koepel van de Saint-Étiennekerk oprees.

Freya volgde hem vermoeid. Ze droeg haar zwijgzame neefje inmiddels in een dikke wollen doek die over haar schouder hing. Cosima sliep in zijn arm. Het duurde niet lag of de kathedraal doemde voor hen op. Maar dat was niet zijn bestemming. Hij reed er voorbij en hield in voor een massief, sober bouwwerk dat direct daarachter aan de oever van de Seine lag.

'Wat is dat voor gebouw?' vroeg Freya.

Door de ramen drong het geklepper van houten borden naar buiten. Iemand prevelde een gebed, slecht Latijn, maar nog wel te herkennen als het Onzevader. Een non kwam via de hoofdpoort van het gebouw naar buiten, moe, met kringen onder haar ogen.

'Een hospitaal,' zei Aristide.

Hoofdstuk 26

Drie jaar later

Het is God, dacht Freya. Ik heb alle geweld afgezworen en daarmee de grootste van alle zonden opgegeven en sindsdien word ik door Hem gezegend. Want zo was het precies. Ze kon zich niet herinneren ooit zo gelukkig te zijn geweest als in de drie jaar sinds hun aankomst in Parijs. Natuurlijk hadden ze ook moeilijke tijden doorgemaakt. Vol bitterheid dacht ze terug aan de dag waarop haar kleine neefje was overleden. Zelfs in de minuten dat bij hem het levenslicht uitdoofde, had Thomas geen kik gegeven. Hij was gewoon opgehouden met ademen terwijl ze hem verschoonde. Ze had hem bijna zonder het te merken teruggelegd in de strooien mand die ze voor hem met oude stukken stof had gevuld zodat hij comfortabel kon liggen. Alleen het zwaaien van zijn hoofd had haar erop geattendeerd. Het jongetje was niet eens een jaar oud geworden.

Freya zette het vreselijke tafereel van zich af. Hoe verdrietig ze zich ook voelde, het zou hem niet terughalen.

Ze was weer terug in het heden en draaide langzaam om haar as. Het vertrek waarin ze stond was vol boeken, gedroogde kruiden, flessen vol geneeskrachtige oliën en medische materialen. Graaf Robert had haar, toen hij over haar gave hoorde, royaal voorzien van alles wat ze nodig had om de zieke Parijzenaren te helpen. De nonnen, die haar aanvankelijk wantrouwend in de gaten hadden gehouden – een vreemdeling die denkt alles beter te weten! – waren sportief genoeg geweest om uiteindelijk toe te geven dat er levens werden gered door haar kundigheid die was gebaseerd op de kennis van oude artsen. Daardoor was het hospitaal als een tweede thuis voor haar geworden en het had voorkomen dat ze in haar verdriet door de dood van Asta en Thomas was blijven hangen.

Misschien berust geluk eenvoudigweg op de mogelijkheid om je nuttig te maken in een gemeenschap, dacht Freya. En misschien had ook pausin Johanna het zo ervaren, want waarom had ze uitgerekend de boeken van de artsen willen meenemen toen ze besloot het pauselijk paleis te verlaten?

'Freya?' Angela, een van de nonnen, stak haar hoofd om de hoek van het vertrek. 'Ze lijkt het niet te gaan redden. Brigida. Haar kind... het is anders dan anders... Kom, kom alsjeblieft snel...'

Freya waste gehaast haar armen en handen in een kom met water en liep achter Angela aan naar het vertrek voor bijzonder zware geboorten, dat ver van de andere kamers lag, bij een opslagruimte, zodat het geschreeuw van de vrouwen die aan het bevallen waren de andere zieken niet te veel stoorde. Soranus had er veel over geschreven hoe belangrijk het was om vrouwen in de uren van de bevalling te kalmeren. Freya had daarom de muren van het vertrek laten versieren met bloemen in lichte kleuren en had schalen met heerlijk geurende aftreksels op de tafels laten zetten.

Maar één blik op de vrouw die schreeuwend in het bed lag te schokken toonde aan dat bloemen of geuren hier niet zouden helpen. Cateline, de non die voor haar zorgde, legde fluisterend uit dat de beklagenswaardige vrouw een uur geleden had aangeklopt bij hun Hôtel Dieu. 'Toen ging het al slecht met haar. Ik ben naast haar op mijn knieën gevallen en heb de Moeder Gods en de heilige Margaretha aanger...'

'Maak een afkooksel van hoornklaver, kaasjeskruid en wat eiwit,' droeg Freya haar op. Ze moest de druk verminderen die de baarmoeder uitoefende en ook het geboortekanaal zachter maken. Ze sprak zachtjes tegen de zieke, een mooie, al wat oudere vrouw. 'Is het je eerste kind, Brigida?'

'Mijn vijfde. En het was altijd alsof ik ze maar hoefde uit te poepen. Uitpoepen, dat zei ik altijd. God straft me nu voor mijn betwete... Auuu...'

Het werd een lange en afschuwelijke dag. Brigida's haar plakte tegen haar hoofd, haar gezicht glom van het zweet, uiteindelijk kreeg ze koorts. De baarmoedermond werd weliswaar wijder, maar opeens – het werd al donker – stopten de weeën en haar gezicht werd grauw. Toen Freya een hand op haar onderlichaam legde, voelde dat koud aan. Ze moest in actie komen. Dat het kind nog te redden was geloofde ze niet meer. Maar misschien de moeder wel.

Terwijl ze haar linkerhand met olie bestreek, vroeg ze de twee nonnen die Cateline en Angela hadden afgelost, om de kop van het bed op een balk te tillen, zodat het schuin stond, en om Brigida vast te houden. Freya duwde haar hand, zoals ze van Soranus had geleerd, voorzichtig naar de baarmoedermond. Haar vrees werd werkelijkheid. Ze kon de foetus voelen, maar geen ademhaling, warmte of een hartslag waarnemen. Het embryo was dood. En het moest zo snel mogelijk worden verwijderd uit het lichaam van de moeder.

De aanpak die haar nu te wachten stond was afschuwelijk. Freya liet de bijbehorende instrumenten komen. Vervolgens haalde ze diep adem en probeerde elk gevoel opzij te zetten. Anders was het onmogelijk om te doen wat nodig was. Ze pakte een perforatietang, verwarmde die in olie en duwde het instrument met de nodige kracht in de mondholte van het gestorven embryo. Ze begon zorgvuldig het slappe lichaampje uit de baarmoeder te trekken. Zoiets moest zachtzinnig en geleidelijk gebeuren, zodat de tang niet weggleed of het vlees openreet. Brigida gilde verschrikkelijk, raakte daarna buiten kennis. Dat maakte het makkelijker.

Freya moest de perforatietang nog twee keer aanbrengen voordat ze de foetus kon verwijderen. Het kindje moest al uren, zo niet dagen geleden zijn gestorven, want het was donker verkleurd. Ze legde het in een kom en richtte zich op de moeder.

* * *

Het duurde een paar dagen voordat het zeker was dat Brigida in leven zou blijven. Langzaamaan werd de koorts minder, de vrouw dronk kleine slokjes en at minieme porties van de pap die de nonnen haar brachten. Uiteindelijk vroeg ze naar haar kind. Dat kinderen stierven was zo gewoon dat veel moeders eraan gewend waren geraakt. 'Ga er niet te veel van houden, anders pakt Onze-Lieve-Heer het van je af,' was een veelgehoorde uitdrukking. Maar Brigida was ontroostbaar.

'Je hebt er toch nog meer en drie van hen zijn jongens,' zei Angela in een poging haar te troosten.

Brigida reageerde met een vernietigende blik.

'En bovendien moet je dankbaar zijn dat je nog leeft!'

Die dankbaarheid werd in ieder geval wel gevoeld door Brigida's man en haar twee oudste kinderen. Ze spoorden haar aan om naar huis te komen. Niemand kookte voor hen. En de kleinere kinderen vroegen huilend naar haar. Pater Gilles, een man met smalle schouders en een nonchalant geschoren kruin, de biechtvader van Saint-Étienne, wees haar erop dat het een zonde was om in opstand te komen tegen God en Brigida liet zich overtuigen om mee te gaan met haar gezin.

Freya was doodop toen ze die dag naar huis ging. Cosima liep naast haar. Het meisje vond het heerlijk om rond te struinen in het Hôtel Dieu. Ze vertelde de zieken graag verhalen, die op dit moment gingen over de katten van het hospitaal, die hun koningin beschermden, een kat met een gouden vacht. Maar vooral vroeg ze Freya en de nonnen het hemd van het lijf. Waarom werd een lichaam warm? Waarom nam koorts af door planten? Hoe kwamen wormen een mens binnen? Waarom stonken veel zieken zo? Freya verschafte zo goed en zo kwaad als ze kon opheldering.

'Waarom gaan kinderen soms dood als ze worden geboren?' vroeg ze nu en Freya legde in simpele bewoordingen uit hoe een geboorte verliep en dat kinderen af en toe al in de buik van de moeder ziek waren of te groot of dat ze dwars in het geboortekanaal lagen, waarvan je je moest voorstellen dat het een soort buis was. Ze versperden hun eigen weg naar het leven.

'Waarom is het kind van Brigida doodgegaan?'

'Dat weet ik niet. Soms kom je daar niet achter.' Soranus had zijn vermoedens geuit welke bezigheden nadelig waren voor een ongeboren kind. Te zwaar werk, bijvoorbeeld. Maar al met al bleven veel dingen een mysterie. Freya werd begroet door een vrouw die last had gehad van vijgwratten. Ze groette terug. De vrouw wees met een glimlach naar haar onderlichaam, waarmee ze waarschijnlijk wilde aangeven dat haar klachten niet waren teruggekomen.

'... heeft die vrouw me een houten ezel gegeven.'

'Hè?'

'Maar ik speel niet met kinderachtige dingen,' zei Cosima uit de hoogte. 'Ik ben al zeven.'

'Je hebt een ezel gekregen van een vrouw?'

Cosima haalde het speelgoed tevoorschijn uit een zak die ze onder haar schort bij zich droeg, een groen beschilderd beeldje met een messing klokje om de nek. Een duur stuk speelgoed, zo zorgvuldig bewerkt dat je de spieren onder het vel dacht te kunnen zien. 'Wat was dat dan voor vrouw?'

'Ze heeft een gewaad aan dat net zo rood is als jouw haar, *maman*. Maar ze is niet zo mooi als jij.'

En hoe heet ze?'

Cosima fronste haar voorhoofd, en het schoot haar te binnen. 'Adelheid. Ze kwam met een draagstoel het eiland op. Er waren heel veel mensen bij. De graaf ook. Die heeft haar eruit getild en... ze keek nijdig. Ik weet niet...'

'Nou, dan ben ik heel benieuwd,' zei Freya.

* * *

Ze hoefde niet lang te wachten voordat ze kennismaakte met de onbekende vrouw, aan wie de graaf zoveel aandacht had besteed.

'Dat klopt ja, Adelheid. Ze is trouwens al dagenlang hét onderwerp van gesprek in de stad,' vertelde Aristide, die in hun slaapkamer water in een houten kom had gegoten om zich te wassen. 'Heb je daar echt niets van meegekregen? Het Hôtel Dieu heeft je helemaal opgeslokt, lieve schat. Je ziet en hoort alleen nog dingen die tussen de muren van het hospitaal gebeuren.'

Hij trok zijn hemd over zijn hoofd en Freya ging achter hem staan en sloeg haar armen om zijn borstkas. Ze hield van zijn gespierde, soepele lichaam, ze hield van zijn geur, ze hield van de talloze kleine en grotere witachtige littekens op zijn huid die verhaalden van zijn bewogen leven. Ze hield zelfs van de grijze haren die bij hem al vroeg in zijn weerbarstige zwarte haar waren geslopen. 'Ik word opgeslokt door het hospitaal en jij door de stadsmuur,' fluisterde ze.

Hij lachte, draaide zich om en droeg haar in een opwelling naar het bed. Maar het ging allemaal overhaast, alsof hij er niet helemaal bij was met zijn gedachten. Moest hij nog even naar het paleis? Natuurlijk, waarom zou hij zich anders omkleden? Freya zag zijn spijtige blik toen hij opstond en vanbinnen vervloekte ze die muur.

***

Robert mocht Aristide. Hij had hem binnen een paar weken nadat hij was gearriveerd tot hoofd van zijn garde gepromoveerd. Al snel hadden ze samen plannen uitgebroed om Parijs beter te beschermen tegen aanvallen. De visie die ze ontwikkelden had hun vleugels gegeven en in de zomer van het afgelopen jaar waren ze ermee begonnen om het Île de la Cité te omringen met een massieve, van wachttorens en kantelen voorziene borstwering, die het eiland eindelijk moest beschermen tegen die vervloekte aanvallen vanaf de rivier.

Aristide bracht op dit ogenblik elk vrij moment door bij de bouwwerkzaamheden en als hij daar echt een keer overbodig was werkte hij op de voorplaats van het paleis met de mannen uit de stad aan een effectieve verdediging: hoe je ketels vol vloeibare pek of kokend water met behulp van een stortinstallatie leeggoot over aanvallers... hoe je brandende pijlen schoot naar de boten van de Denen... hoe je een bijl en een zwaard hanteerde... boogschieten... Hij leerde de mannen alles wat hem bij de Romeinse garde was bijgebracht en je kon zien dat de angst bij de Parijse gardisten plaatsmaakte voor trots.

Ze gingen dus allebei op in hun werk, en leden er tegelijkertijd onder dat ze elkaar zo weinig zagen. Aristide, die bezig was om zijn baard met een scherp mes bij te werken, zag de wrevelige rimpeltjes tussen haar ogen.

'O, lieve hemel, je bent het vergeten!'

'Wat dan?'

'Dat we zijn uitgenodigd. Robert wil Adelheid vanavond officieel introduceren. Er is een feest ter ere van haar. En dat heb ik je verteld. Serieus. Twee of drie keer. Hup, mevrouw, uit de veren!'

Toen hij klaar was met scheren en het mes afspoelde trok Freya met tegenzin de jurk aan die ze bij dergelijke officiële gelegenheden droeg: een roestbruin gewaad waarvan ze de schouderbanden vastmaakte met in zilver gevatte gespen van barnsteen. Moest ze haar haar bedekken met een sluier, zoals dat gebruikelijk was bij getrouwde vrouwen en zoals ze dat in het klooster ook was gaan doen? Ze besloot om het niet te doen. Haar haar leek altijd te vlammen, het deed de stof van haar jurk schitteren. Ze wilde er vandaag mooi uitzien. Voor Aristide.

'Wie is die Adelheid eigenlijk? Wat maakt haar zo belangrijk?' vroeg ze.

'Haar familie. De vrouwen worden uitgehuwelijkt in de hoogste kringen. Een van haar zussen is getrouwd met Lotharius. Niet met de Lotharius die je op het Vrouweneiland hebt ontmoet, maar zijn vader. Adelheid ging naar Koenraad, van het geslacht van de Welfen.'

'Tegelijk met een koe en een pispot?'

Aristide glimlachte naar haar. 'Je hoeft je niet druk te maken. Mannen worden ook verhandeld. Alleen de eigenzinnige types en degenen die niet door familie worden betutteld kiezen hun eigen weg. Wij hebben geluk gehad. Toch, of niet?' Hij legde het mes in een houten kistje met een gewelfd deksel, liep naar haar toe en legde zijn vinger onder haar kin. 'Ik hou van je, Freya. Als ik een dichter was, dan zou ik het op rijm zetten. Maar ik kom niet verder dan wat gewone zinnetjes.'

Het lukte hem niet om haar aan het lachen te maken. Freya had nog nooit van ene Koenraad gehoord en ze was zich er weer eens pijnlijk van bewust dat ze niet echt thuishoorde in het wereldje van een graaf in Parijs. Ze was een slavin die haar meester had vermoord, om vervolgens te vluchten. 'Heb ik het goed begrepen? Robert wil dus trouwen met Adelheid?'

'Zo snel mogelijk.'

***

Het paleis van de graaf bevond zich aan de noordwestkant van het eiland, waar de versterking als eerste was voltooid; nadat Freya bij een van de hoge, smalle ramen langs de buitenste rand van de feestzaal had plaatsgenomen, kon ze in het donker vaag de muren met de kantelen en ronde wachttorens onderscheiden. Fakkels die als gele insecten langs de borstwering bewogen gaven aan hoe bezorgd Aristide was om de veiligheid van de stad, ondanks het gevorderde seizoen. Freya trok de mantel die ze vanwege de kou had omgeslagen dichter om zich heen. In de twee open haarden flakkerden enorme vuren, maar dat was niet voldoende om de zaal te verwarmen. Met een gevoel van weemoed dacht ze aan Rome met zijn zuidelijke klimaat.

'Hij kan je niets meer aandoen.' Aristide was naast haar komen staan en keek ook naar de muren.

'Wie?'

Hij reageerde niet. Misschien omdat hij zich iets had laten ontvallen wat hij liever voor zich had gehouden? Ze stootte hem aan met haar elleboog en hij gaf met tegenzin antwoord. 'Robert heeft gehoord dat de Denen die het gebied rond de Seine plunderen een nieuwe hoofdman hebben. Ze worden nu geleid door die Hasteinn, je weet wel. Het spijt me, ik wilde het jou...'

'Door Hasteinn!'

'Voorlopig wil dat helemaal niets zeggen, behalve...

'Probeer niet om dingen voor me achter te houden. Als ik niet weet wat er aan de hand is, betekent dat niet dat ik veiliger ben.'

'Ik wil gewoon niet dat je je erin vastbijt. O, mijn hemel, waarom kan ik mijn waffel ook niet houden! Luister, Freya: ik kan misschien niet voorkomen dat die smeerlap hier op een gegeven moment opduikt, maar...' Hij wees naar buiten, naar het bolwerk.

'Muren kun je bestormen.'

'Bij de muren hier gaat dat gepaard met grote verliezen en daar schrikken die smeerlappen voor terug. Nee, ze zullen hun boten om de stad heen dragen om ze stroomopwaarts weer te water te laten en in het binnenland te gaan plunderen. Tours, Nantes, Angers... Maar tijdens de uren dat ze zich op het vasteland bevinden, zijn het net zeehonden, onbeholpen, kwetsbaar. En ik zweer je, dan grijp ik ze.'

'En ík zweer je dat ze erop wachten dat jij het eiland verlaat. Geen zeehonden, Aristide, slangen.'

Hij sloeg een arm om haar schouder en drukte haar tegen zich aan, maar dat kon Freya niet echt geruststellen. Achter hen werd het lawaaiig en ze draaiden hun gezicht weer naar de zaal toe. Het vertrek met zijn lange, glimmend gepoetste tafels, fakkels en lampen, de bonte wandtapijten en de jachthonden liep nu snel vol. Mannen, volgens de hoofse mode gehuld in felgekleurde opperkleden, en vrouwen met gewaden waarvan de zomen als een sleep over de tegels gleden, stroomden binnen. Ze kletsten met elkaar, sommigen lachten, boven het geroezemoes uit waren de klanken van een Moorse luit te horen.

Freya ontdekte de belangrijke personen: pater Gilles, de hartelijke maar tot verzet neigende biechtvader van de graaf, zijn kamerheer met de rode drankneus, de schenker die opviel door zijn gevatte opmerkingen, de drost... En van de laatsten natuurlijk ook de echtgenotes. Omdat ze bekendstond als een begaafd genezeres werd Freya af en toe uitgenodigd door de kleine, behoorlijk verwaande kring van de dames van stand. Maar ze hield niet van dat soort gezelligheid, ze lieten te duidelijk merken dat ze alleen maar werd geduld. Of beeldde ze zich dat in? Misschien was ze diep vanbinnen nog altijd het slavenmeisje dat voortdurend in angst leefde voor de invloedrijke mensen en dat zich daarom als een egel oprolde zodra een van hen te dichtbij kwam?

Ingebrand, de drost, klapte in zijn handen en de genodigden begaven zich naar de met bloemen versierde tafels; daar gingen ze naast de stoelen staan die hun overeenkomstig hun rang en reputatie was toegewezen. Alle ogen gingen naar de hoge deur aan het smalle uiteinde van het vertrek, die niet alleen opviel door het bloemsnijwerk, maar ook door de armdikke grendels waarmee de zaal bij een aanval als laatste toevluchtsoord kon worden beveiligd.

De twee mensen op wie ze wachtten kwamen binnen. Robert had zich opgedoft zoals hij dat maar zelden deed: hij droeg een verblindend wit gewaad, een met vossenbont omzoomde mantel, kleurige kousen en in zijn haar zelfs een dunne gouden band met edelstenen. Maar niemand schonk aandacht aan hem. Alle blikken rustten op het meisje aan zijn zij, dat blijkbaar nog maar weinigen tot nu toe hadden gezien.

Het was helemaal geen meisje. De bruid was oud. Haar magere gezicht viel op door de scherpe rimpels. Ze kwam moe en ontstemd over en het leek alsof ze het liefst de zaal uit wilde vluchten. Haar hoofd was bedekt met een donkerblauwe sluier, maar daaronder ging vermoedelijk grijs haar schuil. Haar met parels afgezette gewaad met aangerimpelde zijden stroken... Alsof een lelijk schilderij in een mooie lijst was gestoken, waardoor het nog afstotelijker werd.

Er klonken hoorns, de honden blaften, de drost stak zijn staf omhoog en het ceremonieel begon, bestaande uit buigingen, eten, muziek en gekeuvel. Het eerste onderwerp van gesprek had vanzelfsprekend de verloofde van de graaf moeten zijn, maar ze kwam zo... ontzettend saai over. 'Arme Robert,' fluisterden de hovelingen met hun hand voor de mond. Op de plaats waar Freya en Aristide zaten werd echter al snel overgegaan op een interessanter onderwerp: de aanvallen van de Noormannen.

Looïs, de plaatsvervangend commandant van de garde, die in de loop van de jaren een bochel had gekregen, vertelde dat een bondgenootschap tussen de Denen en de Noren erin was geslaagd Constantinopel te bereiken, waar achter de muren bijna honderdduizend moedige en gelovige christenen woonden. Hadden de Noormannen de stad aangevallen? De berichtgeving daarover was tegenstrijdig. Ze konden beter die smerige heidense bendes in hun eigen landen aanvallen, begon de moedige strijder aan een van zijn geliefkoosde gesprekspunten. Hun dorpen verwoesten, zoals ze dat in het gebied van de Franken deden... Hen laten bloeden totdat de stront hun uit de neus kwam... een verenigd leger onder leiding van de keizer naar het noorden sturen, dat was alles...

En opeens viel opnieuw de naam Hasteinn.

'... is van al die kakkerlakken toch wel het drukst in de weer. Hij bevindt zich onder elke steen die je opbeurt,' mopperde een man bij wie de rechterwang één groot litteken was.

Freya sloot zich van het gesprek af. Wat had het voor nut om te vertrouwen op een keizer zonder macht die niet eens zijn eigen Italiaanse koninkrijk kon beschermen tegen aanvallen? Ze keek heimelijk naar Adelheid. De vrouw die getrouwd was geweest met Koenraad de Welf at als een mus. Als Robert iets tegen haar zei reageerde ze eenlettergrepig. Zijn glimlach bleef onbeantwoord. Toen Jehanne, de vrouw van de drost, haar bij een gesprek wilde betrekken, was ze zo afwezig dat het bijna beledigend was. Wat had haar ertoe gebracht om een onbekend kind speelgoed te schenken?

Er ging een uur voorbij, en nog een... Buiten stortregende het, het geluid ervan ging af en toe vergezeld van rommelende donder in de verte.

Eindelijk waren de borden leeg en had iedereen de gekonfijte dadels en de eierpuree met peperkorrels, saffraan en amandelmoessaus achter de kiezen. De gasten stonden op om in kleine groepjes verder te praten. Er was zware wijn geschonken en veel van hen waren dronken; het gelach werd luider, de gesprekken vrijmoediger. Freya liep weer naar de ramen, waar zich op de vensterbanken kleine plasjes regen hadden gevormd. Een man met een buik die als een zak over zijn riem puilde liet een boer; een vrouw hield een hand voor haar mond alsof ze bang was dat ze moest overgeven. Freya vroeg zich af hoeveel van de aanwezigen morgen hun bode zouden sturen om te vragen hun jichtproblemen te komen verhelpen. Somber herinnerde ze zich dat ze bij Johanna's aantekeningen een even simpele als effectieve behandeling had gelezen: matigheid. Bij de herinnering aan de dode ging er een gevoel van genegenheid door haar heen. Johanna's manier van denken moest erg op de hare hebben geleken.

'Er is me verteld dat jij Freya heet. Een ongebruikelijke naam.'

Freya draaide zich langzaam om. Adelheid! De verloofde van de graaf stond voor haar en keek haar aan. 'Ik... Ja.'

Adelheid pakte haar hand. Nieuwsgierig nagekeken door de aanwezigen leidde ze Freya het vertrek uit naar een lange, bijna donkere gang die uitkwam op een van de binnenplaatsen. Met steeds wisselende af-

stand van elkaar flakkerden er pekfakkels, en af en toe lichtte de donkere gang op door een bliksemschicht; het onweer had Parijs bereikt.
'Freya dus. Kun je mij vertellen hoe de abdis van Frauenchiemsee heet?'
'Irmingard.'
Adelheid knikte tevreden. 'Dan ben jij dus echt de arts die op het Vrouweneiland voor de zieken zorgde.'
Er ontstond een ongemakkelijke stilte, die alleen werd onderbroken door een heftige donderslag. Freya dacht aan de pijnlijke uren waarin ze op de binnenplaats van het klooster aan een paal had gehangen omdat ze ervan werd verdacht een heks te zijn. Aan de woede van koning Lotharius... Adelheid was familie van de Frankische koninklijke familie, natuurlijk ook van Lotharius. Had ze met hem of met een van haar broers of zussen over het voorval op het eiland gesproken?
'Als ik een vrouw met vuurrood haar zou ontmoeten die Freya heet en de gave van Jezus bezit om zieken te genezen, dan moest ik haar een bericht overhandigen,' zei Adelheid. 'Hier is het.' Ze duwde iets in Freya's hand. Een perkamentrol, voorzien van een zegel. Stoïcijns liep ze terug naar de zaal.
Freya verborg de rol onder haar mantel, extra goed ingepakt zodat hij geen schade zou oplopen. Zonder te letten op de blikken van de poortwachters liep ze het noodweer tegemoet en ze rende door de stegen naar het vakwerkhuis met het strooien dak dat Robert aan Aristide en zijn gezin ter beschikking had gesteld. Hoewel ze geen grote afstand had hoeven afleggen was ze helemaal doorweekt, maar het perkament was nog bijna droog toen ze het op tafel legde. Ze droogde haar natte handen af aan een laken en stak een kaars aan. Vervolgens verbrak ze het zegel en streek het perkament glad. Meteen herkende ze de rechte en keurige manier waarop Irmingard altijd aantekeningen had gemaakt.
'Mijn beste Freya, ik hoop van harte dat deze brief je zal bereiken...'
Haar ogen vlogen over het papier, daarna begon ze opnieuw te lezen, dit keer langzamer, met gefronste wenkbrauwen. Irmingard betreurde het dat Freya weg was en nog meer de vreselijke omstandigheden waardoor ze had moeten vluchten. 'Ik hoop van ganser harte dat het goed met je gaat. Jammer genoeg heb ik het vermoeden dat

we elkaar nooit meer zullen zien. Maar mijn lieve vriendin en vertrouwelinge Adelheid gaat de hele wereld rond...'

Freya slikte. 'Vertrouwelinge.' Wat was het toch eenvoudig om iemand te veroordelen.

'Ze heeft me beloofd om discreet te informeren naar de gardist van de paus. Aristide, dat was de naam die zijn kameraad noemde. En dat hij naar Parijs wilde reizen, en waarschijnlijk zou jij met hem meegaan. Mocht ze ontdekken waar je verblijft, dan zal ze alles in het werk stellen...'

Freya's blik ging naar de laatste regels.

'Wenzel is schuldig bevonden aan zijn slechte daden. We hebben een zakje met belladonna bij hem gevonden en ook een ring met een edelsteen, een kornalijn, die van Malachias was en die na zijn dood spoorloos was. Daarop bekende hij zijn fouten. Hij verklaarde dat hij met heel zijn hart van Grethlein hield en zich tegelijkertijd schaamde voor zijn eigen armoede...'

Freya rolde de brief weer op.

Ze was doodmoe.

****

Adelheid, die in de zaal zo hooghartig was overgekomen, ontpopte zich in de weken die volgden daadwerkelijk als een hartelijk, zij het stug iemand. Achter haar trots ging verlegenheid schuil, haar vaak nogal botte uitspraken waren te wijten aan haar onvermogen om zich verfijnd uit te drukken. Freya bezocht haar vaak en al snel raakten ze zo goed bevriend dat de vrouw haar in vertrouwen begon te nemen.

Adelheid was ongelukkig. Haar huwelijk met Koenraad... Nou, hij was een goed mens geweest, dat zeker, God had hem niet voor niets gezegend met hoge posities. Maar hij was in het huwelijk getreden met een dertienjarig meisje dat hem in de huwelijksnacht voor schut zette door te gaan huilen toen hij het voorgeschreven ritueel...

'O jee!' zei Freya.

De vrouwen naar wie hij echt verlangde waren mooi geweest. Hij wist niet wat hij aan moest met een dun kind zonder borsten dat huilde als hij haar op de vooraf bepaalde tijdstippen in zijn slaapkamer ontbood en dat hij ook met een pak slaag niet tot bedaren wist te brengen. 'Ik heb hem drie zonen en een dochter geschonken. Daarna raakte hij me niet meer aan. Ik mocht naar Frauenchiemsee om in het klooster tot rust te komen en daar leerde ik Irmingard kennen.' Adelheid glimlachte, waardoor haar gezicht opvrolijkte en haar rimpels minder hard werden.

'Robert is anders,' zei Freya. Ze zocht naar de juiste woorden. Fatsoen. 'Hij heeft fatsoen.'

'En toch is het zijn allergrootste wens om niet met mij te hoeven trouwen.' Het was een simpele constatering die zonder bitterheid over Adelheids lippen kwam. 'Misschien vat hij genegenheid voor me op als ik hem ook een kind schenk,' mijmerde ze, om meteen daarop haar eigen hoop te ontzenuwen. Ze zou binnenkort haar veertigste verjaardag vieren. Peinzend legde ze de spinstok neer, waar ze graag mee werkte omdat het haar zenuwen kalmeerde. 'Eigenlijk wil ik ook geen kinderen meer. Je zet kinderen op de wereld, sluit ze in je hart, maar na een paar jaar worden ze van je afgenomen en naar het buitenland gestuurd. Ik heb drie zonen en een dochter en wist met geen van allen een goed gesprek te voeren als ik hen ontmoette, wat overigens maar zelden gebeurde.'

'Zijn ze uitgenodigd voor de bruiloft?'

'Koenraad is aan handen en voeten gebonden, hij moet de rust herstellen in het opstandige Transjuranië, zo wordt beweerd. Mijn kleine abt is vorig najaar overleden en mijn meisje...' Haar stem stierf weg, vooral de herinnering aan haar dochter leek haar somber te stemmen. 'Nou ja, misschien komt de graaf van Auxerre,' zei ze tenslotte en haar stemming klaarde iets op. 'Hij is een levendig iemand, was als zuigeling al een wildebras. Ja, het zou me gelukkig maken om hem te zien en me helpen om al het andere... Een mens moet zijn blik richten op de geschenken van het leven.'

Freya had even de tijd nodig om dat te begrijpen. Al het andere? Natuurlijk, ze doelde op de huwelijksnacht, waar ze vast en zeker als een berg tegen opzag. Ze besloot om Adelheid een middeltje te geven waardoor in ieder geval de vaginale droogheid, de vloek van vrouwen op leeftijd, zou verminderen.

Hoofdstuk 27

Hij was te laat, sodemieters! Dat kwam door het weer. Het had de halve maand november gesneeuwd, alsof God het nageslacht van Adam beu was en had besloten om hen te bedelven onder hopen sneeuw, na zijn mislukte poging hen te verdrinken.

In ieder geval lijkt Hij míj beu te zijn, dacht Hugo met een sarcastisch glimlachje. Het was alsof er een vloek rustte op zijn leven. Na meer dan drie jaar vernederende loyaliteit aan koning Lotharius had de vorst Hugo in het voorjaar daadwerkelijk willen benoemen tot aartsbisschop van Keulen. Maar vervolgens had de clerus van Keulen de brutaliteit gehad om hem af te wijzen. Ze vonden Hugo's positie als subdiaken ontoereikend voor het hoge ambt. Bekrompen rotzakken.

Het was echter geen geheim dat achter de weigering in werkelijkheid Lotharius' oom Karel zat, de koning van het West-Frankische Rijk, die de Kale werd genoemd. Karel haatte zijn neef, vooral door de manier waarop hij zich van zijn vrouw had ontdaan, en daarom had hij de gelegenheid aangegrepen om hem via Hugo voor het hoofd te stoten. Een smerig rotcomplot. Karel had het geschil nog verder doorgedreven door Hugo na de catastrofe van Keulen ook alle andere functies af te pakken. Daardoor was hij praktisch berooid achtergebleven. En toen was Hugo's geduld op. Lotharius mocht dan zijn eigen leven laten ruïneren door dat smerige wijf dat hem naar haar pijpen liet dansen, zelf voelde hij zich tot niets meer verplicht.

In plaats daarvan had Hugo met een onderworpenheid waarvan zijn bloed ging koken bij Karel aangeklopt. De koning had hem laten wachten, hem vernederd door hem bij de paarden te laten overnachten en met de knechten te laten eten. Maar uiteindelijk had hij toch genade voor recht laten gelden en hem het graafschap Auxerre toegewezen, landerijen van zijn rijk die ooit in het bezit waren geweest van Hugo's vader.

Nu kwam het er natuurlijk op aan om zijn nieuwe positie te verstevigen en de eerste stap daartoe was het bijwonen van de bruiloft van zijn moeder. Ze hadden Adelheid zich met Robert van Parijs laten verloven, een man die Karel weliswaar verafschuwde, maar die hij nodig had voor het verdedigen van het West-Frankische Rijk tegen de Noormannen en de Bretons. Hugo was vastbesloten om goede matjes te worden met zijn stiefvader. Hij had meer bondgenoten nodig, mensen die ook voor hem de schouders eronder zetten als het zwaar werd. Daarvoor moest hij natuurlijk stroopsmeren, beleefde gesprekken met Adelheid voeren, stevige mannengesprekken met zijn *beau-père* en...

Verdomme! Zijn paard begon te slippen en wist maar met moeite overeind te blijven in de tot een vieze brij ontdooide sneeuw. Hinkte hij nu een beetje? Nee, hij strompelde een paar stappen, maar daarna was alles weer in orde. Hugo bereikte een klein dorp dat zich in een dal bevond en overwoog om in een van de huizen onderdak te zoeken. Het begon al donker te worden, de trouwdag was zo goed als voorbij en hij kon alleen maar hopen dat Robert het niet als een belediging opvatte dat hij te laat was komen opdagen. Toch weifelde hij. En opeens, achter woekerend struikgewas dat fungeerde als een soort muur, doemde Parijs voor hem op.

Hugo trok aan de teugels, hij keek naar de stad. Dit móést de residentie van Robert zijn. Anders was het niet te verklaren dat zich vóór hem overal licht uitstrekte in de duisternis, alsof zich hele hordes gloeiwormpjes verzamelden voor de paring. Hij begon te glimlachen. Daarbeneden wachtte het geluk op hem in de vorm van zijn moeder en haar nieuwe man.

Moeder. Hugo liet het woord op zijn tong smelten en luisterde aandachtig of er in zijn hart iets reageerde. Tegen alle verwachting in roerde zich daar iets. Warmte? Genegenheid? In gedachten zag hij plotseling een gezicht met rode wangen dat zich over zijn bedje boog. Kwam er een liedje over de bleke lippen? Rook maman naar kersen? Zijn keel werd droog en hij zette de halfzachte emotie van zich af alsof hij een kruimel van zijn hemd veegde. Niet sentimenteel worden. Het was nu in de eerste plaats belangrijk om zijn moeder in zijn plannen te betrekken. Overal om zich heen hoorde hij hoe zwak vrouwen werden als het om hun kinderen ging. Hij beschikte dus over een bondgenoot die hem door de natuur was geschonken en dat moest hij als basis gebruiken.

Hugo liet zijn paard met nieuwe moed naar de stad draven.

Hoofdstuk 28

'Het is 'm niet. Je moet je vergissen,' zei Aristide. Zijn stem klonk gespannen. Ze stonden op een van de donkere, ijskoude kantelen; achter het dak van het keukengebouw konden ze de binnenplaats van het paleis zien, dat voor het huwelijk van de graaf was versierd. Deuren en ramen waren voorzien van takken van groenblijvende bomen, van kunsttakjes van gekleurde was en tot slangen gevouwen stoffen; en omdat de weergoden zo genadig waren geweest om al dat moois niet aan regenbuien ten prooi te laten vallen, konden zelfs de tot bloemen gevormde waskaarsen worden aangestoken. De gasten waren echter na de huwelijksinzegening in Saint-Étienne meteen verdwenen naar de warmte van de feestzaal en alleen een uiltje dat op een boomstronk zat bewonderde het kaarslicht dat in de plassen van de gesmolten sneeuw werd weerspiegeld.

'Dat gezicht zou ik toch nooit kunnen vergeten?' antwoordde Freya nors. 'Ze kondigden hem aan als Hugo, graaf van Auxerre, als de zoon van Adelheid. Maar het is Hugo Abbas.' Niet alleen de steeds feller wordende wind dwong haar om Aristides nabijheid op te zoeken. Hoe was het toch mogelijk dat dit monster telkens weer opdook? Zodra ze iets hadden opgebouwd, kwam Hugo Abbas het vernietigen, alsof ze achterna werden gezeten door Satan zelf.

Aristide kuste haar op haar voorhoofd. 'Ga maar naar Cosima. Trek iets warms aan. Zadel onze paarden.'

'Dus we gaan er weer vandoor?'
'Goeie god, ik weet het niet.'
Ze hoorde het verdriet in zijn stem. Hij hield van het werk dat hij voor Parijs verrichtte, hij hield van de scherpzinnige graaf die hij diende, hij hield van hun nieuwe, gezamenlijke leven. Hij trok haar onverwacht tegen zich aan, zo hartstochtelijk dat het pijn deed. 'Ga naar huis, snel!'

Het beangstigde haar om te zien hoe vastberaden hij liep toen hij van de kantelen naar de toren ging. Er was geen enkele aarzeling te bespeuren, hij kookte van woede. Maar wat kon ze doen, behalve de dingen die hij aan haar had gevraagd? Haar kap werd van haar hoofd geblazen terwijl ze zich door de stegen haastte. Freya liep struikelend langs mensen die dronken waren van de royaal uitgedeelde wijn, die de kou niet meer voelden, en hoorde door de ramen het gejoel van de Parijzenaren die het huwelijk van de graaf tussen de eigen vier muren vierden. Toen ze eindelijk thuis was pakte ze in het licht van de smeulende vuurplaats snel alles bij elkaar wat ze nodig konden hebben om te overleven. Sieraden die ze van Aristide had gekregen, zilveren munten met uiteenlopende stempels, een amulet van de heilige Margaretha die afkomstig was van de nonnen... Ze zou die vrouwen missen, ze zou het hospitaal missen waarin ze zich samen hadden ingespannen voor het welzijn van hun medemensen...

Wat was Aristide eigenlijk van plan? Blijkbaar wilde hij deze nacht nog vluchten. Maar waar was hij naartoe gegaan? Waarom was hij niet meteen met haar meegekomen? Niet zo piekeren. Ze hadden warme kleren nodig. Het was het beste als Cosima en zij allerlei kleding over elkaar aantrokken. Freya begon twee reiszakken te vullen met haar schatten, besloot waar ze afscheid van moest nemen om snel te kunnen vluchten...

Aarzelend keek ze naar de muur rechts van de deur, waar Aristide zijn wapens bewaarde. Twee zwaarden, een strijdbijl, allerlei messen, een boog, een koker vol pijlen...

Ze pakte het zwaard waar Aristide zo van hield en waar hij het best mee overweg kon, maar nam voor zichzelf niets mee. Het was haar ernst, ze wilde nooit meer iemand doden.

Zachtjes ging ze naar Cosima, die sliep en niets had meegekregen van de onrust in de aangrenzende kamer. Het meisje, dat ze allang als haar eigen kind beschouwde, had haar armpjes om de kleine witte hond geslagen die Aristide haar onlangs had gegeven. Met bonkend hart keek Freya naar haar. Je moest je kinderen beschermen, die gingen vóór alles. Had ze een fout gemaakt door Aristide te vertellen over Hugo's komst? Ze had hem met een smoes moeten weghouden van het feest. Aan de andere kant was het zo dat Hugo Abbas misschien nog een aantal dagen of wellicht zelfs weken- of maandenlang aan het hof van de Parijse graaf zou doorbrengen. Ze hadden het nauwelijks kunnen voorkomen om hem tegen te komen. En als dat toch was gelukt, dan was Aristides naam of die van haar vast en zeker een keer gevallen. Zou Robert dan voor hen zijn opgekomen? Een belachelijke verwachting. Bij de adel was iedereen op de een of andere manier familie van elkaar. Ze voerden oorlog tegen elkaar, gingen verbonden aan, maar geen van hen zou zich voor twee simpele dienaren tegen een familielid keren. Daarvoor was de basis van de macht te broos.

Freya maakte haar dochter voorzichtig wakker. Cosima leek te beschikken over een zesde zintuig voor gevaar, want ze liet zich zonder iets te vragen aankleden. En nu? Aristide was nog steeds niet thuisgekomen. Freya nam Cosima bij de hand en liep met haar de weg op. Ze keek naar het paleis en haar angst nam toe.

'Maar waar gaan we naartoe?'

Freya nam een besluit. Naar het Hôtel Dieu.'

Toen ze in het hospitaal waren gearriveerd liet ze het meisje in haar eigen kamer wachten en ging in alle gangen op zoek. Wie was er aan het waken bij de zieken? Jehanne. Een non met een heel mooi uiterlijk en een klein verstand, altijd verstrooid, kortaf tegen de vrouwen die aan het bevallen waren, ontevreden met haar lot. Freya draaide zich om voordat Jehanne haar zou zien en liep naar de vleugel waar de nonnen sliepen. Ze sloop een kamertje naast de trap in, dat uitkwam op de ruimte met het hoofdaltaar van de kapel. Daar had Angela een cel toegewezen gekregen omdat ze niet in het dormitorium mocht slapen, omdat ze hard snurkte. Freya wekte haar. Hoe moest je uitleg geven over iemand als Hugo Abbas? Hoe kon ze haar noodsituatie duidelijk maken? Dat was allemaal veel te ingewikkeld. 'We zijn in gevaar.'

'Hè?'

Freya lichtte het stamelend toe, maar waarschijnlijk werd Angela wakker geschud door de angst in haar stem.

'Wat moet ik doen? Hoe kan ik helpen?'

'Cosima is in mijn kamer. Wil je op haar passen tot ik terugkom?'

'Ja, natuurlijk.'

En als dat niet gebeurde? Als er vannacht om allerlei politieke redenen en familieaangelegenheden een eind zou komen aan Aristides leven en het hare? Dan was er alleen nog de hoop dat er in het Hôtel Dieu, in de talloze uren van gezamenlijke strijd voor de zieken, solidariteit was gegroeid, waardoor er een beschermende muur rond Cosima zou worden opgetrokken die haar zou behoeden voor een leven in de goot.

Freya kon pas weer helder nadenken toen ze door de verweerde tunnel van de hoofdpoort liep die naar het gebouwencomplex van het paleis voerde. Ze moest doen wat ze een uur eerder al had moeten doen: Aristide tegenhouden voordat hij over de schreef ging. En met hem verdwijnen.

****

Maar ze kwam te laat.

Het eerste voorteken was de stilte. Er klonken geen violen of fluiten meer; er drongen geen vrolijke gesprekken, gelach of grappige gedichten door tot de donkere gang, waar het vuur van de fakkels als gevolg van de tocht een dans leek op te voeren. Freya liep de feestzaal in; die was niet leeg, integendeel. Kleine en grotere groepen stonden bij elkaar, druk fluisterend en gebarend. De muzikanten, die hun instrumenten hadden neergelegd, keken geschokt. De moed zonk Freya in de schoenen toen ze zag dat alle hoofden naar haar toe werden gedraaid.

Rond de twee met bloemen versierde, op tronen lijkende stoelen van het bruidspaar had zich een kring gevormd, die zich nu opende. Adelheid haastte zich naar Freya toe, ze zag doodsbleek. Op haar gele trouwgewaad liepen vanaf haar borsten tot aan haar schoot rode vlekken: bloed. O, Aristide.

'Kom.' De stem van de gravin klonk kil. Ze negeerde de waarschuwende woorden van haar bedienden, joeg een paar mannen weg die haar wilden volgen, holde bijna naar een gang waar Freya nog nooit eerder was geweest en liep met haar een stenen wenteltrap af. 'Zo arrogant,' fluisterde ze, 'zo gewelddadig en... zo overbodig...'

Het was niet ver, met de laatste trede bereikten ze een kelder. Freya's blik viel allereerst op een grote, in de grond ingegraven zwartgeblakerde pot waar een lier boven hing. Vervolgens gleed haar blik naar de muren. Scherpe bijlen en messen... Om mensen te folteren, dacht ze, en ze werd zo misselijk dat ze haar hand tegen haar mond duwde.

Eindelijk durfde ze naar Aristide te kijken, die tegen de achterste muur stond, als wild dat door een meute in het nauw was gedreven. Ingebrand, de drost, die met de mannen naar de kleine hel was afgedaald, had in alle wanhopige drukte een paar fakkels aangestoken, zodat Freya kon zien dat het bloed op Adelheids gewaad niet van Aristide afkomstig was. Hij zag vuurrood, de aderen bij zijn slapen waren gezwollen alsof ze de huid uiteen wilden rijten. Maar hij leek niet gewond.

Hugo Abbas was er daarentegen niet heelhuids van afgekomen. De man keerde Freya de rug toe, maar ze zag de met bloed doordrenkte punt van een doek die hij tegen zijn gezicht hield. Er kwam een stroom aan ordinaire beledigingen over zijn lippen. '...vuile, gore rotzak, om je tegen de gasten van je meester... vies, goor hoerenjong...'

'En nou is het echt genoeg!' viel Robert zijn nieuwbakken stiefzoon in de rede; blijkbaar had hij al een paar keer eerder geprobeerd om Hugo's scheldtirade te onderbreken. Hij keek ongelukkig naar Adelheid, de moeder van de vuilbek, terwijl hoogstwaarschijnlijk de meest afschrikwekkende visioenen door zijn hoofd spookten. Zijn militair adviseur had de zoon van zijn vrouw aangevallen, ten overstaan van het hele hof. Adelheids familie was invloedrijk, een oorlog zou bijna onvermijdelijk zijn als hij na het schandaal niet hard optrad. Hij was het dus niet alleen zichzelf en Adelheid verschuldigd om de onvergeeflijke daad te bestraffen, maar ook de mensen over wie hij regeerde.

Adelheid tilde onhandig de gele sleep van haar jurk op en ging, met vlokken roet in haar kielzog, naast hem staan. Hugo merkte zijn moeder nu pas op; hij keek haar aan, liet de bloedige doek zakken en boog hoffelijk voor haar. Robert wilde iets zeggen, maar Adelheid legde een hand op zijn arm.

'Hugo, beste jongen, ik ben nogal... in de war, omdat ik tijdens die afschuwelijke aanval boven door een van de dames werd afgeleid. Zou je zo goed willen zijn om me uit te leggen wat er is gebeurd?' Haar blik werd zachter, alsof ze bij elk woord dat ze uitsprak in de jonge man steeds meer het kind zag dat hij ooit was geweest.

'O, maman, ik weet het zelf ook niet. Ik was zo gelukkig dat ik je eindelijk weer zag en verheugde me op het feest... ik ben in gesprek... jouw gasten staan om me heen... en opeens, zonder aanleiding of waarschuwing vooraf, stort die gek zich op me. Wat kan ik erover zeggen? Is hij misschien bezeten? Robert, jij kunt de toestand van dat verachtelijke schepsel het best beoordelen. In het ergste geval...' hij schraapte zijn keel, 'zou het natuurlijk om een vooropgezette...'

'Hugo, ik...'

'... aanslag kunnen gaan.' Hugo's gezicht werd hard toen hij naar Aristide keek. 'Waarom zou je anders met een mes op een onbekende man af stormen? En dan ook nog eens tijdens een bruiloft?'

'Met een mes?' vroeg Robert.

'Ik weet zeker dat ik er een zag in zijn hand.'

'Je hebt hem met een mes aangevallen?' Robert richtte zich tot Aristide.

Die schudde zwijgend zijn hoofd. Zijn gezicht leek wel versteend. Zag hij de lichamen van Cosimo en Ginevra voor zich? Die arme Kasimir, die zo van boeken hield? Het is dom wat je hebt gedaan, dacht Freya, ongelooflijk dom. Ze ving een blik op waarmee hij haar smeekte om zo onopvallend mogelijk te verdwijnen. Daarna vermande hij zich om antwoord te kunnen geven.

'Ik ken Hugo Abbas van Rome. Hij deed mee aan een complot met als doel paus Leo te vergiftigen; en dat is, zoals we allemaal weten, ook gelukt. Bovendien heeft hij een gardesoldaat vermoord. En...'

'Ik moet er bijna van gapen,' riep Hugo. 'De schuldige, de misdadiger, zoekt zijn heil in kwaadsprekerij. Hoe kan het ook anders. Een hoop kouwe drukte!'

'... én een leerling Latijn en een vrouw die ongelukkig genoeg op zijn pad kwamen terwijl hij op de loer lag om mij te vermoorden,' verklaarde Aristide onverzettelijk.

'Zoals ik al zei: ik heb deze figuur nog nooit ontmoet.'

Een beklemmende stilte volgde. Wat waren beweringen waard die niet bewezen konden worden in vergelijking met een poging tot moord, ten overstaan van honderden getuigen? Ga weg, zei de blik die Aristide dit keer naar het plafond zond, uit angst dat Hugo Freya in het oog kreeg.

'We hebben dus van doen met een dader die door jouw vijanden is betaald?' vroeg Adelheid om zich zekerheid te verschaffen, terwijl haar gerimpelde gezicht zich van narigheid samentrok.

'Ik ben bang van wel. Niet iedereen is gek op onze familie,' bevestigde Hugo somber. Hij liep naar zijn moeder en drukte zachtjes een kus op de sluier, die met een verfijnd gegraveerde gouden band op haar hoofd was vastgemaakt.

'En je weet zeker dat je hem niet kent?'

'Het zou kunnen dat ik hem ooit een keer gezien heb, maar als dat zo is, dan is hij me niet opgevallen. O, maman, troost je maar met de gedachte dat deze wandaad is mislukt, de dader...'

'Je hebt hem met zijn naam aangesproken.'

'Pardon?' Hugo staarde zijn moeder perplex aan.

'Dat viel me op. Je kwam de zaal binnen, hebt met anderen gepraat. Opeens stond die man voor je. En jij riep zijn naam: Aristide.'

'Maar... Nee, hoor!'

'Daar verbaasde ik me nog over. Wat is de wereld van de machthebbers toch klein, dacht ik. Waarbij het zo is dat Aristide in werkelijkheid niet eens macht heeft; hij is niet meer dan een voormalige Romeinse gardist die nu de graaf van Parijs helpt om zijn stad te verdedigen tegen de Denen.'

'Maman...'

'Ga weg!'

'Hè?'

Adelheid draaide zich naar Robert toe. 'Wil je er alsjeblieft voor zorgen dat mijn zoon deze stad verlaat. Ik veracht geweld en complotten en ik wil hem nooit meer zien.' Ze tilde haar gewaad een stukje op, de vlokken roet op de zoom dwarrelden op.

'Maman...'

'Spreek me niet op die manier aan,' snauwde ze de verbijsterde Hugo toe. 'Ik heb... ik... ik wil geen zoon die een leugenaar en een moordenaar is.' Ze schreed langs hem heen. Maar haar soevereine houding was gespeeld, want nog voordat ze de kelder had verlaten was haar gezicht nat van de tranen.

Freya volgde haar en even later ook Hugo. Toen de man zich op de nauwe trap langs hen wurmde siste hij Freya toe: 'Je bent een nul, een worm, een made, net als die hoerenloper van je, en de wereld is echt klein. Jullie gaan eraan, heks.' Hij duwde zijn moeder, die de gang al had bereikt, opzij, zodat ze begon te wankelen; via een kleine deur verdween hij het donker in, waar de vlammen van de brandende waskaarsen demonen van licht en schaduw wierpen op zijn mooie blauwe mantel.

Hoofdstuk 29

Parijs, 867

Het huwelijk van het grafelijk paar werd gevolgd door drie goede, oftewel rustige, jaren.

Nadat Hugo buiten zichzelf van woede Parijs had verlaten ging hij met zijn haat naar koning Karel. Het lukte hem echter niet bij zijn vorst toestemming af te dwingen voor een vergeldingsactie. Vertrouwelingen van de koning die bevriend waren vertelden met smaak hoe Karel de graaf van Auxerre had afgepoeierd. Er was hem onrecht aangedaan? Wat spijtig! Hij moest Hugo toestaan om met een leger naar Parijs te trekken? Als hij dat per se wilde. Maar: nee, toch liever niet. Want Robert was belangrijk voor het rijk, nietwaar? Hij hield hun tenslotte de Denen van het lijf. O, daartoe zou hij niet lang meer in staat zijn? Misschien toch wel.

Tijdens dit gesprek had Karel een van zijn minnaressen laten komen; haar mooie rondingen verschaften hem meer plezier dan de geestdodende tirade van een graaf die door zijn moeder was gekwetst en die hem met zijn opdringerigheid aanvallen van schele hoofdpijn bezorgde.

'God zij geloofd voor Zijn voorliefde voor vrouwelijk schoon,' had Aristide spottend gezegd toen hij alleen was met de graaf.

Verrassend genoeg verdedigde Robert Karel. 'Hij heeft onlangs een wet uitgevaardigd aan welke eigenschappen geldmunten moeten voldoen om te worden erkend als geldig betaalmiddel. Dát zijn dingen die van belang zijn voor het rijk. Orde, regels...'

'Dat kan best zijn. Alleen groeit er bij Karel op de plek waar andere mannen een ruggengraat hebben een stammetje van slapheid en onverschilligheid. Hij heeft tot op de dag van vandaag niet de moed kunnen opbrengen om een effectieve verdediging tegen de Noormannen op poten te zetten.'

'Kijk goed uit met wie je het aan de stok krijgt. Van de koning moet je afblijven,' antwoordde Robert en Aristide merkte dat dat niet alleen als grap was bedoeld. Maar wat kon hem dat schelen? De koning had geen reden om Hugo een plezier te doen, maar een bijzonder goede om de graaf van Parijs te vriend te houden. Het maakte niet uit hoe ze over de man dachten.

Ze hadden de geweldloze tijd gebruikt om de muur af te maken die het eiland omringde, zodat er nu nog maar twee toegangen waren tot het Île de la Cité: de Grand Pont en de Petit Pont. Ook de kloosters en kerken aan de overkant van de Seine, bij aanvallen toevluchtsoorden voor de bevolking uit de omgeving, waren weerbaar gemaakt. Wachtposten hielden inmiddels doorlopend de rivier in de gaten, hun waarschuwingssignalen werden via voorgeschreven hoorngeluiden, waarvan de lengte aangaf hoeveel gevaar er dreigde, van de ene naar de andere wachttoren overgebracht.

Op het eiland hadden ze geoefend hoe ze in de kelders van de wachttorens en van het paleis, waarvan Freya er een per abuis voor een folterkamer had gehouden, in zo kort mogelijke tijd pek of water konden verhitten, dat vervolgens met lieren naar de verdedigingswerken kon worden gebracht.

Ze waren voorbereid.

'Waarom komen die Denen niet?' vroeg Robert toen hij weer eens met zijn naaste adviseurs op de noordelijke kantelen stond en naar de rivier staarde, alsof er ieder moment, verborgen door de schuimende golven, drakenschepen konden opduiken bij het eiland.

'Omdat hun spionnen onze versterking hebben gezien en hebben begrepen dat ze zich daaraan het hoofd zullen stoten,' zei de kale

Rousel, Roberts meester in technische verfijndheid en de man die de lieren aan de praat had gekregen; Aristide had eraan toegevoegd: 'Waaruit we kunnen concluderen dat we alles goed hebben gedaan.'

Toch waren ze er niet echt gerust op. Er bereikten hen voortdurend berichten over de rooftochten van de Noormannen: de zonen van Ragnar Lodbrok hadden Northumberland verwoest, met twee van hun bondgenoten het land van de Picten vernietigd, en de Roeshoofdmannen Askold en Dir bedreigden Constantinopel weer eens, zo werd beweerd... De nieuwe muren hadden de Denen dan misschien van hun stuk gebracht, maar vroeg of laat zouden ze zich weer op weg begeven naar Parijs.

Behalve door deze zorg werd Aristides leven door nog iets overschaduwd: Freya werd niet zwanger. Voor hemzelf maakte dit gebrek aan nageslacht niet zo heel veel uit, hij had geen titel of bezittingen om na te laten. Maar hij merkte hoe ze ernaar verlangde om een eigen kind in haar armen te houden. Hoewel ze zoveel vrouwen aan het moederschap had geholpen, zelfs de gravin was tot ieders verrassing bevallen van twee jongetjes, kon ze niet achterhalen waarom haar eigen lichaam onvruchtbaar bleef. Ze vond troost door uitzonderlijk liefdevol voor de twee zoontjes van de graaf te zorgen: de pedante Odo en de één jaar jongere schreeuwlelijk Robert, die zijn naam had gekregen van zijn vader en zijn temperament van de voorjaarsstormen.' Maar Aristide zag dat ze vaak in melancholiek gepeins was verzonken als ze zich onbespied waande.

Ook vanavond, nadat hij moe en met pijnlijke botten vanuit het paleis was gekomen, had hij haar terneergeslagen aangetroffen. Freya zat over een van de kostbare boeken gebogen die Adelheid voor haar in de bibliotheek van Saint-Germain-des-Prés had laten halen en schreef in haar eigen keurige handschrift in een pijnhouten boekje met wasborden wat ze wilde onthouden. Het had geheid te maken met haar geliefde geneeskunde, maar toch maakte ze niet de indruk dat ze er met haar gedachten bij was.

Hij keek even om de hoek van Cosima's kamer. Het meisje had een eigen slaapkamer, een luxe die hij Freya, zichzelf en haar zonder slecht geweten gunde. Hoewel zijn vrouw en hij al heel wat jaren met elkaar

waren getrouwd, ging het er vaak turbulent aan toe. Het was niet nodig om daar met hun drieën van te genieten. Aristide legde een hand op het tere perkament van het boek. 'Kom.'
'Waarnaartoe?'
'We hebben frisse lucht nodig.'

***

Even later kwamen ze bij de poort van de Grand Pont, die door de verblufte wachten voor hen werd geopend. Eenmaal aan de andere oever van de rivier begaven ze zich op de tast via een weiland dat nat was van de regen en waar de eerste lentebloemen al opkwamen naar de Seine. Onder de brug lag, half verborgen door riet, een roeiboot waar Aristide af en toe gebruik van maakte als hij rust nodig had om te kunnen nadenken, een van de weinige bezittingen waar hij waarde aan hechtte.

Hij had Freya graag vanaf de oever in het vaartuig geholpen, maar ze bewoog zich te soepel en was te trots en ondanks haar rok vol plooien zat ze nog voor hem op de smalle roeibank. Hij moest een lach verbijten toen hij zag dat ze de roeispanen pakte. Sinds ze in Parijs woonde had ze moeite gedaan om haar vrouwelijke kant te benadrukken, maar er stak ook een man in haar die niet wilde begrijpen waarom haar dingen werden ontzegd, waardoor haar leven omslachtig werd.

'Je bent moe,' zei ze, alsof ze zijn gedachten had gelezen. 'En bovendien een oude, luie vent. Ja, neem het er maar van.' Hij geeuwde, rekte zich uit en zette zijn voeten op de roeibank tegen haar fraai gevormde achterste. Er trokken wolken over, maar niet al te veel. Hij zag hoe de stadsmuur aan hen voorbijgleed, hoorde de argwanende schreeuw van een bewaker en in de verte het gejoel dat afkomstig was uit een herberg in een niet-beveiligd deel van de stad. Freya leek klaarwakker, haar ogen zochten onafgebroken de oever af. 'Ben je bang?' vroeg hij.

Ze knikte en hoefde niet te zeggen waarvoor.

'Hou op je zorgen te maken. Ze komen alleen met enorme verliezen over onze muren heen. En dat willen de Denen niet. Het zijn handelaren.'

'Als ze hebben gedronken vergeten ze dat.'

'Bij het zien van een muur die zo hoog is dat ze hun hals moeten uitstrekken om de kantelen te zien?'

Freya schudde haar hoofd. 'Mijn eigen vader was een van hen. Ik heb bij hen gewoond en een deel van hen zit in mij. Ze hadden geen strategieën. De mannen zetten het op een drinken... en op een gegeven moment stelt iemand voor om Parijs maar weer eens in de fik te steken en de zaak is beklonken. Terugkrabbelen is er dan niet meer bij!'

'Zeg dat nou niet.'

'Wat niet?'

'Dat er in jou iets van die zuipschuiten zit die je zoveel ongeluk hebben gebracht. Ik heb er plezier in om hen te haten. Dat zou minder worden als ik iets in hen ontdek waarin ze op jou lijken.'

Freya lachte en hij deed zijn ogen dicht. Hij was echt heel erg moe. Maar hij sliep onrustig. Ze dreven nog op gezichtsafstand van de stad toen hij zijn ogen weer opendeed. Freya had de roeispanen op haar schoot getrokken en zat naar hem te kijken. Misschien was hij wakker geworden door haar blik.

'Wat is er?'

'In één ding ben ik anders dan de Denen. Ik denk altijd grondig na over alles.'

'Ja, dat weet ik.'

'Maar daarom heb ik het ook niet begrepen.'

'Wat niet?'

'Waarom je toen op Roberts bruiloft Hugo Abbas bent aangevlogen.'

'Lieve hemel, ik dacht dat je dat allang was vergeten.' Aristide kwam overeind; hij kreunde een beetje, wreef over zijn nek en wisselde omstandig van plaats met Freya. Ze hadden het nooit over die kwestie gehad, het was voor hem meer dan pijnlijk. Freya ging met gekruiste benen op de bodem zitten, zeer onvrouwelijk, uiterst verleidelijk, op de plek waar hij had gelegen. Het bewegen van de roeispanen had iets kalmerends. 'Dat is moeilijk uit te leggen,' mompelde hij.

'Wat was je van plan nadat je mij had weggestuurd en naar beneden, naar de zaal ging?'

'Ik denk dat ik hem ter verantwoording wilde roepen.'

'Wat... oerstom!'

'Ja, zo kun je het wel stellen.'

'En toen?'

De roeispanen gingen het water in. Hij constateerde weer eens hoe vaag zijn herinneringen waren. 'Ik kwam de feestzaal binnen. Iedereen stond te praten. Onze graaf leek gelukkig te zijn en tegelijkertijd... verlegen. Ik weet nog dat dat me even ontroerde. Er zijn niet veel dingen waar Robert bang voor is, voor zijn nieuwe huwelijk gold dat beslist wel. Maar ik was natuurlijk op zoek naar Hugo. In elk geval draaide ik me om en daar stond die vent met een jonge vrouw te praten die hem vol aanbidding aankeek, omdat... Ziet hij er eigenlijk goed uit? Ik bedoel, in de ogen van een vrouw?'

Freya knikte.

'Goed dan. Ik zag hem daar dus staan, hij leefde, hij was gelukkig en lachte om de een of andere vleiende opmerking en opeens... Het is moeilijk uit te leggen. Opeens zag ik mezelf weer in Ginevra's huis liggen en stond hij over me heen met die verdomde bloemen die hij in mijn mond stopte; ik zag hem weer Ginevra neersteken, waarna jij kwam en hij jou naar buiten volgde... Ik was er jarenlang van overtuigd dat hij je had vermoord.' Aristide kuchte om te verbergen dat zijn stem trilde. 'God heeft jou beschermd, daarvoor ben ik Hem diep en diep dankbaar, maar in die zaal leek dat allemaal weggevaagd. Ik was zo...'

'... nijdig.'

'Ik leek wel bezeten. Daarin had die smeerlap misschien wel gelijk. Het was alsof iets me in zijn macht had gekregen, iets wat zo sterk was dat ik onmogelijk... Neem me niet kwalijk, ik zit onzin uit te kramen.'

'Je wilde Hugo doden. En toen?'

'Geen idee. Opeens was zijn gezicht vlak voor me, gigantisch, ik heb erop los geslagen... En voor ik het wist stond ik in de kelder. En jij was er ook. O, Freya, dat had je niet moeten doen... mij achternagaan. Ik ben geloof ik nog nooit zo bang geweest. Hugo had zich alleen maar hoeven omdraaien...' Aristide voelde de weerstand van het water terwijl hij de roeispanen bewoog. Alleen al bij de herinnering draaide zijn maag om. 'Wil je me beloven dat je nooit meer...'

Freya glimlachte, kroop tegen hem aan en droeg hem op de peddels binnen te halen. Ze maakte een gelukkig mens van hem terwijl ze over de Seine dreven en de golven tegen de boot klotsten, en hij hoopte dat dat wederzijds was. Hugo had verloren, dat moest hij er bij zichzelf in hameren. Hun wegen zouden elkaar nooit meer kruisen. En de Denen zouden hopelijk nog voor East Anglia en Constantinopel wegrotten.

∗

Het duurde precies negenentwintig dagen voordat die hoop in rook opging. 18 maart begon met lichte nevel die al aan het oplossen was en er zeker toe zou leiden dat de zon ging schijnen, net als de twee weken ervoor. Aristide zag de witte slierten, voortbewogen door een milde voorjaarswind, langs het raam van de vestingtoren trekken, hij hoorde het melodieuze gezang van allerlei merels die hun territorium afbakenden en naar de gunsten van de vrouwtjes dongen.

Rousel, die samen met hem naar het vertrek onder het bovenste verdedigingsplatform was geklommen, boog zich over een stapel dunne kettingen; die had hij met veel moeite in de smederij laten maken en hij prees de voordelen ervan. Ze hadden voor de ketels waarin ze bij een aanval vloeibare pek en heet water wilden verwarmen gaten van ongeveer drie el diep nodig in droge grond én enorme hoeveelheden brandhout; daar waren de kelders in de vestingtorens geschikt voor. Bij een aanval moesten de gevulde ketels met touwen via de speciaal daarvoor bedoelde schachten naar de platforms worden getrokken. De touwen stonden door de ratten echter voortdurend op het punt om te scheuren of weg te rotten. 'Waarom zouden we daarom geen kettingen gebruiken?'

Dat idee stond Aristide wel aan. Het was duur, net als het maken van pek, maar zou een belangrijke bijdrage leveren als ze in nood raakten.

In het gezang van de merels mengde zich een ander geluid, afkomstig uit het zuiden van het eiland, maar te vaag om van te schrikken. Dat zou waarschijnlijk anders zijn geweest als het uit het noorden was gekomen, vanwaaruit ze de aanval van de Denen verwachtten. Daarom keek Aristide pas op toen een van de poortwachters met zijn ijzeren stang alarm sloeg op de gong.

'Godsamme, ze zijn er,' mompelde Rousel perplex. Ze begonnen te rennen.

***

'Ook dit is al erg genoeg,' zei Robert, bij wie ze zich een klein half uur later verzamelden voor overleg. Hij liep met lange passen door het vertrek. Zijn stem weergalmde, de wandtapijten met afbeeldingen van vroegere veldslagen die de geluiden normaal gesproken dempten werden op het moment buiten in de zon uitgeklopt.

Het vel perkament met het bericht dat hen naar dit vertrek had gebracht lag in een prop op de vloer. Het was een dringend verzoek om hulp van graaf Gauzfried van Maine en zijn buurman Ranulf van Poitou. Hun twee bondgenoten hadden op de Loire de drakenboten van de Denen in het oog gekregen. Ze zouden de steden langs de oever beslist weer aanvallen. De bode die het bericht had bezorgd was uitgeput neergevallen tussen twee gietijzeren kandelaars en sliep.

Op de tafel lag een landkaart, steentjes markeerden de steden waar het om ging: Nantes, Angers, Tours en Orléans. De veertien mannen in het vertrek waren zeer ongerust en boos, enkelen van hen ook afwachtend. Afwachtend omdat het vuur van de plunderingen nog altijd op honderdvijftig mijl afstand woedde. Wat natuurlijk niet inhield dat de kwestie voor hen minder belangrijk was: de getroffen streek viel door een overeenkomst met koning Karel onder de bescherming van Robert. Hij was verplicht om samen met Ranulf en Gauzfried dat vervloekte Deense leger naar de hel te sturen, mocht het zich weer eens in het westen van het Frankische gebied wagen.

Maar natuurlijk zat er een addertje onder het gras. Als ze Parijs verlieten, beroofden ze hun eigen stad van gevechtskracht. En als dat nu precies was waar de Denen op rekenden? Als ze in werkelijkheid het rijke Parijs op het oog hadden?

'Als jullie het maar uit je hoofd laten,' foeterde Robert tegen Rousel en twee andere mannen, die stiekem met elkaar fluisterden.

'Wij leggen ons hart bloot om ons met hand en tand te verzetten,' mopperde Looïs, een man die werd gewaardeerd om zijn scherpzinnige plannen voor veldslagen. Hij klopte met zijn vlakke hand tegen de muur, alsof dat hart daarin klopte.

Robert liep met opgetrokken wenkbrauwen naar hem toe. 'Als we de Denen de schedel van de romp willen slaan, dan spelen we dat alleen klaar met een militaire overmacht. Juist nú is het zo dat we bondgenoten hebben; hoe het er over een jaar zal uitzien weet alleen God.'

Aristide zag de twijfel op de gezichten van de mannen. En had daar begrip voor. Bondgenootschappen werden tegenwoordig sneller verbroken dan een lam rijp werd gemaakt voor de slacht. Robert zelf had zich jaren geleden aan het hoofd geplaatst van een aantal edellieden die in opstand kwamen tegen koning Karel. De breuk was gelijmd, maar Aristide had er nog geen korrel zout om verwed dat het nieuwe bondgenootschap tussen koning en graaf het voorjaar zou overleven. En dat wantrouwen was er niet alleen tussen Karel en Robert, de voltallige adel had er last van, alsof het om een epidemie ging. Wie vandaag nog als vriend werd beschouwd kon morgen al met de vijand samenwerken.

Roberts blik werd zeldzaam kil. 'We gaan op pad,' verklaarde hij, 'en wel morgenvroeg.'

**

De volgende ochtend verzamelden zich zeshonderd mannen bij de Petit Pont. Ze droegen onder hun mantel een maliënkolder en hadden een groot beschilderd schild in handen en een helm op hun hoofd. Aan een koppel- of schouderriem bungelde hun zwaard. Wie zich geen zwaard kon veroorloven had zich bewapend met een handbijl, een houthakkersbijl of een werpbijl. Ook zag Aristide speren met een handvat, die moesten voorkomen dat de tegenstander met zijn wapen in de buurt kwam van de aanvaller. De werkpaarden en karren waren bedoeld om een deel van de uitrusting en wapens te dragen om de strijders tijdens het lopen te ontlasten.

De paarden hinnikten en stampten met hun hoeven. Verder heerste er een beklemmende stilte, die alleen werd onderbroken door gesnik en de bemoedigende wensen van familieleden toen ze begonnen te marcheren.

∗∗

Orléans, de stad die ze met een mars in straf tempo binnen twee dagen bereikten, was gespaard gebleven. De eeuwenoude muur, drieëndertig voet hoog en tien voet dik, had hen gered. 'Twee dagen hebben die visvreters ons het vuur na aan de schenen gelegd. Eergisteren gingen ze door naar Angers,' deelde de stokoude graaf Lambert, een man met grote verdiensten, hun mee en hij begon te verhalen over zijn roemrijke daden.

Na een haastig maal, dat ze vooral aten om de honger te stillen en niet zozeer om ervan te genieten, werd Robert apart genomen door het hoofd van de garde. 'Lambert heeft gelijk, het staat wel vast dat de Denen via Angers en Nantes terug willen naar die vervloekte zee van hen. Maar...'

'Ja?' vroeg Robert, en Aristide, die naast hem stond, spitste de oren.

'Wat ik me afvraag: slechts een deel van hun mannen heeft zich naar de rivier begeven, naar hun boten. De meesten, een klein leger, zijn te voet of te paard een andere richting op gegaan, naar het noorden toe. Ik denk...'

'Te paard, de Denen?' vroeg Aristide ongelovig.

'Ik zeg alleen wat ik heb gezien. Ze kwamen met boten over de Loire, maar veel van hen ook te voet en een flink aantal zelfs op paarden, het is me een raadsel waar ze die hebben gestolen.'

'En van hieruit zijn ze naar het noorden gegaan?' vroeg Robert voor alle zekerheid.

'De meesten wel, zeker driekwart van de mannen.'

'Le Mans,' zei Robert somber. 'Ze hebben op hun donder gekregen en nu willen ze in Le Mans verhaal halen.'

***

Ze moesten opnieuw in ijltempo gaan marcheren, wat veel van de krachten van de mannen zou vergen. Robert voerde de krijgstocht aan en stuurde twee van zijn beste mannen vooruit als verkenner, maar ze kwamen diezelfde avond en ook de avond erna niet terug naar het leger, waardoor de stemming merkbaar daalde.

Op de ochtend van de derde dag doemde Le Mans eindelijk voor hen op. Op het eerste gezicht konden ze al zien dat hun vrees gegrond was geweest, en dat ze te laat kwamen. Er hingen rookwolken om de daken van de stad. Een breed spoor dat door allerlei weilanden en akkers liep én een omgewoeld stuk grond bij de stadspoort gaven aan waar de Denen dichterbij waren gekomen en waar ze zich toegang hadden verschaft. Er ging een gemompel op toen de voorste mannen bij de poort twee naakte lichamen ontdekten die met het hoofd naar voren aan het poortgewelf hingen: hun eigen verkenners, bij wie als bespotting de ogen waren uitgestoken.

Maar dat was niets vergeleken bij de gruweldaden die hen in de stad wachtten. De stegen waar ze doorheen liepen werden geflankeerd door lijken waar zich op de afgehakte hoofden vliegen en ander ongedierte hadden verzameld. Niemand was gespaard gebleven, zelfs de kinderen niet. Het woord 'barbaren' werd gefluisterd en in de hoofden van degenen die al tegen de Denen hadden gevochten spookten beelden van monsters die trillend van strijdlust het schuim om de mond hadden en in de rand van hun schild beten.

Tegen de muren van de huizen lagen verwoeste karren, voor de ramen stukgeslagen meubels. Hier en daar paardenkadavers. De huizen zelf leken verlaten. Toen Aristide met een paar andere ruiters naar het centrum van de stad reed stuitten ze op de bisschopskerk, een grijs gebouw waarvan de deur met stormrammen uit de hengsels was geslagen. Aristide was een van de eersten die naar binnen gingen. Hij slikte met droge mond. Op het heilige altaar lagen zuigelingen met opengereten lijfjes, zorgvuldig neergelegd in de vorm van een hamer. Hun moordenaars hadden het kruis uit de stenen vloer getrokken en het zo tegen de rand van het altaar gezet dat de Heiland de arme kleintjes moest aanstaren. De hamer van Thor maakte het christelijk geloof belachelijk.

Op deze plek, waar ze bijna allemaal samenkwamen, veranderde de stemming binnen het leger. Een paar lafaards vluchtten, de anderen leken net zo gehard te worden als in de zon gedroogde leem.

Opeens kropen ook de overlevenden uit hun schuilplaatsen. Veel van hen staarden dof voor zich uit, anderen klampten zich vast aan de kleding van de strijders en weer anderen lachten, dansten of sneden met een scherp voorwerp hun huid open, ze waren krankzinnig geworden.

Een boer die het had overleefd door in een beerput te springen liet zich naar Robert brengen. Om de situatie te bespreken had de graaf de aanvoerders van zijn troepen naast de poort verzameld, in de beschutting van een uit palen bestaande omheining, en de boer bracht verslag uit. Hij noemde vooral getallen. Hij schatte dat de stad door minstens duizend mannen was overrompeld. 'Het waren niet alleen Denen, maar ook Bretons, afgaande op het dialect. Moge God hen verdoemen; ze hebben het heilige water van de doop ontvangen en slachtten de kinderen af als varkens.' Hij verloor nu toch zijn zelfbeheersing en beet in zijn vuist.

'Daarvoor zullen ze branden in de hel en de knechten van Satan zullen hen overgieten met brandende pek en speren in hun lijf jagen, en wel tot in de eeuwigheid!' ging een van de mannen tekeer. Anderen huilden van woede. Een hond blafte verdwaasd en rende doelloos over een door vuur verschroeid weiland.

Robert bleef koel. 'Bevond Salomon zich onder de Bretons? Hun hertog?'

'Die ken ik niet. Maar aan het hoofd van die slachters, pal naast de hoofdman van de Denen, reed een dikke man.' De boer deed zijn ogen dicht alsof hij het beeld wilde terughalen. Vervolgens verklaarde hij, nog altijd met gesloten ogen: 'Die man had iets opvallends, een witte vlek in zijn donkere haar, net boven zijn linkeroog, alsof Satan op hem had gepiest om hem als een van zijn wezens te brandmerken.'

Onder Roberts mannen steeg gemompel op. Degenen die Salomon kenden bevestigden het aan de anderen: ja, inderdaad, de hertog uit het noorden, die dezelfde naam had als de meest wijze dienaar van God, was getekend met een vlek in zijn haar.

'En kon je horen waar die moordenaars vanaf hier naartoe wilden gaan?'

De boer schudde zijn hoofd. 'Naar de plek waar ze hun vervloekte boten hebben verstopt, denk ik zo.'

Bij het aanbreken van de avond begonnen alle inspanningen hun tol te eisen. Roberts mannen wilden... ze móésten slapen. Aristide keek zorgelijk toe terwijl ze onder hun mantel kropen. Stel dat de vijand hen in de gaten liet houden door verkenners. Dat ze later in hun slaap werden verrast. Hij legde het aan Robert voor, maar ook hij kon van vermoeidheid nog nauwelijks op zijn benen staan. Daarom deed Aristide wat volgens hem nodig was: hij verdeelde de mannen in groepen van veertig personen en verzocht hun om zich te verspreiden over strategisch belangrijke punten in de stad. Daar konden de meesten dan uitrusten, maar twee mannen van elke groep moesten op wacht staan. Hij verbood de monniken van het klooster om naar de klokkentoren te gaan en zette ook daar twee mannen neer als wachtpost, het luiden van de klok zou die nacht fungeren als alarm.

'Je maakt iedereen zenuwachtig,' zei Robert, die ondanks zijn uitputting niet tot rust kwam.

Aristide knikte zonder te antwoorden. Hij had geen idee hoe het zijn kameraden die nacht zou vergaan; Roberts voorspelling was in ieder geval op hemzelf van toepassing. Het gras veranderde in een spijkerbed, hij had het ijskoud, lag te woelen onder zijn mantel en luisterde scherp of er verdachte geluiden waren, totdat zijn oren ervan gloeiden. Het doordringende geluid van een bosuil die zijn snavel schraapte werkte op zijn zenuwen, de lijkgeur pleegde een aanslag op zijn geest.

Het was waarschijnlijk even na middernacht, het tijdstip waarop de nacht het donkerst was, toen hij opschrok uit zijn slaap, die hem uiteindelijk toch had overmand. Paarden. Aan de andere kant van de omheining. Zacht gehinnik, geluiden van metaal, gebonk van laarzen. Het klonk alsof er een enorm gepantserd gevaarte op de stad afkwam.

De wachtposten hadden goed opgelet. Een van hen wekte Robert, anderen schudden of trapten de rest wakker. Terwijl Aristide zijn paard zadelde begonnen de klokken te luiden. Ze hadden er bij iedereen op moeten hameren om rustig te blijven. Te laat.

Aristide reed met zijn paard naar de poort. Op de plaats waar de lijken van hun verkenners hadden gehangen was de weg vanuit de stad eerst beveiligd door een tweemanshoog hek. Nu was de weg vrij, want de Denen en de Bretons hadden het ijzeren obstakel uit de grond getrokken; het stak omhoog uit de loopgraaf voor de omheining. Aristide keek de nacht in. Toen zijn ogen waren gewend aan de door de fletse strepen maanlicht doorbroken duisternis, kon hij iets groots onderscheiden, iets zwarts dat als een rups dichterbij kroop over de akkers. Tweehonderd man? Nog meer? Onmogelijk in te schatten. Hij kon de ruiters niet eens onderscheiden van de soldaten te voet.

Achter Aristides rug verzamelden de strijders zich. Het geschreeuw van de mensen uit Le Mans viel niet meer te negeren; het was zinloos om zelf stil te zijn. Robert was al bezig om zijn mannen met brullende bevelen in te delen. Aristide gaf de boogschutters voor de omheining een teken en zorgde ervoor dat ze zich in rijen opstelden. Ze richtten hun pijlen, waarvan de meeste waren voorzien van weerhaken om het effect te vergroten. Als de aanvallers hen tot op driehonderd voet genaderd waren, zouden ze een regen van pijlen op hen afvuren. Naast de opening in de poort verzamelden zich ruiters en voetvolk.

Langzaamaan waren er zwarte schimmen in de massa te onderscheiden. Helemaal vooraan reed een vaandeldrager. Aristide kneep zijn ogen samen. De man droeg een vlag, maar de stof zat ineengestrengeld. Opeens kwam hij weer bol te staan. Waar was die maan, heel even maar? De straal licht kwam en op hetzelfde moment brulde Rousel, die zijn paard naast dat van Aristide had gezet: 'God zij geloofd! Het gouden kasteel van Poitou. Het is Ranulf. Potverdorie, het is graaf Ranulf...'

De schutters lieten hun boog zakken. Een onbeschrijflijk gejuich steeg op.

**

Ranulf en Gauzfried, de twee graven die een verbond waren aangegaan met Robert, hadden van boeren gehoord dat een leger, aangevoerd door de graaf, op weg was naar Le Mans; omdat ze zich maar een paar uur ten zuiden van hen bevonden waren ze op pad gegaan om zich bij hen aan te sluiten. Ze brachten verontrustend nieuws. Het leger van de Denen en Bretons was blijkbaar al onderweg naar Angers. Ondanks het late uur gingen de leiders van beide legers om het vuur zitten voor overleg. Door de uitputting waren ze gevoelig voor de kou. Ze zaten verkleumd onder hun dekens en mantels. Er werd hun warme wijn met honing overhandigd, waar sommigen door hun vermoeidheid mee morsten.

'Eén ding is zeker: als we niets doen, zal Angers vallen,' mompelde Gauzfried. 'Zoveel, het zijn er zoveel...' De vertwijfeling was van zijn nogal dikke gezicht af te lezen.

'Wij zijn met vijfhonderd man onderweg. Volgens een inschatting van onze verkenners hebben die smerige moordenaars er drie keer zoveel,' zei Ranulf. Door de wijn die op zijn baard was gedruppeld leek hij nog ouder dan hij al was.

'En wij hebben zeshonderd man, van wie tachtig te paard,' zei Robert. 'Dan zou dat een man of duizend zijn tegen evenveel vijanden.'

'Je kunt niet tellen. Duizend Bretons, vijfhonderd Denen,' bromde Gauzfried.

Er viel een bedrukte stilte, waarin alleen het geknetter van het vuur te horen was. Aristide nam uiteindelijk het woord. 'De Denen strijden niet om de eer of om land, het gaat hun om het plunderen. Als ze zien dat wij hun de weg versperren zullen ze naar hun boten vluchten.'

'En Salomon? Waar bij anderen de hersenen zitten, knagen bij hem de ratten,' blafte Gauzfried.

'Maar op zichzelf aangewezen moet hij het tegen ons afleggen,' wierp Robert tegen. 'Bovendien waait hij met alle winden mee. Als hij denkt dat iemand hem kan verslaan, en zonder hulp van de Denen zou dat zeker zo zijn, dan zou hij vluchten of onderhandelen.'

'Denk je dat nou echt?' Gauzfried trapte naar een van de honden die hongerig door het kamp zwierven. 'Maar denk je ook door? Misschien zouden die klootzakken er echt als een haas vandoor gaan, maar dan komen ze volgend jaar weer terug. We hebben een veldslag nodig waar ze nog tientallen jaren lang last van hebben.'

'Maar dat lukt alleen met hulp van de koning. Hij moet alle krachten van het rijk inspannen om Bretagne aan te vallen,' vond Ranulf.

Robert barstte in een honende lach uit. 'Als we het van Karel moeten hebben, dan kunnen we net zo goed gelijk een ijzeren bal aan ons been binden.'

In het grote vuur, waaraan de gewone soldaten zich warmden, stortten dreunend een paar dikke takken neer. Heel even draaiden ze hun hoofden ernaartoe, daarna keken ze weer naar hun eigen vuur.

De drie graven en de meeste andere mannen die meededen aan het overleg waren van Frankische adel; ze waren familie van elkaar, al dan niet aangetrouwd. Aristide nam hen steels op en merkte dat hij aan het vergelijken was: in Rome was zijn baan simpel geweest. Daar had hij de Heilige Vader en zodoende het christendom verdedigd. Hij hoefde nooit voor iets of iemand te wijken, voelde zelfs nooit enige aarzeling. Het was duidelijk aan welke kant je stond, het ging om winnen of verliezen.

Robert waardeerde hij vooral als mens. De graaf was iemand die zijn leven riskeerde voor de mensen die aan hem waren toevertrouwd. Niet voor niets hadden ze hem de bijnaam 'de Dappere' gegeven. Ranulf en Gauzfried daarentegen... Aristide mocht hen niet bijster. Met name de dingen waarover ze praatten niet; nu ging het opeens over graafschappen, die in die kringen blijkbaar verhandeld werden alsof het bieten waren. Ze hadden het over Cotentin, een schiereiland in het Nauw van Calais, en over Avranchin, ook een streek aan het Kanaal. Zou koning Karel die twee gebieden afstaan aan Salomon om zo loyaliteit tegenover de Denen te verwerven? Of zou hij juist proberen om de Denen, die hier net de bevolking hadden afgeslacht, om te kopen door hun land te beloven? Welke rol spelen de mensen bij al dat gesjacher? dacht Aristide. Ze moeten zich telkens aan nieuwe heersers onderwerpen en zijn daarbij niet meer waard dan munten bij een handeltje.

Hij zag Freya voor zich die hem haar mes wilde overhandigen en het vervolgens in het gras gooide omdat ze besloten had niemand meer te verwonden; hij voelde zich heel even sterker verbonden met de duidelijkheid van haar gevoelens dan met al die mannen hier bij het vuur. Maar, als puntje bij paaltje kwam, wat moest hij daar op dit moment mee? Helemaal niets. Hij moest helpen om de Denen en de verrader Salomon een halt toe te roepen.

Hoofdstuk 30

Tussen de bomen van de kleine tuin bij het paleis had zich een tapijt van bloeiende sterhyacinten gevormd. De kersen- en perenbomen stonden net in bloei. Een eekhoorntje stoof de kasteelmuur af en snuffelde aan het kadaver van een jong vogeltje dat uit het nest was gevallen. Het was ongewoon warm voor april.

Freya trof Adelheid aan op een van de roodgeverfde banken in de schaduw van de fruitbomen. Ze had het hospitaal met tegenzin in de steek gelaten, een vrouw stond op het punt om te bevallen van een tweeling. Maar de gravin had haar ontboden en daar zou ze zo haar redenen voor hebben. Nieuws van het Parijse leger? Over Aristide? Freya's maag trok zich samen. Ik vind het zo erg, beste Freya, maar Robert heeft een bode gestuurd... Ze probeerde krampachtig om haar gevoelens te verbergen door zich over het mandje van de kleine Robert te buigen, die blij trappelde en kraaide toen hij haar zag.

'Het is een wildebras,' zei Adelheid glimlachend, maar haar stem klonk dof. Ja, het moest wel om slecht nieuws gaan. Freya ging naast haar zitten. Ze keken allebei naar Odo, die met zijn houten zwaard in gevecht was met een kruisbessenstruik. Hij sloeg triomfantelijk de witte bloesem eraf.

'Laat dat!' protesteerde Adelheid. 'Je moet goed zorgen voor die bloesem en het niet kapotmaken!'

Odo's verwarring sloeg meteen om in koppigheid. Hij liet zich niet graag de wet voorschrijven, daarin was hij net zijn vader. *Wam!* Nog een houw.

'Je slaat je snoep voor de zomer stuk. Uit die bloesem groeit fruit,' zei Freya. Odo keek naar de bloesemblaadjes bij zijn voeten. Hij was twee en praatte weinig, maar zijn nieuwsgierigheid was grenzeloos. Na een korte aarzeling klaarde zijn gezicht op en hij liep met twee van de bloesems naar Freya, rechtte zijn hoofd en wachtte op een uitleg. Maar hoe verklaarde je het wonder dat uit bloesem een vrucht ontstond? Freya deed haar best. 'God maakt ons eerst blij doordat we naar die mooie bloesem kunnen kijken, dan maakt Hij er voedsel van, dat uit het binnenste van de bloesem groeit.'

'God houdt van bloesem?' vroeg Odo voor alle zekerheid.

'Hij heeft het gemaakt, en daarom zal Hij er ook zeker dol op zijn.'

'God heeft mij ook gemaakt,' zei Odo en hij liet het klinken als een vraag.

'En daarom kun je ervan overtuigd zijn dat Hij ook van jou houdt,' bevestigde Freya.

'Maar waarom kom ik dan in de hel?'

Freya verwenste de voedster, die hem vermoedelijk bij een van zijn onschuldige vergrijpen met het vagevuur had gedreigd. Het was een lompe vrouw, bij wie het enige pluspunt haar onuitputtelijke borsten waren. 'Je moeder en je vader beschermen je tegen alle slechte dingen omdat ze van je houden. Waarom zou God, die nog veel meer liefde in zich heeft, jou niet willen beschermen? Vergeet die hel,' zei ze en ze streek over zijn hoofdje.

'Vergeet echter niet dat God straf geeft als je iets slechts doet,' voegde Adelheid er snel aan toe, maar Odo stoof alweer weg. Er viel een korte, bedrukte stilte en Freya verzamelde al haar moed. 'Wat is er gebeurd?

'Irmingard heeft geschreven.'

'O!' Het ging dus niet om Aristide! En toch moest het bericht onaangenaam zijn. Freya wist dat de gravin en de abdis elkaar regelmatig brieven stuurden. Zo had ze gehoord dat Grethlein toch nog getrouwd was, met een tuinman van het Hereneiland die met haar zijn intrek had genomen in het ouderlijk huis. En dat koning Lotharius er nog altijd voor streed om van de Heilige Vader toestemming te krijgen voor een scheiding, zodat hij eindelijk met Waldrada kon trouwen, die hem inmiddels een zoon en een dochter had geschonken. Maar wat was er nu aan de hand?

'De abdis heeft telkens als ze bezoek kreeg ook naar Hugo geïnformeerd. En tijdens een bezoek van de koning van Aquitanië tijdens kerst heeft ze gehoord... Het ziet ernaar uit dat mijn zoon zich heeft aangesloten bij een man genaamd Salomon, die wordt beschouwd als een slecht mens, een door machtswellust gedreven moordenaar. Er wordt beweerd dat die Salomon zijn eigen neef heeft gedood om de heerschappij over Bretagne te verkrijgen en...' Adelheid haalde diep adem. 'In elk geval heeft die zich bij de Denen aangesloten om de steden langs de Loire aan te vallen. En Hugo... Begrijp je waar ik heen wil? Hugo staat aan de kant van de vijanden van mijn echtgenoot.'

Freya zocht naar woorden om omzichtig te kunnen reageren. Er schoot haar niets te binnen. 'Denk je dat hij uit is op wraak?'

'Wat anders? Tijdens een veldslag sterven er ontelbaar veel mannen. Ik vrees dat Hugo die gelegenheid wil aangrijpen...'

Ze barstte in tranen uit en Freya sloeg onhandig een arm om haar schouder. Moord, zonder als zodanig te worden herkend, midden in het strijdgewoel? Was zoiets mogelijk? Zonder twijfel. 'Wat moet ik doen?' fluisterde de gravin.

***

Freya haalde haar paard en ging binnen een uur op weg. En daarover wist ze maar één ding zeker: dat die haar naar een stad met de naam Orléans moest brengen. De poortwachters hadden een route uitgelegd die ze moest volgen, weer een van die eeuwenoude Romeinse handelswegen. Ze reed zoals haar was verteld en raakte toch haar richtinggevoel kwijt toen de weg een modderpad werd en kort daarna opging in de natuur... Ze oriënteerde zich op de stand van de zon en vroeg bij boerderijen de weg.

Verscheurd door ongedurigheid draafde ze door zachtgroene bossen en langs kalme meren. Het was alsof de natuur haar wilde bespotten met haar pracht. Ze hadden haar op bevel van Adelheid het beste paard uit de stal gegeven dat nog resteerde. Maar er leek geen eind te komen aan haar reis. Ze bracht een rusteloze nacht door in het diepst van een bos en het voelde bijna aan als een wonder toen ze de volgende ochtend daadwerkelijk Orléans voor zich zag liggen.

Het was zondag. De klokken riepen in de ommuurde stad aan de rivier op om naar de kerk te gaan, alles leek vredig, alleen de wachtposten hielden de wegen angstvallig in het oog. Freya haalde Adelheids begeleidende brief tevoorschijn, waarin de gravin verzocht om hulp voor haar bode, en ze overhandigde hem door het valhek. Een van de wachters vertelde dat de weg van Le Mans naar Angers de meest waarschijnlijke mogelijkheid was om Roberts leger tegen te komen. 'Maar pas op voor die vervloekte Denen, jongen. Dat heidense tuig vertrapt alles was ze onder hun voeten krijgen, ze hebben geen hart of geweten.'

Freya droeg mannenkleding, dat was het veiligst als je in tijden van oorlog alleen op pad was. Haar haar had ze verborgen onder een kap. Dat ze haar 'jongen' noemden vatte ze op als een goed voorteken.

**

Ze was een uur onderweg, dit keer door een uitgestrekt bos. Maar zo geleidelijk dat ze het door haar vermoeidheid eerst niet eens merkte, mengde zich tussen de baltsroepen van de vogels een ongewoon geluid, een klanktapijt dat leek op het ruisen van trekvogels die opstegen van hun rustplaats. Het maakte haar nerveus, maar ze was te slaperig om na te denken over de oorzaak. Pas toen het bos minder dicht werd, werd haar duidelijk waar de hinderlijke geluiden vandaan moesten komen: uit de kelen van mensen. En terwijl ze nog dichterbij kwam begreep ze dat het ging om kreten van pijn en angst. Roberts leger was blijkbaar op dat van de vijanden gestuit.

Haar huid begon te tintelen. Wat nu? Aan de kant van de Parijzenaren vechten? Zinloos. Zelfs met de stok had ze al heel lang niet meer geoefend. Ze moest een schuilplaats zoeken.

Waarom spoorde ze haar paard dan toch aan? Haar ongerustheid over Aristide, natuurlijk. Ze kon de twee legers nog niet zien en inschatten wie zou zegevieren en wie misschien kort voor een nederlaag stond. Voor het bos splitste zich een platgetreden pad af dat heuvelopwaarts kronkelde. Boven op de helling stond een vogelverschrikker met bontgekleurde, vieze kleren en een kap waarvan de bandjes in de wind fladderden. Een raaf was brutaalweg op de kap gaan zitten en staarde naar de bron van het lawaai. Freya stuurde haar paard naar boven, zijn kant op.

Het lawaai werd steeds luider, maar met het uitzicht dat ze opeens had doemden er in haar gezichtsveld geen mensen op. Aan de andere kant van de heuvel en over de aangrenzende weilanden leek zich een kolossaal monster voort te bewegen. Zijn plooien veranderden van plaats, de spieren gingen op en neer, uit zijn bek kwamen blazen, zijn huid glom rood en zilverachtig. Met elke houw die oplichtte in de zon werd een mens verminkt of gedood. Een meedogenloze slachtpartij – het was... ijzingwekkend. Freya legde haar handen tegen haar oren, haar paard bewoog angstig.

Hoelang bleef ze naast de vogelverschrikker staan? Er bestond geen tijd meer. Nadat de raaf was opgevlogen gaf ze haar paard de sporen en haastte zich het bos weer in. Ze verschool zich met hem achter een met mos bedekte rots die hen ietwat verborgen hield vanaf de weg, waarna ze in het gras ging liggen en zich zo klein mogelijk maakte. De zon verloor al aan kracht toen het gevaarte aan de andere kant van de heuvel stil werd. Als verdoofd stond Freya op. Ze zette een paar stappen. En verstijfde. Opnieuw geluiden, maar dit keer kwamen ze van de andere kant, en ze waren onheilspellend dichtbij. Ineengedoken glipte ze langs daslook en bosanemonen totdat ze een helling bereikte die beneden uitkwam op een bocht in een rivier.

Een groep vluchtende mannen haastte zich op nauwelijks een steenworp afstand in een lange rij langs de oever van het kolkende water. Denen. Het waren er tientallen en het werden er steeds meer. Freya ging door haar knieën op de varens en tuurde door de puntige bladeren. De mannen waren besmeurd met bloed, gewond, hun gezichten zwaar getekend. Ze duwden elkaar voort en spoorden elkaar aan. Veel van hen hadden een vendelhelm op, een paar hadden een houten schild dat op de grond vloog, waarna het werd vertrapt door de makkers die volgden. Een man met een blonde baard viel huilend op zijn knieën naast een stervende en sloeg hem in zijn gezicht. Een ander, nauwelijks in staat om te lopen, stortte zich in het water alsof dat vertrouwde element hem zou omarmen.

Freya dacht aan Snorri, die misschien ook schuilging achter een van die helmen. Weg, weg die gedachte! Met ingehouden adem wachtte ze totdat de mannen langs haar waren gelopen. Daarna sloop ze terug naar haar paard. De veldslag was voorbij. En was blijkbaar beslist in het voordeel van de Parijzenaren.

Ze beklom opnieuw de heuvel met de vogelverschrikker. Toen ze omlaagkeek, moest ze slikken. Doden, gewonden… honderden mannen, misschien wel meer dan duizend, bedekten een akker. Het woord 'slagveld' kreeg een nieuwe, bittere betekenis. Veel van de getroffenen lagen op de grond, sommigen bedolven onder schilden of wapens. Er dwaalden mannen rond die hun de keel doorsneden als de opengereten buik of de verbrijzelde schedel van een kameraad alleen maar onnodig lijden beloofde. Ze richtten zich daarbij blijkbaar op goudgele banden. Als iemand geen band om had en daardoor geen bondgenoot bleek, dan werd hun opgekropte haat botgevierd. Ze staken hun vijanden met lansen in het hoofd of scheurden hen uiteen met bijlen en zwaarden. In de voren van de akker stroomde het bloed. Boven de gemartelde mannen zweefden kraaien, hun gekras vermengde zich met de schreeuwen van de stervenden.

De aanblik was te gruwelijk, te onwerkelijk om ook nog maar iets te kunnen voelen. Ze sloeg haar ogen op naar de andere kant van het slagveld, waar een groep ruiters zich had verzameld; het waren er niet veel, misschien een man of zestig. Hun helmen glommen in het licht van de laagstaande zon.

Freya's hart begon sneller te kloppen toen ze op een paar mantels het leliewapen van Robert ontdekte. Ze meende onder een van de helmen warrig, donker en met grijs doorspekt haar te zien. Was dat

Aristide? De man keerde haar de rug toe, het was onmogelijk om zijn gezicht te onderscheiden. Waar de mannen ook over beraadslaagd hadden, ze leken een besluit te hebben genomen, want ze draaiden opeens hun paarden en galoppeerden weg, allemaal dezelfde kant op, naar een brede weg die naar het noorden liep.

Ook Freya gaf haar paard de sporen. Ze stuurde het in een grote boog om het slagveld heen. Haar ruin was moe, maar niet zo uitgeput als de gevechtspaarden van de mannen; daarom dacht ze kans te hebben om hen te kunnen inhalen. Bij het bereiken van de noordelijke weg zag ze dat die, net als de aangrenzende weilanden, omgewoeld was door paardenhoeven en afdrukken van schoenen. Ingespannen tuurde ze de randen van het platgetrapte gebied af. Toen zich een smaller pad afsplitste van de weg zag ze sporen die naar het oosten liepen. Ze besloot die te volgen, totdat ze uiteindelijk bij een klein bos arriveerde, waarachter het bovenste gedeelte van een toren oprees. Lag daar een stad? Een klooster?

De ruiters waren om het bos heen gereden, wat Freya ook deed. De toren bleek deel uit te maken van een eeuwenoude gele kerk met een schuin pannendak; tussen de stenen van het bestrate plein voor het portaal groeide onkruid. Aan de linkerkant grensde een dorp, terwijl rechts waarschijnlijk de rivier stroomde waar ook de Denen nu hun heil zochten. Freya trok de teugels aan. Het dorp was verlaten, de inwoners waren vermoedelijk het kleine bos in gevlucht. Maar voor de kerk, die rood kleurde in het avondlicht, was het een drukte van belang. Roberts mannen hadden het gebouw omsingeld; blijkbaar waren ze een groep vluchtelingen gevolgd die zich in het gebouw had verschanst. Hun ogen waren gericht op een driedelig raam boven het kerkportaal. Een paar strijders hadden hun boog gespannen, de pijlen wezen naar de vensteropening.

De mannen in de kerk waren echter te voorzichtig om zich bloot te geven. Er drong gelach door de muren, een van de binnengesloten mensen bespotte op luide toon de angsthazen die het niet aandurfden om de arena van de wolf te betreden. 'Pak dan een stormram, vuile klootzakken die jullie zijn. We wachten op jullie!' Geen Deense stem, de man sprak in een Bretons dialect.

'Kom maar!' De woorden waren tot haar verbazing niet bedoeld voor de mannen die zich hadden verschanst, maar voor haar. Aristide stond naast haar paard en strekte zijn armen naar haar uit.

***

Het werd binnen de kortste keren donker. De mannen hadden hun wapens weer laten zakken en maakten een vuur. Het was duidelijk dat ze de nacht voor de kerk moesten doorbrengen. Een paar van hen verschaften zich toegang tot de boerderijen, stalen daar dekens en draaiden kippen en konijnen de nek om, om ze vervolgens aan hun lansen te braden. Freya en Aristide zonderden zich echter al snel af van de anderen en zochten hun toevlucht in een tuin vol lentegeuren achter de boerderijen.

'Je trilt helemaal,' zei Freya.

'Neem me niet mijn laatste restje trots af. O, god, ik krijg dat geluid niet uit mijn oren, dat geschreeuw. 'Waar zijn we mee bezig, Freya? Waar zijn we mee bezig?' Hij liet zich in het gras zakken, zonder te letten op de uitwerpselen van schapen en geiten. Zijn haar plakte aan zijn hoofd, hoewel het allang was opgedroogd. Zijn gezicht zat onder de bloedspatten. Hij draaide zich naar haar toe en sloeg zijn armen om haar heen, maar ze lieten elkaar al snel weer los. Aristide was zo uitgeput dat hij zich nauwelijks nog kon bewegen.

'Ik vraag niet hoe je me gevonden hebt. Daarom hou ik zoveel van je. Leg me alleen het waarom uit. Waarom dit risico?'

Freya begon te vertellen over Irmingards brief en Aristide begon te kreunen. 'Die geniepige smeerlap! God nog aan toe! Ik heb hem niet gezien. Hoewel, in dat tumult? Maar misschien is hij van gedachten veranderd. Je hebt gezien dat Robert er ook zonder een schrammetje van af is...' Hij viel opeens stil.

'Wat is er?'

'Niet helemaal zonder schrammen. Hij werd aan zijn been geschampt door een bijl. Maar dat heeft nauwelijks iets te betekenen. En die bijl werd gegooid door een Deen. Een spangenhelm met gezichtsbescherming. Nee, dat was beslist Hugo niet.'

Freya vertelde hem over de mannen die ze bij de rivier had gezien.
'Dus daar zijn ze naartoe. Naar het zuiden, waar hun boten liggen. Dat was te verwachten. Maar heel veel zullen het er niet meer zijn geweest. Dat vervloekte weiland was zo spiegelglad van hun bloed dat het was alsof de paarden over ijs glibberden. Het zou best kunnen dat we voorgoed van hen af zijn.' Hij streek met zijn hand over zijn kin en keek naar zijn vingernagels, waarmee hij het opgedroogde bloed had weggekrabd.

'Ze zullen terugkomen.'

'Kom op, liefje, een beetje vertrouwen in God is nu wel op zijn plaats.'

Freya dwong zichzelf om te glimlachen. 'Wanneer komen jullie weer terug?'

'Zodra we de kerk hebben uitgerookt.'

'Zijn jullie dat van plan? Het huis van God in brand steken?'

'We zullen een nieuwe kerk voor Hem bouwen. Vuur is het meest effectief en houdt de verliezen beperkt. Morgenochtend vroeg, als we wat hebben geslapen, gaat het beginnen.' Hij geeuwde en greep heimelijk naar zijn heup, alsof hij pijn had.

'Wat is er aan de hand?'

'Het stelt niets voor. Salomon is trouwens ook in de kerk; hij was het die aan het leuteren was over angsthazen en wolven. Onthoud die stem. Ach, onzin, die hoef je helemaal niet te onthouden. Morgen om deze tijd…' Aristide spitste zijn oren. Vanuit de richting van de kerk klonk opeens een zwaar gebrul, dat een tel later werd beantwoord met woedend geschreeuw. Beide geluiden zwollen aan.

'Kus me!'

'Hè?'

Aristide duwde zijn lippen tegen de hare, zo hard dat het pijn deed. 'Verstop je hier ergens!' Daarna stormde hij weg alsof er helemaal geen sprake was geweest van uitputting.

* * *

Freya wilde zich niet schuilhouden. In plaats daarvan liep ze over een zanderig weggetje naar een kleine stal. Dwars boven de deur was tussen twee haken een lat geklemd om te voorkomen dat het vee ontsnapte of roofdieren binnendrongen. Ze wrikte het hout uit de klemmen en keek ernaar. Kreten van pijn, angst en woede drongen door het struikgewas heen. Ze haatte de Bretons, die deze onnodige oorlog waren begonnen en nu alweer aan het ophitsen waren. Ze haatte hen met heel haar hart.

Ze liep snel om een beerput heen, vertrapte jonge groenteplantjes, schoof een bok opzij die de eigenaar aan een hek had vastgebonden... Met de lat vastgeklemd rende ze over een net ingezaaide akker en bereikte uiteindelijk de achterkant van de kerk. Vanaf die plek tuurde ze om de hoek.

De strijd was al gestreden. Voor het open kerkportaal lagen de doden, bijna uitsluitend Bretons, zoals de rode banden om hun mouwen duidelijk maakten. Een van hen was in een vuur gevallen, zijn lichaam brandde, stonk en walmde. Uit het bos klonk geschreeuw dat al snel wegstierf, vijanden die er na de uitval blijkbaar in waren geslaagd om te vluchten. Waarom zetten Roberts mannen de achtervolging niet in?

Freya liet het stuk hout vallen en liep naar Aristide. Hij had met zijn kameraden naast het kerkportaal een kring gevormd. Een man met een half omlaag getrokken broek duwde zijn hand tegen zijn bloedende onderlichaam en haalde hoorbaar adem om de pijn te onderdrukken. Verder was het doodstil. Freya ging naast Aristide staan. De mannen hadden zich rond hun graaf geschaard. Robert lag op de grond en bewoog niet. Een pijl had zich in zijn hals geboord. De wind plukte aan de twee ganzenveren op de schacht.

∗

Aristide bracht Freya naar de nog resterende paarden. Hij huilde en probeerde het niet eens te verbergen. Zonder een woord te zeggen zadelde hij zijn paard. Nee, dat van hén. Dat van hem was tenslotte nog veel te uitgeput van de veldslag. Hij trok de zadelriem aan. Daarna pakte hij haar vast en fluisterde: 'Het was Hugo, Freya. Zijn kap hing over zijn gezicht, maar hij was het. Die schoft kwam lopend de kerk uit. Hij liep naar Robert toe alsof hij om genade wilde smeken en toen hij voor hem stond, trok hij van onder zijn mantel die pijl tevoorschijn.'

'Maar...'

'Het was een vooropgezet plan. Die pijl had zich nog maar net in zijn hals geboord of er kwam een handlanger op Hugo's paard de kerk uit en die heeft hem geholpen te vluchten.'

Freya knikte als verdoofd. 'Wat ben je van plan?'

'Ja, denk eens na! Met wie moet Hugo nu nog afrekenen om de macht te grijpen? Met Roberts zonen! Die smeerlap is door Adelheid Roberts stiefzoon geworden. Dat zal hij aangrijpen... God, ja, dat zal hij doen!' Aristide klom onbeholpen in het zadel.

'Wat is er met je heup?'

'Maak je geen zorgen. Die ouwe knol van Hugo is uitgeput. Bid voor me dat ik vóór hem Parijs bereik!'

Hoofdstuk 31

Voor de poort van de wachttoren aan de Petit Pont hingen bewakers rond, een paar mannen waren aan de oever van de Seine op een krukje netten aan het boeten, en een vrouw leegde niet ver daarvandaan een kruiwagen met vochtige mest in de rivier. Twee zwanen zwommen met hun jonkies in een grote bocht om de drijvende drek heen. Er waren geen aanwijzingen dat er gevaar dreigde. Alles was net als vroeger. Kon dat zo zijn?

Freya dwong Aristides paard om langzamer te lopen. Het begon te huppen, zenuwachtig, alsof het nog steeds werd geteisterd door de beestachtige beelden van de veldslag, wat misschien ook wel klopte. Of zij bracht haar eigen onzekerheid gewoon over op het dier.

Ze was Aristide de ochtend na zijn vertrek gevolgd, continu met zijn opmerking in haar achterhoofd: 'Roberts kinderen zijn weerloos.' Ze had zichzelf geen enkele rustpauze gegund. Maar nu was ze zo doodop dat ze nauwelijks nog helder kon nadenken. Ze moest proberen om de situatie in te schatten, nu, op dit moment.

Wat zou er gebeuren als ze over de Petit Pont reed? Waren de gravin en haar zonen door Roberts overlijden daadwerkelijk weerloos geworden? Ze wist dat de machthebber van Parijs uit een vorig huwelijk oudere zonen had. Moest niet een van hen nu de macht grijpen? Waren ze al in de stad gearriveerd? Of waren ze allang overleden? Ze had nog met geen van hen kennisgemaakt en als ze nog in leven waren, zou de graaf ze dan niet ter sprake hebben gebracht bij Aristide? Nee, die zonen waren dood of kwamen om een andere reden niet in aanmerking en Hugo zou zijn kans grijpen. En daarom...

'Maman!'

Geschrokken trok Freya aan de teugels, haar paard steigerde en dreigde op hol te slaan, maar werd kalmer toen hij zag dat het maar een jong, mager, ongewapend meisje was dat uit de struiken stormde.

'Eindelijk, maman, eindelijk...' Cosima trok aan Freya's been en dwong haar af te stijgen, waarna ze haar armen om haar heen sloeg en begon te huilen. 'Ik dacht dat je nooit meer thuis zou komen.'

Het meisje bleek al drie dagen op het kerkhof achter de muur van de abdij van Saint-Germain op Freya te hebben gewacht. Ook nu zochten ze weer beschutting. Links een schuurtje, rechts een dampende mesthoop en de nieuwe beveiligingsmuren, die ook de begraafplaats omringden, boden bescherming tegen nieuwsgierige blikken. Eindelijk kon Freya haar dochter in de armen sluiten en Cosima's woordenstroom, die even was gestopt, begon opnieuw. Ze had het stamelend over Percival. '... zo aardig... hij heeft gelijk geholpen...' En zijn vader was ook bezorgd en trouw geweest als Onze-Lieve-Heer zelf.

Wie was Percival? 'Moge God hem zegenen,' fluisterde Freya, die bijna geen woord verstond en stond te trappelen van ongeduld. 'Heb je iets van Aristide gehoord?'

Cosima schudde haar hoofd.

Hield dat in dat er over Roberts dood nog niets was doorgedrongen tot Parijs? Uitgesloten. 'Is Hugo... je weet wel, de zoon van de gravin... is hij in het paleis geweest en heeft hij voor opschudding gezorgd? Gisteren? Of eergisteren? Wat zeggen de mensen?'

'Percival en zijn vader...'

'Maar waarom ben je eigenlijk weggegaan uit het paleis?'

'Ja, door de kinderen natuurlijk.' Cosima was van wanhoop gaan stotteren. 'De jongens. Odo en Robert. Ik was in de keuken. Daar hadden ze gedroogde appels. Ik wilde Odo...' Ze zweeg even en probeerde van al haar herinneringen de allerbelangrijkste te noemen. 'De gravin kwam naar het keukengebouw. Ze was heel zenuwachtig...

had gehuild. En… "Breng de kinderen weg," zei ze en ze duwde Robert in mijn armen. "Maar waarnaartoe dan?" vroeg ik. "Maakt niet uit, breng ze weg." Maar ik wist toch niet…'

'Maar je hebt ze het paleis uit weten te krijgen?'

'Door het kippenhok. En toen langs de achterste huizen.' Voor het eerst was er iets van trots te zien op Cosima's gezicht. 'En daar kwam ik Percival tegen.'

'Wie is dat?'

'De jongen die de vleespasteitjes brengt die onze gravin zo lekker vindt.'

'En jullie hebben de kinderen…'

'Maar natuurlijk, maman.'

'Ze zijn dus daarginds in de voorstad?'

Cosima knikte

***

Percivals vader, pasteibakker Ote, was een bedrijvige, kortademige man. Toen Freya hem opzocht na een doorwaakte nacht en een boottocht die een ongure visser ten noorden van de Seine in ruil voor een gouden kettinkje voor haar wilde maken, wervelde hij rond in zijn roetzwarte keuken. Je kon er, hoewel de deur naar de tuin wagenwijd openstond, door de rook nauwelijks ademhalen. Waarschijnlijk waren zijn longen net zo zwart als de muren.

De komst van de hospitaalarts bracht hem helemaal van zijn stuk. Natuurlijk wilde hij alles weten. Hoe de veldslag was afgelopen, hoe Robert om het leven was gekomen… 'Hugo? Die duivelse smeerlap! En dan gewoon naar Parijs komen als de slang in de Hof van Eden!' Voor zijn bezigheden was concentratie nodig en de afzonderlijke handelingen konden niet worden onderbroken. Terwijl hij er allerlei onsamenhangende opmerkingen uit gooide stookte hij het vuur onder de oven op, kneedde het ene deeg, bracht het andere op smaak en haalde met een lange houten schep zijn beroemde, dit keer een beetje donker geworden pasteien uit de hete muil boven het vuur om ze vervolgens neer te zetten op een tafel, het enige enigszins schone meubelstuk in de keuken. En passant trapte hij naar de kat, die begerig rond een aardewerken pot vol brij cirkelde.

Toen Freya uiteindelijk zijn arm vastpakte en hem dwong om zich naar haar toe te draaien, was het alsof alle lucht uit hem werd geperst. Hij staarde haar aan en zakte neer op een kruk. 'Mijn hele leven staat in het teken van de gravin, maar bij God: je moet die twee jongens weghalen. Ik zou mijn leven voor hen geven, en dat doe ik al bijna, maar ze huilen en maken herrie en... iedereen weet dat ik geen kleine kinderen heb. Dat wordt ontdekt, daar kun je op wachten. Maar als ik ze naar Rousels zus breng, wat de gravin via jouw dochter heeft bevolen, en vier dagen lang geen broden en pasteien meer lever, dan is het toch net alsof ik een vaandel op mijn dak zet: kijk goed, hier gebeurt iets verdachts... Gisteren zijn er twintig broden verkoold omdat die kinderen zo hard huilden en niet wilden kalmeren, en mijn vrouw... Die heb ik niet meer, zoals je weet.'

Ja, dat was Freya ondertussen te binnen geschoten. Ote was die ongelukkige man die al jarenlang honinggebak naar het hospitaal bracht en zijn tranen de vrije loop had gelaten toen zijn mooie, nog zeer jonge vrouw was overleden. Hij woonde alleen met zijn zoon Percival.

'Waarom Rousels zus?'

'Omdat de gravin denkt dat die dame haar trouw is. Ze heeft een deftig huis in Meaux. Daar zou je de kinderen kunnen verbergen. Hier, pak aan!' Hij haalde een schort vol meelvlekken van een haak en gaf het aan Freya – 'De buren zien alles!' – en liep met haar naar de tuin. Daar had hij in de schaduw van oude bomen een soort kelder gegraven om zijn meel, honing, specerijen en al zijn andere kostbare spullen veilig te stellen, mochten de Denen terugkomen. Hij hijgde terwijl hij het onder oude bladeren verborgen valluik optilde, naar achteren kantelde en een ladder af ging.

Freya volgde hem. In het halfdonker tekenden zich zakken meel, potten en pannen af; tussen de balken waarmee de kelder was gestut hing gedroogd fruit aan dikke draden. Muizen flitsten over hun voeten. Adelheids zonen sliepen in een houten kist die de bakker had voorzien van stro en stof. Ze verroerden zich niet.

'Wijn,' legde Ote fluisterend uit. 'De beste manier om hen stil te houden. Beter bezopen dan dood.'

Freya controleerde de hartslag van de kinderen, die gelukkig regelmatig was. Ook haalden ze rustig adem. Ote liet zich kreunend op een zak vallen. Eindelijk kreeg ze een uitgebreid verslag. De bakker begon ermee dat vier dagen geleden, laat in de middag, een eenzame ruiter over de Petit Pont had gegaloppeerd. De wachters, die stomme idioten, hadden hem niet tegengehouden. 'Hij moet er hebben uitgezien als de duivel zelve, opgedroogd bloed in zijn gezicht en op zijn kleren, lachend, de ogen als een waanzinnige opengesperd. En dan had hij ook nog geschreeuwd: "De graaf is gedood bij de veldslag!", en toen waren die mannen blijkbaar met lamheid geslagen. Die vent is rechtstreeks naar het paleis gegaan, hij liet zich ook daar door niemand tegenhouden, en even later ging het verhaal dat het de zoon van de gravin was, Hugo, die destijds...'

'Hoe was Adelheid daaronder?'

'Dat weet niemand. Hij ging naar boven, naar haar vertrekken, maar daar was ze waarschijnlijk niet. En toen ze uiteindelijk kwam en hij naar haar zonen vroeg, heeft ze haar mond stijf dichtgehouden. Daarna heeft hij haar hofdames eruit gegooid en de deur achter hen dichtgedaan. Blijkbaar hebben die vrouwen gehoord dat die rotzak zijn moeder een draai om de oren gaf.' Die laaghartige daad, die niet alleen Adelheid maar ook God zelf moest hebben gekwetst, was voldoende om de bakker heel even sprakeloos te maken. Op zachtere toon ging hij verder: 'Er wordt beweerd dat de gravin nog altijd volhoudt dat ze niet weet waar de jongens zijn, wat trouwens ook klopt. Ze heeft ze aan jouw dochter toevertrouwd en daarna ging alles buiten haar om.'

Mooi. En nu kwam de andere vraag, die moeilijke, die Freya amper over haar lippen kon krijgen. 'Is er ook nieuws over mijn man?'

Iedereen in Parijs kende de militair adviseur van de graaf. Aristide was geliefd omdat de aanvallen van de Denen als een soort ziekte in de botten van de Parijzenaren hadden gezeten. De muur die op zijn initiatief was gebouwd betekende voor hen niet alleen bescherming, maar was er ook het zichtbare bewijs van dat hun bezorgdheid serieus werd genomen en dat er naar hen werd omgekeken. Dat soort dingen onthielden de mensen.

Ote wist de staart van een rat te pakken die naar een hoek was gevlucht; hij doodde hem met een smak tegen een steunbalk en gooide hem met een grote boog naar buiten, het zonlicht in. Daarna vertelde hij zuchtend wat hij wist. 'Die Italiaan stak de brug binnen een paar uur na Hugo over. Ze zeggen dat hij gewond was. Ken je Looïs?'

Ja, natuurlijk. Robert had zijn gebochelde adjudant, als hart van de verdediging, achtergelaten in de stad voor het geval ze zich hadden vergist en de steden aan de Loire inderdaad alleen een afleidingsmanoeuvre bleken te zijn en Parijs het echte doelwit van de Denen was.

'Toen Aristide de binnenplaats op reed kwam die geniepige smeerlap het paleis uit, zo wordt verteld. Hij heeft hem zijn hand toegestoken, voor de schijn, alsof hij hem uit het zadel wilde helpen. Daarna heeft hij hem een vuistslag zijn gezicht gegeven en twee wachters gewenkt om te komen. Sindsdien is je man spoorloos.' Ote zweeg bezorgd. 'Dat vind ik heel erg. Maar ik vrees dat er nauwelijks nog hoop voor hem is. Looïs is overgelopen en sindsdien durft niemand zich meer tegen Hugo te verzetten.'

* * *

Freya dacht aan Johanna. Over haar werd beweerd dat ze ook in moeilijke situaties het hoofd koel had gehouden en had gedaan wat gedaan moest worden, zo nuchter als een man, kalm. Zo zou zij het ook doen. Ze stuurde Ote naar de visser die haar de vorige nacht over de Seine had gevaren, om hem te vragen Cosima van de begraafplaats op te halen en naar de oostelijke kant van de Seine naar een kruising te brengen, waar ze op haar moeder moest wachten.

Toen Ote terugkwam leende hij Freya een wit wambuis, dat ze volstopten met stro om haar plomp te laten overkomen. 'Je gezicht is jammer genoeg overal bekend,' zei hij spijtig en hij drong erop aan een hoed met een brede rand op te zetten. Daarna legden ze de kinderen, die Freya een mild verdovend middel had gegeven, in een kar en ze bedekte hen met zakken vol lege notendoppen en stro. Ote tuurde vanuit de voordeur naar de straten. Half Parijs leek zich door de stegen te bewegen, maar er zat niets anders op. Hij liet Freya met de kar naar buiten gaan. Ze liep de straatstenen op en haar gebogen bovenlichaam leek daarbij op een houding die ze van nature kon hebben. Mensen liepen tegen haar aan, er werd naar haar gevloekt alsof ze een ruiter van zijn paard reed, maar niemand lette echt op haar. Ze was een onbeduidende, gezette man met een kar.

Achter de stad sloeg ze rechts af en ze bereikte al snel een open plek in het bos die volgens zeggen af en toe het toneel was van duivelse heksenpraktijken. Daar wachtte Percival, Otes zoon, op haar: een knappe jongen met ogen als kolen; hij overhandigde haar de teugels van twee paarden die hij van een oom had geleend. Vervolgens haastte hij zich weg.

De kleine Robert begon zich onder de zakken te bewegen. Freya boog zich over hem heen en streelde zijn wang, waarna hij weer wegzakte in zijn kunstmatige slaap. Even later kwam de visser met Cosima. Ook hij had haast om weer weg te gaan. Hugo was er al in geslaagd om de stad in angst te dompelen.

Verrast zag Freya hoe zelfverzekerd haar dochter met een zwaai in het zadel sprong. Had Aristide haar paardrijden geleerd? Ze herinnerde zich vaag dat Cosima af en toe enthousiast had verteld over ritjes te paard met haar vader. Ze overhandigde haar de in dekens gewikkelde Robert en steeg met Odo op haar arm op haar eigen rijdier.

In Meaux werden ze verwelkomd door een uiterst vriendelijke, wat oudere vrouw die Iseulte heette. Die kindjes, die arme kindjes... Natuurlijk zou ze voor hen zorgen totdat de beklagenswaardige moeder er weer toe in staat was. En uiteraard ook voor Cosima, zo'n alleraardigst meisje. Waren kinderen niet sowieso het grootste geluk op aarde? Ze vroeg om de groeten te doen aan haar broer, mocht Freya hem in Parijs tegenkomen.

**

Freya was maar vier dagen weg geweest, maar in die tijd hadden de gebeurtenissen in Parijs zich in een razend tempo opgevolgd. Ote, die

Freya de nacht dat ze terugkeerde zijn huis liet binnenglippen, liep over van het al het nieuws dat hij op het Île de la Cité had opgevangen. Het belangrijkste en meest verbijsterende: Adelheid was dood. Haar zoon, dat eerzuchtige, gewetenloze zwijn, had haar vermoord; dat was Otes overtuiging en die van alle mannen met wie hij van gedachten wisselde omdat hij hen vertrouwde.

Freya moest haar gezicht wegdraaien om haar tranen te verbergen. Adelheid, die dappere Adelheid, die haar eigen zoon had weggestuurd omdat ze het niet kon verdragen om een onschuldig iemand te laten lijden... 'Hoeveel zijn dat er, alle?' dwong ze zichzelf te vragen.

'Hè?'

'Hoeveel mannen vertrouw je?'

'Zes! Het spijt me, dat is verrekte weinig. Ik zou graag een hoger getal noemen, maar fatsoen en eer zijn bederfelijke goederen, vooral als de zon van het verraad brandt. De officiële versie is dat de gravin vanwege het verdriet over de dood van haar echtgenoot en de onverklaarbare verdwijning van haar zonen zichzelf vergiftigd heeft. En... nu wordt het nog erger, Freya: Hugo verspreidt geruchten over Aristide. Het ziet ernaar uit dat hij hem tot zondebok wil maken. Er schijnt een officiële beschuldiging te zijn dat Aristide de dood van zijn graaf heeft veroorzaakt om een machtsgreep te kunnen plegen. Naar het heet heeft hij tegelijkertijd de kinderen van de gravin laten ontvoeren, zodat hij zich min of meer legaal kan opwerpen als hun voogd en daarmee als heerser over Parijs. Alleen Hugo en de trouwe Looïs konden voorkomen dat Aristide het paleis inlijfde. In zijn eentje, hoe verzin je het! Hugo heeft in ieder geval een boot naar koning Karel gestuurd. Hij biedt hem aan om Parijs voor hem te beschermen... Je begrijpt wel wat dat betekent: beschermen? Het houdt in...'

'Hij wil de stad inpikken,' zei Freya dof.

'En alle bezittingen die daarbij horen! Adelheid wordt over twee dagen begraven. En daarna moet zo snel mogelijk een proces tegen Aristide worden gestart, omdat Hugo bewijs wil hebben om zijn aanspraak op de stad te onderbouwen.'

'Waar zijn de mannen die trouw zijn aan Robert?'

'Nou, de meesten zijn inmiddels terug in de stad. Maar die houden zich gedeisd. Alleen Rousel durfde te protesteren. Dat was gisteren. En hij werd onmiddellijk gevangengezet als Aristides handlanger. Hugo hoefde niet echt veel te zeggen. Looïs zit tegen hem te stoken over iedereen die het lef heeft om zich te verzetten. Het schijnt dat er iets broeit onder Roberts mannen, dus onder degenen die hem trouw waren, maar niemand komt in actie. Het lijkt overduidelijk wie de macht in handen heeft.'

'Het zijn laffe honden.'

'Ze willen in leven blijven,' zei Ote nuchter. Hij stond op van de tafel waar ze aan zaten, legde zijn vinger tegen zijn lippen en keek naar Percival. Cosima had het tijdens hun rit opvallend vaak over de jongen gehad. Waren ze verliefd op elkaar geworden? Hij lag nu uitgeput naast de oven, die in deze nog frisse nacht wat warmte afgaf, en snurkte.

Ote boog zich naar Freya toe, op zijn huid zat roet uit de bakkerij. 'En tot slot het ergste: er is bericht gekomen, een betrouwbaar bericht, dat koning Karel zich welwillend heeft uitgelaten over Hugo's eisen.'

'Hij gelóóft hem?'

'Dan zou hij nog stommer zijn dan wordt beweerd. Nee, hij ziet waar de voordelen voor hemzelf liggen, namelijk bij een volwassen man die hem iets verschuldigd is, niet bij twee kinderen die misschien niet eens de volwassen leeftijd halen. Ze zeggen dat de koning al op weg is naar Parijs om de stad officieel aan Hugo over te dragen. Als ik je één advies mag geven: vlucht zolang het nog kan.'

Freya verborg zich in het bos met de wegkruising. Op gezette tijden kwam Ote naar haar toe om haar te informeren over de laatste ontwikkelingen. Adelheid was begraven en Hugo's hielenlikkers hadden tijdens de bijzetting geluisterd of iemand zich onoordacht uitsprak over haar dood. Kort daarop waren in de Seine lichamen gevonden met doorgesneden kelen. Twee mannen die op sombere toon hadden gesproken over het lot van Roberts rechtmatige erfgenaam Odo waren in een kerker opgesloten en binnen een paar uur in het openbaar terechtgesteld, in het bijzijn van alle Parijzenaren die ze in de gauwigheid hadden weten op te trommelen. Rousel, zo ging het verhaal, lag op sterven...

'Hoe zit het met Aristide?'

'Ze zeggen dat niemand hem te zien krijgt, behalve Hugo. Die brengt zelfs eigenhandig zijn eten naar binnen.'

Freya barstte in tranen uit. In de uren daarna nam ze een besluit. Cosima en Adelheids kinderen waren in Meaux, waar ze zo veilig waren als je maar mocht verwachten. Ze zouden onder de hoede van Rousels dappere zus een eigen leven opbouwen. Maar zijzelf kon en wilde de onzekerheid niet langer verdragen. Bij het vallen van de nacht zette ze de strooien hoed op en ze begaf zich op weg naar het Île de la Cité.

De Grand Pont werd bewaakt. Uiteraard! Wat had ze dan verwacht? De twee bruggen waren de invalspoorten naar het eiland, hun kwetsbaarste plek. Mannen patrouilleerden bij de poorten, op de kantelen en in de wachttorens, grondiger dan ooit in deze door verraad geteisterde tijd.

En nu?

Freya, die beschutting had gezocht achter een pilaar, sloeg rillend haar armen om haar bovenlichaam. Zou ze gokken op de loyaliteit van Aristides oude kameraden? Nee, te riskant. Ze dacht aan Otes waarschuwing: iedereen wilde in leven blijven. Lange tijd staarde ze naar de rivier, die door de afrastering schuimde die Aristide als barricade tegen de Deense boten tussen de brugpijlers had laten zakken. Er stond veel wind, de kammen van de golven glinsterden in het maanlicht. Een eilandje van in elkaar verstrengeld geraakte takken en bladeren die zich daarop hadden afgezet dreef langs en bleef haken aan het traliewerk. Ze moest aan Snorri denken, die haar met behulp van aan elkaar gebonden palen had leren zwemmen. Maar aan die vaardigheid zou ze in haar situatie niets hebben. Het Île de la Cité was tenslotte ommuurd. En die barrière was onoverkomelijk.

Er verstreken minuten vol doffe vertwijfeling. Haar blik gleed naar de richting van het Hôtel Dieu, dat schuilging achter de torens van de kathedraal. Daar lag haar heiligdom, waar ze jarenlang had gewerkt en zich geïnspireerd had gevoeld. Pijn en dood waren haar vijand geweest, zalf, verband, klysma's en kompressen haar wapens... haar bloedeigen slagveld, zou je kunnen zeggen. Een bloedeigen en niet minder bloederig slagveld dan dat aan de voet van de vogelverschrikker.

Opeens fronste Freya haar voorhoofd.

Slagveld...

Het beeld in haar hoofd vermengde zich met nog iets: plotseling zag ze de binnenplaats van het hospitaal voor zich, een afgelegen hoek, verborgen achter vlierstruiken... Was er misschien toch een mogelijkheid om ongezien in de stad te komen? Nee, haar idee was krankzinnig. Krankzinnig, zeker! Maar... misschien toch uitvoerbaar?

Ze verliet de stad en liep bijna twee mijl stroomopwaarts. Daarna klom ze naar beneden, naar de oever van de Seine. Van daaruit kon ze het zuidelijkste puntje van het Île de la Cité zien, en ook een deel van de inktzwarte daken van het ziekenhuis, met daarvoor de nieuwe muur. Ja, daar verderop was de plek die ze zocht. En die lag gunstig, want de rivier maakte vlak ervoor een lichte bocht die haar zou helpen om in het midden van de rivier te komen.

Het was gaan regenen, het wateroppervlak rimpelde door de regenspatten. Freya deed haar kleren uit, behalve haar pofbroek en hemd. Ze stopte alles tussen de takken die ze onderweg bij elkaar had geraapt en maakte er met haar riem een bundeltje van. Daarmee waadde ze het water in. De stroming was sterk en koud. Maar dat bleek vooralsnog in haar voordeel te werken: ze kon in één klap weer helder nadenken. De golven wilden haar al meesleuren en ze begon te trappelen. Haar hoofd hield ze kaarsrecht, haar blik was gevestigd op een enorme pijler links van het hospitaalgebouw. Daar lag haar doel, ze moest zo nauwkeurig mogelijk op die plek afkoersen.

Het water beschikte over krachten die, hoe dichter ze bij het eiland kwam, aan haar trokken alsof het Neptunus' handen waren. Het leek of een onzichtbare vijand haar wilde belemmeren om haar plan uit te voeren. Ze probeerde langzamer maar tegelijkertijd krachtiger te trappelen. Er gutste water in haar neus, schuim belemmerde haar zicht. Zou een van de mannen in de twee wachttorens die deze zuidkant van het eiland in de gaten hielden haar kunnen zien in al dat water? Nee, niet 's nachts!

Ook op deze punt van het eiland lag een smalle oeverstrook. Op de plek waar ze aanspoelde was die zo'n drie voet breed. Freya omknelde klappertandend het onkruid, trok zichzelf aan land en hapte naar lucht terwijl een opgeschrokken eend snaterend vanuit het riet een goed heenkomen zocht. Na een korte adempauze wrong ze haar natte kleren uit; ze trok ze aan over haar ijskoude lichaam en liep ineengedoken naar de pijler die ze op het oog had. Ongeveer op heuphoogte werd de muur hier onderbroken door een door zuilen gestutte schacht die steil naar het water helde. De rioolschacht van het hospitaal. Toen Freya zich over de donkere uitgang boog moest ze bijna overgeven. Het stonk naar alles wat sinds de bouw van de muur hier het water in stroomde: uitwerpselen, braaksel uit de ziekenkamers, bedorven etensresten, de inhoud van geleegde po's...

Ze haalde vastberaden adem en worstelde zich de schacht in. De binnenwanden waren glibberig maar beschikten, waarschijnlijk omdat er af en toe moest worden schoongemaakt, over ijzeren grepen, zodat ze erin slaagde zich op het schuine vlak voort te bewegen. Ze hield haar adem zo lang mogelijk in. Na de plek waar ze dacht dat de muur was werden de buizen minder schuin. Daar móést ze ademhalen. Ze kokhalsde. Het was hier ook smaller en heel even werd Freya overmand door de beklemmende gedachte dat ze haar lijk met haakstangen uit het gat moesten trekken omdat ze hadden geconstateerd dat alle viezigheid uit het hospitaal niet meer in het water wilde glijden.

Ze trok zichzelf schuifelend verder, een van haar vingernagels brak. Maar van lieverlee werd de lucht frisser. Met trillende spieren bereikte ze het eind van de buizen, wist zich naar buiten te wurmen en liet zich in het onkruid vallen dat onder de donkere opening bij de buizen woekerde. Naast haar lag een mesthoop, maar die rook bijna heerlijk na alles wat ze daarnet nog had ingeademd.

Het lukte Freya pas na een paar pogingen om overeind te komen. Ze was tot op het bot verkleumd, maar nog erger was de smerige, stinkende derrie op haar huid. Ze rilde van afschuw. Het Hôtel Dieu bezat de luxe van een eigen waterput, maar die bevond zich helaas in het midden van de aangrenzende uitgestrekte binnenplaats, waar veel ramen op uitkeken. Haar blik dwaalde naar de paardenstal van het ziekenhuis. Daar stond een grote drinkbak die van water werd voorzien via een regenpijp aan het dak. Ze ging op weg.

De grendel maakte een onaangenaam hard, schrapend geluid en de knarsende deurhengsels waren waarschijnlijk al in geen eeuwigheid meer gesmeerd. Freya hoorde paarden hinniken en zenuwachtig snuiven. Snel glipte ze uit haar kleren. De stal had ramen en ze zag de schimmen van de imposante lijven van de dieren bewegen op de donkere muren. Ze stapte haastig in de bak. Het was weldadig om de vieze brij van haar lichaam te spoelen, maar dit water was natuurlijk ook koud. Al snel stapte ze uit de bak en ze wilde net de kleren die ze had uitgedaan in het water gooien om ze in ieder geval een beetje schoon te krijgen, toen ze haar oren spitste bij het horen van een geluid. Vanaf de binnenplaats kwamen voetstappen dichterbij. Ze zocht geschrokken dekking tussen de paarden maar...

'Wel allemachtig, potverdomme...' Tussen de paardenlichamen verrees opeens een man. Hij moest haar de hele tijd hebben gadegeslagen. Zonder een woord te zeggen gooide hij iets zachts naar haar toe, een kledingstuk.

'Joscelin?' klonk het bij de deur.

'Wat is er?' bromde haar helper, waarschijnlijk een paardenknecht.

'Niets. Ik heb het me gewoon ingebeeld, ik dacht iemand... Och, laat maar! Maar hou je ogen goed open.' De man maakte rechtsomkeert.

Freya trok vlug het gewaad over haar hoofd. Haar helper schopte haar vieze kleren in een hoek. Daarna sjokte hij naar buiten, zonder haar ook maar één keer aan te kijken. Ze hoorde hem met iemand praten, de stemmen stierven weg.

∗∗*

'Lieve hemel! Sst, kom maar hier, ja, in bed, het bed van een heilige zuster is de veiligste plek op aarde!' verzekerde Angela haar, wier gezicht als een heldere vlek in het donker oplichtte. Ze kromp ineen toen ze Freya's koude lichaam voelde. 'Heilige Maagd Maria! Nee, niet doen, Jezus weet wel dat ik je alleen maar warm om de kou uit je lijf te krijgen.' Angela sloeg haar gespierde armen om haar vriendin. 'Je ruikt een beetje... Vertel, waar ben je geweest?'

Freya beperkte zich tot een paar zinnen en ook Angela hield het kort. Ze herhaalde wat Ote al had verteld: dat Hugo Aristide inmiddels beschuldigde van de moord op Robert en van het in bezit willen nemen van de troon. 'En de kinderen zijn ook echt weg.'

'Ze leven en zijn in veiligheid.'

'O! Dat kunnen we dan maar beter aan niemand vertellen. Hugo is trouwens de enige die in Aristides kerker...'

'Dat weet ik. Waar heeft hij hem ondergebracht?'

'In de buitenste noordelijke toren. Maar de wachters, die af en toe toch even naar binnen gluren, denken dat hij hem spaart. Weet je dat de koning morgen of overmorgen in de stad zal arriveren?'

'Zo snel al?'

'Zijn boten zijn al hier. We gaan ervan uit dat Hugo zodra Karel er is met het proces tegen je man zal beginnen.'

'Ook tegen Rousel?'

'Rousel is dood.'

Freya slikte. Iseulte was erg gehecht aan haar broer. Ze had hem zo'n beetje opgevoed, omdat hun moeder jong was overleden. 'Waarom spaart Hugo Aristide?' Domme vraag, waarschijnlijk omdat hij een uiterst gruwelijke terechtstelling aan het voorbereiden was, waarvoor het slachtoffer in een goede lichamelijke conditie moest zijn om niet te snel te sterven.

'Er wordt gefluisterd dat een paar wachters je man stiekem eten geven,' zei Angela, in een poging haar te troosten. 'Maar meer durven ze niet. De koning staat achter Hugo. In opstand komen tegen Hugo zou dan ook betekenen dat je tegen de koning zelf in opstand komt.'

'Hoe kan ik bij hem komen?'

Angela schudde bezorgd haar hoofd.

***

Maar toen diende de gelegenheid zich helemaal uit zichzelf aan. De volgende middag werd het Île de la Cité opgeschrikt door trompetgeschal: een bode van de koning kondigde diens komst aan voor nog diezelfde dag. De mensen dromden samen, trokken hun zondagse kleren aan, bontgekleurde doeken werden opgescharreld, bloemenkransen in de ramen gehangen, zaagsel, gras en voorjaarsbloemen die uit voorzorg in manden waren verzameld op de zanderige bodem van de binnenplaats van het paleis gestrooid. Iets vergelijkbaars gebeurde blijkbaar ook op de hoofdweg van de voorstad, te oordelen naar het lawaai dat van over de Seine tot het hospitaal doordrong.

Freya nam heimelijk Angela's tweede nonnengewaad weg en trok het aan over haar eigen kleding, die ze stiekem uit de stal had gehaald en had gewassen. De vochtige stof plakte aan haar lichaam. Alle gangen waren leeg terwijl ze vertrok uit de kamer van de nonnen. Wie om de een of andere reden kon worden gemist had zich onder de opgewonden menigte gemengd. Freya nam de gelegenheid waar en glipte naar haar eigen kamer. Gejaagd wikkelde ze in pekel gedrenkte alruinbladeren in een doek. Lappen en zwachtels gingen in een zak, waar ze een afgesloten flesje met olie uit het zaad van bilzekruid aan toevoegde. Na even te hebben nagedacht pakte ze ook nog een deken, die ze om haar middel bond en onder haar tunica verborg.

Bij het verlaten van het vertrek leek het hospitaal nog altijd verlaten, daarentegen was er in de straatjes van het eiland bijna geen doorkomen aan, zodat ze nauwelijks opschoot. Ze had er rekening mee gehouden dat ze zou worden herkend, maar het nonnengewaad en de algehele opschudding maakten haar zo goed als onzichtbaar. Alle aandacht was gericht op de Grand Pont, waarover de hun door God toegewezen vorst zou binnenrijden om de mensen zijn genade te beurt te laten vallen.

Toen Freya de binnenplaats van het paleis bereikte bleef ze abrupt staan. Hugo stond te wachten op de trap die vanaf de zaal uitkwam op de binnenplaats. Hij leek boven zichzelf te zijn uitgestegen, straalde minzaamheid uit, lachte, maakte een grapje; ze werd van zo'n haat vervuld dat het haar letterlijk de adem benam. Dat gevoel verdween echter snel toen ze zag hoe hij aan het praten was met Looïs en de andere mannen. Hugo deed alsof hij naar hen luisterde, maar hij knikte en lachte op de verkeerde momenten en kwam afwezig en ongedurig over. Kon je uit die onrust misschien opmaken dat de koning zich helemaal niet aan zijn zijde had geschaard? Hugo mocht dan sluwer, vastberadener en wilskrachtiger zijn dan Karel, de koning, die de Kale werd genoemd, had de macht in handen en hoefde maar met zijn vingers te knippen om hem te ruïneren.

Maar op dit moment speelde dat nog geen rol. Haar bezorgdheid dreef Freya verder. Zo onopvallend mogelijk drong ze door de mensenmassa naar het poortgewelf dat naar de tuin voerde. Dit deel van het paleis was privé en daarom volledig uitgestorven. Snel liep ze door een laantje met witte en roze bloemen naar een pad achter een stuk grond dat de noordelijke torens met elkaar verbond. De wachters, die op dit ogenblik beslist geen aanval verwachtten – wie wilde nou een stad bestormen als daar een bevriend leger in aantocht was? – waren naar de kantelen gegaan. Hun blikken gleden over haar heen en Freya bereikte ongezien de smalle trap die naar de meest afgelegen toren voerde.

Het daglicht werd minder toen ze de donkere toegangsruimte bereikte, die vol stond met wapens, krukken en een tafel. Ook hier was geen sterveling te bekennen. Haar blik viel op een paar sleutelbossen die aan een spijkerbord aan de muur hingen. Ze pakte er een en begon daarmee de deuren te openen die zich afsplitsten van het wachtlokaal. Daarachter lagen trappen, twee ervan liepen omhoog, een ervan omlaag. Het ging allemaal zo makkelijk dat ze zich bijna onbehaaglijk begon te voelen.

De bouwer van de toren had de trapkoker die naar het laagste punt leidde smal gehouden, de onderlinge afstand van de treden was nog geen armlengte. Ze eindigden bij weer een andere deur. Freya ging met haar hand over het hout, vond een grendel, schoof hem opzij en duwde de deur open. En stond voor een muur van volslagen duisternis. Het weinige licht dat door de trapkoker drong sijpelde nog voor de drempel weg.

'Aristide?'

Geen reactie. Zenuwachtig haastte ze zich terug naar de wachtruimte, stak een van de pekfakkels aan de muur aan, klemde een kaars onder haar arm, pakte een met water gevulde emmer die in een hoek stond en ging terug naar de kerker. Haar fakkel verlichtte een rond vertrek waarvan de bodem aan een van de randen iets lager was, waardoor het vuile water dat erin was gelopen aan de rechterkant schitterde als een halvemaan. Aristide bevond zich even verderop tegen een ruwe muur. Om zijn beide polsen was een ketting gewonden, die achter zijn rug losjes aan de muur was bevestigd. Een verbazingwekkend milde manier van ketenen, die hem een beetje bewegingsvrijheid verschafte.

Freya zette de emmer aan de kant, plaatste de fakkel in een wandhouder, stak de kaars aan met de vlam, ging naar hem toe en knielde naast hem neer. Ze bracht zijn kin omhoog en pas nu, na een paar keer moeizaam te hebben geademd, deed hij zijn ogen open. Ze schoof de kap omlaag en opeens klaarde zijn gezicht op. 'Jezus christus, wat doe jij hier?'

Zijn ogen waren ontstoken. Maar omdat hij haar had herkend, moest hij toch wel iets kunnen zien. Ze voelde zijn pols, en voelde alleen een hortende galop, wat echter te maken kon hebben met haar aanwezigheid. Er verscheen een glimlach om haar mond. Mijn hemel, wat hield ze veel van hem! Maar als ze hem wilde helpen, moest ze haar kalmte bewaren.

Heel even balde ze haar vuist om zich te concentreren, daarna onderzocht ze hem verder. Zijn lichaam leek onderkoeld; dat was niet goed, maar beter dan koortsig. Zijn kleren stonken en waren net zo vochtig als de hare, wat kwam door het binnendringende grondwater dat via de lucht neersloeg op de stenen. Wat een geluk dat ze aan die droge deken had gedacht. Maar eerst moest ze naar de wond kijken die hij tijdens de veldslag had opgelopen en die gegarandeerd niet was behandeld. Ze schoof zijn hemd en broek uit elkaar totdat ze de verwonding vond. Een ontstoken plek ter grootte van een handpalm. Gelukkig niet zo erg als ze had gevreesd.

'Waar zijn de kinderen?'

Freya vertelde over Iseulte, die even vriendelijk was als de heilige Moeder Maria en zo doortastend als een soldaat. Ondertussen pakte ze de emmer water en doopte er een schone doek in.

'Ik wil dat jij ook naar haar toe gaat. Dan blijf je daar in huis wachten totdat...'

'Geen sprake van.'

Aristide beet op zijn lip. 'Dat van dat gehoorzaam zijn was dus niet serieus bedoeld?'

'Hè?' Freya begon de wond schoon te maken en er kwam een keelgeluid over Aristides lippen, waarna hij krampachtig haar nonnengewaad vastgreep. Maar dat haalde niets uit. Ze negeerde zijn pijn, zoals ze dat had geleerd. Op de schoongemaakte wond legde ze de ingeweekte alruinbladeren, een beproefd middel tegen ontstekingen, met daaroverheen een schone reep stof.

'O, god, je moet gaan werken als beul.'

'Niet zeuren.' Ze moest de stof met een zwachtel vastmaken. 'Het zou heel handig zijn als je op je rug zou liggen. Lukt dat?'

Hij weerde haar hand af en ze probeerde hem met zachte druk een handje te helpen, maar hij stond het niet toe. Waarom niet? Met een bang voorgevoel begon Freya tastend zijn rug te onderzoeken. Haar handen stuitten op een dunne, afgebroken houten pin en vervolgens nog een en nog een. Aristide hijgde van de pijn. Ze voelde verder. Zijn rug zat tot aan zijn middel vol met aangepunte houtstaafjes. Ze staken in zijn vlees als de pijlen in het lichaam van Sint-Sebastiaan.

'Verdomme, Freya... zou je dat...'

Het duurde even voordat ze de volledige omvang van de boosaardigheid begreep. Telkens als Aristide, door uitputting overmand, naar de grond zakte, boorden de pijlen zich dieper in zijn vlees. Het was voor hem onmogelijk om zijn gespannen spieren rust te gunnen of zelfs maar te slapen. Ze trilde zo heftig van woede en medelijden dat ze opnieuw haar handen moest ballen. Hoelang was dit al aan de gang? 'We moeten dat weghalen.'

'Dat gaat niet. Hugo controleert het... Hou nou toch eindelijk eens...'

De pijlen waren voorzien van weerhaken – een van de duivelse uitvindingen van de oorlogvoering. Dat zou het er niet makkelijker op maken. 'Wie heeft de sleutel van de ketens?'

'Wat denk je zelf!'

Hugo natuurlijk. De man zou de wachters niet bepaald vertrouwen. Hoe moest ze Aristide de toren uit krijgen als ze de ketenen niet los kon krijgen? Freya werd wanhopig. In elk geval kon ze één ding voor hem doen. Ze zocht naar de bilzekruidolie. Bilzekruid verminderde kramp, het werkte bedwelmend en veroorzaakte hallucinaties, in hogere doseringen een slaap die op bewusteloosheid leek. En als je nog verder ging kon de slaap ook overgaan in de dood. Dat gevaar bestond. Maar speelde dat nog een rol?

Ze zette het flesje aan Aristides lippen en dwong hem om te drinken. Hij kreunde niet meer, maar het gewoel aan de pijlen had hem zijn laatste krachten gekost. Waarschijnlijk viel hij alleen maar op zijn zij omdat het lichaam zelf een angst voor de pijlen had ontwikkeld die niets meer van doen had met zijn eigen wil.

Zachtjes legde Freya haar arm om zijn nek en ze ondersteunde hem zo goed en zo kwaad als het ging, zodat hij zich in ieder geval een beetje kon ontspannen. Ze streelde zijn wangen met haar vingertoppen. Die terechtstelling zou ze voorkomen, dat in elk geval, zwoer ze bij zichzelf.

Toen hij eindelijk het bewustzijn verloor begon ze de rest van de pijlen te verwijderen. Zijn rug werd glibberig van de heftig bloedende wonden. Maar de verdoving was sterk genoeg. Hij gaf geen kik meer.

Ze ging zo op in haar bezigheden dat ze niet eens merkte dat de deur van de kerker werd opengeduwd. Pas nadat ze keelgeschraap hoorde schrok ze op. 'Het spijt me.' Stilte. 'Het spijt me echt zo ontzettend!'

Ook de fakkel van de man die net was binnengekomen, werd in een van de ijzeren houders gezet. Hij liep naar haar toe en ging op zijn hurken zitten. 'Ik kan wel janken als ik het zie, maar... Wat moeten we dan doen? Als we de ketenen kapot hadden geslagen...'

'Ik weet het.'

'... dan hadden we hem toch de stad niet uit kunnen krijgen. Nu kunnen we er tenminste voor zorgen dat hij geen honger of dorst hoeft te lijden.' De man, een tengere vent met flaporen, haalde hoorbaar adem. 'Waarom maakt hij geen geluid?'

'Omdat hij bewusteloos is.'

Eindelijk had Freya de laatste pijl eruit getrokken. Opnieuw had ze alruinblad, schone doeken en zwachtels nodig. De man ondersteunde Aristide om haar werk te vergemakkelijken. Het was een Italiaan, een van de kameraden met wie Aristide zo vaak samen had gegeten. Zijn naam lag op het puntje van haar tong, maar ze kwam er niet op. Hij had een Frankische vrouw die veel lachte en een bijna volwassen zoon die hij aanbad. Een goed mens.

'We zijn zo ontzettend... razend. Maar twee van ons die het waagden om in opstand te komen zijn al dood. En wij moeten natuurlijk ook aan onze vrouwen en kinderen denken. Als je alleen je eigen leven op het spel zet...'

'Ik begrijp het heel goed. Wil je me helpen om hem neer te leggen?'

De wachter had de lichaamskracht waar het haar aan ontbrak. Ze glimlachte vriendelijk naar hem, in de hoop dat de last van de schaamte van zijn schouders zou vallen. 'Dank je wel. Verder valt er niets te doen. Zou je zo goed willen zijn om mijn man en mij weer alleen te laten?'

***

Freya hoorde zelfs in de kerker het enthousiaste lawaai toen koning Karel de stad in reed. Het geluid zwol aan en nam na een tijdje weer af, waarschijnlijk nadat de vorst van de Franken in het paleis was verdwenen. Tiro, de naam van de Italiaan die haar had geholpen was haar te binnen geschoten, kwam onverwacht terug met een mand met brood en wijn. Zijn bezorgde blik viel op Aristide. 'Leeft hij nog?'

Freya knikte.

'Hier, dit is voor jou.' Hij spoorde haar aan om de wijn te drinken en wist van geen wijken totdat ze een paar slokjes had genomen. 'Ik schaam me zo.'

'Maak je daar maar geen zorgen over, Tiro. Soms is het lot onverbiddelijk.

'Wat doen we als Hugo er tijd voor vindt om hier langs te komen? Dat doet hij soms. Dan stuurt hij ons allemaal weg van de kantelen en sluit de deur naar de trap af. Wat moeten we doen als dat weer gebeurt?'

'Praat zo hard en zo lang mogelijk met hem om mij genoeg tijd te geven. En als hij jullie later bij zich mocht roepen, dan moeten jullie stomverbaasd reageren. Hoe kunnen jullie nou weten hoe ik hier binnengekomen ben. Hekserij?' Ze glimlachte ironisch en vermoeid.

'Ik begrijp het,' mompelde Tiro terneergeslagen.

**

Het ergste was dat het allemaal zo eindeloos lang duurde.

'De koning heeft hoofdpijn,' zei Tiro de volgende keer dat hij langskwam, en toen was er al minstens een dag verstreken. 'Hugo cirkelt de hele tijd om hem heen, omdat hij bang is dat iemand slechte dingen over hem vertelt als hij hem alleen laat. Wij moeten Aristide te eten en te drinken geven. Dat heeft hij ons opgedragen.' Hij had een nieuwe fakkel bij zich en verving de andere, die was uitgegaan. Hij had ook een aardewerken kruik met bier en wat brood en vis bij zich. 'Hoe is het met hem?'

Aristide had urenlang wartaal uitgeslagen, maar goed dat niemand hem had gehoord. De effecten van bepaalde medicijnen werden vaak verward met duivelse invloeden. 'Zou je naar Angela willen gaan om haar om bilzekruidolie te vragen? Ze weet waar het staat.'

Tiro knikte. 'Zolang de koning hoofdpijn heeft, zal hij nog niet worden berecht,' mompelde hij. 'Dat is dus goed nieuws. Karel ligt in een kamer die volledig donker is, elk geluid doet hem zeer. Hij kon het welkomstmaal maar amper volhouden.'

'Beperkt de pijn zich tot één kant van zijn hoofd?'

'Hoezo? Is dat belangrijk?'

'Als dat zo is, dan is er waarschijnlijk sprake van een gebrek aan evenwicht in de lichaamssappen, van te veel gele gal,' vertelde Freya werktuiglijk, iets wat ze van de beroemde Caelius Aurelianus had geleerd.

'Hugo hangt rond bij zijn slaapkamer om in geen geval de kans te missen om de koning om zijn gunst te vragen.'
'Dat kan ik me voorstellen.'

**

De uren verstreken tergend langzaam. Uiteindelijk opende Aristide zijn ogen. Hij keek om zich heen, zijn geest leek helderder te zijn geworden, maar hij wist zich de dingen niet goed te herinneren. 'Wat doe jij hier?' vroeg hij met een plakkerige, gezwollen tong.
'Ik pas op je.'
Zijn blik dwaalde over de muren, hij fronste zijn voorhoofd en kreunde toen hij zijn bovenlichaam bewoog. Op een gegeven moment zei hij: 'Je moet dit niet doen, Freya. Ga weg, zolang het nog kan.'
Ze dwong hem om wat te drinken en slaagde erin hem wat brood te laten eten. Daarna zakte hij weer weg.

**

En opnieuw voetstappen. Dit keer bracht niet Tiro, maar een Frankische wacht het eten. Nouel. Een gespierde, sterke man met een kale kop met wie Freya vroeger af en toe een praatje had gemaakt. 'Dan klopt het dus echt!' Hij maakte een onbeholpen buiging, schudde verlegen zijn hoofd en zette de mand met eten neer. 'De koning is uit bed en Hugo kwispelt om hem heen als een loopse teef.' Hij verving de fakkel.
'En verder?' liet Aristide onverwacht van zich horen.
Nouel draaide zich langzaam om. Op zijn gezicht verscheen een glimlach, breed als een gespannen boog. 'Wel alle donders, ik wist het wel! "Tiro," heb ik gezegd, "onze bevelvoerder krijgen ze er niet onder. Ik geef je een knal voor je kop," heb ik gezegd, "als je nu niet ophoudt met dat gejammer. Onze bevelvoerder laat zich door een paar van die rotschrammetjes..."' Hij wreef over zijn ogen en boog zich over Aristide, alsof hij diens toestand in zich wilde opzuigen om

later elk detail te kunnen beschrijven. 'Hugo noemt je een geniepige duivel.'

'En de koning gelooft hem.'

'O, de koning!' Nouel glimlachte vol verachting. 'Die had ik me anders voorgesteld. Karel is…' Zijn blik dwaalde naar de deur, hij begon zachter te praten. 'Ik had begrepen dat hij verliefd was. Toch scharrelt hij met een van de jonge hofdames die bij Adelheid in dienst waren. En hij is dronken. Bijna constant. We hebben een merkwaardige koning.'

'Eentje die zuipt, vreet en vunst.'

'Let op je woorden.'

'Je moet hem laten weten dat ik hem wil spreken.'

Nouel zweeg, hij zocht naar woorden, zijn glimlach verflauwde. 'Ik ben bang dat het daarvoor te laat is. Vanochtend zijn er boten gestuurd naar… Ik weet het niet. Een paar graven of zo. Er moeten er twee of drie komen, zeggen ze, en zaterdag moet er dan een feest plaatsvinden. Het ziet ernaar uit dat de koning overstag is gegaan voor Hugo, zegt Tiro. Hij wil iemand hebben die zijn land hier verdedigt. Het gebied tussen de Seine en de Loire, de Bretonse grens…'

'En daarvoor wil hij liever een eerzuchtige vent hebben dan twee kinderen.'

'We zorgen dat je hieruit komt, Aristide. Dat is de voornaamste reden dat ik hier ben. Om je dat te vertellen. Ook namens de anderen. Dat we je bij de eerste de beste gunstige gelegenheid hier weghalen.'

Hoofdstuk 32

Het was alsof er een dam was doorgebroken. Aristides wachtposten kwamen nu continu naar de kerker, niet alleen Nouel en Tiro, ook drie anderen, allemaal geconcentreerd bezig met plannen voor de vlucht van hun commandant. Freya's hoop nam toe, vooral toen Aristide in een adembenemend snel tempo genas.

'Knijp eens in mijn hand,' zei Nouel tegen Aristide.

'Waarom?'

'Ik wil zien of je al genoeg kracht hebt om een ladder te gebruiken.' Nouel had geen familie meer. Hij wilde opdraaien voor Aristides redding, dat had hij met zijn kameraden afgesproken. Zijn plan: samen met de commandant en zijn vrouw per boot Parijs uit vluchten. De stad voor altijd verlaten om hun geluk in het buitenland te beproeven, als het allemaal mocht lukken. In elk geval zou hij alle schuld op zich nemen. De andere mannen zouden hen aan paarden en wapens helpen, die ze in het bos zouden achterlaten voor de vluchtelingen...

Maar het liep allemaal anders.

Er waren nog maar een paar uur verstreken sinds Nouel over zijn heldhaftige besluit had verteld toen Tiro de deur opengooide. Hij trok Freya, die naast Aristide op de grond lag en was ingedommeld, overeind, snauwde haar toe dat ze stil moest zijn en sleurde haar met zich mee. Ze had geen tijd om zich te verzetten of zelfs maar te protesteren. In vliegende haast dwong hij haar de wenteltrap op, duwde haar de wachtruimte door en wilde met haar naar buiten gaan. Te laat. De stemmen en voetstappen waar Freya dagenlang vol angst op had gewacht, ze kwamen dichterbij en hadden de toren al bijna bereikt.

Tiro trok haar naar een van de trappen die uitkwamen bij de kantelen, hij sleepte haar bijna naar boven. Beneden hem werd om een wachtpost geschreeuwd. En terwijl Freya naar een hoek vloog haastte Tiro zich met gespeelde vriendelijkheid omlaag en deed alsof hij de grendel naar de kerker opende. Even later hoorde ze gevloek. Daarna gebrul en een schreeuw, vol pijn.

Freya was terechtgekomen bij de glimmende donkerbruine balken die de kantelen afscheidden van de rivier. Het was een warme meiavond, heiig, maar adembenemend mooi. Ze krabbelde overeind. Boven de rivier hing nevel, de zon stond laag en feloranje boven de bossen. Futen zwommen heen en weer en in de buurt van de Grand Pont schommelden een paar boten. Alles was zo perfect en tegelijkertijd zo gruwelijk, een nachtmerrie die was overgoten met suikerglazuur.

Met bonkend hart liep ze naar de andere kant van de omgang en tuurde omlaag naar de tuin. Hugo moest hebben vermoed dat Aristides mannen hun commandant niet zonder strijd zouden overleveren. Misschien hadden er geruchten de ronde gedaan, misschien was er zelfs sprake van echt verraad. Had niet iedere vriendengroep een judas als het hard tegen hard ging? In ieder geval hadden ze Nouel en de anderen die Aristide trouw waren gebleven samengedreven tussen de bloemperken. Ze waren geboeid en werden door de verraders met wie ze vroeger zij aan zij hadden gestreden uitdrukkingsloos en zwijgend bewaakt.

De deur van de omloop vloog open. Aristide werd naar buiten gesleept, vastgeklemd door bewapende mannen. Hij liep met opgeheven hoofd, alsof dat zijn toestand minder gruwelijk zou maken. Tiro, die hinkte en bloedde in zijn gezicht, probeerde hetzelfde te doen, maar slaagde er niet in, ze hadden te erg op hem ingeslagen. De tuin lag vol kersenbloesem, alsof er roze sneeuw lag. Het dwarrelde op en werd in het stof getrapt toen de mannen erdoorheen liepen terwijl ze naar de groep wachtenden gingen. Gezamenlijk gingen ze op pad naar het paleis. Dus nu was het uur der vergelding aangebroken?

Freya draaide zich om. Ze liet zich weer langs de planken wand naar de grond zakken. Wat moest ze doen? Wat kon ze in vredesnaam doen?

**

De zon ging bijna onder. De vissers op de Seine, er waren nog een paar boten bij gekomen, benutten het laatste licht voor hun werkzaamheden, de tuin was inmiddels uitgestorven. Freya klom naar de torenkamer en stapte naar buiten. Er kwamen allerlei roekeloze ideeën bij haar op om haar vrienden te redden, allemaal zinloos, ze bevatten geen greintje kans op succes. Vlak bij de muur had iemand een boompje geplant dat overeind werd gehouden door een rechte stok ter breedte van een walnoot. Ze trok hem eruit omdat hij haar deed denken aan de stok waarmee Snorri haar had leren vechten. Hij lag goed in de hand. En zou haar absoluut niets helpen.

Langzaam liep ze verder naar de binnenplaats van het paleis. Die was in bezit genomen door Hugo's getrouwen en de mannen van de koning; de stemming was uitgelaten en uiterst ongedwongen. Door de ramen klonk gelach en de stem van een minstreel die tevergeefs probeerde boven het lawaai uit te komen. Freya nam alle geluiden alleen gedempt waar, als door een dikke laag stof. Niemand lette op haar. De nonnenkledij maakte van haar een van de geestelijke raven die net als hun naamgenoten bij het eiland hoorden en waaraan al even weinig aandacht werd besteed.

Ze liep de trap op en kwam bij de deur van de feestzaal. Die werd overdadig verlicht door fakkels, waarvan de bijtende brandlucht zich vermengde met de geur van platgetrapte pioenrozen en het aroma van gekruid braadvlees. Twee luitspelers stonden op een houten verhoging; ze maakten geen muziek maar glimlachten besluiteloos, alsof ze net waren onderbroken.

De koning ging rechtspreken van achter een dwars opgestelde tafel, het was een lelijke, door decadentie getekende man met een pafferig gezicht op een knokige romp. Hij lachte, wapperde met zijn handen en probeerde een jonge vrouw in haar boezem te grijpen, wat ze afweerde; aan haar gegiechel te merken was die zedigheid maar schijn. Emihild, een jonge vrouw uit Orléans, nog een kind bijna, was pas afgelopen winter uitverkoren om de gravin te dienen. En nu schonk het lot haar de gunsten van een koning.

Hugo zat met een geforceerd glimlachje naast zijn vorst en gaf allerlei opmerkingen ten beste die waarschijnlijk ontspannen moesten overkomen.

En Aristide? Ze hadden hem gedwongen te knielen. Hij keek recht voor zich uit, strak, met een onbewogen gezicht. Wat moest ze doen? Naar de koning lopen en haar man vernederen met een zinloze poging hem te verdedigen? Had ze een boog en een pijl moeten meenemen uit de toren om Aristide een snelle dood te bezorgen? Te laat, en bovendien was het jaren geleden dat ze voor het laatst een boogpees had gespannen. Ze zou hem alleen maar meer laten lijden.

Heel even zag Freya weer voor zich hoe hij met haar in de boot over de Seine gleed en zei hoeveel hij van haar hield. Haar hart trok zich samen van verdriet... De golven, het geroep van de wachtposten die hen waarschijnlijk hadden herkend en welwillend glimlachten om hun commandant, het geruis van het water, het gezang van nachtvogels...

Het geruis... het water...

Er maakte zich een nieuwe onrust van haar meester, die ze in het begin helemaal niet wist te plaatsen. Een tweede beeld schoof voor dat van de nachtelijke vaartocht. Eerst vaag, daarna werd het scherper. Vissersboten. De boten die ze daarnet op de Seine had gezien. Wat was daarmee? Boten op de Seine... De mannen gingen vaak in de schemering vissen, dat was niets bijzonders. En toch... de netten, dacht ze. Opeens liepen de koude rillingen haar over de rug. Waar waren de hengels en de netten geweest? Ze had alleen drijvende boten gezien... en ook geen mensen.

Ze draaide zich verdoofd om, ging terug naar de binnenplaats en baande zich een weg door de mannen. Die waren nu op weg naar de feestzaal, waarschijnlijk omdat het op de binnenplaats inmiddels donker werd. Het voelde aan alsof ze moest vechten tegen een vloedgolf en ondanks haar habijt kreeg ze allerlei verwensingen over zich heen. Voor het paleis kon ze sneller opschieten. De Parijzenaren waren in hun huizen verdwenen, het feest werd genegeerd.

De twee verdedigingstorens van de Grand Pont lagen aan het eind van een brede weg die dwars over het eiland liep. Freya stormde de linkertoren binnen. In het wachtlokaal was niemand te bekennen, er waren zelfs geen fakkels of kaarsen aangestoken. Waar waren de soldaten in godsnaam? Freya rende de trap op en bereikte het bovenste platform. Verbijsterd tuurde ze de kantelen af die rechts en links door de duisternis kronkelden. Ook hier: geen sterveling te bekennen. Haar blik ging verder naar het noorden toe en ja, daar bewogen door de wind de vlammen van verschillende fakkels. Waarschijnlijk was overal bekend geworden dat Aristide naar het paleis was gebracht en zijn kameraden waren naar de noordelijke kantelen gelopen in de hoop daar iets mee te krijgen van de gebeurtenissen. Die dwazen!

Freya draaide zich weer naar de rivier toe. Onder haar, duidelijk te zien als schimmen op de golven, kwamen tientallen boten op de vestingmuren af. Ze zagen eruit als een gigantische pijlenregen waarvan de vlucht werd vertraagd door ingrijpen van boven. De uit hout gesneden drakenkoppen op de gebogen voorstevens tekenden zich duidelijk af tegen de lucht. De roeiers waren doodstil, katten voor de sprong. Buit! Strijd! Eer! De stok die Freya nog steeds vastgeklemd had trilde in haar handen.

Naast de deur van het platform hing de gong om alarm te slaan. Ze tilde de stok op en beukte ermee tegen het metaal. Telkens opnieuw. Het geluid weergalmde door de nacht. Vanuit haar ooghoeken zag ze de fakkels op de kantelen plotseling bewegen, eerst weifelend, meteen daarna razendsnel. De mannen renden terug naar hun post.

* * *

Onmiddellijk werd duidelijk dat Hugo geen soldaat was. Hij had zich bij de Bretons, aangesloten toen het erom ging om Robert schade toe te brengen, maar militair inzicht was hem vreemd. Nadat

Freya weer bij het paleis was gearriveerd stond hij midden op de binnenplaats en probeerde het bevel te voeren over de gewapende mannen die onder hem vielen. 'Verdedig de muren, verdedig de koning!' Commando's die net zo nuttig waren als iedereen opdracht geven om adem te halen. Ze wilden gewoon strijden. Het woord 'Denen' was al tot het paleis doorgedrongen. Iedereen wist dat het puur om overleven ging.

Freya zocht in de menigte naar Looïs. Hij was dan wel een verrader wat Aristide betrof, maar een ervaren krijgsman. Stond hij bij de soldaten die in een hoek van de binnenplaats aan het gebaren waren? En Aristide, waar was hij eigenlijk?

Het was blijkbaar tot Hugo doorgedrongen dat hij niets teweegbracht. Hij liep achter de koning aan, die dronken naar de hysterische menigte had gestaard en nu door zijn garde het paleis in werd getrokken. De deur viel met een harde dreun in het slot.

Freya haastte zich naar de soldaten en dankte God. Looïs was nog steeds nergens te bekennen, maar Aristide werd omringd door zijn mannen en dat ook nog eens zonder boeien, die ze klaarblijkelijk hadden verwijderd. Hij moest schreeuwen om zich verstaanbaar te maken en zocht steun bij een muur om overeind te blijven. Blijkbaar had hij met zijn mensen geoefend hoe ze bij een aanval van de Denen te werk moesten gaan. Zijn instructies waren kort en werden meteen begrepen en opgevolgd. De een na de ander reed weg van de binnenplaats.

'Wie verdedigt de Petit Pont? Waar is Looïs?' was te horen vanuit de kring die nog om hem heen stond.

'Die verrader mag naar de bliksem gaan! Die jaagt ons nog een mes in de rug voordat de Denen dat doen,' zei een van de kameraden giftig.

Aristide dwong zichzelf om zijn mannen achterna te gaan. Freya zag hoeveel inspanning hem dat kostte. Toen hij haar zag lichtten zijn ogen op. Hij pakte haar hand. 'Meekomen,' zei hij zacht.

**

In de uren daarna werd Freya verscheurd door paniek, medelijden, afkeer en een merkwaardig gevoel van euforie over de overwinning, iets wat ze zich nooit had kunnen voorstellen in het bijzijn van stervende mensen. De Denen waren cruciale momenten te laat gekomen. Freya maakte hun aanval op de vestingtoren van de Grand Pont mee. Ze zag hun vijanden ladders uit hun boten zeulen en die op de smalle oeverstrook tegen de muren zetten om de omlopen te bestormen. Hun ritmische 'Hoho... hoho' bleef natrillen in de nachtelijke lucht. Gelach toonde hun optimisme aan, en de reflex om weg te lopen en zich te verstoppen was voor Freya bijna overweldigend. Maar ze bleef. Ondanks alle angst keek ze gefascineerd toe hoe Aristides mannen onverstoorbaar op hun post bleven. Iedereen leek te weten wat hij moest doen, en omdat ze deze situatie honderden keren hadden geoefend konden ze de noodzakelijke weerstand bieden.

Helemaal vooraan ging het allemaal om de ladders. Wegduwen was gevaarlijk, want de verdedigers moesten zich daartoe over de borstwering tussen de kantelen buigen, waarna ze vanuit de boten werden bestookt met pijlen. Als die manoeuvre dan toch lukte werden ze niet eens beloond met de dood van hun vijanden, want hun belagers vielen bijna allemaal gewoon in het water.

Denen die erin slaagden om over de kantelen te komen begonnen te vechten. In het begin werden de mannen met de ijzeren helmen neergemaaid, maar al snel ontstonden gevaarlijke, dodelijke gevechten.

Na een tijdje drong de geur van kokende pek Freya's neus binnen. Parijse burgers die niet konden vechten, maar wel hun stad wilden verdedigen trokken de hete vloeistof aan de kettingen naar de omlopen toe en goten het over de ladders heen. Het 'hoho' werd nu vermengd met dierlijk geschreeuw.

Ook Freya wilde een van de met pek gevulde emmers pakken om hem achter de borstwering te hijsen, maar ze kon het niet over haar hart verkrijgen. In plaats daarvan greep ze een mes dat op de door het bloed glibberig geworden planken lag, sneed en scheurde repen stof uit haar nonnengewaad en begon de gewonden te verbinden. De Denen liet ze links liggen. Zij waren de aanvallers, zíj moesten sterven, hoe meer hoe beter. Zij of wij, dacht ze. En toch grepen ook de schreeuwen van pijn van de Noormannen haar sterk aan. Misschien omdat ze jammerden in de taal uit haar jeugd. Freya haatte de mensen die haar moeder hadden ontvoerd en uiteindelijk hadden omgebracht. Ze had geen band met hen, geen enkele. Waarom sneed dat verdomde gejammer haar dan toch door de ziel?

Ze stelpte bloed en zette ledematen die uit de kom waren geraakt. Het was een verbeten slag, verschillende keren zwaaide een zwaard over haar hoofd of kwam terecht in de planken naast haar. Maar Aristides mannen beschermden haar. En de strijdgeluiden werden langzamerhand minder. Toen Freya uiteindelijk moe overeind kwam en naar de borstwering liep, zag ze dat de boten zich stroomafwaarts keerden. De Denen sloegen op de vlucht. Maar een paar van hun boten koersten ook af op de oever aan de andere kant. Om in de voorstad buit binnen te halen nadat het de aanvallers niet was gelukt het Île de la Cité binnen te vallen? Natuurlijk, wat anders?

Freya leunde op de borstwering. Ze dacht aan Ote en zijn zoon. Moesten ze nu niet, omdat de aanval was afgeslagen, hun mensen aan de overkant van de rivier te hulp schieten? Ze zag dat de mannen die naast haar de aftocht gadesloegen aarzelden en ze kon wel vermoeden waar ze bang voor waren. Stel dat die vlucht niet meer was dan een afleidingsmanoeuvre waarmee de Denen de strijders buiten de muren wilden lokken.

De drakenboten boden plaats aan zo'n zeventig man. Freya schatte dat hun aanvallers met ongeveer tweeduizend strijders waren gekomen. Hoeveel hadden ze er zelf? Ze had de afgelopen nacht geen enkele man van de koning gezien. Uiteraard hadden ze ten opzichte van de Denen als voordeel dat ze vanaf de muren konden strijden. Maar waren ze hun daarmee ook op de lange termijn de baas? Het ontbrak haar aan de kennis om dat in te schatten.

Opeens zag ze dat op een van de laatste boten een imposante gestalte overeind kwam en zijn vuist balde tegen het eiland. Het gezicht van de man ging schuil onder zijn goud glimmende strijdhelm met de kenmerkende neus- en oogbescherming. Maar het zag er niet naar uit dat hij het wilde opgeven. Waarschijnlijk geloofde hij dat het licht van Thor op hem scheen en dat de goden hem bejubelden.

Somber draaide ze haar hoofd weg.

**

Bij het aanbreken van de dag was Parijs gehuld in een onnatuurlijke stilte. De mensen op de vestingtorens staarden naar de huizen aan de overkant van de rivier. Op meerdere plekken steeg dikke rook op naar de hemel, daar hadden de Denen waarschijnlijk brandgesticht. De situatie was echter nog altijd moeilijk te beoordelen. Het ronde plein bij het bruggenhoofd en de aansluitende straatjes waren uitgestorven. Óf de inwoners van de voorstad waren naar het nabijgelegen bos gevlucht óf er zouden later stapels lijken tussen de huizen worden ontdekt.

Aristide had zich vlak voor het licht werd met een paar mannen op weg begeven naar de andere oever om te onderzoeken waar de vijand naartoe was verdwenen. Hij vreesde dat de Denen zich verscholen in de talloze zijarmen van de rivier om een gunstig moment af te wachten voor een volgende aanval. En dat lag ook precies in hun aard, dacht Freya.

Ze keerde de rivier de rug toe en keek naar haar vingernagels, waaronder het bloed van de gewonden was opgedroogd. Haar nonnengewaad was ook met bloed besmeurd. Ze moest zorgen dat ze snel schone kleren kreeg. Rillend sloeg ze haar armen om zich heen. Zou ze de taferelen van afgelopen nacht ooit uit haar geheugen kunnen bannen? Dat van die moedige Nouel, wiens kale hoofd met een bijl was gespleten? Of dat van zijn kameraad toen hij Nouels moordenaar naar de grond werkte, zijn knie verbrijzelde en zijn handen afhakte om hem vervolgens in zijn eigen bloed te laten liggen? Freya had de stervende strijder om zijn moeder horen roepen, met de zachte stem van een jongen. Maar ook hij was een vijand geweest, en het was uitgesloten om die in dit soort gevechten de helpende hand te bieden.

Wat was haar uitspraak 'Ik heb besloten dat ik nooit meer iemand zal doden,' hooghartig geweest. In dit soort uren dood je mensen, of je dat eigenhandig doet of passief blijft, dacht ze vermoeid.

Ze zag dat de blikken van veel strijders op het paleis waren gericht en er kwam een verontrustende gedachte bij haar op: stel dat de mannen daar hen niet alleen in de steek hadden gelaten, maar Aristide en iedereen die met hem meestreed als tegenstander beschouwden. Het kon niet zo zijn dat het Hugo koud liet dat zijn oude vijand het bevel had gevoerd over de Parijse soldaten. Hij zou hem zwart kunnen maken tegenover de koning, de strijd afschilderen als een schertsvertoning. Zaten ze nu misschien tussen twee vijanden in de val? Of was ze aan het doordraaien? De koning moest toch hebben begrepen aan wie hij zijn leven te danken had?

Freya kromp ineen op het moment dat ze een kus op haar haar voelde. Aristide. Terwijl ze hem omhelsde merkte ze dat hij trilde van uitputting, maar ze zag ook een nieuwe glans in zijn ogen. Het licht, de frisse lucht, maar vooral het feit dat het eiland behouden was gebleven, leek hem nieuw leven te hebben ingeblazen. Hij was een strijder, altijd al geweest. Toen hij met zijn vrije arm gebaarde stroomden zijn hoofdmannen toe. Minuten later schaarden ze zich om een tafel in de toren.

'Die zuipschuiten zitten als hijgende honden in de bossen,' vertelde Aristide terwijl hij een stuk brood pakte. 'Pépin spreekt hun taal. Hij heeft hen afgeluisterd. Ze zijn plannen aan het smeden voor een volgende aanval.' Hij stopte het brood in zijn mond, schoof de schaal door en knikte naar zijn kameraden.

'Ja, die smeerlappen zijn geobsedeerd door de gedachte ons een pak op ons donder te geven,' bevestigde Pépin, een wat oudere, gespierde man met dun geworden haar. Er volgden allerlei opmerkingen. Strategieën werden ter sprake gebracht en weer verworpen. Aristide kwam echter zeldzaam afwezig over, totdat hij opeens met zijn vuist op tafel sloeg. 'Het heeft geen zin om om de hete brij heen te draaien. We moeten de koning spreken. Ík moet dat doen!'

Maar dat bleek onmogelijk. Karel had zich in het hoofdgebouw van het paleis verschanst. Deuren en ramen waren gebarricadeerd; Aristide, die zelf naar de binnenplaats van het paleis ging en luidkeels om een audiëntie riep, werd genegeerd. Uit angst? Uit schaamte omdat ze de Parijzenaren in de steek hadden gelaten toen de nood het hoogst was? Als je de honende woorden mocht geloven die op de kantelen de ronde deden was het eerder uit onverschilligheid. Wat er buiten zijn kamer gebeurde interesseerde de koning niet. Er werd beweerd dat hij zich dronken en wel amuseerde met Emihild.

Ook de Parijzenaren ontgingen Karels passiviteit en die van hun nieuwe graaf niet. Ze namen er somber nota van, grepen terug op hun eigen kracht en mogelijkheden en scharrelden alles bij elkaar wat als wapen kon dienstdoen. Hun buren uit de voorstad, die zich daadwerkelijk in de bossen in veiligheid hadden gebracht en bij het aanbreken van de dag de beschutting van de eilandmuren opzochten, duwden hun knuppels en bijlen in handen. Zelfs kleine ijzeren ketels, die aan een ketting als slinger konden worden gebruikt, werden opeens als verdedigingswapen beschouwd. De mensen stonden in de straatjes, spraken zachtjes met elkaar, en hun blikken dwaalden telkens naar de kantelen, waar de enige mannen patrouilleerden die ze nog vertrouwden.

Toen Freya later die middag naar het hospitaal ging om de wonden van de strijders te verzorgen hoorde ze hoe de mensen hun gehate graaf vervloekten. Er werd gerouwd om Robert en af en toe viel Aristides naam.

De uren die volgden werden volledig in beslag genomen met werken en zorgen. Elke messteek, elke houw met een bijl die niet dodelijk was geweest betekende dagen, zo niet weken of maanden vol inspanning zodat de patiënt weer kon terugkeren naar zijn oude leven, voor zover dat al lukte. Freya deelde royaal bilzekruidolie uit, vooral als de gewonden alleen nog maar vol pijn op de dood wachtten.

Aan het eind van de middag stond ze zichzelf een pauze toe en ze keerde terug naar de vestingtoren. Ook daar was het hectisch. De mannen stonden op het punt om de oeverstrook tussen de muur en de rivier met behulp van een mengsel uit water, olie en traan in een glijbaan te veranderen, die elke nieuwe aanval met ladders onmogelijk zou maken. Anderen probeerden in een gezamenlijke krachtsinspanning met de Parijse timmerlieden de toren van de Grand Pont uit te breiden met een vierde verdieping, die betere mogelijkheden zou bieden om te schieten. Talloze vrouwen hadden voldaan aan de oproep van Aristide om ijzerpoeder en salpeter te mengen voor vuurpijlen, die ze aansluitend in met was doordrenkte doeken wikkelden en in vloeibare zwavel dompelden. Daarmee maakten ze het wapen dat waarschijnlijk het effectiefst was bij de verdediging van de stad. Een boot die brandde betekende dat zeventig mannen verdronken of moesten vluchten. Maar ook de aanvallers beschikten over vuurpijlen, dat hadden ze aan den lijve ondervonden. Overal stonden emmers met bluswater.

Freya ging terug naar het hospitaal en werkte tot de zon bij de bossen in het westen begon onder te gaan. Toen het donker werd ging ze op zoek naar Aristide en ze zag hem heftig gebarend tussen zijn mannen boven op de bouwplaats staan. Ze wilde naar hem toe; het was voor haar belangrijk om op de hoogte te zijn. Maar net voor de tweede trap werd ze overvallen door intense uitputting. Ze werd duizelig en misselijk, de muren begonnen te draaien. Ze moest gaan slapen, anders zou ze instorten, zo simpel was het. Maar ze was nauwelijks in staat om terug te gaan naar het ziekenhuis. Dus rolde ze zich op in een hoek van de torenkamer en viel ter plekke in slaap.

**

Midden in de nacht werd Freya wakker van gedempte geluiden. Een onophoudelijk gedreun dat de lucht aan het trillen bracht en doordrong tot in haar botten. Ze sprong ontzet op. Boven haar hoofd hoorde ze de voetstappen van de verdedigers, maar het gedreun kwam van buitenaf. Ze klom naar het platform, waar Aristides mannen samendromden aan de oostkant, en nadat ze tussen hen in een plekje had veroverd zag ze dat de Denen zich hadden verzameld aan het andere eind van de Grand Pont. *Wam...* weer een dreun. Tiro gaf haar een por in haar zij. 'Ze gebruiken stormrammen!' Toen hij haar niet-begrijpende blik zag voegde hij eraan toe: 'Om de buitenste toren te laten instorten.'

De verdedigingsstrategie van de Parijzenaren was eenvoudig: je bestookte de Denen met vuurpijlen. Verschillende getroffen Denen vatten vlam en vielen als levende fakkels in de richting van de rivier, maar er waren er maar weinig die het water bereikten en niemand van hen kwam weer boven. De aanvallers sloegen op de vlucht en de Parijzenaren die het goede nieuws boven de muur uit kregen toegeschreeuwd begonnen te jubelen.

**

De volgende ochtend was er eindelijk ook in het paleis wat beweging waar te nemen. Zes mannen verlieten het hermetisch afgesloten hoofdgebouw van de grafelijke residentie. Voorop liep iemand die door Tiro Gunter werd genoemd, de commandant van de koninklijke garde. De linkerkant van zijn gezicht was misvormd door een slecht genezen wond en zijn mond door rotte tanden. Met starre blik arriveerde hij bij de verdedigingswerken. Aristide, die ook een paar uur had geslapen, werd wakker gemaakt en legde hem in het kort uit hoe de verdediging was verlopen. Gunters vragen waren bars, maar gaven blijk van ervaring.

'En nog hartelijk bedankt voor jullie steun,' zei Aristide met samengeperste lippen toen de man rechtsomkeert maakte om terug te gaan naar het paleis.

Gunter draaide zich weer om. 'Aristide... Zo heet je toch, of niet?'

Aristide haalde zijn schouders op. De commandant had zijn naam tijdens hun gesprek herhaaldelijk gebruikt.

Gunter ging op zakelijke toon verder: 'Als ik je een goede raad mag geven, Aristide: wees voorzichtig! Je nieuwe graaf is geen dankbaar mens.' Daarna vertrok hij om zijn koning verslag uit te brengen.

Tegen de middag ging het paleis opnieuw open. Dit keer kwam Gunter op een strijdpaard naar de Grand Pont en hij werd vergezeld door een tiental belangrijk uitziende mannen, van wie de zware gouden kettingen en hun gewaden van glimmende blauwe en gele zijde aantoonden dat ze een hoge positie hadden.in het gevolg van Karel.

Freya, die aanwezig was om een man te verzorgen die ondanks zijn etterende wond weigerde de toren te verlaten, zag de groep naar de poort van de brug rijden. Ze haastte zich naar de verdieping die nog niet helemaal af was en was net op tijd om te horen dat Gunter de poortwachters met luide stem opdracht gaf om de poort naar de brug te openen. De mannen aarzelden en keken naar de vestingtoren, waar Aristide over de muur gebogen stond. Hij stak onthutst zijn beide armen in de lucht.

De poort zwaaide open en de koninklijke commandant reed de brug op; de hoeven van zijn paard ratelden over de stenen. Halverwege de twee torens liet hij het dier een lichte draai maken en hij speurde de overkant van de oever af. In de verre omtrek was geen sterveling te bekennen. Natuurlijk niet! De Denen likten hun wonden.

'Wat heeft dat te betekenen? Ik begrijp niet wat dat te betekenen heeft,' mopperde Tiro, die weer naast Freya was gaan staan.

Er ging wat tijd voorbij. Toen zoefde plotseling vlak langs Gunters hoofd een pijl, die zich achter hem in een paal boorde. Doel gemist of juist precies geraakt? Gunter glimlachte zwakjes. 'De koning is bereid te onderhandelen!' weergalmde zijn stem over de rivier.

Freya keek naar Aristide. Om zijn lippen lag een cynisch lachje. Ze begreep er helemaal niets meer van. Wat was hier de bedoeling van: de koning wil onderhandelen? En waarom bleef Gunter daar ondanks de beschieting gewoon staan?

Opeens gebeurde er toch iets aan de oever van de Seine. De takken van een paar struiken met witte bloemen werden uit elkaar geduwd en een man waagde het om tevoorschijn te komen. Hij stak een strook gras met boterbloemen over totdat hij bij de rivier stond. Een Deen. Met brede schouders, gewapend, met de arrogante houding van iemand die zich onkwetsbaar voelde. 'De koning wil dus praten?'

Freya keek naar hem. Blond haar piekte onder een elegante, vioolblauwe kap vandaan. De smalle, lange kin was getooid met een zorgvuldig gevlochten baard, die over zijn borstkas waaierde. Zijn gezicht was blauw en geel geschilderd, in de kleuren van de Ragnarssons. En hoewel het te ver weg was om het goed te kunnen onderscheiden, dacht ze bij zijn linkeroor iets rafeligs te zien. Hasteinn. Daar verderop stond Björns broer. Ze wist het absoluut zeker. De man die haar met alle geweld dood zou willen hebben bevond zich op nog geen steenworp afstand van haar.

Een van de mannen floot tussen zijn tanden. 'Verdomme, dat is toch die Deen uit Brissarthe! Robert heeft hem een pak op zijn donder gegeven en nu wil hij Parijs hebben.'

'Maar onze graaf is toch dood,' bracht een ander daartegen in.

'Dat heeft die Deen niet meegekregen of het kan hem niet schelen.'

'Doe de poort open voor die man,' galmde Gunters stem.

Hè?

Plotseling leek het of er een ijzige wind over het platform met de half afgemaakte borstwering trok. De mannen keken naar Aristide, die zijn armen over elkaar had geslagen en met een onbewogen gezicht naar de Deen staarde. Tiro, die naast hem stond, vroeg ontsteld: 'Waarom wil onze koning onderhandelen? We hebben toch standgehouden tegen die visvreters? Nog een paar dagen...'

'Het is vast en zeker een list,' onderbrak een van zijn kameraden hem zenuwachtig. 'Als die smeerlap in het paleis is, zal de koning hem laten terechtstellen en zijn hoofd...'

'Het is geen list,' mompelde Aristide. *'Proditio.'*

'Verraad,' vertaalde Freya zachtjes.

***

Hij zou gelijk krijgen.

Het gesprek tussen koning Karel en Hasteinn Ragnarsson duurde amper een uur en eindigde ermee dat de Deen, geëscorteerd door Gunters mannen, ongehinderd terugkeerde naar de Seine. Er verstreek nog een uur, daarna verliet Karel met zijn gevolg het grafelijk paleis. Karren, volgeladen met kleding, heilige benodigdheden voor een kerkdienst, wapens en culinaire schatten, alles beslist de vorige dag al ingepakt, rammelden naar de Grand Pont toe. De jachthonden blaften omdat ze blij waren weer in beweging te zijn. Karel reed in het midden van de stoet op een gitzwart paard dat een kostbaar sieraad op zijn voorhoofd had. Zelf droeg hij een gouden maliënkolder en met het zwaard aan zijn zij zorgde dat voor een krijgshaftige aanblik. Alleen was zijn gelaatsuitdrukking somber, alsof hij weer werd geplaagd door hevige hoofdpijn.

Aristide wachtte de groep op bij de poort van de brug. Hij greep de teugels vast van het paard van Gunter, die voorop reed. 'Wat heeft de koning met Hasteinn afgesproken?'

Heel even leek het erop dat Gunter zijn hand wilde wegslaan, maar vervolgens gleed de blik van de koninklijke vazal naar de mensen die angstig door het raam keken. Hij zuchtte, boog zich snel naar voren en fluisterde: 'Onze koning heeft voor zichzelf een vrije aftocht weten te bereiken en ook de stad zal door de Denen worden gespaard.'

'Wat heeft Hasteinn als tegenprestatie ontvangen?'

De mensen achter de commandant begonnen te smiezen en Gunter fluisterde iets, maar Freya, die op de trap van de toren stond, kon zijn woorden niet verstaan. Maar wel Aristides antwoord: 'Wel allemachtig! Daar wonen christenen zoals wij!'

'Van het soort dat in opstand komt tegen de heerschappij van Karel.' Gunter gaf zijn paard de sporen en Aristide moest de teugels loslaten.

Hij stapte zwijgend naar achteren en ze keken toe terwijl de keizerlijke stoet over de brug hobbelde. Toen de laatste kar het Île de la Cité had verlaten, gelastte Aristide met rauwe stem: 'Barricadeer de poorten!'

Hoofdstuk 33

Er deden geruchten de ronde in de stad, boosaardige geruchten, die de triomf over de kort daarvoor behaalde zege wegvaagden.

'De mensen verzamelen zich overal, voor de kathedraal, bij het paleis, op het voorplein bij de brug... ze maken elkaar helemaal gek,' vertelde een van de mannen die Aristide erop uit had gestuurd om de situatie te peilen,

Anderen vielen hem bij. 'Ze willen weten waarom de koning vertrokken is.'

'Waarom hebben de Denen hem niet aangevallen?'

'Heeft Karel zich vrijgekocht?' Zo was het bij de vorige belegering van Parijs gegaan, dat was Aristide inmiddels te weten gekomen. Ja, inderdaad, dacht hij grimmig, maar niet met zilver en goud.

'Heeft de koning ons in de steek gelaten?'

Tiro stootte hem aan. 'Aristide, wakker worden! De mensen hebben het op hun zenuwen.'

'Dat hoeft niet.'

Aristide liet zijn mannen staan en ging naar de bouwplaats boven op de toren. Hij had rust nodig, hij moest nadenken. Boven de toppen van de elzenbomen aan de overkant van de rivier cirkelden sijsjes en vuurgoudhaantjes. Een haas snuffelde aan de restanten van een Deense ladder, die in stukken gebroken tussen de boterbloemen lag. Hij zag het amper. Gunters woorden gloeiden, zoals pasgeleden de pijlen in zijn rug. Hij streek met beide handen door zijn haar. God, wat was hij moe! Hij had nog steeds last van de periode in de kerker. En toch, hij moest nadenken! Ze stonden op een tweesprong en er was een makkelijke en een moeilijke weg. Een makkelijke en een... doelgerichte. Het was aan hem om te beslissen welke kant Parijs op moest gaan. Alleen wilde hij dat niet. Eigenlijk was het ook niet nodig. Waarom zou hij zijn mannen niet laten kiezen? Parijs was hun stad, nog meer dan zíjn stad.

Omdat ik bang ben voor hun keuze.

Tiro was hem gevolgd naar het platform. Hij deed alsof hij ingespannen de andere oever in de gaten hield, maar dat hield hij niet lang vol. 'Je moet ons vertellen wat er nu moet gebeuren, Aristide. De koning is weg, maar Hugo is hier. Onze kameraden wachten op bevelen.'

Aristide haalde diep adem. 'We moeten afwachten,' zei hij.

***

Het duurde tot de middag voordat er bij het paleis iets gebeurde. Aristides verkenners kwamen aangerend en deelden mee dat Hugo zich met alle bewapende mannen die hij nog overhad op de binnenplaats van het paleis verzamelde.

'Meer dan tweehonderd?' vroeg Aristide voor alle zekerheid.

'Volgens onze inschattingen. Het ziet ernaar uit dat hij de koning een paar van diens mannen heeft kunnen aftroggelen.'

'Ik denk dat hij hiernaartoe komt. Hij wil de zaak uitvechten,' zei Tiro, die ook een van de verkenners was geweest.

Aristide bleef boven op de toren. Het kwam misschien laf over dat hij de confrontatie met Hugo niet aanging, maar hij kon zich in deze situatie geen trots veroorloven. Het was duidelijk dat zijn vijand er alles aan zou doen om hem te doden. En het lag al even voor de hand dat hij daar op het voorplein in zou slagen, tenzij er tussen de mannen die hij meenam en de verdedigers van de muren een verbeten strijd zou ontstaan, die ze zich evenmin konden veroorloven zolang de Denen hen belaagden.

Al snel stroomde het halfronde plein voor de brugtorens vol met bewapende mannen. De nog maar net door de koning aangestelde graaf, strijdbaar uitgerust met borstharnas en helm, beteugelde zijn paard. Een uitmuntend dier. Gespierd en gehoorzaam, met een glanzend zwarte vacht. Het was afkomstig uit Roberts stal. Uitgerekend daarvandaan, dacht Aristide. Maar daar mocht hij zich nu niet druk om maken. Hij moest koel blijven. Koud. IJskoud.

Hugo ging rechtop in het zadel zitten. 'Op bevel van de koning: doe het traliewerk van de brug omhoog!' brulde hij.

Een paar Parijzenaren waren weggevlucht van het plein toen hun graaf verscheen. Maar er waren er nog veel gebleven en degenen die zich hadden teruggetrokken waren niet teruggegaan naar hun eigen huizen, maar hadden hun toevlucht gezocht in de aangrenzende woningen. Hun hoofden doken op achter ramen en halfgeopende deuren.

Aristide maakte gebruik van het voordeel van zijn hooggelegen positie. Hij kwam overeind en schreeuwde naar beneden: 'Waarom dan?'

'Omdat de graaf het je gebiedt!'

'Ik begrijp het niet, Hugo. Ik ben maar een eenvoudige soldaat. Waarom moeten de tralies omhoog terwijl we worden beloerd door een vijand die een grote vloot heeft?'

'Zoals je het zo prima verwoordt: je bent een eenvoudige soldaat. Snel met je wapen, maar stront in je hoofd.'

Dat was een uitzonderlijk domme opmerking, omdat Hugo daarmee niet alleen Aristide maar alle mannen beledigde die met inzet van hun leven de stad hadden gered. Onder de soldaten en de omstanders ging een boos gegons op.

'Maar als ik de tralies omhoog laat gaan, grááf Hugo...' Aristide legde spottend de nadruk op de titel, 'zou dat betekenen dat de Denen ongehinderd de Seine op varen...'

'Walgelijke schijtverrader die je bent! Als onze heilige, door God gestuurde koning jou via mij een bevel geeft, dan stel je geen vragen. Wie zich verzet zal niet alleen de zweep over zich heen krijgen, hem staat de brandstapel of de strop te wachten. Mannen van Parijs, helden van onze muren…' dat laatste was gericht aan de soldaten op de omlopen die hij daarnet nog had beledigd, 'ik beveel jullie om de moordenaar van onze geliefde graaf Robert gevangen te…'

'Prima, ik heb het begrepen. De Denen mogen dus vrije doorgang krijgen. Waarheen? Naar Bourgondië?'

Dat was de naam die Gunter aan Aristide had verteld. Karel van Provence, de Bourgondische vorst, was kortgeleden overleden aan de vallende ziekte en zijn twee broers hadden zijn bezittingen onderling verdeeld. Maar Lodewijk vocht in Italië en Lotharius was nog altijd bezig om bij paus Nicolaas om zijn scheiding te bedelen. Waarschijnlijk zouden de twee mannen de aanval van de Denen negeren en hopen dat de aanvallers na hun veldtocht uit zichzelf weer vertrokken. Dat wisten de Denen, dat wisten Karel en Hugo, en afgaande op het verontwaardigde gekreun uit de omringende huizen wisten de inwoners van Parijs het nu ook. Hun koning had besloten de Bourgondiërs gemakshalve op te offeren voor zijn eigen veiligheid.

'Twijfel je aan de wijsheid van de koning?' bulderde Hugo. 'Bourgondië verdient geen bescherming, ze zijn tegen onze koning in opstand gekomen!'

Ja, dat had Gunter ook beweerd. Maar het ging om gebeurtenissen uit het verleden. De vader van de vermeende oproerling had na Karels geboorte het gerucht verspreid dat de pasgeboren koning van de Franken een buitenechtelijk kind was, een bastaard. Karel had zich dus sinds zijn jongste jaren moeten verdedigen tegen de gevaarlijke beschuldiging dat hij onwettig was en waarschijnlijk was het hem alleen te doen geweest om een verachtelijke, late wraak op de zonen van zijn vijand toen hij opdracht gaf om de Denen door te wuiven naar Bourgondië.

Op het plein werd overal woedend gefluisterd.

Aristide stak zijn handen op om boven de menigte uit te komen. 'Koning Karel heeft de Denen toestemming gegeven om Bourgondië te verwoesten! Nu begrijp ik het. Dat is de tol voor zijn en onze redding. We kunnen dus vanaf het moment dat we het traliewerk omhooghalen de uren tellen die onze christelijke broeders en zusters in Dijon en Auxerre nog te leven hebben. Wij hebben vanuit de toren gezien dat de Denen al in hun boten zitten. Mannen en vrouwen van Parijs, zodra de tralies omhoog zijn komen de drakenschepen langsvaren. Om brand te stichten en te moorden! Maar gelukkig gaat dat ons niets aan, toch? Was het bijvoorbeeld Judas' schuld dat Jezus aan het kruis werd genageld?'

De mensen hadden heel even de tijd nodig om zijn sarcasme te begrijpen. Toen brak de hel los.

'Ik heb een broer in Beaune,' gilde een vrouw vanuit een raam.

'Verdomme! Ik laat me toch zeker... Godvergeten wijf, weg met die poten van je. Ik ga toch niet toestaan dat...'

'Ik heb geen broer, maar wel eergevoel in mijn lijf. In tegenstelling tot jou, Ramon!' Er vloog iets uit de bovenverdieping van een oud huis wat het hoofd raakte van een van Hugo's ruiters. Een po vol pies. Eerder lachwekkend dan gevaarlijk, maar Aristide zag dat Hugo's mannen onrustig werden. Het was zeker anders zijn geweest als ze niet allemaal uit Parijs afkomstig zouden zijn. Maar het waren hun vrienden en familieleden die hen uitscholden.

Hij zag dat Hugo nerveus om zich heen keek. De man vond het moeilijk om de situatie in te schatten. Wat wist hij nou helemaal van trouw! Opeens draaide hij zijn paard, gaf het de sporen en brieste: 'Rebellie! Hou daarmee op!' Hij stoof weg. En dat was het domste, echt het allerdomste wat hij kon doen!

Wat vervolgens gebeurde was onvermijdelijk. Uit de huizen en even later ook uit de straatjes stoomden de mensen toe. Ze schreeuwden hun woede uit, ze vervloekten de mannen die zich in het paleis hadden verscholen terwijl anderen voor hen streden. Aristide rende de trap af. Het moest nu geen bloedbad worden! Geen doden die later als een vloek over de stad zouden liggen. Achter zich hoorde hij het gestamp van laarzen.

Toen hij de deur van de vestingtoren openrukte, bleef hij als aan de grond genageld staan. Door het tafereel dat zich voor hem afspeelde liep het hem koud over de rug. De soldaten waren Hugo niet gevolgd, maar ze hadden evenmin hun zwaarden getrokken tegenover de oprukkende mensen, hoewel hun tegenstanders niet alleen met hun vuist schudden, maar ook zwaaiden met messen en bijlen. Op hun gezichten was vertwijfeling te lezen. Hamo, even verderop, dat was hun broer of oom. Bij de moeder van Melisende kochten ze ijzerdraad om vis aan te roken.

Aristide stak zijn armen in de lucht. 'Stilte!' brulde hij, hoewel het volkomen rustig was. De mensen draaiden zich naar hem toe. *'Scappa!'* schreeuwde hij naar de soldaten. Wegwezen. Had hij het in het Italiaans gezegd? Maakte niet uit, ze begrepen hem. De mannen en vrouwen lieten hun wapens zakken en vormden een doorgang. Niemand viel de overlopers lastig toen ze verdwenen. Ze kregen alleen een paar honende opmerkingen te verduren.

Aristide zag dat Hugo's laatste bevel toch een slachtoffer had geëist. Looïs! Hij kronkelde op de bestrating, nog niet dood, maar hij was overduidelijk stervende. De houw van een zwaard had zijn rug als een ham doormidden gedeeld, zijn gezicht was ingebeukt door iets ronds en hards, een kies zwom in het bloed van zijn doorkliefde wang.

Aristide boog zich over hem heen. Wie had de man zo toegetakeld? Een van zijn vroegere ondergeschikten? Hij wilde iets zeggen, maar er schoot hem niets te binnen. Waren ze ooit vrienden geweest? Hij was blij toen zijn ogen braken.

Hoofdstuk 34

Hugo en zijn handlangers waren verslagen. Een van de nonnen verspreidde het nieuws in het hospitaal en meteen barstte het gejubel los. Adelheid en Robert waren geliefd geweest, maar Hugo hadden ze gehaat. Het gerucht dat hij misschien wel de moordenaar van zijn eigen moeder was en, God beware, wellicht ook van zijn kleine stiefbroers deed zelfs bij de ingetogen nonnen de woede oplaaien. Nu was hij dus eindelijk... Ja, wat eigenlijk?

Op dat punt bleef de zwaar hijgende non het antwoord schuldig. Waar was de man gebleven? De vrouwen begonnen te speculeren. Een paar van hen dachten dat hij was gedood, anderen dat hij het paleis was binnengevlucht en weer anderen dat hij in de Seine was gesprongen om naar de Denen te zwemmen, die hem, hier begonnen ze zachter te praten, hopelijk hadden gedood.

Freya verliet de ziekenkamer, waar ze een gewonde had verzorgd, zijn zwerende buikwond stonk zo verschrikkelijk dat bijna niemand de kamer meer in wilde, maar nu was hij, God zij dank, eindelijk gestorven.

Ze vroeg aan de nonnen om de timmerman opdracht te geven een kist te maken en aan de oude Aveline die de kamers schoonhield om de emmer weg te brengen met daarin vies water en uitwerpselen die de stervende in zijn doodsstrijd nog had afgescheiden.

Het bericht van Hugo's verdwijning hoorde ze nu pas. En ze voelde een intense opluchting. De angst voor wat Hugo Aristide mogelijkerwijs kon aandoen had als een steen op haar maag gelegen.

Een man kwam stralend van blijdschap uit een kamer met in zijn armen een kindje. Zijn vrouw had het kort daarvoor ter wereld gebracht. Verdriet en vreugde gingen hier hand in hand. Freya feliciteerde de nieuwbakken ouders en ging naar haar eigen kamer om zich te wassen en op zoek te gaan naar Aristide.

Aangekomen bij de toren van de brug werd ze doorgestuurd naar het paleis.

'Is Hugo daarnaartoe gevlucht?'

'Waarschijnlijk wel!' riep een van de mannen.

De grote poort bij de buitenmuur van het grafelijk paleis stond wagenwijd open, de tunnel daarachter vormde geen enkel obstakel en Freya liep de binnenplaats op. De deur naar de feestzaal was met geweld opengebroken. Omdat er verzet was geboden? Het wemelde overal van de bewapende mannen, die echter niet tot Hugo's strijdmacht leken te behoren. Ook eenvoudige burgers struinden door de vertrekken. Omdat ze wilden plunderen? Freya liep het hoofdgebouw in.

De deuren, die ook hier allemaal openstonden, bezorgden haar een gevoel van schaamte. Mensen die normaal gesproken nooit zouden zijn toegelaten tot de grafelijke kamers haalden het bed van Adelheid overhoop en gooiden de kussens uit de wieg van de kleine Robert. In de werkkamer van zijn vader had iemand een pot inkt tegen de muur gesmeten, zodat het leek of die was bedekt met zwart bloed. De geur die in de kamer hing gaf aan dat het vertrek ook als wc was gebruikt. Het was alsof ze bij een respectabel iemand diens kleding hadden afgerukt.

Maar nog schokkender vond ze de sporen van schranspartijen in Roberts slaapkamer, die beslist door de koning moesten zijn achtergelaten. Overal etensresten, voor een deel beschimmeld, restanten wijn in een po, glasscherven, een kapotgeslagen luit... Freya tilde een vies hemd op dat misschien van Emihild was geweest en stopte het in een kist, alsof ze daarmee iets van de waardigheid van het overleden grafelijk paar kon behouden.

Al snel kwam ze bedienden tegen, die uit allerlei verderop gelegen vertrekken tevoorschijn durfden te komen. Hun beschaamde gezichten gaven aan in welke dilemma ze zich hadden bevonden toen ze Hugo dienden. Alleen de kok, niet gehinderd door morele of politieke bezwaren, was onbewogen een pittige stoofschotel aan het smoren in een ketel, waarvan de geur door de ramen naar de binnenplaats trok, eten wilde iedereen natuurlijk wel.

En waar hing Hugo uit? Ze kreeg overal hetzelfde antwoord: het was alsof hij van de aardbodem was verdwenen. En dat bleef ook zo nadat de zoektocht later werd uitgebreid tot het hele Île de la Cité. Hoeveel hoeken, gaten en binnenplaatsen er ook werden doorzocht, er werd geen spoor van hem ontdekt.

Het werd langzamerhand donker, maar Freya had Aristide nog steeds niet gevonden. Hij was als een takje in een draaikolk, daarnet was hij in de paardenstal van het paleis gesignaleerd; toen ze daar was gearriveerd was hij bij de Petit Pont, vervolgens op weg naar de pekkelder van de omlopen...

'De commandant zal een toespraak houden in de tuin van het paleis!' Een jonge moeder, die twee kinderen achter zich aan trok, schreeuwde het naar iedereen die ze tegenkwam, en de stroom mensen veranderde van richting. Freya sloot zich bij hen aan. Ze moesten nog een tijdje wachten voordat hij op de trap voor de feestzaal verscheen. Hij zag er uitgeput uit, zijn ogen traanden op een ongezonde manier, zijn schouder schokte, uit protest tegen het gebrek aan stilte, leek het wel. Hij hield het dan ook kort.

'Om een eind te maken aan alle geruchten: Roberts zonen, Odo en de kleine Robert, zijn in leven. Ze maken het goed en zijn in veiligheid. De lijn van de Robertijnen blijft bestaan.'

Werd de stemming op de binnenplaats beter? Freya hoorde een paar juichkreten, maar was te moe om het goed te kunnen inschatten.

'Hoe kunnen wij nou weten of dat klopt?'

Alle hoofden draaiden zich om. De sceptische opmerking was afkomstig van pater Gilles, de vroegere biechtvader van Robert. Freya had hem leren kennen als een moedig spreker die ook graag tegen de heersende mening in ging. Maar zijn bedenking was terecht. Iedereen wist natuurlijk met welke beschuldiging Aristide door Hugo was opgesloten in de kerker. En was deze Italiaan in feite niet een vreemdeling die de meesten nauwelijks kenden?

Ze klom de trap op en ging naast haar man staan. Ze had met talloze Parijse gezinnen uren vol pijn en tranen doorgebracht en rekende erop dat ze haar vertrouwden. 'Ik heb de kinderen zelf weggebracht, samen met mijn dochter, met Cosima, naar iemand in wie onze gravin vertrouwen had.'

'En dat kan ik bevestigen!' Ote zwaaide met beide armen en ze schonk hem een warme glimlach.

De priester ging argwanend verder: 'Waar zijn ze dan?'

Aristide pakte Freya's arm. 'Dat blijft geheim, totdat vaststaat dat er voor hen in deze stad geen gevaar meer dreigt. En pas dan zullen ze terugkeren.'

De menigte knikte instemmend. Toch kwam Gilles met nog een bezwaar. 'Alles goed en wel. Alleen is graaf Robert dood en de koning heeft Parijs niet als leen gegeven aan zijn eigen kinderen, maar aan zijn stiefzoon. Dat is een feit dat we moeten accepteren.'

'Ah, is dat zo? Mooi, dan accepteren we dat,' barstte Aristide los. 'We accepteren het en doen alsof onze neus bloedt en kijken toe terwijl Karel ons verkoopt: aan de Denen, aan de Bretons… aan welke smeerlap dan ook die hem een zilverling aanbiedt!'

Doodse stilte. 'Maar de koning is de koning.' Het viel niet te zeggen waar die bedenking vandaan kwam.

'Door God zelf aangesteld,' vulde Gilles sluw aan. Ze waren natuurlijk bang. Dat gold voor iedereen in deze situatie.

Een jonge vrouw, een meisje nog bijna, klom de trap op. Ze deed haar mond open, wilde iets zeggen, maar er kwam geen enkel geluid over haar lippen. Ze huilde ook niet. Ze bewoog simpelweg haar kaken alsof ze de woorden tussen haar kiezen wilde vermalen.

'Haar broer,' zei iemand, als verklaring voor de grimassen. De gezichten van de mensen gaven aan dat ze wisten wat het meisje was overkomen, maar niemand kon de moed opbrengen om een verklaring te geven.

'Ja, wat stel je dan zélf voor?' vroeg Gilles uiteindelijk geïrriteerd.

'Ik heb niets tegen zelfbedachte plannen, maar ze moeten wel goed in elkaar zitten. Mag ik dat zeggen? Mag ik zeggen dat ik niet gewoon krab als ik jeuk heb, maar mijn verstand gebruik? Leg maar op tafel wat je van plan bent. Dan kunnen wij besluiten of we daarin meegaan.'

'Mooie woorden, Gilles, eindelijk iets verstandigs!' Aristides stem was op de hele binnenplaats hoorbaar. 'Luister goed! Allereerst moeten we hoe dan ook voorkomen dat Hugo de stad verlaat. Als hij de koning weet te bereiken en erin slaagt hem ertoe te bewegen terug te keren naar Parijs, dan hebben we geen enkele kans. Zelfs als we genoeg weerstand kunnen bieden om ons tegen de koninklijke troepen te verdedigen zal geen enkele Frankische vorst toestaan dat het gewone volk in opstand komt tegen een heerser. Dat zou een precedent scheppen, waardoor ze op een bepaald moment misschien zelf van de troon gestoten worden. Ze zouden zich achter Karel scharen.'

'Dat is nou precies wat ik bedoelde,' snoof Gilles.

'Daarom moet slechts één iemand van ons Karel informeren dat de erfgenamen van de door hem zo gewaardeerde graaf Robert in leven zijn. Het moet ónze boodschapper zijn die hem duidelijk maakt dat Hugo een verrader is die aan de kant van de Denen tegen Robert streed en hem uiteindelijk heeft vermoord. Maar mocht het ons lukken om Hugo te pakken te krijgen voordat hij de stad kan verlaten, dan moet ónze boodschapper Karel vertellen dat de graaf jammer genoeg...' Aristide viel stil.

'... van zijn paard is gevallen?' hielp een snelle denker uit de menigte.

'Verdronken is in zijn eigen pis?' stelde een grapjas voor. Opeens begon de stemming te kantelen. Was alles eerst nogal vaag geweest, nu kwamen er echte voorstellen die ze begrepen.

'... dat hij jammer genoeg is overleden,' zei Aristide. 'Verder moet deze boodschapper vertellen over de trouw van de Parijzenaren aan het geslacht van de Robertijnen en uiteraard vooral over hun onvoorwaardelijke trouw aan de koning. We hebben een welbespraakt iemand nodig die kan uitleggen dat Odo, als hij wordt gesteund en geadviseerd door een voogd die door de koning is benoemd, zal opgroeien tot een trouw bondgenoot, tot een volgeling op wiens loyaliteit Karel koste wat kost kan vertrouwen. Maar voor deze zware taak om de koning te overtuigen hebben we iemand nodig met een fluwelen tong.'

Hij keek naar pater Gilles, die eerst verbluft zijn ogen opensperde en toen vuurrood aanliep. Het was hem aan te zien dat het verzoek hem maar weinig beviel. De strijd aangaan met de koning en argumenten aanvoeren was van een heel andere orde dan een discussie met een soldaat. 'Hoe zit het met die Denen daar in het bos?' ondernam hij een zwakke poging om zich eruit te redden.

'Daar zal ík me mee bezighouden.'

Heel even was het stil, daarna barstte iedereen uit in gejuich. Gilles werd vastgepakt en de mannen tilden hem op hun schouders. Ze liepen rondjes met hem alsof hij de Messias was. De schemering was ingevallen, door de brandende hemel baadde de binnenplaats in roze gekleurd licht, waardoor het leek alsof God Zijn zegen wilde geven aan hun plan. Het was onmogelijk om niet te worden aangestoken door dit enthousiasme en van lieverlee klaarde ook Gilles' gezicht op. Hij stak zijn armen in de lucht en brulde: 'Moge God Parijs beschermen! Moge God graaf Odo beschermen!' Die kreet werd opgepikt en overgenomen.

'En moge God jou en je gladde tong beschermen!' prevelde Aristide.

***

Het was al bijna donker toen Freya terugging naar het klooster. Op de trap van de kathedraal, die zich wat verder naar de stad toe bevond, hadden zich mensen verzameld, Parijzenaren uit de voorstad, dacht ze, die in geen enkel huis onderdak hadden gevonden. Nonnen en monniken deelden soep uit, afkomstig uit ketels die warm werden gehouden boven knapperende vuren in haastig uitgegraven kuilen. Tussen twee zuilen van de kathedraal zat een ineengedoken, in lompen gehulde bedelaar. Door zijn veel te grote rode kap zag hij eruit als een nar. Kinderen, de slachtoffers die het hardst waren getroffen door de vijandelijke overvallen, klampten zich vast aan hun ouders. Een jonge man met twee zuigelingen in zijn armen keek gretig naar de ketels, maar was te moe om te kunnen beslissen waar hij de kleintjes moest neerleggen.

Het ontbrak Freya aan de kracht om hem te helpen. Alleen al het openhouden van haar ogen was een bijna bovenmenselijke inspanning. Ze struikelde. Door de aanblik van een etterende arm, die haar door weer een andere bedelaar werd toegestoken, veranderde ze simpelweg van richting. 'Kom morgen naar het hospitaal.'

In het Hôtel Dieu kwam haar vanuit de ziekenkamer waar de strijder tegen de Denen zo jammerlijk was gestorven nog altijd een gruwelijke stank tegemoet. Ze leunde tegen de deurpost en keek de kamer in. De kist, die uit goedkope planken bestond, was afgeleverd en de dode was erin gelegd, maar Aveline had het bed, de kommen en de vloer onvoldoende schoongemaakt. Het was een oude vrouw, ze moesten eigenlijk blij zijn dát ze de handen uit de mouwen had gestoken. In een hoek stond een met troebel vocht gevulde emmer, het water waarmee een van de nonnen de overledene had gewassen. Bovenop dreven de uitwerpselen die de stank veroorzaakten. Weg ermee, dacht Freya, weg. Alleen dat nog even doen.

Ze zeulde de emmer naar de binnenplaats. Daar was de nacht inmiddels aangebroken. Een legertje nachtvlinders stortte zich in de vlam van een fakkel die de plaats van wat licht voorzag, een vos zocht een goed heenkomen achter een mesthoop. Ze zag het allemaal amper. De emmer leegmaken en dan, eindelijk, slapen...

Freya bleef lusteloos voor de gemetselde buizen staan. Na haar terugkeer uit de kerker had ze een van de knechten van het hospitaal opgedragen om een deksel met scharnieren en grendels te maken om de schacht van het riool veilig te kunnen afsluiten. Misschien was die voorzorgsmaatregel overdreven, maar ze was er blij mee geweest dat hij het karwei nog diezelfde dag had uitgevoerd. Nu zag ze dat de houten plaat nutteloos tegen de muur stond. Wat onoordacht, vooral op een dag als deze!

Ze goot de emmer leeg en pakte het bonkige houten ding. Terwijl ze overeind kwam viel haar blik op een licht dat nogal hoog achter de kloostermuur zweefde. Het flakkerde in de toren van de Saint-Étiennekerk. Ze kneep haar ogen tot spleetjes. Wie was die steile trappen van de toren op geklommen? En waarom? Je kon nu, 's nachts, toch helemaal niet zien wat zich beneden in de stad afspeelde. Misschien een slaapwandelaar? Of waarschijnlijker nog: iemand die uit angst voor de Denen zo dicht mogelijk bij de hemel wilde zijn?

Het maakte niet uit, het ging haar niets aan. Ze hees het deksel op het gat en maakte het vast met de grendel. Een korte ruk, het zat vast.

En daarna deed ze eindelijk wat écht nodig was: ze ging in haar ziekenhuiskamer in bed liggen om te slapen.

∗

Waar was ze wakker van geworden? Waren het voetstappen? Iemand die hoorbaar ademhaalde?

'Sst, niets aan de hand. Ik ben het maar. Schuif een stukje op. Lukt dat?'

Er stroomde een gevoel van geluk door haar heen. Aristide nam haar in zijn armen. Hij was op zijn zij gaan liggen, de wonden op zijn rug waren nog lang niet genezen. Met zijn vingers streelde hij haar nek.

'Hebben jullie Hugo gevonden?'

'Hij lijkt wel van de aardbodem verdwenen. Als we pech hebben heeft hij nog altijd bondgenoten in de stad, die hem in hun huizen...'

'Sst,' mompelde ze en ze legde haar vinger op zijn mond. Dit uur was voor hen tweetjes.

Maar Aristide kon niet tot rust komen, hij pakte haar handen en fluisterde: 'Ik weet niet zeker of iedereen die vannacht de wacht houdt ook echt aan onze kant staat. Nou ja, in ieder geval kan Hugo niet zwemmen, dat heeft een van de mannen ergens opgevangen. Hij heeft er dus niets aan als het hem lukt over een van de muren te komen, maar...'

'Dat is toch prima.'

'En de bruggen worden bewaakt als het Gulden Vlies.'

'Dan heb je alles gedaan wat vannacht maar mogelijk is.'

'En misschien toch iets over het hoofd gezien? Mijn huid prikt, Freya. Ik heb het gevoel...'

'Het misplaatste gevoel, lieverd, het is misplaatst.' Ze legde haar hand tussen zijn dijbenen.

Hij lachte, maar zijn lichaam bleef gespannen.

'We gaan Odo, Robert en Cosima terughalen naar Parijs,' fluisterde ze. 'Jij gaat de jongens beschermen en opvoeden en over een paar jaar zal Odo op de troon van zijn vader zitten.'

'Koning Karel staat bij de vorsten niet goed aangeschreven, omdat hij zijn land niet tegen de Denen verdedigt. Daar kunnen we van op aan. Lodewijk de Duitser...'

'Wie is dat?'

'Zijn halfbroer. Hij haat hem en...'

'Sst,' zei ze opnieuw.

'... en hij...'

'Sst.'

'Ja,' hij haalde diep adem, 'sst.' Eindelijk ging hij met zijn hand onder haar hemd en hij begon haar strelingen te beantwoorden. Gedurende een paar heerlijke momenten hadden ze alleen oog voor elkaar. Maar toen hun hartstocht was bedaard, keerde de rusteloosheid terug.

'Er was iemand met een fakkel boven in de toren van de kathedraal,' zei Freya.

'Waarom dat dan?'

'Dat weet ik niet. Het viel me alleen op. Maar nu denk ik opeens...' Ze aarzelde. 'Dat het Hugo misschien wel was?'

'Die zich daar verschuilt, om dan meteen maar met een fakkel die plek te verraden. Onzin!'

'Onzin, alleen...'

'Alleen wat?'

Freya ging met haar tong over haar lippen. 'Was dat licht misschien een signaal? Voor... de Denen?'

'Wat is daar het nut van? De poorten worden toch bewaakt.' Zijn teen streek onrustig over haar kuit, vervolgens duwde hij de dekens van zich af en kwam overeind.

'Neem iemand mee als je op onderzoek gaat. Ga niet alleen!' riep ze hem na toen hij door de deur verdween. Ze betwijfelde of hij het nog had gehoord.

∗

Freya was nog steeds moe, maar het lukte haar niet om weer in slaap te vallen. Een tijdlang lag ze te woelen op het stromatras, uiteindelijk stond ze op, waste zich en trok een schoon hemd en een schone rok aan, kleding die ze in een van haar kisten bewaarde voor heel lange dagen en doorwaakte nachten.

Aan de gesprekken van de mensen voor de kathedraal was een eind gekomen toen ze terugkwam op de binnenplaats. In plaats daarvan hoorde ze bij de stal het vreselijke gekrijs van een kat die aan het paren was met een kater en daar blijkbaar weinig plezier aan beleefde. Opnieuw keek ze naar de toren van de Saint-Étienne. Het licht was gedoofd. Had Aristide de man te pakken gekregen?

Haar blik dwaalde naar de rioolschacht. Ze rook eens goed, opeens ongedurig. Was de stank daar verderop nu weer erger? Inderdaad, dat klopte, alsof de stank van uitwerpselen opnieuw in alle hevigheid uit de pas gemetselde rechthoek kwam. Weifelend zette ze een paar stappen. De fakkel was uit, dus maakte ze rechtsomkeert en haalde een nieuwe uit een van de gangen van het hospitaal. Daarmee gewapend ging ze terug naar de rioolschacht. Ze hoefde niet eens helemaal naar de opening te lopen. Het deksel lag weer naast de schacht in het onkruid.

Het licht in de toren... het deksel... Ze moest zichzelf dwingen om goed na te denken. Elke gedachte was als een scherf die moeizaam werd opgepakt om te worden vergeleken met andere scherven, waarna ze samengevoegd konden worden. Hasteinn had de koning bezocht, dat wist ze. En daarbij was hij gegarandeerd ook op Hugo gestuit. Karel had weten te bereiken dat de Denen stroomopwaarts naar Bourgondië mochten varen als hij zelf een vrije aftocht kreeg en Parijs werd gespaard. Maar Hugo had de opstandige wachters op de vestingtorens in gedachten gehad, met Aristide, van wie hij niet wist hoe hij op het bevel van de koning zou reageren. Had Hugo Hasteinn apart genomen? En hem verteld wat hij zou gaan doen mochten die vervloekte wachters weigeren om de instructies van Karel op te volgen?

Er waren vier rioolschachten in de stad. Een ervan kwam uit op de Grand Pont en niemand kon daar dichtbij komen zonder de aandacht van de torenwachters te trekken. De twee andere bevonden zich in het paleis, maar ze waren lang en steil en te smal voor een mens om erdoorheen te sluipen. Hoe vaak had Freya de knechten en dienstmeiden wel niet horen vloeken omdat de schachten weer eens verstopt waren. Alleen het riool hier bij het hospitaal bood een reële kans om onopgemerkt in de stad te komen. Had Hugo Hasteinn attent gemaakt op deze mogelijkheid om binnen te vallen? Ik zal vanuit de toren van de kathedraal met een licht schijnen als je kunt komen?

Freya ging met haar tong over haar droge lippen. Ze stak de fakkel in een spleet in de muur boven de schacht en bukte zich om het deksel terug te leggen. Nog voordat ze het had gepakt, begreep ze haar denkfout. Als Hugo echt het deksel had weggehaald, moest hij op de binnenplaats zijn geweest. Stel dat hij hier nog steeds was. Ze liet het deksel weer zakken en draaide zich om. Maar er was niemand. Ook achter de lemen wanden van de paardenstal was alles stil. De deur die ze had gebruikt om het ziekenhuis te verlaten stond nog altijd open. De mesthoop glom in het maanlicht. En het kleine keukengebouw dat vanwege brandgevaar afzonderlijk tegen de buitenmuur was gebouwd liet alleen kale zwarte muren zien.

Hoewel... Ze slikte... en voelde het meer dan dat ze het zag: bij de hoek tussen de keukenmuur en de vestingmuur bewoog iets. Op maar een steenworp afstand van haar. Een menselijke gestalte. Hugo? Zijn gelaatstrekken werden zichtbaar toen hij het licht van de fakkel binnenstapte. Hij moest haar de hele tijd in de gaten hebben gehouden. Daar was de vrouw die hij twee keer bijna had gedood en die hem beide keren door de vingers was geglipt. Het liefje van zijn vijand, iets waarmee hij hem misschien toch nog de vernieling in kon helpen of in ieder geval tot in het diepst van zijn ziel kon raken. Zijn laatste vergelding, mocht de hulp van de Denen uitblijven. Ze merkte dat hij snakte naar een teken van angst bij haar. In zijn hand hield hij iets glimmends geklemd, een mes of een kort zwaard. Ze kon zien dat zijn neus was gebroken en dat zijn haar klitterig was van het bloed. Hij glimlachte en begon haar tegelijkertijd fluisterend uit te schelden met termen die allemaal de naam Aristide bevatten.

Toen hij zijn wapen, inderdaad een zwaard, trok, deinsde Freya achteruit. Ze zag dat er een stok tegen de muur naast de deur van het hospitaal stond. De paal die ze uit het bloembed in de grafelijke tuin had getrokken en daar blijkbaar ooit had neergezet. Ze stormde weg en wist dat ze het niet zou redden om bij dat armzalige wapen te komen. Twee keer dook ze weg om aan Hugo's zwaard te ontsnappen.

Opeens barstte haar belager uit in gebrul. Terwijl ze zich met een ruk omdraaide zag ze de punt van zijn zwaard op haar afkomen, maar Hugo wankelde, hij miste. Ze zag een tweede uiteinde van een zwaard, dat als een zilveren zeil uit Hugo's borst stak. Met een uitdrukking van onmetelijke verbazing zakte de man naar de grond.

**

'Ik begrijp het niet. Waarom hier? Waarom is hij uitgerekend hiernaartoe gekomen?' Aristide hield haar stevig vast en Freya zocht naar woorden om hem uit te leggen wat zij veronderstelde.

Hij luisterde amper naar haar. 'Ben je echt niet gewond?' Hij trok haar naar het licht toe om haar goed te kunnen zien. Van lieverlee kalmeerde hij. De schacht dus. Daar was het om begonnen. Hij liep er in een paar stappen naartoe en boog zich over de opening. 'Denk jij dat we van Hugo af zijn als we zijn lijk hierin gooien?'

'Niet voorgoed.'

'We moeten hem verzwaren, of niet? We moeten iets zwaars aan zijn benen hangen.' Aristide keek zoekend om zich heen.

'In het keukengebouw is ijzeren kookgereedschap.'

Hij begaf zich op weg en Freya liep naar het zwarte gat. In de schacht was het stil. Alleen in het bos aan de andere oever hoorde ze het geluid van houtsnippers en in het riet achter de hospitaalmuur het gekwaak van kikkers. Ze luisterde ingespannen. Dat Hugo hier op de binnenplaats was geweest kon maar één ding betekenen: ze had het bij het juiste eind. Hij had echt onderhandeld met Hasteinn.

In het keukengebouw rinkelde ijzer tegen ijzer, Aristide leek iets te hebben gevonden.

Haar stok stond nog altijd naast de ziekenhuisdeur. Freya ging hem halen en liep terug naar het riool. Terwijl ze het hout stevig vasthield dacht ze aan pausin Johanna, aan de aantekeningen waarin ze uiterst nauwkeurig had opgeschreven welk medicijn hielp tegen welke aandoeningen. En ook aan haar verworvenheden buiten de geneeskunde om, waarover Aristide haar had verteld. Johanna had het aquaduct bij Marcianise weer laten opbouwen, zodat de mensen op de Campus Martius schoon water hadden. Ze stichtte een school voor vrouwen. Ze waagde zich op de dag dat er een overstroming was buiten het paleis om haar beschermelingen bij te staan. Wat ze ook deed, het was er altijd op gericht om te helpen. Freya had zich nog nooit zo verbonden met haar gevoeld. Zo wil ik het ook, dacht ze, terwijl haar blik over de stinkende opening gleed.

'Kun je me even helpen?' Aristide kwam met een ketel de keuken uit, in zijn andere hand bungelde de ketting waaraan die waarschijnlijk gehangen had.

Freya wilde naar hem toe lopen... En meende opeens aan de andere kant van de muur een klap te horen. En ook een geluid alsof er iets over het gras werd gesleept.

'Wat is er?'

Ze pakte de stok steviger vast en hield haar adem in. Uit de opening van de schacht kwam een hoofd tevoorschijn. De man aan wie het toebehoorde, had zijn helm afgezet om makkelijker vooruit te kunnen komen. Ze zag het blonde haar, vervolgens het bovenste deel van zijn baard, dat gevlochten was, en bracht de stok omhoog. En sloeg toe. Verschillende keren, met alle kracht die ze in zich had. Hasteinns schedel brak, het leek op het geluid van hout dat knapt in een vuur. Zijn behaarde handen gleden van de rand van de muur. Als een demon gleed hij terug de duisternis in.

Op de oeverstrook aan de andere kant van de muur gingen onderdrukte kreten over in hard geschreeuw, er klonk een vraag die werd afgekapt en daarna, in het Deens: 'Bij Odin, o, verdomme!' Ze hoorde dat de boot werd teruggeschoven in het water. Alles gebeurde razendsnel en bijna geruisloos. De mannen hadden waarschijnlijk Hasteinns verbrijzelde hoofd gezien en wisten dat ze waren betrapt. Zou de Deense vloot nu het hazenpad kiezen? Vermoedelijk wel. De verrader die hen zou helpen had hen om de tuin geleid, zouden ze denken. Parijs was verloren. Ze zouden terugvaren naar Denemarken, waar de strijd om Hasteinns opvolging ongetwijfeld meteen zou beginnen.

Aristide stond achter haar, hij sloeg zijn armen om haar heen. 'O, god,' zei hij zachtjes.

'Ik wilde nooit meer doden,' fluisterde Freya.

'Ik weet het. Maar toch: omdat er één iemand gestorven is, zullen er honderden in leven blijven.' Aristide liet haar los en sleepte Hugo's lichaam dichterbij. Hij maakte de ketting met de ketel vast aan zijn been en gooide hem over de rand. De gehate man verdween, zoals kort daarvoor Björns broer. Een kletsend geluid gaf zijn eindbestemming aan. 'Het is voorbij.'

Freya keek naar de ramen van het hospitaal, maar merkwaardig genoeg was daarbinnen alles rustig gebleven, alsof al die vreselijke dingen gewoon helemaal niet waren gebeurd.

'Je hebt er goed aan gedaan,' prevelde Aristide.

'Ik weet het,' zei Freya zacht.

VIJFTIEN JAAR LATER

Parijs, mei 882

Epiloog

Ze moesten zich haasten. Gelukkig was er op deze feestelijke dag geen controle bij de poort. De Grand Pont was open voor iedereen; de Parijzenaren, maar ook de talloze gasten uit de omringende graafschappen stroomden naar het Île de la Cité toe. Onder hen bevonden zich handelaren die gebruik wilden maken van de welwillende stemming. Op hun karren lagen kappen, wollen kousen, sommige in gedurfde bonte kleuren, ketels en poken, kisten met spijkers, wapens, rammelaars, iemand had zelfs riemen met daaraan zes luiten op zijn rug.

Omdat het feest op een warme julidag viel waren de huizen overal versierd met bloemen. De steeg die naar het paleis leidde was veranderd in een veelkleurige tunnel. Bijna precies als destijds, toen koning Karel hier was binnengereden, dacht Freya, en heel even betrok haar gezicht.

Maar Aristide gaf haar niet de tijd voor sombere herinneringen. Hij trok haar mee naar de toren van de brug. De bovenste verdieping, waarmee tijdens de belegering door de Denen provisorisch was begonnen, was nu van steen, verder leek er weinig te zijn veranderd. Freya liep snel achter Aristide de trap op. Wat wilde hij hier doen? En waarom had hij zo'n haast? Het zou nog wel even duren voordat de nieuwe graaf in de stad arriveerde. Al snel stonden ze op het platform van de vesting.

Ook hier was het druk, maar Aristide wist een plekje bij de kantelen te bemachtigen; daar hadden ze rechtstreeks uitzicht op de brug en op een deel van het voorplein. Niemand nam het hem kwalijk dat hij zijn ellebogen gebruikte. Omdat ze werden herkend? Dat vermoeden werd op hetzelfde ogenblik bevestigd.

'Dat ik dit nog mag meemaken!' De oudere, bewapende wachters verdrongen elkaar om hen heen. Een man trok Freya opzij en haar wangen werden nat van zijn tranen. Tiro! Hij was oud en grijs geworden, maar onmiskenbaar nog steeds haantje-de-voorste. Zijn hand ging naar Aristides schouder. Gelach, begroetingen...

'Het hospitaal is niet meer zoals vroeger sinds jij bent vertrokken.' Die woorden waren afkomstig van... Wie was dat? Archimbald? Ook zijn gezicht ging schuil achter rimpels en bruine vlekken. Hij wees naar de andere kant, naar de kathedraal, met daarachter het Hôtel Dieu.

'Gaat het goed met de nonnen?'

'Jazeker. Alleen hebben de mensen niet zoveel vertrouwen in hen als toen in jou.'

'Hou op met dat gefleem!'

'Maar mijn beste...'

'Daar komen ze!' onderbrak een vrouwenstem hen.

Freya wurmde zich naar Aristide toe en nam hem heimelijk op. Ook hij was ouder geworden. Zijn haar was bijna volledig grijs, zijn baard zilverachtig, zijn lichaam magerder. Af en toe had hij pijnlijke gewrichten. Maar zijn blik was, anders dan bij veel andere ouder wordende mensen, scherp gebleven, met de vermaakte flikkering in zijn ogen waar ze zo van hield. God is genadig voor me geweest, dacht ze en ze genoot van zijn nabijheid.

Het gejuich van de toeschouwers nam toe toen het grootste deel van de stoet de brug bereikte, vogels vlogen op van de daken. Aan het hoofd van de groep reed Odo, elegant gekleed in het donkerblauw met een op- en neergaande veer op zijn pet. Onder het zadel van zijn paard, niet zo raszuiver als Aristide graag had gezien, maar toch imposant, lag een eveneens blauwe, met gouden lelies geborduurde doek.

Freya was er ontroerd van. Het kleine jongetje dat ze destijds op een kar de stad uit had gesmokkeld was uitgegroeid tot een jonge man die blaakte van het zelfvertrouwen; hij was strijdbaar, slim, en had een groot hart. Vlak achter hem reed zijn jongere broer Robert, die hij waarschijnlijk het liefst pal naast zich had gehad. Tussen de twee was geen spoortje rivaliteit, iets wat gewoonlijk wel het geval was in adellijke families. Maar de persoon die naast de nieuwe graaf reed moest aartsbisschop Gauthier zijn, die hem had gekroond en hem als teken van legitimiteit naar Parijs vergezelde.

Tot aan dit moment, tot aan Odo's terugkeer over de brug, was het een lange weg geweest. Pater Gilles was na Hugo's dood daadwerkelijk naar de koning gereden, maar Karel had geweigerd om het erfrecht van Roberts zonen te erkennen. En dat was, achteraf gezien, maar gelukkig ook. Aristide en zij waren aansluitend naar Meaux gegaan en Iseulte had hen met open armen ontvangen. De vrouw was weduwe geworden en had geen kinderen; haar vermoorde broer was de enige mens die belangrijk voor haar was geweest. En nu waren er opeens twee jongetjes en een spraakzaam, vriendelijk meisje bij haar in huis. 'Willen jullie alsjeblieft allemaal hier blijven,' had ze aan Aristide gevraagd en ze meende het. Ze hadden het aanbod dankbaar aanvaard en er volgden rustige, geweldloze jaren, waarin Aristide de kinderen zelfvertrouwen, strijdlust en kameraadschap bijbracht.

Freya was destijds samen met Cosima, die uitgroeide tot een mollige, onverzettelijke en toegewijde arts, begonnen met het opzetten van een klein hospitaal in de stad Meaux. Het was een goed leven geweest, welbesteed, bovendien zonder financiële zorgen, omdat Iseulte hun bij haar overlijden al haar bezittingen naliet.

Freya betreurde het ten zeerste toen Aristide het afgelopen jaar de Frankische vorsten had opgezocht om voor Roberts zonen de plaats te heroveren die hun toekwam. Waarom nou toch, terwijl ze zo gelukkig waren? Maar hij had de jongens al lang geleden aangestoken met zijn ambitie. En de gelegenheid was echt gunstig geweest. Koenraad de Welf, die tot dat moment over Parijs had geregeerd, was overleden. En de gestorven Robert had nog altijd een goede naam bij de adel. Aristide en aartsbisschop Gauthier hadden de koppen bij elkaar gestoken en een vergadering bijeengeroepen, waarin ze Odo en Robert de Grote van het West-Frankische Rijk voorstelden.

Odo sprak en de vorsten waardeerden het vuur in zijn toespraak, en de duidelijkheid ervan misschien nog wel meer. Ze hadden iemand nodig die hen beschermde tegen de nog altijd plunderende Denen en Zweden en Odo was daartoe bereid. Hoewel hij nog een jongetjes was geweest toen zijn vader overleed werd hij geplaagd door een diepe wrok tegen de Noormannen.

'Waarover ben je aan het piekeren?' vroeg Aristide.

Freya schudde haar hoofd.

'Kom, vertel het maar.' Hij boog zijn hoofd naar haar mond toe.

'Jij hoort daarbeneden naast Odo te rijden.'

Dat hadden ze al verschillende keren besproken. 'Odo moet Parijs binnenrijden als de zoon van de overleden graaf, niet als pupil van de een of andere duistere commandant,' had hij dan automatisch herhaald. Ook nu schudde hij zijn hoofd. Hij gaf haar een por en ze liet het erbij. De twee jonge mannen zouden natuurlijk niettemin in Meaux een thuis hebben en daar hopelijk af en toe op bezoek komen.

En het was onwaarschijnlijk dat ze zouden eindigen als koning Karel, die het dan wel tot keizer had geschopt, maar door de machtigen van zijn rijk werd veracht. Of als Lotharius, wiens huwelijk met Waldrada niet was erkend door paus Nicolaas, noch door zijn opvolger Hadrianus, en die op de terugreis vanuit Rome door malaria uit het leven was gerukt.

Maar hopelijk ook niet als Johanna, die haar laatste adem had uitgeblazen in het bijzijn van sensatiebeluste toeschouwers, terwijl de man van wie ze hield op slechts een paar passen afstand was overleden. Dat was... gruwelijk geweest, onrechtvaardig. Gods bescherming of onheil was niet afhankelijk van iemands verdienste.

'Wat is er?' De stoet was de toren gepasseerd en Aristide draaide zich naar haar toe.

'Wie zal hen beschermen?'

Hij glimlachte. 'Het is goed,' zei hij. 'Voor het ogenblik is alles goed en beter kan het niet.'

*Wat in het boek is echt gebeurd,
wat is gefingeerd?*

Dat is een vraag die veel lezers van historische romans interesseert. Het is moeilijk om er een antwoord op te geven. Hoe langer het geleden is dat een gebeurtenis heeft plaatsgevonden, hoe minder bronnen er beschikbaar zijn en hoe onzekerder de juistheid ervan is. In de negende eeuw konden maar weinig mensen schrijven, behalve monniken, en de meeste voorvallen waar ze over schreven werden aan hen verteld. Bovendien was er natuurlijk de neiging om vijanden te kleineren en de eigen machthebbers te prijzen. Wiens brood men eet, diens woord men spreekt, was de nuchtere constatering van de minstrelen al.

Van Hasteinn, de Vikingheerser, is bekend dat talloze rooftochten hem naar Engeland en naar het Frankische Rijk voerden en uiteindelijk zelfs naar de Middellandse Zee, waar hij plunderde, zoveel als maar kon. De Normandische monnik Dudo van Saint-Quentin beschreef hem als wreed, woest, sinister en wetteloos. Ook aan de veldslag van Brissarthe deed hij mee en naar het heet was hij degene die daar Robert de Dappere heeft gedood. In deze roman ben ik zo vrij geweest om die moord in de schoenen van Hugo Abbas te schuiven.

Robert wordt in de Frankische *Annales Fuldenses* omschreven als 'in zekere zin een Makkabeeër van dit tijdperk', een moedig strijder dus. Hij wordt beschouwd als de stamvader van de Franse dynastie.

Hugo was ook echt zijn aangetrouwde stiefzoon, hoewel we over hem maar weinig weten. Ik heb van hem een van de hoofdpersonages in het boek gemaakt, maar de meeste wandaden die worden beschreven heeft hij niet begaan. Naar mijn weten is hij ook nooit in Rome geweest.

De slag om Parijs die in het boek wordt beschreven vond in werkelijkheid pas bijna twintig jaar later plaats, namelijk in 885/886, en werd aangevoerd door Roberts zoon Odo. Hier voelde ik me gedwongen om, met het oog op de spanning en de overzichtelijkheid, de feiten, gebeurtenissen en personages af te stemmen op de lotgevallen in het boek. De muur ter bescherming tegen de Vikingen werd trouwens ook echt gebouwd en heeft zijn waarde bewezen.

Lotharius II van Lotharingen wordt in het boek wel vrij accuraat neergezet. Zijn gedrag tegenover zijn echtgenote, die hij ervan beschuldigde een verhouding te hebben met haar broer, is bewezen, net als zijn wens om te trouwen met Waldrada, die door veel tijdgenoten als een heks werd beschouwd. Van het verzet van paus Nicolaas en van Lotharius' dood bestaan schriftelijke bewijzen. Waldrada overleed een klein jaar na Lotharius als non in het klooster Remiremont.

Wat Irmingard van Frauenchiemsee betreft: zij werd geprezen om haar naastenliefde en haar steun aan de armen. Ze werd in 1928 zalig verklaard.

De demonen die met hamers tegen huizen bonkten, waarna de bewoners overleden, worden beschreven in de *Annales Fuldenses*.

Bijzonder interessant vond ik Soranus van Efese. Hij leefde rond 100 na Christus in Rome en van hem bestaan ook echt teksten die hij zelf heeft geschreven. De basis voor de medische beschrijvingen in mijn roman is een van zijn boeken, de *Gynaecologie van Soranus van Efese*, dat door Soranus oorspronkelijk was bedoeld als handleiding voor vroedvrouwen. Wat bij mijn onderzoek vooral indruk maakte is dat hij zo kritisch, open, intelligent en uiterst humaan was.

De hoofdpersonages Freya en Aristide, die het boek samenhouden, zijn fictie en hun belevenissen, ook als ze met echte gebeurtenissen van doen hebben, volledig gefingeerd.

Mijn dank gaat uit naar Donna W. Cross, die haar toestemming gaf voor een vervolg op *Paus Johanna* nadat ze mijn uiteenzetting had doorgenomen. Ook dank ik Reinhard Rohn, de directeur van uitgeverij Rütten & Loening, die me met kritiek en opbeurende woorden heeft bijgestaan. En niet in de laatste plaats mijn agent Dirk Meynecke, die het weer eens helemaal in de vingers had.

Lees ook:

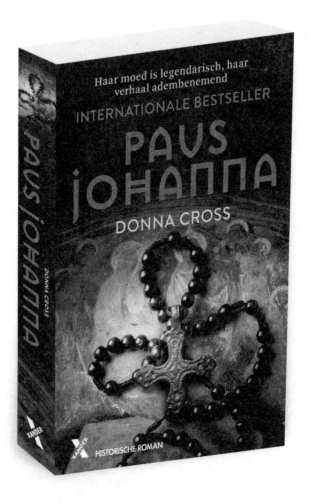

Overal verkrijgbaar